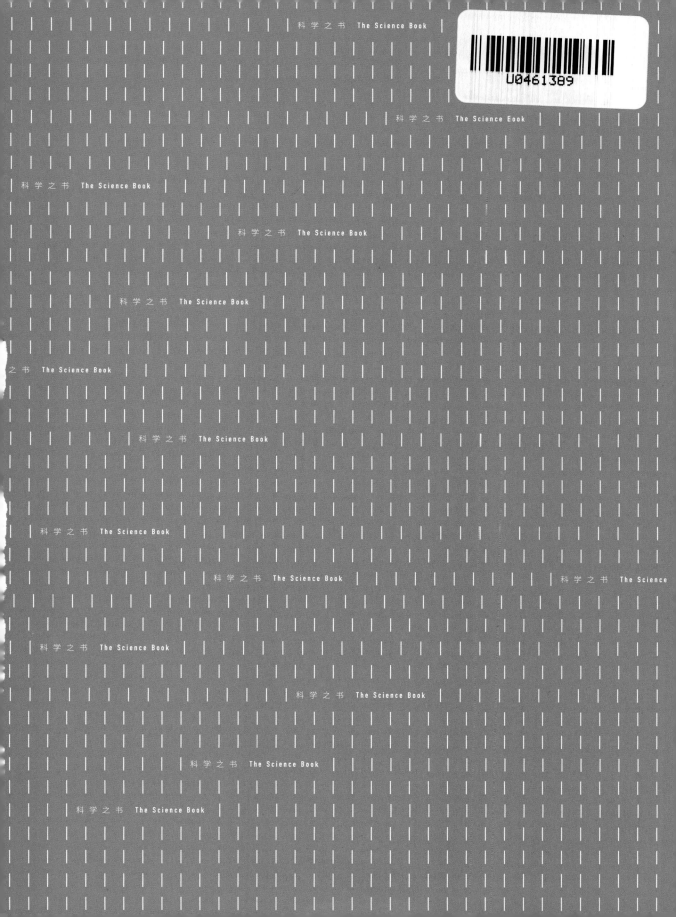

科学之书 The Science Book

科学之书 The Science Book
科学之书 The Science Book
科学之书 The Science Book
科学之书 The Science Book
之书 The Science Book
科学之书 The Science Book
科学之书 The Science Book
科学之书 The Science Book
科学之书 The Science
科学之书 The Science Book
科学之书 The Science Book
科学之书 The Science Book
科学之书 The Science Book

科学之书

Science

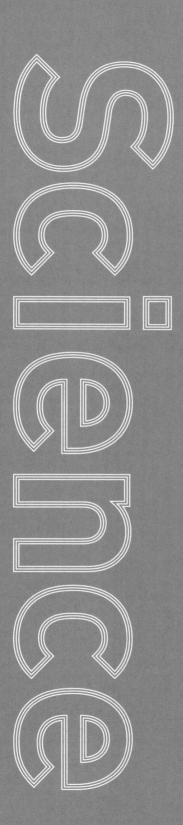

[美] 克利福德·皮寇弗 编著

杨大地 译

重庆大学出版社

科学之书

The Science Book

From Darwin to Dark Energy, 250 Milestones in the History of Science

从达尔文到暗能量，科学史上的250个里程碑

目　录

III

V

前言

“这是人类历史上最持久和最伟大的探索，这种探索是为了认识宇宙，了解它从何而来，它是如何运行的。很难想象有这样的一小群居民，住在一个小星系中绕着一颗不起眼的恒星旋转的小小行星上，他们的目标却是希望完全理解整个宇宙。这个小小的生灵群落居然真的相信他们能够完成这个庞大的使命。”

——莫雷 · 盖尔曼（Murray Gell-Mann），摘自约翰 · 博斯洛（John Boslough）的《斯蒂芬 · 霍金的宇宙》（*Stephen Hawking's Universe*，1989）

科学和数学的范围

今天，科学家和数学家无处不在，他们研究着各种各样高深的课题和基本定律，致力于了解自然、宇宙和各种现实事物的行为规律。物理学家在思考多维空间、平行宇宙以及虫洞连接空间和时间不同区域的可能性。生物学家、医生和伦理学家在考虑器官移植、基因治疗和克隆生命，而 DNA 和人类基因组的研究则涉及了关于生命本身的基本秘密。数学的有用性使我们能够建造宇宙飞船，探究宇宙的几何形状。有趣的是，基础物理学中的大量发现也促成了一系列医疗工具的诞生，帮助人类减少痛苦并拯救生命（例如，X 射线、超声波、磁共振成像等）。

科学家和数学家的发现往往导致新技术的产生，但它们也可能改变我们的哲学和我们看待世界的方式。例如，对许多科学家来说，海森堡不确定性原理意味着物理上的宇宙实际上并不以决定论的形式存在，而是一种神秘的概率集合。对电磁学的理解和进步，导致了无线电、电视和计算机的发明。对热力学的理解则导致了汽车的发明。

正如你在阅读这本书时所看到的那样，科学和数学的精确范围一直没有被界定，也不容易被界定。我倾向于将这个范围划得更广泛一些，包括工程和应用物理学、天体物理学，甚至一些哲学的内容。尽管范围划得如此之大，但大多数科学领域都有一个共同的特点，即强烈依赖数学工具来帮助科学家理解、验证和预测自然世界。

阿尔伯特·爱因斯坦曾经说过："这个世界最难理解的事情是它是可理解的。"事实上，我们似乎生活在一个可以用简洁的数学表达式和物理定律来描述或近似描述的宇宙中。然而，除了发现这些自然规律之外，科学家还经常深入研究一些人类从未考虑过的最深刻和令人难以置信的概念——从相对论和量子力学，到弦论和宇宙演化的大爆炸本质。量子力学给我们带来了观察世界的新视角。这个世界看来是如此古怪和违反直觉，以至于它引发了关于空间、时间、信息和因果问题的思考。尽管量子力学的理论似乎过于神秘，但是这些研究也应用在许多领域，并衍生出各种技术，包括激光、晶体管、微芯片和磁共振成像。

这本书也是为许多伟大的科学和数学思想背后的人而写。例如，物理学是现代科学的基础，它在千百年内吸引了许多优秀的天才人物，包括一些世界上最伟大和最聪明的头脑，如艾萨克·牛顿、詹姆斯·克拉克·麦克斯韦、玛丽·居里、阿尔伯特·爱因斯坦、理查德·费曼和斯蒂芬·霍金等。这些人帮助我们改变了思考宇宙的方式。在医学领域，安布鲁瓦兹·巴累和约瑟夫·李斯特改变了我们处理伤口和疾病的方式。法国外科医生巴累（Paré，1510—1590）在手术中使用结扎止血，防止患者大量失血；英国外科医生李斯特（Lister，1827—1912）倡导使用石碳酸（现在称为苯酚）作为伤口和手术器械消毒的手段，大大减少了术后感染。但在这些成就之外，对放射性进行了开创性研究的物理学家和化学家玛丽·居里夫人提醒我们关注科学中的冒险，她说："我是个认为科学有大美的人。当一个科学家在实验室里时，他不仅是一名技术人员，他还像一个孩子那样面对着奇妙的自然现象。这些现象像童话故事一样给他留下了深刻的印象……如果要说我身上最重要东西是什么，那肯定是冒险精神，它和人类的好奇心一样无坚不摧。"

欢迎阅读《科学之书》，它的选题范围从基础理论到重要实践，引人入胜且发人深思。在本书中我们将遇到神秘的暗能量，也许有一天它会使星系分散，让宇宙在可怕的大撕裂中结束。我们还会看到开启了量子力学科学的黑体辐射定律、哥白尼日心宇宙学说、进化论、抗生素和元素周期表，还有蒸汽机和麻醉术都会在这本书中出现。我们将穿越时空，跨越年代，从发明青铜（约公元前 3300 年）、铁的冶炼（约公元前 1300 年）和罗马混凝土（约 126 年）发展到第一次工业合成当今世界上最常见的塑料——聚乙烯（1933 年）。在生物学领域，我们将见证小麦的种植和动物的驯化，我们还会探寻化石记录、食物链和昆虫舞蹈语言。

在一些读者看来，在一本关于科学的书中看到这么多数学条目似乎有点不寻常。确实，我是在有意地强调数学。毕竟，数学已经渗透到每个领域，在生物学、物理学、化学、经济学、社会学和工程学方面都发挥着宝贵作用。数学可以用来描述夕阳色彩的分布，也可以用来说明人类大脑的构造。数学帮助我们建造超音速飞机和过山车，模拟地球自然资源的流动，探索亚原子量子世界乃至遥远的星系，它改变了我们看待宇宙的方式。

数学在学生们的科学学习阶段也是非常重要的，它帮助学生更好地理解科学原理，帮助高中和大学的学生找出科学假设与采集到的数据之间的关系，并更好地理解科学发现的意义。在心理学、生物学、工程学、化学、物理、地质学以及更多领域的技术刊物上发表的论文中，都可以看到数学公式、计算、图表、统计和数学模型。

在历史上，数学理论有时可以预测好多年后才被证实的现象。例如，麦克斯韦方程预测了无线电波。爱因斯坦的引力场方程提示引力会弯曲光线，而且宇宙正在膨胀。物理学家保罗 · 狄拉克（Paul Dirac）曾经指出，我们现在研究的抽象数学让我们瞥见了未来的物理学。事实上，狄拉克的方程预测了后来被发现的反物质的存在。数学家尼古拉 · 罗巴切夫斯（Nikolai Lobachevsky）也有同样的看法，他说："数学的任何分支，无论它多么抽象和深奥，总有一天会被应用于描述和解释现实世界的现象。"

入选本书的每个条目都很短，最多只有几个段落。这种方式允许读者跳进去思考一个主题，而不必梳理大量的细节。在为本书选择科学"里程碑"的时候，我着重考虑的是，它是否对塑造当今世界和（或者）引导人类历史发展的长河有巨大影响。而把这些里程碑组合为一个整体，也将为读者们描绘出这些科学发现成就令人惊叹的广泛程度和多样性，以及这些里程碑对人类文明和世界观产生的重大影响。最后，我应该强调的是，这些里程碑都是从斯特林出版社（Sterling Plublishing House）的里程碑书系中选择整理的，其中包括我自己的三本书——《数学之书》《物理之书》和《医学之书》，以及《心理学之书》《生物学之书》《化学之书》《天文之书》和《工程学之书》中选出的条目。也希望读者能阅读这些里程碑系列书籍，了解这些领域的其他"里程碑"。

本书的目的和年代问题

科学发明和数学原理就在我们身边。我编写《科学之书》的目的是为广大读者提供一本关于重要的科学思想和思想家们的简要指南，它的每个条目都足够简短，你在几分钟内就能读完。大多数收录的条目都是我个人感兴趣的。遗憾的是这本书并没有包含所有伟大的科学和数学里程碑，因为那样的话这本书就会变得太厚重了。因此，在这本短短的颂扬科学成就的书卷中，我被迫省略了许多重要的科学发现。然而我还是认为，大多数具有历史意义的人物以及对科学、社会或人类思想有巨大影响的内容已被收罗在内。此外，在每个条目中都有另参见 ↘ 这一部分，可以将书中条目编织成一个相互关联的网络，也可以帮助读者在本书中搜索相关内容。

《科学之书》可能会反映出我自己知识上的短板，虽然我试着尽可能多地研究科学的各个领域，但很难在每个方面都能得心应手地阐述。我知道这本书会清楚地反映出我自己的个人兴趣、长处和弱点。我负责为本书选择关键条目，当然也对本书的任何错误和缺陷负责。

这本书是按时间顺序编排的。对于许多条目，我们采用了与理论或实物发明相关的日期。当然，在多人作出同样贡献时，条目的日期可能有一个选择的问题。通常，最好是列出最早的日期，但有时列出的日期可能只是某项发现突然表现出其重要性的时间。本书中还会出现许多较古老的年代，包括“约公元前……”，则只能是近似的年代了。因为这本书的条目按年代顺序排列，所以在寻找喜欢的内容时最好使用年代索引。

没有谁能知道科学和数学的未来将会是什么样的？在 19 世纪末，著名物理学家威廉 · 汤姆森（William Thomson），即后来的开尔文勋爵（Lord Kelvin）曾经宣布“物理学的大厦已经建成”。他没能预见到量子力学和相对论的兴起，以及这些领域给物理学带来的巨大变化。在 20 世纪 30 年代初，（发现原子核的）物理学家欧内斯特 · 卢瑟福（Ernest Rutherford）提到原子能时也竟然断言：“任何希望能从这些原子转变中获得能量的人，都是在说蠢话而已。”简而言之，要预测未来的物理学思想和应用，即使不是不可能，那也将是十分困难的事情。

最后让我们注意到，科学和数学的发现提供了一个框架，在这个框架中我们可以探索细微如亚原子领域，宏大至超星系领域的奥秘，物理学的概念则允许科学家对宇宙未来作出预测。在本书涵盖的许多领域中可以看到，哲学上的思考可以刺激推动科学上的突破。因此，这本书中的发现都是人类最伟大的成就。我认为，科学和数学培养了人类永恒的好奇心，促使我们不倦地探索思维的极限和宇宙的运行，探索我们的家园在广袤的时空宇宙中的地位。生物和医学条目也同样引导着我们思考组织和细胞的功能，并为消除人类大多数可怕的健康威胁提供了希望。

人类大脑的进化使我们可以逃脱非洲草原上狮子的追杀，但大脑可能并不是为了揭穿现实世界的重重面纱而构造的。为了揭开世界的奥秘，我们不但需要数学、科学和计算机来增补大脑的能力，甚至还需要从文学、艺术和诗歌中汲取营养。对于即将开始阅读《科学之书》的读者们，让我们从头到尾，从一个条目到下一个条目，编织起知识之网，满怀敬畏地凝视着人类思维的进化，在无边无际的想象之海上航行吧。

——克利福德 · 皮寇弗

科学之书 The Science Book

科学之书 The Science Book
科学之书 The Science Book
科学之书 The Science Book
科学之书 The Science Book
科学之书 The Science Bo
科学之书 The Science Book
科学之
e Science Book
科学之书 The Science Book
科学之书 The Science Book
科学之书 The Scien
ok
科学之书 The Science Book
科学之书 The Science Book
科学之书 T
ience Book

科学之书 The Science Book

科学之书 The Science Book
科学之书 The Science Book
科学之书 The Science Book
科学之书 The Science Book
科学之书 The Science
科学之书 The Science Book
科学之
The Science Book
科学之书 The Science Book
科学之书 The Science Book
科学之书 The Sci
Book
科学之书 The Science Book
科学之书 The Science Book
科学之书
Science Book

001

伊尚戈骨骸

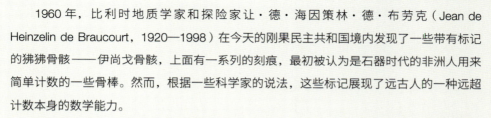

伊尚戈的狒狒骨头带有一系列的刻痕，它最初被认为是石器时代的非洲人使用的一种简单计数工具。然而一些科学家认为，这些标记展现了其主人远超计数能力的数学能力。

骰子（约公元前 3000 年），埃拉托色尼的筛法（约公元前 240 年），安提基特拉机械（约公元前 125 年），计算尺（1621 年）

约公元前 1.8 万年

1960 年，比利时地质学家和探险家让·德·海因策林·德·布劳克（Jean de Heinzelin de Braucourt，1920—1998）在今天的刚果民主共和国境内发现了一些带有标记的狒狒骨骸——伊尚戈骨骸，上面有一系列的刻痕，最初被认为是石器时代的非洲人用来简单计数的一些骨棒。然而，根据一些科学家的说法，这些标记展现了远古人的一种远超计数本身的数学能力。

这些骨头是在尼罗河源头附近的伊尚戈（Ishango）发现的，那里是旧石器时代晚期远古人的家园，后来火山爆发将这一地区掩埋了。一些骨头上分别有 3 道刻痕和加倍的 6 道刻痕，4 道刻痕和加倍的 8 道刻痕，以及 10 道刻痕和减半的 5 道刻痕。这可能意味着对加倍或减半的朴素理解。更令人惊讶的是，有的骨棒上刻痕的数目都是奇数（9，11，13，17，19 和 21）。还有一支骨棒甚至包含了 10 到 20 之间的质数，而每支骨棒上的刻痕总和为 60 或 48，它们都是 12 的倍数。

在伊尚戈骨骸之前，已经发现过一些骨头上存在的数字刻痕。例如，在斯威士兰发现的列朋波骨骸（Lebombo Bone）是一根 3.7 万年前的狒狒腓骨，有 29 道刻痕。在捷克斯洛伐克也发现过一根 3.2 万年前的野狼胫骨，上面有分为 5 组共 57 道刻痕。有人甚至大胆推测伊尚戈骨骸上的标记是石器时代的一位妇女在记录她的月经周期，进而提出了“月经创造了数学”的口号。即使伊尚戈骨骸只是一个简单的计数工具，这些数字符号似乎也标志着我们脱离了动物界，走出了符号数学的第一步。看来伊尚戈骨骸谜团的完全解读，还有待于其他类似的骨骸发现之后才有可能。■

本条目作者 克利福德·皮寇弗

小麦：生命的主粮

图中的中国农民和他数千年前的祖先一样，正挑着一担小麦。

农业（约公元前1万年），动物驯养（约公元前1万年），水稻栽培（约公元前7000年），绿色革命（1961年）

约公元前1.1万年

小麦是最早被种植并大量储藏的谷物之一，它让人类从狩猎采集时代进入了农耕时代，并协助人类建立起城邦国家，进而发展成巴比伦和亚述帝国。小麦最初是中东肥沃的新月地带和亚洲西南部的野生植物。人们根据考古学证据追溯小麦的起源，发现它原本只是野草，比如野生二粒小麦（*Triticum dicoccum*），在公元前1.1万年，人们在伊拉克采集它作为食物；还有单粒小麦（*T. monococcum*），它于公元前7800—公元前7500年生长在叙利亚地区。在公元前5000年之前，人们就已经在埃及的尼罗河谷种植了小麦，据《圣经·旧约》，约瑟夫于公元前1800年在这里监督小麦的储藏。

小麦是天然杂交种，源于各种谷物的异花授粉。在数千年的时光里，农民和培育者们将谷物交叉杂交，以最大限度地提升他们认为最可取的品质。在19世纪，各种性状优异的单基因品系被筛选培植出来。随着孟德尔遗传定律渐渐被人理解，两个品系被杂交繁育，其后代同系交配10个世代以上，以获得某些特性并使其最大化提升。20世纪见证了杂种谷物的发展和培植，它们都是基于各种理想的性状被挑选出来，这些性状包括大穗、短茎、耐寒、抗虫以及对真菌、细菌和病毒的抗性。

在最近数十年中，细菌被用来传递基因信息，以培植转基因小麦。人们研发这样的转基因作物（GMC），以获得更大的收成、降低对氮的需求，并产生更多的营养价值。2012年，面包小麦的全基因组测序完成，人们发现其含有超过96 000个基因。这标志着人们在生产改良基因小麦的过程中又迈出了重要的一步，从此，特定的优良性状可被嵌入小麦染色体特定基因位点之中。

如同水稻是亚洲膳食的主要成分一样，小麦在欧洲、北美和西亚也牢牢占据了主粮的地位。小麦是世界上最多人食用的粮食，世界小麦贸易量也大过于所有其他谷物贸易量的总和。■

本条目作者 迈克尔·C. 杰拉尔德和格洛丽亚·E. 杰拉尔德

003

农业

1867年，全美保护农业协会在美国成立，这个农民联盟的宗旨是促进团体利益与农业发展。图为1873年的海报“给协会会员的礼物”，它展现农场生活的如诗风光，以推广自己的机构。1870年，美国人口中的70%～80%都在从事农业工作，到了2008年，这个比例减少到了2%～3%。

动物驯养（约公元前1万年），水稻栽培（约公元前7000年），人工选择（选择育种）（1760年），绿色革命（1961年）

约公元前1万年

人类初始只是狩猎采集的小团体，四处寻觅浆果和其他可食用植物，而后，农业作为一种应用生物学渐渐发展成了培植和耕作庄稼。这种积极主动的行为出现在不同时代与不同区域，并依据环境条件发展出各种规模：考古证据表明，农业的起源时间可追溯至1.45万～1.2万年前的冰河时代末期。伴随着远古文明的兴起，农业最早的兴旺出现在各大河流的河谷中，每年的洪水不仅为这些河谷带来了水分，还长期提供一种天然肥料——淤泥。许多农业发源地都是这样的河谷，其中包括位于美索不达米亚的底格里斯河与幼发拉底河之间的新月沃地以及埃及的尼罗河谷，还有印度的印度河流域、中国的黄河流域等。

对于人类实行农业并得到不同成果的现象，有这样的解释：有些专家坚称农业的产生是因为人口数量始终在迅速增长，食物采集或狩猎已不能满足人们对食物的需求，当时的人类想要有计划地满足不断增长的食物需求；另一种相反观点是，农业也许并不是应粮食短缺而生，而是因为农业形成了稳定的食物来源之后，导致了一定区域内的人口显著增长。双方都可以列出证据以支持自己的观点。比如在美洲，耕作开始发展之后，村庄才开始四处涌现；而在欧洲的村庄和城镇则是在农业发展之前或同时出现。

农业的发达不仅有赖于任性的大自然为之提供良好的气候条件，还要取决于早期农民的各种能力——灌溉、轮作、施肥以及育种（有意识地选择培植那些性状更优良的植物）。用来获得野生食物的简陋工具被替换成了那些用于农业生产的工具，比如犁和动物拉动的其他工具。人类最早培育的作物包括中东的黑麦、小麦和无花果；中国的水稻和粟；印度河谷里的小麦和部分豆类；美洲的玉米、土豆、西红柿、辣椒、南瓜以及豆角；还有欧洲的小麦和大麦。■

本条目作者 迈克尔·C. 杰拉尔德和格洛丽亚·E. 杰拉尔德

动物驯养

狗全部都是由灰狼演化而来的，它们是最早被驯养的动物，在大约 12 000 年里都是人类的工作伙伴与忠诚伴侣。它们现在通常依据职责不同分类为陪伴犬、警卫犬、猎犬、牧羊犬和工作犬。

农业（约公元前 1 万年），人工选择（选择育种）（1760 年），达尔文的自然选择理论（1859 年）

约公元前 1 万年

家养动物最初发展自群居的野生物种，它们能够在圈养环境中繁殖，从而使基因得到改良，以增强那些对人类有益的品质。根据物种不同，它们可能拥有如下这些可取的品质：温顺且易于掌控；有能力生产更多的肉、羊毛或毛皮；适合拖曳、运输、防治害虫、协助劳动、陪伴或作为一种货币形式存在。

最常见的家养动物是狗（家犬），它是灰狼（*Canis lupis*）的亚种。最古老的化石遗迹表明，狗和灰狼的血统在大约 35 000 年前就分离了。家犬是最早被驯养的动物，最早的证据是在伊拉克一个山洞中发现的一块下颚骨，它的历史大约有 12 000 年。埃及绘画、亚述雕塑，以及罗马镶嵌画中的形象都表明，甚至在远古时代，家犬就已经有众多不同的大小和形态。家犬最初是被狩猎采集者驯养的，不过从那以后，它们的工作范围扩大了，除了狩猎外，还包括放牧、护卫、拉货物、协助治安及军事、帮助残障人士、作为人类的食物以及提供忠诚的友谊。现在美国育犬协会的记录中有 175 个品种，其中大多数都只有几百年历史。

在大约 1 万年前，绵羊和山羊在西南亚被驯养。在活着时，它们为庄稼提供肥料资源；死后，它们是食物、皮革和羊毛的常规供给者。研究人员长久以来都对于家马（*Equus-ferus caballus*）的来源和进化过程感到困惑，马的野生原种最初出现于 16 万年前，但现在已经灭绝了。根据考古与基因证据——包括在远古波泰文明相关地点发现了在马齿上的马具咬磨痕迹，研究人员于 2012 年推定，马的驯养史可追溯至大约 6000 年前的欧亚大草原西部（哈萨克斯坦）。这些早期的家马在驯养过程中会定期与野马交配，并提供肉类和皮革，后来它们在战争、运输和运动中都扮演了重要的角色。■

本条目作者 迈克尔 · C. 杰拉尔德和格洛丽亚 · E. 杰拉尔德

水稻栽培

稻米是世界上最重要的粮食作物，为亚洲人民提供了比例最高的热量来源。尽管这种作物通常生长在洪泛平原上（如图中的泰国地区），不过它同样也可以被栽种在荒漠上。最近的证据表明，稻米实际上可能是在亚洲、非洲和南美洲独立驯化的。

小麦：生命的主粮（约公元前 1.1 万年），农业（约公元前 1 万年），人工选择（选择育种）（1760 年）

约公元前 7000 年

水稻是世上最古老、最重要的经济粮食作物之一。它是亚洲三四十亿人口最大的卡路里来源，占据了他们热量总摄入量的 35% ～ 80%。米饭的营养价值确实很高，但并不足以保证人们对营养多样性的需求。米饭作为一种食物，在全世界范围内都很普及，这在某种程度上是因为它能生长在从洪泛平原至荒原的各种地区，且遍布于除了南极洲外的所有大陆上。中国和印度是最主要的水稻产地及消费大国。

大约在 12 000 ～ 16 000 年前，在全球潮湿的热带及亚热带地区，野生水稻就已经被人们发现，由居住在那里的史前人类采集并食用。栽培稻种的野生原型源自野生禾草，属于禾本科（又称早熟禾科）。根据遗传学证据，最近的研究报告称，中国人在 1.35 万～ 8200 年前最早开始栽培水稻。栽培技术从中国传播到印度，而后于公元前 300 年由亚历山大大帝的军队引进西亚和希腊。最受欢迎的栽培水稻是粳稻（亚洲稻，到目前为止，它也是最常见的），以及籼稻（非洲稻），这两种水稻都是由同一种植物培养而来的。

稻谷外面有一层外壳保护着内部的米粒。人们碾压种子以去掉谷壳，得到的是糙米。如果继续碾磨，就能去掉谷壳剩余的部分及米粒的外层（米糠），最后剩下精白米。糙米更有营养，它含有蛋白质、矿物质和硫胺素（维生素 B_1），而精白米主要包含碳水化合物，并且已几乎不含硫胺素。缺乏硫胺素会导致脚气病，这种疾病在亚洲地区可谓是一种历史悠久的地方病，因为亚洲人喜欢精白米。精白米可以保存更长的时间，并且历史上一直认为吃得上精白米是脱离贫困的标志。在各种谷物食品中，大米的钠与脂肪含量较低，并且不含胆固醇，因此属于健康食物。■

本条目作者 迈克尔·C. 杰拉尔德和格洛丽亚·E. 杰拉尔德

宇宙学的诞生

约公元前 3300 年，古代苏美尔人以古代尼尼微城（Nineveh）为视角的星图复制品，这是迄今为止发现的最早的天文仪器和天文数据。

古埃及天文学（约公元前 2500 年），日心宇宙学说（1543 年），望远镜（1608 年），牛顿棱镜（1672 年），哈勃空间望远镜（1990 年）

约公元前 5000 年

在希腊语中，kosmos 的意思是宇宙，因此宇宙学（Cosmology）这个现代词汇指的是研究宇宙的本质、起源、演化的学问。一般来说，一个社会的宇宙学指的是这个社会的世界观或者诸如对以下问题的思考：人类从哪里来？为什么在这里？人类要往哪里去？通过创造故事、神话、宗教、哲学，更多的是依赖近代科学，人类在历史上创造和发展了各式各样的宇宙学。

我们经常听到（或读到）这样的老生常谈——人们如何一直观测星空，或是我们遥远的祖先们一定会对着天空以这样或那样的方式深思。因为没有史前文化的记载，这些只是有趣的推测，我们无法知道史前人类是如何思考这些问题的。这就是为什么那些刻画了天文主题的古老遗迹是如此重要的，它们提供了一些真实的证据使人们理解古人如何看待宇宙。

一些学者相信现存最古老的对天空描绘的文明来自苏美尔人，在它们残存的星图或原始的天文仪器上有着可以追溯到 5000 ～ 7000 年前的记录。虽然从那时起所获得的信息片段很少，但也显示出苏美尔人对日月星辰运动的认识已经相当成熟。可能这并不惊奇，因为苏美尔人建造了最早的古代城邦，支撑这些城邦的是年复一年定居的农业文明。知道如何从天空中读出种植、灌溉、收获的时令，就可以提供稳定的食物供应，这让他们有充裕的时间去发明书写、算术、几何和代数等学问。

苏美尔人的宇宙学中最早创造了天空之神，这种思维在后来为巴比伦文明、希腊文明、古罗马和其他宇宙学家所继承。苏美尔人的宇宙学也明确地认为，在不以地球为中心的宇宙里存在多个天空和多个地球。这与现代宇宙学的世界观有着令人惊讶的共鸣，现代宇宙学认为宇宙不存在中心，大量的与地球一样的星球散布在宇宙的各个角落。■

本条目作者 吉姆 · 贝尔

007

青铜

这件古老的中国青铜钟可能是一组巨大编钟中的一枚，形状及调谐不同的钟能发出不同的乐音，对于尺寸精度要求如此严苛的青铜乐器而言，铸造技术在当时真是个巨大的难题。

铁的冶炼（约公元前 1300 年），罗马混凝土（约 126 年），贝塞麦炼钢法（1855 年）

约公元前 3300 年

作为最早有明确历史记载的金属——青铜（Bronze），它的使用大概始于公元前 3300 年的美索不达米亚（Mesopotamia）。在使用青铜之前，人们使用的是纯铜（Copper）等其他金属。但在人类掌握了青铜熔炼技术以后［即往纯铜中加入少量锡（Tin）］，人们开始对青铜青睐有加，这是因为，与纯铜相比，青铜具有更高的硬度、更好的耐久性和抗腐蚀性。然而，锡矿与铜矿往往不会在同一地点共生，这就意味着富产一种矿石地区的人们不得不从远方采购另一种矿石。正是基于此种需求，约公元前 2000 年，英国西南部康沃尔郡（Cornwall）出产的锡就开始出现在东部地中海的许多考古遗址中，而两地相距数千英里。

事实上，我们对于早期的化学家和冶金学家们如何冶炼、制备铜合金知之甚少。但有一点我们很清楚，先民们在尝试制备铜合金时几乎试遍了所有他们能找到的物质：在其熔炼的青铜合金中，我们发现了诸如“铅”（Lead）、“砷”（Arsenic）、“镍”（Nickel）、“锑”（Antimony）、贵金属［如“银”（Silver）］等各式各样的物质。而在当时，用这些物质来熔炼青铜合金尤其需要勇气——因为这些物质一旦被混熔后，就无法再被分开，而人类发明金属再提纯技术也是许多世纪以后的事了。自此，人类开始了“冶金”这一永无止境的漫长历程。随着时间推演，铜合金的熔炼工艺也不断得到精进，例如：希腊人通过添加更多的铅使制备出的青铜更易于加工，而“锌”（Zinc）的加入则制备出了各式各样的“黄铜”（Brass）。现代制造的青铜器中还常含有“铝”（Aluminum）或“硅”（Silicon），这些工艺都是古人们完全无法想象的。如果你想看看数千年前的古青铜器，那就去近距离观察那些古人们制造的打击乐器：千百年来青铜就已成为制作钟（Bell）和钹（Cymbal）的首选材料，且加入的锡越多，音色就越低沉。那么，添加砷或银会产生什么样的音色呢？尚未可知。■

本条目作者 德里克·B. 罗威

骰子

骰子最初是由动物的踝骨制成的，是最早产生随机数字的工具之一。在古代文明中，人们用骰子来预测未来，并相信骰子掷出的结果是上帝的旨意。

大数定律（1713 年），正态分布曲线（1733 年），拉普拉斯的《概率的分析理论》（1812 年）

约公元前 3000 年

现在很难想象一个没有随机数的世界。在 20 世纪 40 年代，统计中随机数的产生对于模拟核爆炸的物理学家们十分重要。今天，许多计算机互联网络也使用随机数帮助路由器调整流量，以避免网络拥塞。甚至在政治选举中，也使用随机数在潜在选民中选择无偏样本进行民意调查。

骰子最初是由有蹄动物的踝骨制成的，是最早产生随机数的工具之一。古代文明认为上帝控制着骰子的投掷结果，因此无论是从选举统治者到遗产中的财产继承分割，骰子常被用来做出关键的决定。即使在今天上帝控制骰子的说法也很常见，比如天体物理学家霍金就说过一句名言："上帝不仅掷骰子，有时还会把它们扔到看不见的地方来迷惑我们。"

已知最古老的一枚骰子是和一副 5000 年前的双陆棋一起，从伊朗东南部传说中的伯恩特城（Burnt City）遗址中被挖掘出来。这座被遗弃的城市曾有四个文明阶段，在公元前 2100 年被火灾所摧毁。在同一地点，考古学家还发现了最早的人工假眼，它曾经被安装在一个女祭司或女占卜师的脸上，催眠般地凝视着世界。

几个世纪以来，投掷骰子一直被用来教授概率论。对于有 n 个面、每个面上刻有不同数字的骰子，投出其中某个数字的概率为 $1/n$。用一枚骰子连续掷出有 i 个数的特定序列的概率是 $1/n^i$。例如，用传统骰子连续掷出 1 和 4 的概率是 $1/6^2=1/36$。同时投掷两枚传统骰子，使投出的数字之和等于给定数字的概率，等于掷出该和数的所有组合方式的数量除以所有组合方式的总数量，这就是为什么掷出的总和为 7 比掷出的总和为 2 的可能性更大的原因。■

本条目作者 克利福德·皮寇弗

009

日晷

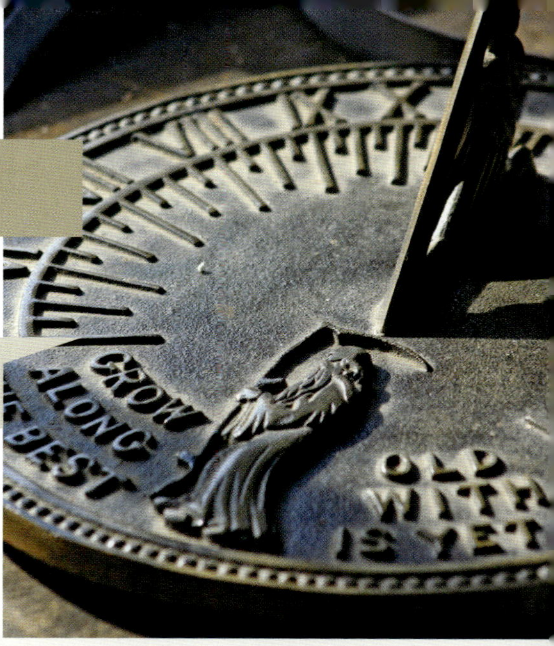

人们总是想知道时间的本质。日晷是最古老的计时仪器之一。

古埃及天文学（约公元前 2500 年），时间旅行（1949 年），放射性碳测年法（1949 年），原子钟（1955 年）

约公元前 3000 年

“不要隐藏你的天赋，它们生来就是要发挥作用的。日晷在阴影处又能有什么用呢？”

——本·富兰克林

几个世纪以来，人们一直想要弄清楚时间的本质。古希腊哲学的多数内容都涉及理解永恒的概念，而时间这一主题更是世界上所有宗教和文化的核心。17 世纪的神秘主义诗人安格鲁斯·西勒修斯（Angelus Silesius）甚至认为，精神力量可以暂停时间的流逝：“时间是你自己的造物；时钟就在你脑中滴嗒作响。一旦思考停止，那么时间也会中止。”

日晷是最古老的计时仪器之一。也许古人注意到它们投下的影子在清晨时很长，随后逐渐变短，再然后又随着傍晚的临近而变长。已知最早的日晷可追溯至公元前 3300 年左右，它被发现雕刻在爱尔兰诺斯大墓丘中的一块石头上。

用一根垂直插在地上的棍子就可以制成一个简单的日晷。在北半球，影子会沿顺时针方向绕棍子旋转，而影子的位置就可以用来标记时间的流逝。如果把这根棍子倾斜，使它指向北天极，或大致朝向北极星的位置，那么这样一个粗糙仪器的精度就会提高。如此修正后，指针的影子将不会随着季节而改变。一种常见的日晷拥有一个水平刻度盘，有时被用作花园的装饰品。因为阴影并不是均匀地在日晷盘面上旋转，所以每小时刻度的间隔并不相等。日晷可能由于各种原因而变得不准确，比如地球绕太阳运行的速度变化，夏令时的使用，以及今天的时钟时间通常是在好几个时区内人为地保持一致等。在手表出现之前，人们有时会在口袋里揣着一个可折叠的日晷，上面还附着一个用来判断正北的小磁罗盘。■

本条目作者 克利福德·皮寇弗

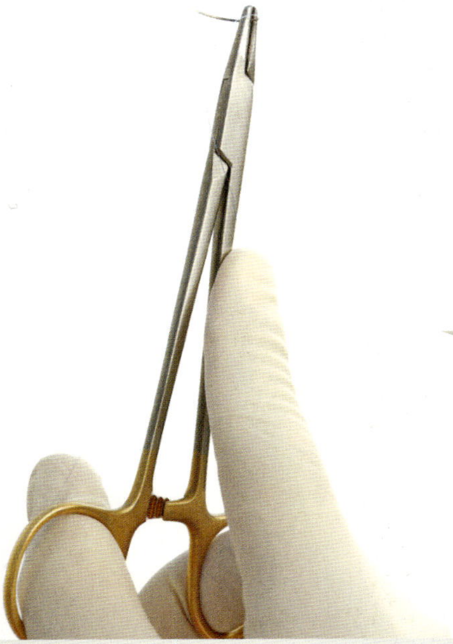

伤口缝合

盖伦（Galen，129—199）
阿-扎哈拉维（al-Zahrawi，936—1013）
约瑟夫·李斯特（Joseph Lister，1827—1912）

外科医生的手上戴着手套，拿着一把持针钳，持针钳夹着一根无损伤弧形缝合针，使用的是 4-0 非吸收单丝合成缝合线（4-0 表示缝合线的直径，0 前面的数字越大，缝合线越细）。

巴累的“合理手术”（1545 年），消毒剂（1865 年），激光（1960 年）

约公元前 3000 年

外科医生约翰·柯卡普（John Kirkup）写道：“在外科技术水平越来越高的时代，与复杂的手术操作相比，伤口缝合这种‘小事情’的重要性常常会被低估。实际上，在无菌操作规范建立之前，伤口缝合造成过很多不幸。即使在今天，一例成功的手术也取决于皮肤、肠道、骨骼、肌腱等组织是否快速愈合。而且，不管是伤口的愈合，还是疤痕的外形是否可以接受，医生都没法打包票。”

今天，外科手术中的缝合通常是指用一根连接缝合线的针，把伤口或手术切口的边缘缝合起来。但在历史上，缝合方式多种多样。古时候，针是用骨头或金属制作的。缝合伤口的线，是用蚕丝或肠线（羊的小肠）做的。有时，古人还会用体型较大的蚂蚁来缝合伤口——当蚂蚁下颚咬进皮肤，把伤口闭合起来，古人就会把蚂蚁的身体掐掉，只留下它们的头部，使其保持咬合状态。古埃及人用亚麻线和动物肌腱来缝合伤口，最早的关于这类缝合方式的记载出现在公元前 3000 年。公元 2 世纪的古罗马医生盖伦（出生于希腊的帕加马）用的缝合线，是用动物材料制作的，西班牙外科医生阿-扎哈拉维用的也是这类缝合线。英国外科医生约瑟夫·李斯特还研究了为肠线消毒的方法——这种材料可以被身体慢慢吸收掉。在 20 世纪 30 年代，一家大型肠线类缝合线生产商，一天就要消耗 26 000 根羊小肠。今天，很多缝合线都是用合成聚合物纤维制成的，有些能被身体吸收，有些则不能。而缝合用的针（无针眼），则预先和缝合线连接在一起，也就是针线一体，这样在缝合时，对身体组织造成的损伤会更小。还有使用黏合剂来封闭伤口帮助伤口愈合的。

根据用法不同，缝合线的粗细也会不同，有些线比人类的头发还细。在 19 世纪，外科医生更倾向于用一种可怕的方式——灼烧——来处理伤口，而不是缝合，因为使用缝合线会有感染的风险。■

本条目作者 克利福德·皮寇弗

011

古埃及天文学

吉萨的大金字塔，法老的墓地和北天极天堂之门的指针，在将近 4000 年的时间里都是世界上最大的人工建筑物。

宇宙学的诞生（约公元前 5000 年），日晷（约公元前 3000 年），日心宇宙学说（1543 年）

约公元前 2500 年

吉萨（Giza）的大金字塔是古埃及文明非凡技术和劳动力管理的丰碑。这些金字塔也是设计者天文技术的证明，这些技术在 4500 年前的埃及社会和宗教中占有显赫的地位。

由于地球自转轴像陀螺一样摇摆引起的缓慢移动，回溯到公元前 2500 年，北极星也不在现在的这个位置。如同我们今天的南天极附近没有亮星一样，当时的北天极也没有亮星。对法老、占星师和平民来说，夜空围绕着一个旋涡状的黑洞旋转，这里被认为是进入天堂的大门。在古埃及，这扇大门位于地平线上方大约 30°，因此，金字塔的北面从法老的主墓室通往金字塔之外的竖井被仔细地调整，最终指向这扇大门的中心。如果计划是死后升入天堂，当然应该正对着大门走进去！

埃及占星师在发展一套复杂而精确的历法系统中扮演了重要角色。这套历法在金字塔建造的时代就已经确立。新年被定义为在天空中第一次见到最亮的星——天狼星（被埃及人视为女神）——差不多出现在夏季的日出之前。一年被分为 12 个月和 360 天，每年另有额外的 5 天在年末用于祭祀和聚会。通过仔细的天文观测，记录不同日期恒星的位置，他们还知道每 4 年需要额外增加 1 天作为闰日，以保证历法与天象的运动同步。为了确定主要的宗教节日，他们还追踪了一些亮星黎明前升起的时间，这样的方法也用来预测尼罗河每年的泛滥。

金字塔本身的形状可能还代表了古埃及宇宙学的一个侧面。如同一些神话中所描述的那样，创造之神阿图姆就住在金字塔中，与陆地一起从原始的海洋里浮现出来。■

本条目作者 吉姆·贝尔

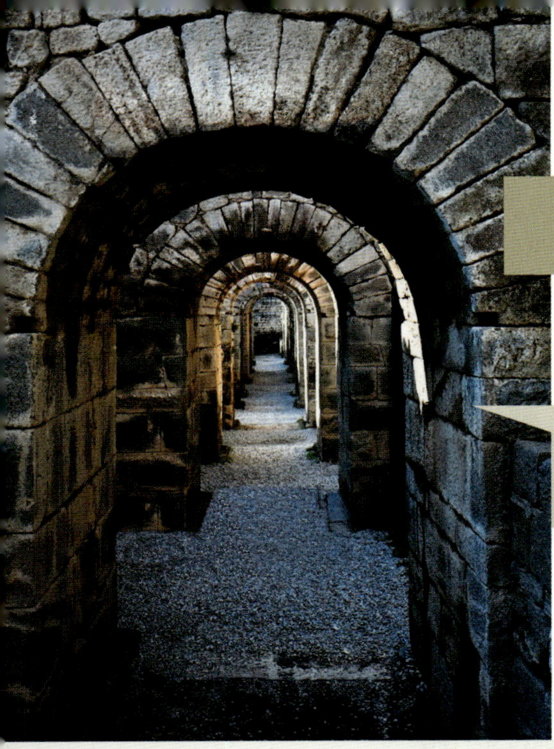

拱形

拱形能够将来自上方的沉重负荷转换成水平力和垂直力。拱形的建造通常依赖于紧密贴合在一起的楔形石块，即拱砌石，如这些古老的土耳其拱门一样。

滑轮（约公元前 230 年），齿轮（约 50 年），罗马混凝土（约 126 年）

约公元前 1850 年

在建筑学中，拱形是一种弧形结构，跨越一段空间的同时也支撑着重量。拱形也成为一种隐喻，指的是由简单部件相交而成的极端耐久性。罗马哲学家塞内加（Seneca）这样写道："人类社会就像一座拱门，其各个部分相互承担压力阻止其塌落。"据一则古老的印度谚语所说："拱形永不休息。"

现存最古老的拱形城门是以色列的阿什凯隆门，建于公元前 1850 年左右，由泥砖和石灰岩砌成。美索不达米亚的砖拱更为古老，不过它发扬光大却是在古罗马，在那里拱形被广泛应用于各种结构。

在建筑物中，拱形能够将来自上方的沉重负荷转换成作用在支柱上的水平力和垂直力。拱的建造通常取决于精确契合的楔形石块，也就是所谓的拱砌石。负荷在相邻拱砌石的表面之间以一种基本均匀的方式传导。位于拱顶的中心拱砌石叫作拱顶石。要建造一座拱的话，通常会先用一个木制框架来支撑，直到最后楔入拱顶石，将拱的结构锁死为止。一旦楔入拱顶石，拱自己就可以支撑起来。相对于早期的支撑结构来说，拱形的一项优势在于它由易于运输的拱砌石构成，且能够跨越巨大的空间。另一个优势则是，重力分布在整个拱形内，并转换成大致垂直于拱砌石底面的力。然而，这也意味着拱形的基座会受到一些侧向力，必须在拱形底部放置建材（如砖壁）来抵消。拱形的大部分力转换为施加在拱砌石上的压缩力——石材、混凝土和其他一些建材能够轻易承受的力。尽管有其他形状可供选择，但罗马人主要建造的是半圆形的拱形。在罗马高架水渠上，相邻拱形的侧向力相互抵消。■

本条目作者 克利福德·皮寇弗

013

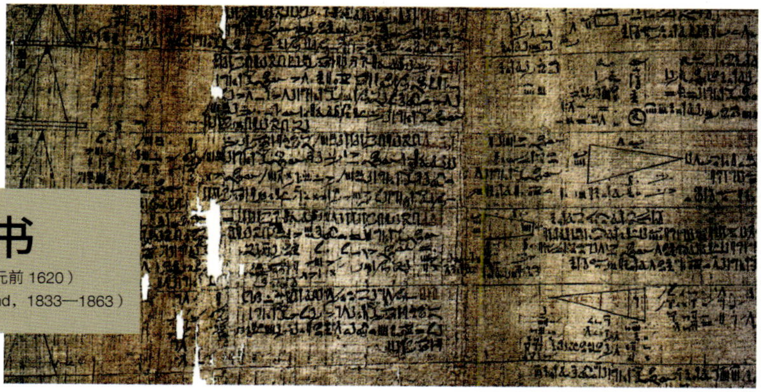

莱因德纸草书

阿姆斯（Ahmes，约公元前 1680—约公元前 1620）
亚利山大·亨利·莱因德（Alexander Henry Rhind，1833—1863）

莱因德纸草书是古埃及最重要的数学著作。这里展示的是纸草书中的一部分，其中包括了分数、算术级数、代数、几何和会计中的数学问题。

伊尚戈骨骸（约公元前 1.8 万年），毕达哥拉斯定理和毕氏三角形（约公元前 600 年），斐波那契的《计算书》（1202 年）

约公元前 1650 年

莱因德纸草书是了解古埃及数学的最重要依据。这是一幅卷轴，高约 30 厘米，长达 5.5 米，在尼罗河东岸底比斯的一座坟墓里被发现。由书记官阿姆斯用象形文字系统的僧侣字体书写。写作时间大约是在公元前 1650 年，这使得阿姆斯成为数学史上最早见诸姓名的人！卷轴中还出现了已知最早的数学运算符号——加号——用“向右走的两条腿”表示，朝要加的数字走去。

1858 年，苏格兰律师和埃及学家莱因德出于健康原因一直在埃及访问，他在卢克索的一个市场购得了这幅纸草书。1864 年莱因德纸草书被伦敦大英博物馆收藏。

阿姆斯宣称，这幅卷轴给出了“精确的计算，以了解事物，以及事物的一切知识、神奇和所有的秘密”。卷轴的内容涉及各种数学问题。包含了分数、算术级数、代数和金字塔几何学，还有用于测量、建筑和会计的各种实用数学。使人最感兴趣的是编号为 79 的问题，对该问题最初的解释令人困惑不已。

今天，许多人把问题 79 理解为一个谜题，它可能被翻译为“7 个房间里有 7 只猫，每只猫杀死 7 只老鼠，每只老鼠吃掉 7 支麦穗，每支麦穗生产了 7 赫卡特（质量单位）麦子，问总数一共是多少”？有趣的是，这种包括数字 7 和动物的谜题，历经几千年长盛不衰！在世界各地我们都能看到。在 1202 年出版的斐波那契的《计算书》中会看到类似的题目，在后来的《圣艾夫斯拼图》中也有一首关于 7 只猫的古老英国民谣。■

本条目作者 克利福德·皮寇弗

铁的冶炼

图为现代高炉炼铁，现代生产规模肯定已经超出了古代工匠的想象。但无论对于何种工艺来说，炼铁一直都是一个高耗能的过程。

青铜（约公元前3300年），贝塞麦炼钢法（1855年），塑料（1856年）

约公元前1300年

在人类发展史上，铁器时代（Iron Age）取代了青铜时代（Bronze Age），这可能会让你产生某种误解——以为铁一定具有比青铜更为明显的优越性。事实上，上好青铜的硬度比铁更高，也更加耐腐蚀。铁器时代的到来主要归因于公元前1300年地中海和中东地区发生的战乱，这些战乱造成了大规模人口迁徙，使不同地区间的金属贸易被完全打乱，青铜冶炼也就失去了赖以生存的根基。相比之下，铁矿石虽更易得，但冶炼铁矿石难度也更大——冶炼铁矿石用的炉子需要耐受更高的温度，同时还须辅以鼓风。因此先民们炼铁就像是一场季节性活动，建造炉子时也得考虑如何利用季风或其他可靠的风源。真正从公元前1300年流传至今的铁器确实有，但已非常罕见，它们当中的很多物件都不是用地球自产的铁矿石冶炼，而是用陨石中的固态镍铁制作而成的，由此可以判断这些铁器在当时一定是十分昂贵的器物。

在自然界中，铁因与氧气反应而“生锈”，生成铁的氧化物（Iron Oxide），而熔炼铁矿石则基本上是生锈的逆向过程。最早期的炼铁装置往往就是一台装有进气管的黏土炉或石头炉，称为锻铁炉（Bloomery）。当木炭和铁矿石在炉中被同时加热时，在炉子底部就会生成“铁坯”（Bloom），由于铁坯在成材之前还需历经多次加热和锻打以除去杂质，所以炼铁的确是个力气活儿！后来，炼铁工艺的广泛流传，原始炼铁遗址在印度与撒哈拉以南非洲的历次考古中都有独立发现。如今，古老的鼓风炉已演化成现代高炉——铁矿石从炉顶连续进料，炉内使用温度极高的一氧化碳气体来取代氧气——其实，类似的工艺改进早在公元前2世纪—公元前1世纪的中国就出现了。此外，铁的性质还可以通过掺入其他元素进行改进。比如：在铁中混入碳元素会使铁变成钢（Steel）。而钢各方面的性能都比铁要优越，但是炼钢工艺对操作工人的要求更高：掺碳太少只能得到软质的熟铁，而掺碳过高又只能得到硬度高但脆性很大的生铁。在当代冶金工业中，人们可以生产适用于不同场合的各式各样的铁合金或钢材，细分品种不计其数。■

本条目作者 德里克·B. 罗威

015

奥尔梅克罗盘

迈克尔·科（Michael D. Coe，1929— ）
约翰·卡尔森（John B. Carlson，1945— ）

在一般的定义中，磁石是指一种天然磁化的矿物，比如古人用于制造磁性罗盘的矿石块。这里展示的是由史密森学会管理的美国自然博物馆宝石厅内的一块磁石。

安培电磁定律（1825 年），法拉第电磁感应定律（1831 年），电报系统（1837 年），放射性碳测年法（1949 年）

几个世纪以来，领航员一直使用带有磁性指针的罗盘来确定地球的北磁极。中美洲的奥尔梅克罗盘可能是已知最早的罗盘。奥尔梅克是大约公元前 1400—公元前 400 年位于墨西哥中南部的一个前哥伦布古文明，以火山岩雕刻而成的巨大头像艺术品而闻名。

美国天文学家约翰·卡尔森对一次发掘的相关地层使用了放射性碳测年法，确定了一块扁平抛光的长条形赤铁矿（氧化铁）源于大约公元前 1400—公元前 1000 年。卡尔森推测奥尔梅克人用这件东西来指示方向，用于占星术和风水，以及墓地选址。奥尔梅克罗盘就是一个抛光的磁石（磁化矿物）棒的一部分，其一端有一道可能是用于瞄准的凹槽。需要注意的是，古代中国人在 2 世纪之前就发明了罗盘，而在 11 世纪才被用于航海。

卡尔森在《谁先发明了磁石罗盘：中国人还是奥尔梅克人？》（*Lodestone Compass: Chinese or Olmec Primacy?*）一书中写道：

鉴于 M-160 的独特形态（抛光的磁石棒，还带有一道凹槽）和成分（磁性矿物，其漂浮平面中有磁矩矢），并且根据史料考证奥尔梅克人是拥有复杂文明，掌握先进的铁矿加工知识和技术，所以我认为即使 M-160 不能算是一阶罗盘，称它为零阶罗盘也是当之无愧的。这样一个指针用于指向天体（零阶罗盘）还是指向地磁南北（一阶罗盘）的问题仍然难以定论。

20 世纪 60 年代末，耶鲁大学考古学家迈克尔·科在墨西哥韦拉克鲁斯州的圣洛伦索发现了奥尔梅克棒，1973 年卡尔森用软木垫让它漂浮在水银或水上，对它进行了检测。■

约公元前 1000 年

本条目作者 克利福德·皮寇弗

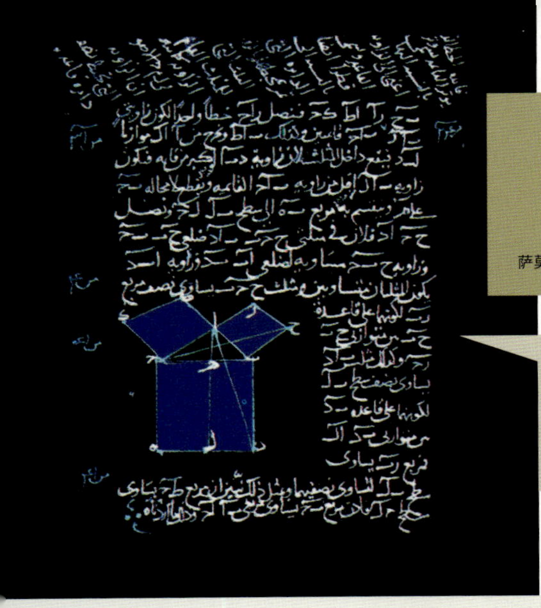

016

毕达哥拉斯定理和毕氏三角形

波哈亚纳（Baudhayana，约公元前 800 年）
萨莫斯的毕达哥拉斯（Pythagoras of Samos, 约公元前 580—约公元前 500）

波斯数学家阿图西（Al-Tusi，1201—1274）给出了欧几里得关于毕达哥拉斯定理的一个证明。阿图西是一位多产的数学家、天文学家、生物学家、化学家、哲学家、医生和神学家。

柏拉图多面体（约公元前 350 年），黄金比率（1509 年），笛卡尔的《几何学》（1637 年）

约公元前 600 年

今天有的小朋友最先从米高梅 1939 年电影《绿野仙踪》稻草人的口中听到毕达哥拉斯定理，在电影中稻草人终于得到了一个大脑，并背诵了著名的毕达哥拉斯定理。可惜的是稻草人背诵的内容是完全错误的！

毕达哥拉斯定理指出，对于任何直角三角形，斜边长 c 的平方等于两个较短边长 a 和 b 的平方和，写成公式为：$a^2+b^2=c^2$。这个定理的证明方法比其他任何定理都要多，在利沙・斯科特・卢米斯（Elisha Scott Loomis）的《毕达哥拉斯命题》一书中就收罗了多达 367 个证明。

毕氏三角形是具有整数边长的直角三角形。边长“3-4-5”就是一个毕氏三角形——直角边长为 3 和 4，斜边长为 5，这是唯一一个三边为连续整数的毕氏三角形，也是唯一具有整数边长，而且边长之和（12）等于其面积（6）的两倍的毕氏三角形。在“3-4-5”之后，下一个直角边为连续整数的毕氏三角形是“21-20-29”，第十个这样的毕氏三角形就很大了，它是“27 304 197-27 304 196-38 613 965”。

1643 年，法国数学家皮埃尔・德・费马（Pierre de Fermat，1601—1665）提出一个问题：能否找到一个毕氏三角形，它的斜边 c 和两条直角边的和（$a+b$）的值都是完全平方数。令人吃惊的是，满足这些条件的最小的 3 个数字是 4 565 486 027 761、1 061 652 293 520 和 4 687 298 610 289。由此看来，下一个这样的三角形将是如此之“大”，它的边长将超过地球到太阳的距离！

尽管通常将毕达哥拉斯当成这个定理的发明者，但证据表明，这个定理是由印度数学家波哈亚纳在公元前 800 年左右，在他的著作《波哈亚纳・苏尔巴经》（*Baudhayana Sulba Sutra*）中提出来的。此外，古巴比伦人可能更早就知道毕达哥拉斯三角形了。■

本条目作者 克利福德・皮寇弗

017

污水处理系统

这是豪斯戴德罗马城堡的厕所，从邻近的水箱流出的水，可以把排泄物冲走。这座城堡设在哈德良长城上，位于古罗马的不列颠尼亚行省内。

人体内的“动物园”（1683 年），塞麦尔维斯：教会医生洗手的人（1847 年），消毒剂（1865 年），水的氯化（1910 年）

约公元前 600 年

由于污水和被污水污染的水源会导致很多疾病，所以关于污水处理系统的发展，是应该在本书中占有一席之地的。比如在今天的美国，污水可能导致的疾病威胁着很多人的健康：弯曲菌病（campylobacteriosis，美国最常见的一种腹泻疾病，由弯曲杆菌引发，这种细菌可以扩散到血液中，可以在免疫力低下的人群中造成致命的感染）、隐孢子虫病（cryptosporidiosis，由微小隐孢子虫引起的传染病，症状包括腹痛、水泻、呕吐及发热）、致泻性大肠杆菌（diarrheagenic *E. coli*，多种可以引起腹泻的大肠杆菌）、脑炎（encephalitis，由蚊子传播的病毒性疾病，蚊子通常会在被污水污染的水源中产卵）、病毒性胃肠炎（viral gastroenteritis，病原体包括轮状病毒等多种病毒）、水源性贾第虫病（giardiasis，由单细胞寄生虫肠贾第虫引发）、甲型肝炎（hepatitis A，由病毒导致的肝脏疾病）、钩端螺旋体病（leptospirosis，由钩端螺旋体导致的疾病）、高铁血红蛋白血症（methaemoglobinaemia，也称蓝婴综合征，发病原因通常是婴儿喝了被污水污染的、硝酸盐过高的井水）。

其他可能由污水导致的疾病还包括脊髓灰质炎（poliomyelitis，由病毒导致）以及一系列由细菌导致的疾病：沙门氏菌病（salmonellosis）、志贺氏菌病（shigellosis）、副伤寒（paratyphoid fever）、伤寒（typhoid fever）、耶尔森菌病（yersiniosis）和霍乱（cholera）。

关于污水处理系统，最早可以追溯到公元前 600 年，也就是马克西姆下水道（Cloaca Maxima，也译作大下水道）最初竣工的时间。大下水道是世界上最知名的早期下水道系统之一，修建于古罗马时代，用来抽排城市内的积水，同时把废水导向台伯河（River Tiber）。不过，在古代印度、史前的中东、克里特岛（希腊第一大岛）和苏格兰，还有更古老的污水处理系统。今天，污水处理包括多种流程，比如需要多次过滤，并在特定地点利用微生物对废水中的污染物进行生物降解，最后还要进行消毒，在有效降低水中的微生物数量后，才能把经过处理的水排放到环境中。

消毒剂通常包括氯化物、紫外线和臭氧。有时，还需要使用一些化学物质，降低水中氮和磷的含量。在污水处理系统诞生之前，城市居民通常直接将垃圾倒在大街上。■

本条目作者 克利福德·皮寇弗

亚里士多德的《工具论》

亚里士多德（Aristotle，公元前 384 — 公元前 322）

018

意大利文艺复兴时期的艺术家拉斐尔（Raphael）创作的这幅梵蒂冈壁画《雅典学院》中，描绘了亚里士多德（右），他抱着自己的著作《伦理学》，紧挨的是柏拉图。此画创作于 1510—1511 年。

欧几里得的《几何原本》（约公元前 300 年），贝叶斯定理（1761 年），哥德尔定理（1931 年）

约公元前 350 年

亚里士多德是古希腊哲学家和科学家，是柏拉图的学生，也是亚历山大大帝的老师。《工具论》（*Organon*）是亚里士多德的六部逻辑著作的合集，包括了《范畴篇》《前分析篇》《解释篇》《后分析篇》《辩谬篇》和《论辩篇》。以上 6 篇的顺序是由罗德岛的安德罗尼克斯（Andronicus of Rhodes）在公元前 40 年左右排定的。虽然柏拉图和苏格拉底（Socrates，约公元前 470—约公元前 399）也研究逻辑主题，但亚里士多德的工作将逻辑分析系统化，在西方世界引领了科学论证方法长达两千年之久。

《工具论》的作用不是告诉读者什么是真实的，而是给出了如何探索真理，如何理解世界的方法。亚里士多德的工具箱中的主要工具是“三段论”，一种 3 个步骤的演绎推理法。如“所有的女人都是凡人；埃及艳后是一个女人；因此，埃及艳后是凡人”。如果这两个前提为“真”时，我们知道结论必然为“真”。亚里士多德还区分了“特殊性”和“一般性”。埃及艳后是一个特殊性术语，而女人和凡人则是一般性术语。当“一般性”被使用时，在它们的前面会用到限定语“所有”“一些”或“不是”来修饰。亚里士多德分析了“三段论”的各种表达方式，并指出了其中哪些才是正确有效的。

亚里士多德还将他的分析扩展到模态逻辑的“三段论”，即包含“可能”或“必然”等虚拟语态词汇的陈述中。现代数学逻辑在亚里士多德基础上有所发展，将他的工作扩展到更多类型的句子结构中，包括表达更复杂的关系或涉及多个限定词的句子，如“没有女人喜欢所有那些不喜欢某些女人的女人”。无论如何，亚里士多德致力于系统地发展逻辑学被认为是人类最伟大的成就之一，他为数学的各个领域建立严密的逻辑提供了原动力，甚至影响了神学家寻求理解现实的过程。■

本条目作者 克利福德·皮寇弗

柏拉图多面体

柏拉图（Plato，约公元前 428—公元前 348）

传统的十二面体是一个多面体，有 12 个正五边形的面。本图显示的是保罗·尼兰德（Paul Nylander）绘制的双曲十二面体的近似图形，它的每个面都是球面的一部分。

毕达哥拉斯定理和毕氏三角形（约公元前 600 年），欧几里得的《几何原本》（约公元前 300 年），超立方体（1888 年）

柏拉图多面体*是一个三维凸多面体，每个面都是相同的，边长相等，内角相等的正多边形。柏拉图多面体的每个顶点有相同数量的面在此交会。最著名的柏拉图多面体就是立方体，它的面是 6 个相同的正方形。

古希腊人意识到并证明了只能构造出 5 种柏拉图多面体：正四面体、立方体、正八面体、正十二面体和正二十面体。例如，正二十面体有 20 个等边三角形的面。

公元前 350 年左右，柏拉图在《蒂迈欧篇》描述了这 5 种柏拉图多面体。他对它们的美感和对称性深感敬畏，而且还认为这些形体对应了组成宇宙的 4 种基本元素。特别地讲，也许是因为正四面体的边缘锐利，因而代表了“火”元素；正八面体代表了空气即“气”元素；“水”元素对应正二十面体，它最光滑；“土”元素由立方体所代表，因为它看上去四平八稳，坚固而结实。至于正十二面体，柏拉图则认为上帝用它来决定天空中星座的排列。

来自萨摩斯的毕达哥拉斯是著名的数学家和神秘主义者，他生活在公元前 550 年左右，和释迦牟尼与孔子同时代。他很可能知道 5 种柏拉图多面体中的 3 个（立方体、正四面体和正十二面体）。至少在柏拉图之前的一千年，在苏格兰新石器时代晚期先民居住的地区，就发现了略显圆滑的柏拉图多面体石球。德国天文学家约翰尼斯·开普勒（Johannes Kepler，1571—1630）用相互嵌套的柏拉图多面体构建了太阳系的模型，试图描述和解释行星围绕太阳的轨道。尽管后来证明他的理论是完全错误的，但他仍是最先对天体现象进行几何解释的科学家之一。■

约公元前 350 年

* 国内的几何课本称之为“正多面体”。——译者注

本条目作者 克利福德·皮寇弗

欧几里得的《几何原本》

亚历山大的欧几里得（Euclid of Alexandria，
约公元前 325 —约公元前 270 ）

图中展示的是大约在公元 1310 年由巴斯的阿德拉（Adelard of Bath）翻译的欧几里得《几何原本》封面图，这是《几何原本》现存最古老的从阿拉伯语翻译而来的拉丁文译本。

毕达哥拉斯定理和毕氏三角形（约公元前 600 年），亚里士多德的《工具论》（约公元前 350 年），笛卡尔的《几何学》（1637 年），非欧几里得几何（1829 年）

约公元前 300 年

几何学家欧几里得是生活在古埃及的希腊人，他的著作《几何原本》是数学史上最成功的教科书之一。他在介绍平面几何时指出，所有这些几何定理都可以从 5 个简单公设中推导出来，其中一个公设是，通过任意两点只能画出一条直线。另一个著名的平行公设则指出，给定一个点和一条直线，通过这个点只能作出一条直线平行于已知直线。在 19 世纪，数学家们才终于发现了不再需要平行公设的非欧几里得几何学。欧几里得发展了通过逻辑推理证明数学定理的方法，不仅奠定了几何学的基础，而且进一步为所有与逻辑和数学证明相关的其他领域提供了方法论。

《几何原本》由 13 本书组成，涵盖了平面几何学、立体几何学、比例学和数论等内容。《几何原本》是印刷机出现后出版的首批书籍之一，并作为大学课程的一部分使用了许多世纪。自 1482 年《几何原本》首次印刷以来已有一千多种版本。尽管书中各种结论的证明可能并不完全是欧几里得本人最先完成的，但其清晰的组织和风格使这本著作长盛不衰。数学史专家托马斯・希思（Thomas Heath）称《几何原本》是“有史以来最伟大的数学教科书”。后世的伽利略、牛顿等著名科学家都曾受到《几何原本》的深刻影响。哲学与逻辑学家伯特兰・罗素（Bertrand Russell）写道：“在十一岁的时候，我在哥哥的指导下开始学习欧几里得。这是我人生中的大事之一，没想到那种感觉就像初恋一样光彩夺目。”诗人埃德娜・圣・文森特・米莱（Edna St. Vincent Millay）写道：“只有欧几里得能看见纯粹的美。”■

本条目作者 克利福德・皮寇弗

021

阿基米德的浮力原理

阿基米德（Archimedes，约公元前 287—约公元前 212）

当蛇颈龙（已经灭绝的爬行动物）在海里潜游时，它们的总重量等于它们排开水的重量。在蛇颈龙化石胃部发现的胃石可能有助于控制沉浮。

重力加速度（1638 年），牛顿运动定律和万有引力定律（1687 年），伯努利流体动力学定律（1738 年）

约公元前 250 年

想象一下你正在称量一个物体，比如一个未煮过的新鲜鸡蛋，沉在厨房的水槽里。如果你把鸡蛋放在秤上称量，按照秤上显示的重量，鸡蛋在水里称会比从水槽里拿出来称要轻。水施加了一个向上的力，支撑着鸡蛋的部分重量。如果我们对密度较低的物体进行同样实验，这种力会更加明显，比如软木做的立方体，它会部分沉浸在水中漂浮在水面。

水施加在软木上的力被称为浮力，对于摁在水下的软木，向上的力大于它的重量。浮力取决于液体的密度和物体的体积，而与物体的形状或组成物体的材料无关。因此，在我们的实验中，无论鸡蛋是圆是方都无关紧要。同样体积的鸡蛋和木头在水中受到的浮力相同。

根据阿基米德浮力原理（以希腊数学家和发明家阿基米德命名，他因几何和流体静力学方面的研究而闻名），一个完全或部分浸在液体中的物体被一种与被排开的液体重量相等的力向上托起。

再举一个例子，把一小颗铅球放在浴缸里，铅球的重量远大于它排开的水的重量，所以铅球下沉。一艘木制赛艇排开的水的重量足够大，因此赛艇是漂浮着的。水下航行的潜艇排开的水的重量正好等于潜艇的重量。换句话说，潜艇的总重量——包括人员、金属艇身和艇内的空气——等于被它排开的海水的重量。■

本条目作者 克利福德·皮寇弗

圆周率 π

阿基米德（Archimedes，约公元前 287—约公元前 212）

圆周率约等于 3.14，它是圆的周长与直径的比值。古代的人们可能会注意到，车轮每旋转一周，手推车大约向前移动 3 倍车轮直径的距离。

黄金比例（1509 年），欧拉数 e（1727 年），超越数（1844 年）

约公元前 250 年

以希腊字母 π 为标志的圆周率是圆的周长与直径的比值，近似等于 3.14 159。也许远古时代的人们就观察到，车轮每转动一周，小车向前移动的距离大约是车轮直径的 3 倍，这表明古人认识到圆周长是直径的 3 倍左右。古巴比伦的一块石碑上写着，圆和它的内接正六边形的周长之比为 1:0.96，这意味着圆周率 π 的值为 3.125。古希腊数学家阿基米德（约公元前 250 年）最先给我们提供了一个精确的数字范围：他认为 π 值在 223/71 和 22/7 之间。威尔士数学家威廉·琼斯（William Jones，1675—1749）在 1706 年引入了符号 π 代表圆周率，其灵感很可能是因为希腊词汇“边缘”（periphery）以字母 π 打头。

π 是数学中最著名的比率，在地球上如此，可能在宇宙中任何先进文明中都是如此。它的十进制小数无穷无尽，而且排列规则无章可循。一台计算机能以多快的速度计算 π 已经成了衡量计算机运算能力的一种有趣方法，今天我们已经知道超过万亿位数的 π 值。

我们通常把 π 与圆联系起来，17 世纪以前的人们也是如此。然而，在 17 世纪以后，π 有了脱离圆周的存在方式。随着各种曲线（例如各种拱线、摆线和箕舌线等）的发明和研究，发现与它们相关的面积常常需要用 π 来表示。到后来，π 似乎完全脱离了几何学，难以解释的是，在数论、概率论、复数和简单的分数级数中都可以看到 π 的身影，例如公式：$\pi/4=1-1/3+1/5-1/7+\cdots$。2006 年，日本退休工程师原口明（Akira Haraguchi）创造了背诵 π 的世界纪录，他能正确背诵出十万位数的 π 值。■

本条目作者 克利福德·皮寇弗

023

埃拉托色尼测量地球

埃拉托色尼（Eratosthenes，约公元前 276—约公元前 194）

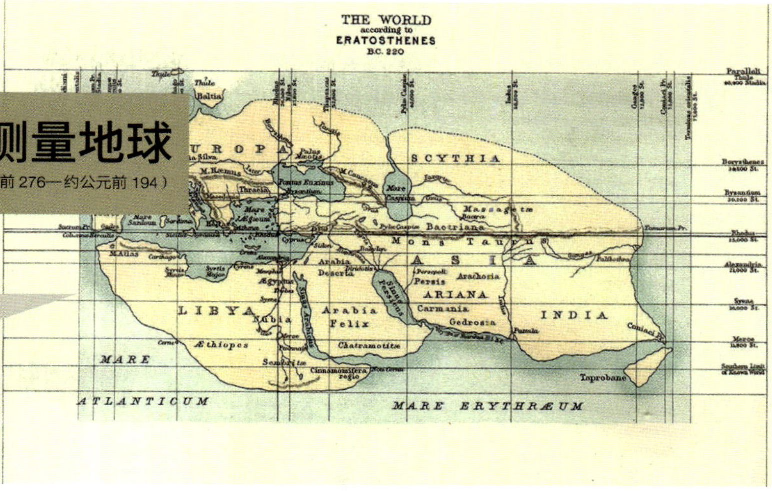

埃拉托色尼世界地图（1895 年重制）。埃拉托色尼在没有离开埃及的情况下就测量了地球的周长。古代和中世纪的欧洲学者通常认为世界是球形的，尽管他们不知道有美洲的存在。

日晷（约公元前 3000 年），望远镜（1608 年），测量太阳系（1672 年）

约公元前 240 年

据作家道格拉斯·哈伯德（Douglas Hubbard）所说："我们的第一位测量学导师做了一件他那个时代很多人认为是不可能做到的事情。一位名叫埃拉托色尼的古希腊人完成了首次有记录的地球周长测量。他没有使用精确的测量仪器，当然也没有激光和卫星……"不过，埃拉托色尼知道埃及南部城市赛伊尼有一口特别的深井。在一年中的某一天正午，这口井的底部会完全被太阳照亮，所以此时的太阳就在正上方。他还意识到，在同一时间的亚历山大城，物体会投下阴影，这表明地球是球形而非平面的。埃拉托色尼假设太阳光本质上是平行光，同时他知道亚历山大城的影子形成的角度是圆周的 1/50。因此，他断定地球的周长是亚历山大到赛伊尼距离的大约 50 倍。对埃拉托色尼测量精确性的评估涉及很多因素，如古代测量单位到现代测量单位的转换等，但通常认为他的测量误差在地球实际周长的几个百分点之内。当然，他的估算比同时代的其他估算要准确得多。今天，我们知道地球赤道周长大约是 24 900 英里（40 073 千米）。有意思的是，如果不是哥伦布忽略了埃拉托色尼的结果，从而低估了地球的周长，那么向西航行直抵亚洲这一目标可能会被认为是一项不可能完成的任务。

埃拉托色尼出生于昔兰尼（位于今利比亚），后来成为亚历山大图书馆（The Great Library of Alexandria）的馆长。他的著名成就还包括建立了科学的年代表（致力于确定正确比例的时间间隔内历史事件发生日期的系统），以及发展了寻找质数（只能被自己和 1 整除的大于 1 的自然数，例如 13）的简单算法。埃拉托色尼晚年双目失明，绝食而死。■

本条目作者 克利福德·皮寇弗

埃拉托色尼的筛法

埃拉托色尼（Eratosthenes，约公元前 276—约公元前 194）

这是波兰艺术家安德里亚斯·古斯科斯（Andreas Guskos）将数千个质数连接起来，在不同的表面上排成纹理创作的当代艺术作品。该作品被命名为“埃拉托色尼”。希腊数学家埃拉托色尼最先开发了一种著名的质数测试方法。

伊尚戈骨骸（约公元前 1.8 万年），黎曼假设（1859 年），质数定理的证明（1896 年），公钥密码学（1977 年）

约公元前 240 年

质数是一个大于 1 的正整数，它只能被它本身或 1 整除，如 5 或 13。数字 14 不是质数，因为 14=7×2。2000 多年来，质数一直让数学家们为之痴迷。在公元前 300 年左右，欧几里得证明，不存在“最大质数”，并且质数的数量是无限的。但我们如何判断一个数是不是质数呢？大约在公元前 240 年。希腊数学家埃拉托色尼开发了第一个著名的质数测试方法，我们今天称之为埃拉托色尼的筛法。特别是，筛法可以用来找到指定整数以内的所有质数。（埃拉托色尼是一个充满探索进取精神的人。他曾担任过著名的亚历山大图书馆馆长，他还在历史上首次对地球直径作出了科学的估计。）

法国神学家兼数学家马林·梅森（Marin Mersenne，1588—1648）也对质数痴迷不已，他试图找到一个公式来表示所有的质数。虽然他没有找到这样的公式，但他提出了形为 2^p-1（其中 p 是质数）的梅森数公式，一直到今天仍然是有趣的研究课题。当 p 本身为质数时的梅森数最容易被证明是质数的一类数，而且它们通常是人类已知的最大质数。已知的第四十五个梅森质数（$2^{43\,112\,609}-1$）是在2008年发现的，它包含了12 978 189位数！*

今天，质数在公钥密码算法中起着重要的作用。可以帮助人们安全传送信息。对于纯粹的数学家来说更重要的是，质数一直是历史上许多有趣而未解的猜想的核心问题。包括“黎曼假设”，它涉及质数的分布规律；还有“哥德巴赫猜想”，它猜测每个大于 2 的偶数都可以写成两个质数之和。■

* 2017 年 12 月 26 日，第五十个梅森质数被发现，$M_{77\,232\,917}=2^{77\,232\,917}-1$。——译者注

本条目作者 克利福德·皮寇弗

025

滑轮

阿基米德（Archimedes，约公元前 287—约公元前 212）

一艘老式游艇上的滑轮系统特写。穿过滑轮的绳索能改变作用力的方向，使移动一个物体变得更容易。

齿轮（约 50 年），重力加速度（1638 年），牛顿运动定律和万有引力定律（1687 年）

约公元前 230 年

滑轮是一种通常由轮子和轮轴组成的机械。举例来说，当人或机器升起或拉动重物时，把绳索套在轮子上，就可以改变作用力的方向。滑轮的发明使得拉动负荷变得更容易，因为它可以减少所需的作用力。

滑轮可能诞生于史前时代，当时人们发现把绳索抛过一根水平的树枝，就可以用它来升起重物。作家肯德尔·黑文（Kendall Haven）写道："到公元前 3000 年时，埃及和叙利亚就出现了带槽（这样绳索就不会滑脱）的滑轮。希腊数学家和发明家阿基米德在公元前 230 年发明了复合滑轮——它组合多个轮子和多股绳索来升起一个物体——从而使一个人的升力倍增。现代滑轮组和滑车组就是复合滑轮的应用实例。"

滑轮的工作方式看起来不可思议，因为它能降低对所需绳索在坚韧和粗细方面的要求，也能减少所需的力。事实上，根据传说以及希腊历史学家普卢塔赫（Plutarch）的著作记载，阿基米德可能曾用复合滑轮以最小的力气就拉动了沉重的船只。当然，滑轮没有违反任何自然规律。它做的功（力乘以移动距离）是不变的，也就是说，使用滑轮可以减少拉力，但增加了拉动的距离。在实际应用中，过多的滑轮增加了滑动摩擦，也因此当使用的滑轮超过一定数量之后，滑轮系统的效率会降低。在通过计算来判断使用滑轮系统所需要的力时，工程师们通常会假设滑轮和绳索的重量比被移动物体的重量轻，且其重量可以忽略。纵观历史，滑轮组和滑车组系统在帆船上特别常见，因为在船上并不能随时找到其他机械辅助工具。■

本条目作者 克利福德·皮寇弗

026

安提基特拉机械

瓦利里奥斯·斯泰斯（Valerios Stais，1857—1923）

安提基特拉机械是一种古老的齿轮计算装置，用于计算天文位置。X 射线照片已经揭示了这台机械的内部结构信息。[图片由林·范德魏加雷特（Rien van de Weijgaert）提供。]

开普勒行星运动定律（1609 年），计算尺（1621 年），ENIAC（1946 年）

约公元前 125 年

安提基特拉机械是一种用于计算天文位置的古老齿轮计算装置，它的实际用途曾经使科学家困惑了一个多世纪。考古学家瓦利里奥斯·斯泰斯于 1902 年前后在希腊岛屿安提基特拉沿海的一艘海难沉船中发现了它，认为是在大约公元前 150—公元前 100 年制造的。记者乔·马钱特（Jo Marchant）写道："在随后运往雅典的打捞文物中有一块形状不规则的石头，起先没有人注意到，直到它被打开，露出青铜齿轮、指针和细小的希腊铭文——这是一台精密的机械，由精确分割的刻度盘、指针和至少 30 个互相啮合的齿轮组成，在中世纪欧洲天文钟建造前的一千多年历史记录中再没有出现过比它更复杂的东西。"

这台装置前面的表盘上可能装有至少 3 个指针，一个指示日期，另两个指示太阳和月球的位置。它也可能被用来跟踪古代奥林匹克运动会的日期、预测日食以及指示其他行星的运动等。

让物理学家特别兴奋的是，关于月球的机械装置使用了一组特殊的青铜齿轮，其中两个齿轮连在一个轻微偏移的轴上，用来指示月球的位置和月相。正如今天我们从开普勒行星运动定律中所得知的那样，月球在绕地球轨道运行时速度会发生变化（例如在接近地球时运行较快），这种速度差也被安提基特拉机械模拟出来，尽管古希腊人并没有意识到实际的轨道是椭圆形的。此外，地球离太阳越近时运行速度越快。

马钱特写道："转动盒子上的手柄，你可以让时间前进或后退，看到今天、明天、上周二或一百年后的宇宙状态。无论谁拥有这台装置，他一定觉得自己好像是天堂的主人。" ■

本条目作者 克利福德·皮寇弗

027

齿轮

亚历山大的希罗（Hero of Alexandria，约 10—约 70）

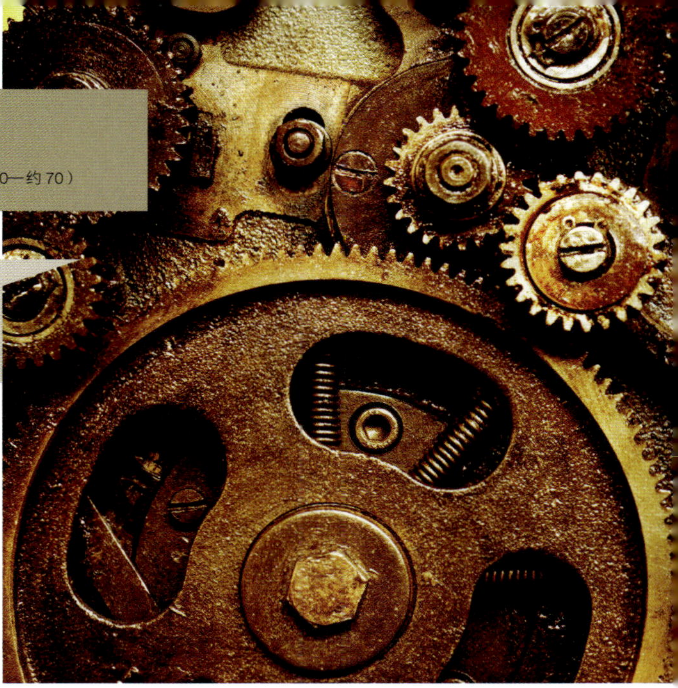

图说齿轮在历史上扮演了重要的角色。齿轮机械可以增强作用力或扭矩，也有助于改变力的速度和方向。

滑轮（约公元前 230 年），能量守恒（1843 年），蒸汽轮机（1890 年）

约 50 年

带有相互啮合齿的旋转齿轮在技术史上发挥了至关重要的作用。齿轮机械不仅对增加作用扭力或扭矩很重要，在改变速度和力的方向上也很有用。最古老的机械之一是制陶工的转轮，与之相关的原始齿轮可能存在了数千年。公元前 4 世纪，亚里士多德曾写道，轮子利用光滑表面之间的摩擦力来传递运动。制造于公元前 125 年左右的安提基特拉机械采用齿轮来计算天文位置。最早关于齿轮的一份书面资料是由亚历山大的希罗在公元 50 年左右撰写的。随着时间的推移，齿轮在磨坊、钟表、自行车、汽车、洗衣机和钻机中发挥着重要作用。由于它们在放大力方面非常有用，早期的工程师用它们来提升沉重的施工荷载。古代的纺织机器由马的拖动或水的流动来提供动力，这时齿轮组的变速特性就派上了用场。这些能源供给的转速往往不够，所以一套木制齿轮被用来提高纺织生产的速度。

当两个齿轮啮合时，转速比 s_1/s_2 就简单地等于两个齿轮上齿数 n 的反比：$s_1/s_2 = n_2/n_1$。因此，小齿轮比与其啮合的大齿轮转动得快。扭矩比则相反，较大的齿轮承受更大的扭矩，而更大的扭矩则意味着更低的速度。这也是很有用的，例如，对于电动螺丝刀来讲，其中的电动机可以在高速运转中产生较小的扭矩，但我们希望输出较慢的转速而加大扭矩。

最简单的齿轮是直齿圆柱齿轮，带有纵切齿。而螺旋齿轮的齿则被设置成有一个角度，它的优势是运行更平稳、安静，通常能够承受更大的扭矩。■

本条目作者 克利福德·皮寇弗

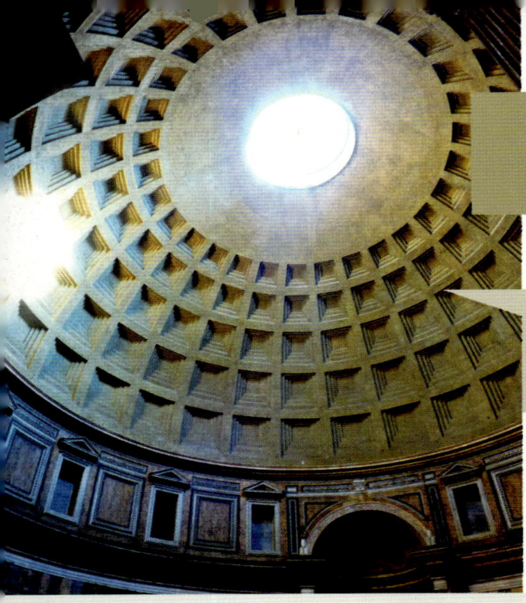

罗马混凝土

老普林尼（Pliny the Elder，23—79）

图为历经两千年的罗马万神庙，它仍然是世界上最大的无筋混凝土穹顶，这是对古罗马工程技术水平的完美诠释。

青铜（约公元前3300年），拱形（约公元前1850年），橡胶（1839年），聚乙烯（1933年）

约126年

如今随处可见混凝土，甚至可以说没有混凝土就没有现代建筑。然而，混凝土的化学结构却出奇地复杂。从结构上说，它是由两种元素（铝和硅）与氧原子共同形成的强有力的空间网络结构。这两种元素在地壳中含量颇丰，它们是众多矿物和人造陶器的基础材料。但要最终形成混凝土还需要加上钙离子和水，只有这些元素与水发生化学反应后才能将物质黏合在一起。混凝土的学名是水合硅铝酸钙（Hydrated Calcium Aluminosilicate），尽管它能准确地描述混凝土的化学成分，但念起来实在是拗口。

即使从世界范围来看，古罗马人掌握的混凝土制备技术在当时也是首屈一指的。时至今日，我们还有幸见到他们当年建造的气势恢宏的众多混凝土建筑，比如举世瞩目的万神庙（Pantheon）。它始建于约126年，那里有着迄今为止世界上最大的无筋混凝土穹顶。尽管如此，令人深感遗憾的是古罗马人在基础研究领域几乎毫无作为，这与古罗马帝国长期强盛的历史很不相称。对于数学、各种科学畅想或者抽象理论研究他们并没有兴趣，但他们对开发有民用、军用前景的工程技术却热情高涨。也许正因为如此，古罗马人才能研发出许许多多应用广泛的混凝土材料。如他们研发的防水混凝土的质量非常高，根据自然哲学家老普林尼的记载，配制这种混凝土的砂浆有一个技术诀窍——使用采自维苏威火山（Mount Vesuvius）的灰色火山沉积物（现在称为火山灰）。谈到维苏威火山，老普林尼太熟悉了，最终他本人也葬身于公元79年的那场惊世浩劫——维苏威火山大爆发，也正是这场天灾摧毁了著名的庞贝（Pompeii）古城。

事实上，直到最近几年，当代分析化学家们才逐渐破解了古罗马人制备海上工程用的混凝土的种种秘诀。即便与现代广泛使用的波特兰水泥（Portland Cement，始于19世纪的英国）相比，无论在石灰岩（Limestone）焙烧所需燃料消耗，还是半成品的研磨时间，抑或是混凝土的耐盐性上，古罗马人的生产工艺都略胜一筹。也许有一天，古罗马混凝土生产工艺会在2000年之后的今天复兴。■

本条目作者 德里克·B. 罗威

零的出现

婆罗摩笈多（Brahmagupta，约 598—约 668）
婆什迦罗（Bhaskara，约 600—约 680）
摩诃吠罗（Mahavira，约 800—约 870）

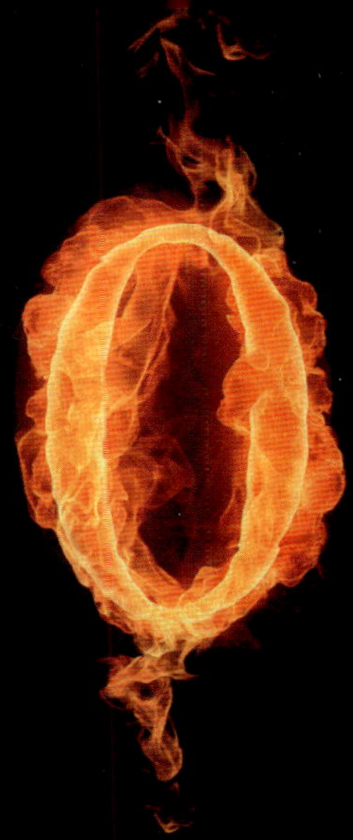

零的概念的出现犹如点燃了一把火，使人类能够更容易地处理大数字，并能更高效地处理从商业到物理等各个领域中的计算。

莱茵德纸草书（约公元前 1650 年），花拉子密的《代数》（830 年），斐波那契的《计算书》（1202 年）

古巴比伦人最初没有表示 0 的符号，这给他们的计数法带来了不确定性，像 12、102 和 1002 这样的数字如果没有 0 来分隔它们的话，我们今天也会感到困惑。古巴比伦文献的撰写者们在应该有 0 的地方只留下一个空格，但这样依然很难识别数字中间或末尾的空格数。后来古巴比伦人发明了一种符号来标记他们数字之间的空格数，但他们可能还是没有产生出把 0 看成一个实际数字的概念。

而在公元 650 年左右，在印度数学中数字 0 的使用已经很普遍了。在德里（Delhi）南部的瓜廖尔（Gwalior）发现了一块石碑，其制作年代为 876 年，上面刻有数字 270 和 50。这两个数字看起来与现代数字非常相似，只不过 0 写得小一些而且有点偏高。印度数学家，如婆罗摩笈多、摩诃吠罗和婆什迦罗都在数学运算中使用了 0。例如婆罗摩笈多就解释过，一个数字减去自己等于 0，而且他还注意到，任何数字乘以 0 都是 0。虽然巴赫沙利手稿的确切年代尚不清晰，但它仍然可能是记录了 0 用于数学目的的第一个证据。

在 665 年前后，中美洲的玛雅文明也发展出了数字 0 的符号，但他们的成就似乎并没有影响其他民族。反观印度的 0 的概念则广泛地传播给阿拉伯人、欧洲人和中国人，并改变了世界。

数学家侯塞因·阿沙姆（Hossein Arsham）写道："13 世纪时把 0 引入十进制系统是数字系统发展中最重要的成就。它使得大数字的计算变得可行了。如果没有 0 的概念，在商业、天文学、物理、化学和工业中的建模过程都是不可想象的。而缺少 0 这个符号是罗马数字系统最严重的致命伤。"■

约 650 年

本条目作者 克利福德·皮寇弗

030

花拉子密的《代数》

阿尔 - 花拉子密（al-Khwarizmi，约 780—约 850）

苏联在 1983 年发行了一张邮票，以纪念波斯数学家和天文学家花拉子密，他的著作《代数》为各种方程提供了系统的解法。

斐波那契的《计算书》（1202 年），发明微积分（约 1665 年），代数基本定理（1797 年）

830 年

花拉子密是一位波斯数学家和天文学家，他一生的大部分时间都在巴格达度过。他关于代数的著作《移项和集项的科学》（*Kitab al-mukhtasar fi hisab al-jabr wa'l-muqabala*”），是关于线性方程和一元二次方程的系统解法的第一本书，通常引用时简译为《代数》（*Algebra*）。花拉子密和丢番图被人们并称为“代数之父”。其著作的拉丁文译本向欧洲介绍了十进制计数系统。有趣的是，英文单词“algebra”来自“al-jabr”，指的就是在他书中用于解一元二次方程的两种运算之一。

花拉子密将 al-jabr 定义为一种运算法则，即通过在方程两边添加相同的项来抵消方程中的负项。例如，我们可以将方程 $x^2=50x-5x^2$ 两边都加上 $5x^2$，化简为 $6x^2=50x$。另一种运算法则叫“Al-muqabala”，意思是将相同类型的项移到方程的同一边集中并合并成一项。例如，将 $x^2+15=x+5$ 改写成 $x^2+10=x$。

这本书能帮助读者求解诸如 $x^2+10x=39$，$x^2+21=10x$ 和 $3x+4=x^2$ 之类的方程式。花拉子密还认为，一般地说对更困难的数学问题，如果能分解成一系列较小的步骤就可能解决。花拉子密还致力于将他的书付诸实用，帮助人们解决有关金钱、财产继承、诉讼计算、贸易和开凿运河等实践问题。书中还包含了许多例题和解题方法。

花拉子密一生的大部分时间都供职于位于巴格达的智慧宫（集贤馆），这是一家集图书馆、翻译馆和学院为一体的机构，是伊斯兰黄金时代的主要智慧中心。可叹的是，智慧宫在 1258 年被蒙古人摧毁，传说当时被扔进水中的书渗出来的墨汁把底格里斯河染成了黑色。■

本条目作者 克利福德 · 皮寇弗

031

火药

图为蒙古入侵日本（1274 年）约 20 年后绘制的一幅画卷，它描绘的是战争时火药爆炸、残片分溅的场景。

铁的冶炼（约公元前 1300 年），内燃机（1908 年），“小男孩”原子弹（1945 年）

约 850 年

火药最早可不是武器制造商们潜心研究出来的，它极有可能是炼金术士们在研究如何转化金属或者延年益寿的过程中偶然发现的。在一本 1044 年的中国军事手册中，作者详细列举了许多制造火药的不同配方，这都表明火药的制造工艺在宋朝中期已经得到了详尽的研究，并取得了长足的发展。而关于火药的记载最早可见于 9 世纪中期一名中国道士的手记中，里面着重强调了火药易燃的危险特性。谈到发现火药的经历，炼金士们有可能经历了下面的过程：硫黄对于炼金术而言自然必不可少，而木炭又是当时所有实验室最常见的燃料，最为关键的氧化剂（Oxidizer）——硝酸钾（Potassium Nitrate）可由天然硝石（Niter，也称火硝）制成，也可以在蝙蝠洞中的蝙蝠粪便沉积物中找到。无论是谁首先将这三种物质混在一处，并让其接触到了火星儿，他马上就会意识到自己有了“重大发现”，几乎可以肯定的是，这项发现绝对不符合炼金术士们延年益寿的初衷。

这种新武器的制备技术很快在中国散播开来，13 世纪蒙古铁骑的东征西讨事实上起到了加速传播的作用——使火药一直传到了印度和欧洲。在这之后，中国的工匠们一直试图提升火药中的硝酸钾含量，以获得更猛烈的爆炸效果。几本中国军事类古籍都记载了早期炮弹、火箭以及各种信号弹的设计方案。叙利亚化学家哈桑·阿尔拉玛（Hasan al-Rammah）在其《论战争中的骑术和谋略》（*Treatise on Horsemanship and Stratagems of War*，约 1280）一书中详细记载了多达 107 种不同的炸药，在书中他将硝酸钾称为“中国雪”。欧洲的军队也迅速学会了如何利用火药：英国学者沃尔特·德·米莱梅特（Walter de Milemete）在其 1326 年的著作中描绘了第一张有关火器的插图——展示了一个名为 *pot-de-fer*（法文“铁锅”的意思）的老式加农炮，有一只巨箭从炮管中射出。不论发明火药带来的后果是喜是悲，它都一直伴随着人类的历史进程。■

本条目作者 德里克·B. 罗威

斐波那契的《计算书》

比萨的列奥纳多（Leonardo of Pisa，即斐波那契，约 1175—约 1250）

向日葵花盘中的种子常呈两簇螺线排列——一簇螺线顺时针旋转，另一簇逆时针旋转。花盘上的螺线数目以及花瓣数目通常是斐波那契数。

零的出现（约 650 年），黄金比例（1509 年），帕斯卡三角形（1654 年）

1202 年

卡尔·波耶（Carl Boyer）提到比萨的列奥纳多（即斐波那契）时说：“毫无疑问，他是中世纪基督教世界最有独创性、最有能力的数学家。”斐波那契是一个富有的意大利商人，游历过埃及、叙利亚和巴巴里（即现在的阿尔及利亚），并于 1202 年出版了《计算书》，此书将印度-阿拉伯数字和十进制数字系统引入了西欧，这个系统摒弃了斐波那契时代常见而烦琐的罗马数字，直到现在仍风行全世界。斐波那契在《计算书》中写道：“9，8，7，6，5，4，3，2，1 是 9 个印度符号。有了这 9 个符号，再加上在阿拉伯语中称为 zephirum 的符号 0，任何数字都可以表示出来，这将被历史所证实。”

尽管《计算书》并不是第一本描述印度-阿拉伯数字的欧洲书籍，而且即使在此书出版后，十进数字也并没有在欧洲得到广泛使用，但《计算书》仍然被认为对欧洲的思想产生了强烈的影响，因为它是针对学者和商人们写的。

《计算书》还向西欧介绍了著名的数字序列 1，1，2，3，5，8，13，…，今天被称为“斐波那契数列”。注意，除了最初的两个数字 1，数列中每个数字都等于它前面两个数字之和。这些数字大量出现在数学学科和自然界中。

上帝是数学家吗？当然，用数学来理解宇宙似乎是可靠的，或许自然界就是数学。向日葵中种子的排列可以用斐波那契数列来解释。和其他许多花卉一样，向日葵花盘中的种子呈两簇螺线排列——一簇螺线顺时针旋转，另一簇逆时针旋转。花盘上的螺线数目以及花瓣的数目通常都是斐波那契数。■

本条目作者 克利福德·皮寇弗

033

眼镜

萨尔维诺·达·阿玛特（Salvino D'Armate，1258—1312）
吉安巴蒂斯塔·德拉·波尔塔（Giambattista della Porta，1535—1615）
爱德华·斯卡利特（Edward Scarlett，1677—1743）

右图是一副长柄眼镜，有两块镜片，一根长柄。这种眼镜是在 1700 年前后，由英国眼镜设计师乔治·亚当斯（George Adams）发明的。当时，有些人其实并不需要使用眼镜，但戴着精致的长柄眼镜，看起来比较时尚。

望远镜（1608 年），《显微图谱》（1665 年），激光（1960 年）

1284 年

历史学家洛伊斯·N. 玛格纳（Lois N. Magner）写道："眼镜的使用带来了非常深远的影响，改变了人们对待人体局限和缺陷的态度。眼镜的出现不仅让学者和抄写员可以继续工作，还让人们习惯了这样的想法：生理上的局限性，可以通过人类的发明来克服。"

今天的眼镜通常是指安置在一个框架内，用于矫正视力的镜片。在历史上，眼镜曾有多种形式，包括夹鼻眼镜（pince-nez，直接夹在鼻梁上，没有镜腿）、单片眼镜（monocle，佩戴在一只眼镜上的镜片）和长柄眼镜（lorgnette，有一只手柄的眼镜）。

到公元 1000 年左右，"阅读石"（reading stone）非常常见。所谓的"阅读石"，是指水晶或球形玻璃的一部分，把它们放在阅读材料上，可以放大文字。中国大约从 1270 年开始使用眼镜，也就是马可·波罗（Marco Polo）旅居中国的那个时期。而在阿拉伯国家，使用眼镜的时间可能更早。1284 年，意大利人萨尔维诺·达·阿玛特成为欧洲最广为人知的眼镜发明者。最早的眼镜是用凸透镜来纠正远视和老花眼（年龄增大导致的远视）。较早一本提到用凹透镜来纠正近视（远处的物体看起来很模糊，近处的看起来比较清晰）的文献，是意大利学者吉安巴蒂斯塔·德拉·波尔塔在 1558 年所写的《自然魔法》（*Natural Magick*）。凸透镜适用于阅读近在眼前的文字。

眼镜曾经非常昂贵，一度被视为具有高度传世价值的资产。大约在 1727 年，英国的眼镜制造商爱德华·斯卡利特发明了现代形式的眼镜——具有牢实的镜腿，可以架在耳朵上。1784 年，美国科学家本杰明·富兰克林（Benjamin Franklin）发明了双光眼镜（bifocals），用来同时纠正近视和老花这两个视力问题。

今天，很多眼镜都是用 CR-39 塑料制造的，因为这种塑料具有良好的光学性质，而且也很耐用。镜片的作用通常是改变光线的焦点位置，让焦点刚好落在位于眼球后面、对光线敏感的组织——视网膜上。■

本条目作者 克利福德·皮寇弗

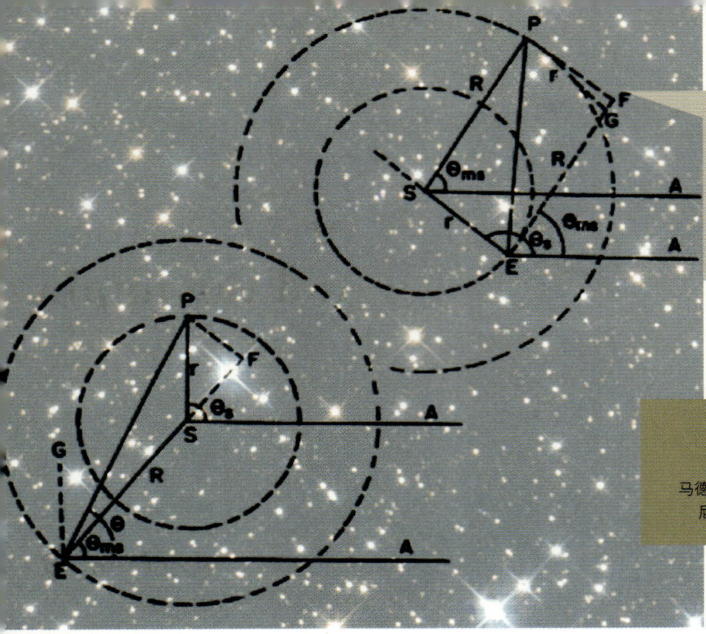

活跃于 14—16 世纪的印度南部喀拉拉邦数学家计算的行星轨道，符合太阳系的日心说模型。此图显示了一些现代印度物理学家复原的算例，重现了喀拉拉邦天文学家使用的几何学。

034

早期微积分

马德哈万（Mādhavan of Sangamagrāmam，约 1350—约 1425）
尼尔卡达·索马亚吉（Nīlakantha Somāyaji，1444—1544）

日心宇宙学说（1543 年），开普勒行星运动定律（1609 年），发明微积分（约 1665 年）

约 1500 年

整个中世纪印度的天文学研究开始于阿里亚哈塔（Aryabhata）和其他数学家、天文学家的早期发现和著作。14 世纪，数学家马德哈万创立了喀拉拉邦天文学与数学学院。这种专注于研究和教育群体的创立极大地推动了印度科学的发展。

马德哈万和随后的喀拉拉邦数学家尼尔卡达·索马亚吉发展了利用几何学和三角学估计行星运动的数学方法。之后，新发展的技术将函数的组合应用于复杂曲线和数学形状，这些形状包括抛物线、双曲线和椭圆。关于椭圆的研究工作对天文学有重要价值，因为这些研究可以证明阿里亚哈塔猜测是正确的——行星的运动路径可以描述为一个椭圆轨道。在喀拉拉邦发展出来的新数学方法关注一系列的函数，是早期微积分版本，早于牛顿等科学家在欧洲发展微积分约 200 年。

尼尔卡达的著作《阿里亚哈塔历算书》（对阿里亚哈塔历算书的注释）出版于 1500 年前后，进一步证明了地球的旋转和部分日心说的太阳系，提供了一种更加精确的方法来拟合计算行星轨道。在他的模型里，水星、金星、火星、木星和土星全都围绕太阳运行，但是太阳围绕地球旋转。这与 16 世纪丹麦天文学家第谷的模型非常类似。尼尔卡达模型的某些方面与波兰天文学家哥白尼在 1543 年发表的理论也有很多一致之处。

喀拉拉邦的印度数学家和天文学家的贡献，可能一直被西方学术界低估了。但现在我们很清楚地明白，对于之后哥白尼和牛顿等人的发现来说，喀拉拉邦的科学家算得上是“巨人的肩膀”。■

本条目作者 吉姆·贝尔

黄金比例

弗拉·卢卡·巴托洛梅奥·德·帕乔利（Fra Luca Bartolomeo de Pacioli，1445—1517）

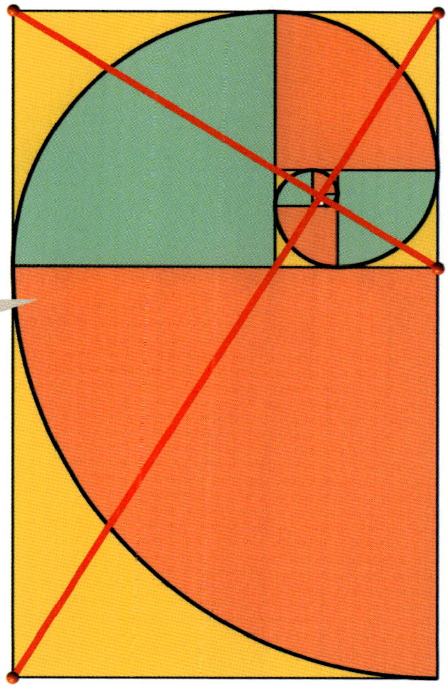

右图是对黄金分割的艺术描绘。注意这两条对角线相交于一个点，所有的黄金矩形最终会收敛到这个点。

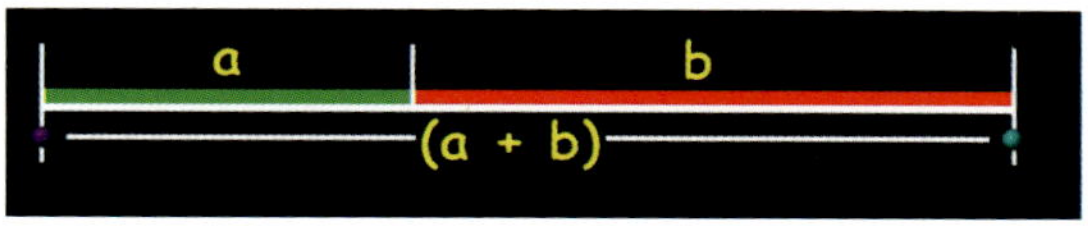

射影几何（1639 年），欧拉数 e（1727 年），超越数（1844 年）

1509 年

1509 年，达·芬奇的密友，意大利数学家帕乔利发表的论文《神圣比例》中讨论了一个现在被广泛称为“黄金比例”的特别数字。这个数字以希腊字母 ϕ 表示，并以惊人的频率出现在数学和自然界之中。如图我们可以把一条线段分成两段，使整段长度与较长段之比和较长段与较短段之比相等。写成数学式就是：$(a+b)/b=b/a=1.618\ 03\cdots$。如果一个矩形的边长成黄金比例，那么这个矩形就称为一个“黄金矩形”。如图，我们可以把一个黄金矩形分割为一个正方形和一个小的黄金矩形，然后再把这个小的黄金矩形再次分割成一个正方形和更小的黄金矩形……，无限地分割下去就会产生更多更小的黄金矩形。

如果我们从原来的矩形右上角到左下角画一条对角线，然后从它的“孩子”（即下一个较小的黄金矩形）的右下角到左上角画一条对角线，则两条对角线的交点就是所有黄金矩形收缩聚焦的点。我们有时称这个聚焦点为“上帝之眼”。此外，两条对角线的长度也呈黄金比例。

从黄金矩形中切掉一个正方形，剩下的矩形将始终与原来的矩形相似。黄金矩形是唯一一个具有上述特性的矩形。如果我们连接图中所有黄金矩形的顶点，可以得到一个近似的对数螺线包围着“上帝之眼”。自然界中对数螺线随处可见——贝壳、动物的弯角、耳朵里的耳蜗——任何需要经济而有序地填充空间的地方都有对数螺线的身影。这是一种能用最少的材料建造最坚固结构的螺线。而且在对数螺线放大时，它只改变大小不改变形状。■

本条目作者 克利福德·皮寇弗

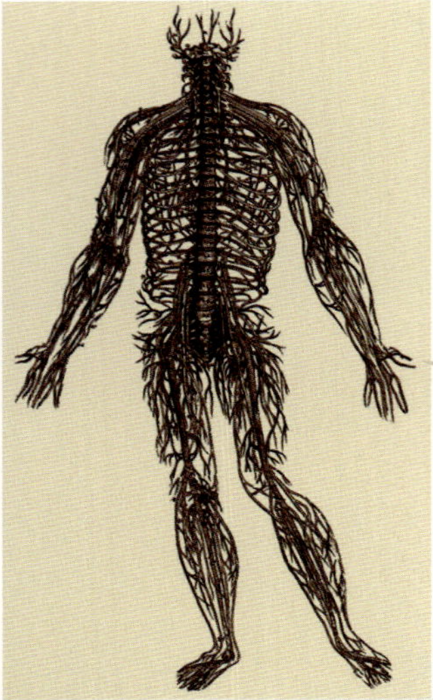

《人体的构造》

扬·斯蒂芬·范·卡尔卡（Jan Stephan van Calcar，1499—1546）
安德里亚斯·维萨里（Andreas Vesalius，1514—1564）

维萨里的《人体的构造》里描绘的脊神经。

巴累的“合理手术”（1545 年），血液循环系统（1628 年），莫尔加尼：“病变器官的哭喊”（1761 年）

1543 年

医学史专家J. B. 德·C. M. 桑德斯（J. B. de C. M. Saunders）和查尔斯·奥·莫利（Charles O’Malley）写道：“1543 年，安德里亚斯·维萨里出版了《人体的构造》（*On the Fabric of the Human Body*），标志着现代科学的开端。毫无疑问，这是医学史上最重大的贡献之一，但这本著作的意义远不止于此，它还是一部精美的、充满创意的艺术作品，完美融合了版式、印刷技术和插图。”

作为医生和解剖学家，比利时布鲁塞尔人安德里亚斯·维萨里把解剖作为一个重要的教学工具，他发现，伟大的思想家盖伦（Galen）、亚里士多德提出的很多关于人体的看法都是错误的。比如，维萨里观察到，血液并不是通过一些看不见的小孔，从心脏的一边流向另一边，这与盖伦的结论明显不同。他还发现，肝脏有两叶。他对盖伦学说的挑战，让他成为很多人敌视的对象。为了解释维萨里的观察结果，一位反对者甚至认为：人体结构必定是在盖伦提出相关学说之后发生了改变。实际上，盖伦的所有结论都是基于动物解剖得出的，以至于他对人体的认识产生了严重错误。

作为一位医学研究者，维萨里常常得和疯狂的野狗竞争，还得忍受熏天的臭气，才能从墓地里得到腐烂的尸体，或者捡到被执行了死刑的罪犯的身体残骸——要捡到这些残骸，还得等它们从悬挂在罪犯尸体的柱子上掉下来。他在解剖尸体时，甚至会在自己的卧室内留下尸体样本，并且保存好几周。

《人体的构造》是维萨里开创性的解剖学著作，其中的插图可能出自扬·斯蒂芬·范·卡尔卡或者意大利文艺复兴时期的著名画家提香（Titian）的其他学生。这本著作首次揭示了人类大脑的内部构造。科学记者罗伯特·阿德勒（Robert Adler）写道：“凭借《人体的构造》，维萨里终结了对古代知识的盲目推崇之风，同时告诉世人，新一代的科学家应该开拓进取，才能取得古代先贤做梦都想不到的发现。与哥白尼、伽利略等文艺复兴时期的其他几位科学巨人一样，维萨里为我们创造了一个不断进步的、由科学驱动的世界。” ■

本条目作者 克利福德·皮寇弗

037

日心宇宙学说

尼古拉斯·哥白尼（Nicolaus Copernicus，1473—1543）

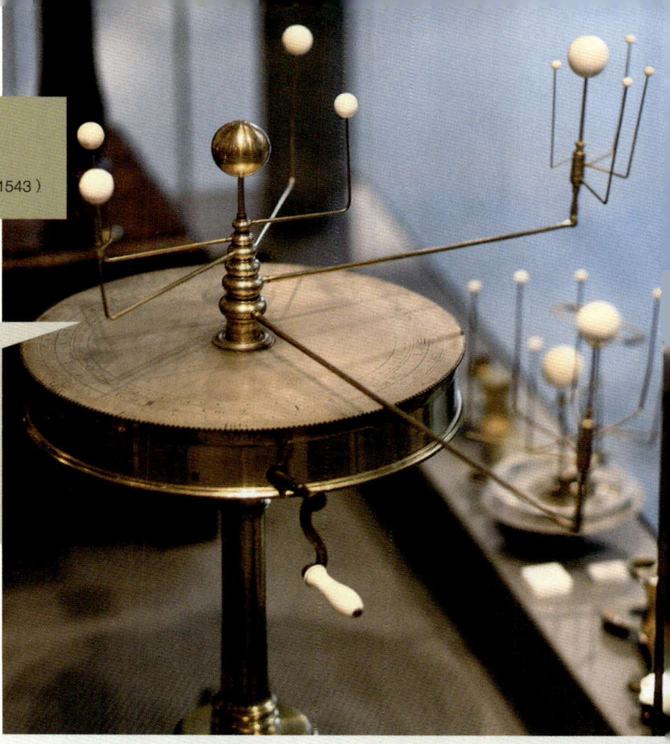

太阳系仪是一种机械装置，它在太阳系的日心模型中演示行星和卫星的位置和运动。这里展示的是仪器制造商本杰明·马丁（Benjamin Martin，1704—1782）在1766年制造的一台装置，天文学家约翰·温思罗普（John Winthrop，1714—1779）曾用它在哈佛大学教授天文学。图中的这台太阳系仪在哈佛科学中心的帕特南展览馆展出。

古埃及天文学（约公元前2500年），望远镜（1608年），开普勒行星运动定律（1609年），测量太阳系（1672年），哈勃空间望远镜（1990年）

1543年

“在所有的发现和观点中”，德国博学大师约翰·沃尔夫冈·冯·歌德（Johann Wolfgang von Goethe）在1808年写道，“论起对人类精神影响之巨大，或许没有一个可以比肩哥白尼学说。我们刚刚才接受我们的世界是完美的圆球形状，就又有人要求它放弃作为宇宙中心的巨大特权。也许对人类来说，从未有过比这更高的要求，因为承认哥白尼学说意味着太多的东西消逝在云烟之中！我们的伊甸园，我们纯真、虔诚和诗意的世界，还有感官的见证，以及富有诗意的宗教信仰，它们都会发生怎样的变化呢？”

尼古拉斯·哥白尼是第一个全面提出日心学说的人，该学说认为地球并非宇宙的中心。他于1543年（他去世的那年）出版的著作《天体运行论》（*De Revolutionibus Orbium Coelestium*）中提出了地球绕太阳公转的学说。哥白尼是一位波兰数学家、医师和古典学者，而天文学只是他的业余研究，但正是在天文学领域，他改变了世界。他的学说基于大量的假设：地球并非宇宙的中心；地球到太阳的距离比起它到其他恒星的距离可以说微乎其微；地球的自转可以解释我们每天看到的恒星升落；我们看到的行星逆行（从地球上看去，它们似乎在某些时候短暂地停止和逆向运行）是由地球的旋转运动所致。尽管哥白尼提出的行星圆形轨道和本轮是错误的，但他的工作激励了其他天文学家去研究行星轨道，比如约翰内斯·开普勒，他随后发现行星轨道是椭圆形的。

有趣的是，直到1616年，罗马天主教会才宣布哥白尼的日心学说是错的，且“完全违反《圣经》”。■

本条目作者 克利福德·皮寇弗

巴累的“合理手术”

安布鲁瓦兹·巴累（Ambroise Paré，1510—1590）

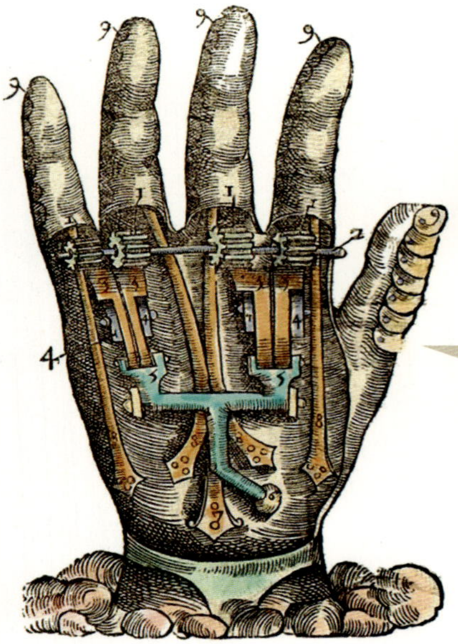

人造手，来自巴累的《手术器械与解剖学图谱》（*Surgical Instruments and Anatomical Illustrations*），于 1564 年在巴黎出版。

伤口缝合（约公元前 3000 年），消毒剂（1865 年），心脏移植（1967 年）

1545 年

在文艺复兴时期，法国人安布鲁瓦兹·巴累是欧洲名气最大的外科医生之一。外科医生、传记作者杰弗里·凯恩斯（Geoffrey Keynes）写道：“通过个人魅力和独立思考，安布鲁瓦兹·巴累拯救了陷入死板教条中的外科手术。在那个时代，任何国家的医生都无法与巴累相提并论，他的影响力遍及欧洲的每一个角落。他留下的著作是一座丰碑，他的医学技术、他的人文关怀，在医学史上散发着夺目的光彩。”巴累对治疗患者持有谦恭的信条：“我给他们施以治疗，但治好了他们的是上帝。”

在巴累生活的时代，医生常常认为开展外科手术有损尊严，于是将在人体身上动刀的事情留给了声望不那么高的理发师兼任的外科医生。但是，巴累提升了手术的地位，并用法语而不是传统的拉丁语完成了一些著作传播他的外科学知识。

在治疗受枪伤的患者时，巴累得到首个非常重要的医学发现。那时，人们认为枪伤是有毒的，通常会把烧至沸腾的油倒在伤口上，使其在高温下闭合。有一天，巴累把油用完了，不得不用含有松节油的软膏来为士兵处理伤口。第二天，他发现，用沸腾的油来处理红肿的伤口，士兵非常痛苦；而使用相对温和的油膏的士兵，情况要好一些，没那么痛苦，基本上没有发生感染。从那天起，巴累就发誓，再也不用滚烫的油来处理伤口，这种治疗方式实在太残忍了。

1545 年，巴累在其著作《伤口处理方法》（*Method of Treating Wounds*）中，推广了他处理伤口的方法，由此推动了更人性化、更合理的外科手术发展。他的另一项重要贡献是，在截肢手术中，通过血管结扎来防止大量出血，而不再用烧红的烙铁来灼烧截肢部位。巴累还推动了产科学的发展，采用了使婴儿得以更安全分娩的做法。■

本条目作者 克利福德·皮寇弗

039

虚数

拉斐尔·邦贝利（Rafael Bombelli，1526—1572）

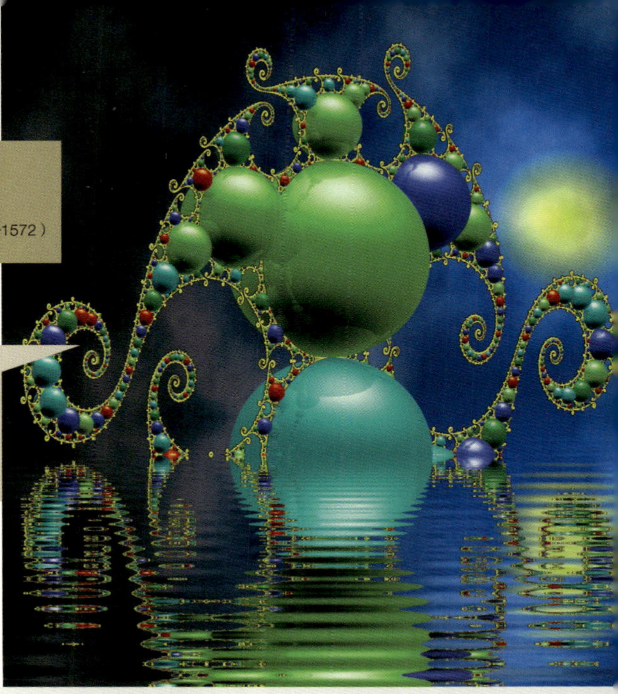

虚数在乔斯·莱斯（Jos Leys）制作的炫丽的分形艺术品时起着相当大的作用，随着放大倍数的增加这些艺术品显示出丰富的细节。早期的数学家们非常怀疑虚数的实用价值，他们甚至对提出虚数存在的人持羞辱的态度。

欧拉数 e（1727 年），黎曼假设（1859 年），分形（1975 年）

虚数是平方为负值的数。伟大的数学家戈特弗里德·莱布尼茨（Gottfried Leibniz）称虚数“犹如神之精灵在飞翔，它们介于存在与不存在之间”。因为任何实数的平方都是正数，许多世纪以来，数学家都宣称负数不可能有平方根。虽然不少数学家也萌生过虚数的概念，但在历史上虚数直到 16 世纪才在欧洲开花结果。意大利工程师拉斐尔·邦贝利本职工作是开垦沼泽，他却因为在 1572 年发表了著名《代数学》一书闻名于世，书中引入了一个符号 $\sqrt{-1}$ 作为方程 $x^2+1=0$ 的一个有效解。他写道：“许多人都认为这是一个疯狂的想法。”许多数学家对“承认”虚数犹豫不决，其中包括笛卡尔（Descartes），他将其命名为“虚数”（假想的数字）实际上有轻蔑之意。

莱昂哈德·欧拉（Leonhard Euler）在 18 世纪引入了符号 i 来代替 $\sqrt{-1}$，i 是拉丁词汇“imaginarius（想象）”的第一个字母，我们今天仍在使用欧拉的符号。现代物理学的关键进展没有虚数是不可能的，虚数在包括交流电、相对论、信号处理、流体力学和量子力学各个领域，帮助物理学家们进行了大量的计算。虚数甚至在制作华丽的分形艺术作品中也发挥了关键作用，这些艺术品，随着放大倍数的增加显示出无限丰富的细节。

从弦理论到量子理论，物理学研究得越深入就越接近纯数学。有人甚至说，数学“运行”现实世界的方式，与微软操作系统运行计算机的方式是一样。薛定谔（Schrödinger）的波动方程——用波函数和概率来描述的基本现实和事件——可以视为我们赖以生存的转瞬即逝的基底，它也依赖于虚数。■

1572 年

本条目作者 克利福德·皮寇弗

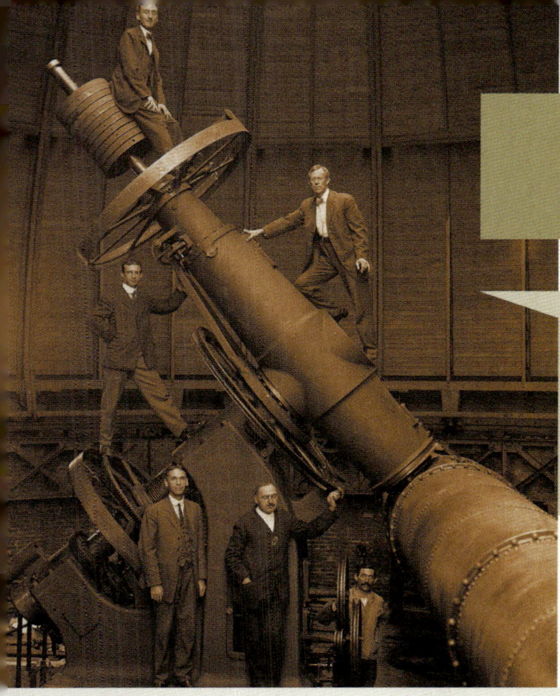

望远镜

汉斯·利伯希（Hans Lippershey，1570—1619）
伽利略·伽利雷（Galileo Galilei，1564—1642）

（右图）甚大阵（VLA）中的一架天线，用于研究来自射电星系、类星体、脉冲星等天体的信号。（左图）1913 年匹兹堡大学 30 英寸折射望远镜竣工前，天文台工作人员与其合影。一名男子坐在维持巨大望远镜平衡所需的配重上。

日心宇宙学说（1543 年），牛顿棱镜（1672 年），哈勃空间望远镜（1990 年）

1608 年

物理学家布赖恩·格林（Brian Greene）写道："伽利略发明了望远镜，并随后对其进行了改进和使用，标志着现代科学方法的诞生，也为戏剧性地重新评估我们在宇宙中的地位奠定了基础。这样一种技术装置最终揭示出，宇宙中有太多的谜团是我们不借助外物就无法感知的。"计算机科学家克里斯·兰顿（Chris Langton）对此表示赞同，并指出"没有任何一种装置能与望远镜相匹敌，也没有任何一种装置如此彻底地重塑了我们的世界观。它迫使我们接受，地球以及我们自身仅仅是更广阔宇宙的一部分而已。"

1608 年，德裔荷兰镜头制造商汉斯·利伯希可能是第一个发明望远镜的人。一年后，意大利天文学家伽利略制造了一架放大倍率约三倍的望远镜。后来，他又制造了放大倍率可达 30 倍的望远镜。不过早期的望远镜旨在观测来自遥远天体的可见光，而现代望远镜还可以利用电磁波谱中除可见光外的其他波段。折射望远镜采用透镜来成像，反射望远镜使用一组反射镜来实现这一目的，而折反射望远镜则同时用到了反射镜和透镜。

有趣的是，许多借助望远镜作出的重要天文发现完全出人预料之外。天体物理学家肯尼斯·兰（Kenneth Lang）在《科学》杂志上这样写道："伽利略把他新造的小望远镜对准天空，就此开启了一个时代，天文学家们不断地使用更新的望远镜来探索肉眼看不见的宇宙。搜寻看不见的事物产生了许多意想不到的重要发现，包括木星的四大卫星、天王星、第一颗小行星谷神星、旋涡星云的高退行速度、来自银河系的射电辐射、宇宙 X 射线源、γ 射线暴、射电脉冲星、有引力辐射特征的脉冲双星以及宇宙微波背景辐射。可观测宇宙只是更广阔的、有待探索的宇宙的很小一部分，并且往往是以最意想不到的方式被发现的。" ■

本条目作者 克利福德·皮寇弗

041

开普勒行星运动定律

约翰内斯·开普勒（Johannes Kepler，1571—1630）

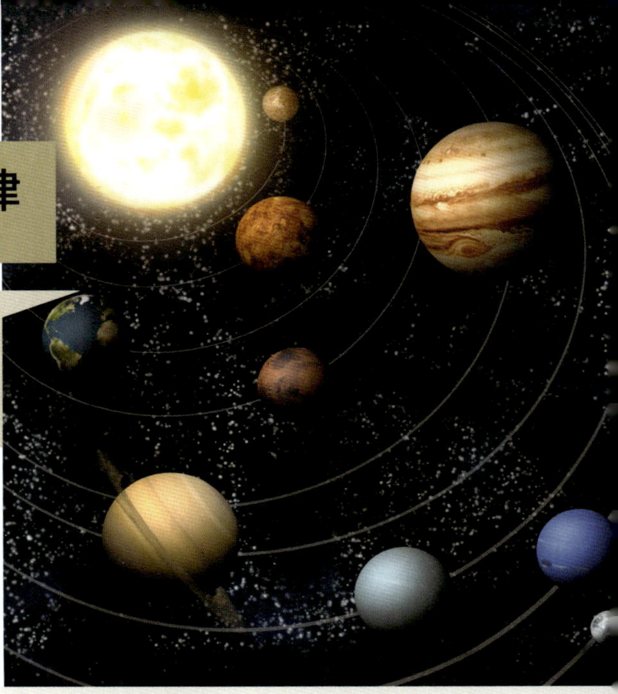

太阳系的艺术表现形式。德国天文学家、神学家兼宇宙学家开普勒因开普勒定律而闻名于世，该定律描述了地球和其他行星绕太阳运行的椭圆轨道。

安提基特拉机械（约公元前 125 年），日心宇宙学说（1543 年），望远镜（1608 年），牛顿运动定律和万有引力定律（1687 年）

1609 年

天文学家欧文·金格里奇（Owen Gingerich）这样写道："今天，人们铭记开普勒的主要原因是他提出了行星运动三定律，但这只是他对宇宙之和谐的广泛探索中提出的三个基本原理……他留下的天文学是一个统一的、遵循物理规律的日心（以太阳为中心的）系统，其精确度将近原来的 100 倍。"

德国天文学家、神学家兼宇宙学家约翰内斯·开普勒因开普勒定律而闻名于世，该定律描述了地球和其他行星绕太阳运行的椭圆轨道。要用公式来表达这些定律，开普勒必须首先抛弃一种盛行的观点，即圆形是描述宇宙及其行星轨道的"完美"曲线。当开普勒第一次提出他的定律时，并没有任何理论依据。它们仅仅提供了一种简洁的方法，用来描述从实验数据中得到的轨道路径。大约 70 年后，牛顿证明了开普勒定律可由牛顿万有引力定律推导出来。

开普勒第一定律（即 1609 年提出的轨道定律）指出，太阳系中的所有行星都沿椭圆轨道运行，太阳位于椭圆轨道的一个焦点上。开普勒第二定律（即 1618 年提出的等面积定律）表明，行星离太阳较远时的运动速度比靠近太阳时要慢，并且行星和太阳的连线在相等的时间间隔内扫过的面积相等。根据开普勒第一、第二定律，就可以很容易地计算出行星的轨道和位置，其精确度与观测值相当吻合。开普勒第三定律（即 1618 年提出的周期定律）表明，行星公转周期的平方与其椭圆轨道半长轴的立方成正比。因此，离太阳较远的行星公转周期较长。

开普勒定律是人类最早确立的科学定律之一，它在统一天文学和物理学的同时，也激励了试图用简单公式来描述实际现象的后来者。■

本条目作者 克利福德·皮寇弗

042

对数

约翰·纳皮尔（John Napier，1550—1617）

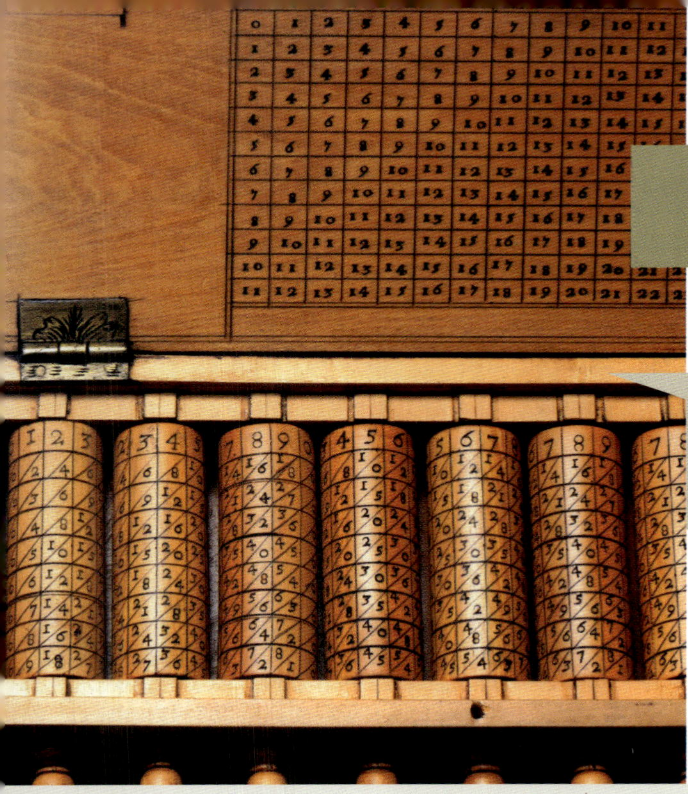

对数的发明者约翰·纳皮尔，创造了一种被称为纳皮尔棒的计算装置。可旋转的纳皮尔棒将乘法简化为一系列简单的加法。

计算尺（1621 年），欧拉数 e（1727 年），ENIAC（1946 年）

1614 年

苏格兰数学家纳皮尔是对数的发明者和推广者，他因在 1614 年发表了著作《对数奇妙法则的描述》而闻名世界。从那时起，这种方法使得困难的计算成为可能，从而在科学和工程方面取得了很多进展。在电子计算器被广泛使用之前，对数和对数表常用于测量和导航。纳皮尔还发明了纳皮尔棒，用刻有乘法表的小圆柱排列起来帮助计算。

一个数 x 以 b 为底的对数表示为 $\log_b(x)$，它等于满足等式 $x=b^y$ 中的指数 y。例如，因为 $3^5=3\times3\times3\times3\times3=243$，我们就说 243 以 3 为底的对数是 5，或写为：$\log_3(243)=5$。另一个例子是 $\log_{10}(100)=2$。实际上，考虑到像 $8\times16=128$ 这样的乘法可以改写成 $2^3\times2^4=2^7$，因而乘法可以转换为指数的简单加法：3+4=7 来运算。在计算两个数的乘法之前，工程师通常会在对数表中查出这两个数的对数，将其相加，然后把得到的和数在反对数表中查出乘积结果。这往往比手算乘法要快，这也是计算尺所依据的原理。

今天，科学中的许多数量和尺度都用对数来表示。例如，化学中的 pH 值、声学中的分贝单位和测量地震的里氏震级都是采用以 10 为底的对数来标度。可以说刚好在牛顿时代之前发明的对数在科学界引起的震动，足以与 20 世纪计算机的发明相提并论。■

本条目作者 克利福德·皮寇弗

043

科学方法

亚里士多德（Aristotle，公元前 384—公元前 322）
弗朗西斯·培根（Francis Bacon，1561—1626）
伽利略·伽利雷（Galileo Galilei，1564—1642）
克洛德·贝尔纳（Claude Bernard，1813—1878）
路易斯·巴斯德（Louis Pasteur，1822—1895）

Hono.rs Franciscus Bacon: Baro de Verulam: Vice-Comes S.t Albani. mortuus 9 Aprilis A. 1626. Annoq Ætatis suæ 66.

在 1620 年出版的《新工具论》中，弗朗西斯·培根提出了一种科学调查方法，它的基础是归纳推理，从不断增加的数据资料为基础进行概括，归纳成一般理论。这种方法改进了亚里士多德的演绎推理，后者是由普适的理论推断出特定事实。

驳斥自然发生说（1668 年），达尔文的自然选择理论（1859 年），随机对照试验（1948 年），安慰剂效应（1955 年）

1620 年

科学方法的形成和调整随着时代的不断发展，这多亏了许多杰出的早期学者的贡献。其中包括亚里士多德，他创立了逻辑推理，这种“自上而下”的方法先是提出理论或假想，而后验证理论；还有弗朗西斯·培根，他是现代科学方法之父，于 1620 年撰述了《新工具论》（*Novum Organum Scientiarum*），提议将归纳推理法作为科学推理的基础，这种“由下至上”的方法是用具体观察的结果促成一般性的理论或假设的形成；伽利略则提倡实验法，而不是形而上学的阐释。在 19 世纪中期，路易斯·巴斯德在设计实验反驳自然发生论时，十分巧妙地运用了科学方法。

1865 年，最伟大的科学家之一克洛德·贝尔纳著述了《实验医学研究入门》（*An Introduction to the Study of Experimental Medicine*），在书中别具特色地运用了他自己的观点和实验。在这部经典著作中，他考查了科学家向社会发表新知识的重要性，进而批判地分析了优秀科学理论的组成部分、依靠观察而非依赖历史权威及资源的重要性、归纳推理和演绎推理以及因果关系。

当一些非科学家人士想到理论——例如进化论时，他们往往会以轻蔑的口吻说到“理论”这个词，假定或暗示它根本就是一个未经证明的概念，或仅仅是猜想或推测。相反，当科学家将“理论”一词用于一个解释、模式或一般原理时，则表示它们已经过检验确认，可以解释或预测相关的自然现象。科学方法遵循一系列连续的步骤，是被用来研究现象或获得新知的方法。它的基础步骤是：创建及检验假说以解释某一给定的观察结果，客观评价试验结果，而后接受、反对或修改这一假说。而理论则比假说更综合、更概括，更能得到实验证据支持，其实验证据的基础则是可以被独立验证的一系列假说。■

本条目作者 迈克尔·C. 杰拉尔德和格洛丽亚·E. 杰拉尔德

计算尺

威廉·奥特雷德（William Oughtred，1574—1660）

从工业革命到现代社会，计算尺都发挥了重要的作用。在 20 世纪就有 4000 万支计算尺被制作出来供工程师们用于各种行业中。

伊尚戈骨骸（约公元前 1.8 万年），安提基特拉机械（约公元前 125 年），对数（1614 年），ENIAC（1946 年）

1621 年

在 20 世纪 70 年代以前上高中的人可能会想起，计算尺曾经几乎和打字机一样流行。在短短的几秒钟内，工程师们就可以用它计算乘法、除法、平方根和其他的复杂运算。最早版本的计算尺是英国数学家、圣公会牧师奥特雷德在 1621 年根据苏格兰数学家纳皮尔发明的基于对数原理制作的。奥特雷德最初可能没有认识到它的重要性，因为他并没有很快公布他的发明。有记载说，一个学生剽窃了他的想法并发表了一本关于计算尺的小册子，其中强调了它的便携性，声称该设备“无论步行还是骑马时都能使用”。奥特雷德对他学生的背信弃义感到非常愤怒。

1850 年，一名 19 岁的法国炮兵中尉改进了计算尺的最初设计，法军在与普鲁士人作战时用它进行弹道计算。在第二次世界大战期间，美国轰炸机也都配备了专门设计的计算尺。

计算尺大师克利夫·斯托尔（Cliff Stoll）写道：“想想那些由计算尺产生的工程成就吧：帝国大厦、胡佛水坝、金门大桥、汽车液压传动装置、晶体管收音机和波音 707 客机。”韦恩赫尔·冯·布劳恩（Wernher Von Braun，德国 V-2 火箭的设计者）和爱因斯坦都喜欢德国聂斯特公司的计算尺。在“阿波罗”太空任务中，为预防电脑故障，便携式计算尺甚至登上了太空！

仅在 20 世纪中，世界各地产生了 4000 万支计算尺。考虑到它在工业革命时期直到现代所起的关键作用，计算尺在这本书里应该占有一席之地。来自奥特雷德学会的文献指出，“在三个半世纪长的时间里，几乎所有在地球上建造的主要建筑和产品都是用它来设计计算的”。■

本条目作者 克利福德·皮寇弗

045

血液循环系统

普拉克撒哥拉斯（Praxagoras，公元前 340—公元前 280）
伊本・纳菲斯（Ibn al-Nafis，1213—1288）
耶罗尼米斯・法布里修斯（Hieronymus Fabricius，1537—1619）
威廉・哈维（William Harvey，1578—1657）
马塞洛・马尔比基（Marcello Malpighi，1628—1694）

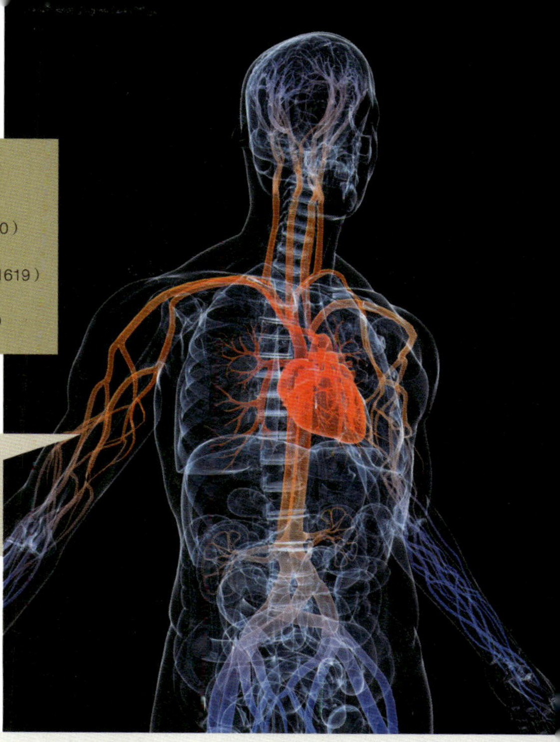

哈维正确而详细地描述了人体内的血液循环，包括富氧血液离开心脏的途径，以及缺氧血液返回心脏的途径。

莫尔加尼："病变器官的哭喊"（1761 年），输血（1829 年），心脏移植（1967 年）

1628 年

科学记者罗伯特・阿德勒写道："今天，关于血液如何在人体内循环，似乎是一个稀松平常的问题……小学生也都知道，心脏会把富含氧气的血液泵入动脉，耗光氧气后，血液会从静脉回到心脏。最细的动脉和静脉血管则通过细小的毛细血管连接起来。然而……从远古时期直到 17 世纪的前 20 年，心脏和血管的功能一直是一个谜。"

英国医生威廉・哈维是第一个正确而详细地描述人体内血液循环的人。在 1628 年的著作《心血运动论》（*On the Motion of the Heart and Blood in Animals*）中，哈维描述了他通过活体动物实验——夹住（也可能是切断）心脏附近的不同血管，弄清楚了正确的血流途径，并指出了血流方向。他还在人类受试者身上做过实验：按住靠近皮肤的静脉血管，观察手臂的变化——哪些部位会肿胀、充血、变得苍白，来确定血流方向。以前的医生猜测肝脏会制造血液，并不断为身体所吸收，但哈维的研究表明血液必定是循环的。他还意识到，他的老师意大利医生耶罗尼米斯・法布里修斯发现的静脉瓣膜，保证了血液单向流向心脏。

哈维追踪观察了血液流过的越来越细的动脉和静脉血管，但由于他没有显微镜，因此他只能推测动脉和静脉之间必定有联系。哈维去世后没几年，意大利医生马塞洛・马尔比基就用显微镜观察到了细小的毛细血管——正是这类血管，把动脉和静脉连接在一起。

在哈维之前，就有一些与血液循环相关的著作。比如，希腊医生普拉克撒哥拉斯就讨论过动脉和静脉，但他认为动脉里装的是空气。1242 年，阿拉伯医生伊本・纳菲斯阐述了心脏和肺部之间的血流情况。■

本条目作者 克利福德・皮寇弗

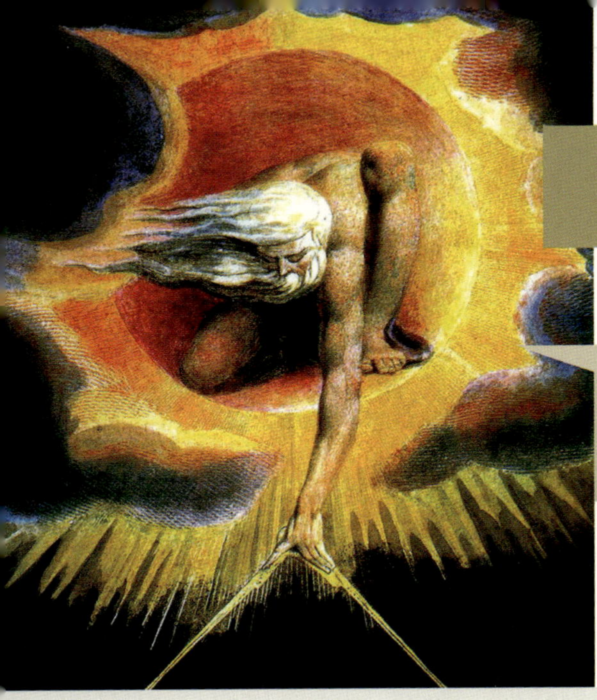

笛卡尔的《几何学》

勒内·笛卡尔（René Descartes，1596—1650）

046

威廉·布莱克（William Blake）的水彩蚀刻画《古代的日子》（1794）。欧洲中世纪学者经常把几何和自然规律与神性联系起来。几个世纪以来，关注于圆规和直尺作图上的几何学变得更加抽象并具有解析性。

毕达哥拉斯定理和毕氏三角形（约公元前600年），欧几里得的《几何原本》（约公元前300年）

1637 年

在 1637 年，法国哲学家和数学家笛卡尔发表了著作《几何学》（*La géométrie*），它展示了如何使用代数来分析几何形状和图形。笛卡尔的工作催生出了一个新的数学领域《解析几何》，它用数值在坐标系中表示位置，让数学家们用代数方法来分析处理这些位置。《几何学》讨论了利用实数表示平面点的方法，以及用方程式表示曲线和对曲线进行分类的方法，并介绍了如何解决这些数学问题。

有趣的是，《几何学》实际上并没有使用笛卡尔或任何其他坐标系。这本书既注重几何对象的代数表示，也注重代数对象的几何表示。笛卡尔认为，证明过程中的代数步骤通常应该与几何表示相对应。

简·古尔伯格（Jan Gullberg）写道："《几何学》是现代数学学生可以读懂的最早的数学文本，不会被大量过时的符号难倒……和牛顿《自然哲学的基本原理》一样，它是 17 世纪最有影响的科学著作之一。" 而根据卡尔·波耶的说法，笛卡尔希望通过代数过程来"解放几何"，并通过几何解释为代数运算赋与实际意义。

总之，笛卡尔提出将代数和几何统一成一门学科是开创性的。朱迪斯·格拉比纳（Judith Grabiner）评价说："正如西方哲学史被视为一直在注释柏拉图的思想一样，过去 350 年的数学可以看作是一直在注释笛卡尔的《几何学》，并诠释着笛卡尔解题方法的胜利。"

波耶最后说："就数学能力而言，笛卡尔可能是他那个年代最有能力的思想家，但他本质上并不是数学家。他的一生围绕着科学、哲学和宗教，而几何学只是其中一个方面。" ■

本条目作者 克利福德·皮寇弗

047

重力加速度

伽利略·伽利雷（Galileo Galilei，1564—1642）

想象一下，将不同质量的球体或其他任何物体，在同一高度下同时释放。伽利略指出，如果我们忽略空气阻力造成的差异，它们必将以同样的速度一起下落。

阿基米德的浮力原理（约公元前 250 年）、牛顿运动定律和万有引力定律（1687 年）、能量守恒（1843 年）

1638 年

伯纳德·科恩（Bernard Cohen）写道："想要领会伽利略诸多发现的全部本质，我们必须认识到抽象思维的重要性，伽利略完美地运用了这一工具，对于科学而言，这是一种比望远镜更具革命性的工具。"根据传说，伽利略从比萨斜塔上扔下两个不同重量的球，以便证明它们会同时着地。这个精确的实验可能并未发生过，但伽利略的确做了一些实验，对当时的人们对运动规律的理解产生了深远的影响。亚里士多德曾说，重的物体比轻的物体下落得更快。但伽利略证明，这只是物体空气阻力不同而造成的假象。他还做了许多让小球沿斜面滚动的实验来支持他的观点。从这些实验中外推，他证明了如果物体可以在没有空气阻力的情况下下落，那么所有物体的加速度都一定相同。更精确地说，他证明了一个从速度零开始不断加速的物体所走过的距离正比于下落时间的平方。

伽利略还提出了惯性原理：除非受到其他力的作用，物体的运动速度和方向将保持不变。亚里士多德曾错误地认为，只有施加力，物体才能保持运动。后来，牛顿把伽利略的原理纳入了他的运动定律。运动中的物体在没有外力的情况下不会自发地停止运动，如果你觉得这件事并非显而易见，那么可以想象一个实验，硬币的一面贴着无限光滑的水平桌面滑动，桌面光滑到毫无摩擦。这样的情况下，硬币将永远沿着这个假想的平面滑行。■

本条目作者 克利福德·皮寇弗

射影几何

莱昂·巴蒂斯塔·阿尔贝蒂（Leon Battista Alberti，1404—1472）
吉拉德·笛沙格（Gérard Desargues，1591—1661）
让-维克多·彭赛列（Jean-Victor Poncelet，1788—1867）

荷兰文艺复兴时期的建筑师和工程师扬·弗雷德曼·德弗里斯（Jan Vredeman de Vries, 1527—约 1607）的绘画。在他的艺术作品中运用了透视原理。射影几何原理起源于欧洲文艺复兴时期建立的透视艺术。

欧几里得的《几何原本》（约公元前 300 年），笛卡尔的《几何学》（1637 年），超立方体（1888 年）

1639 年

射影几何通常研究形体与其“投影”（或称“映像”）之间的关系，一般是由于将立体形状投影到平面而产生的。投影通常可以认为是物体投射出的影子。

意大利建筑师阿尔贝蒂是首先从艺术角度来运用射影几何的人之一。通常文艺复兴时期的艺术家和建筑师们都很关注在二维图纸上表示三维物体的方法。阿尔贝蒂有时在自己和风景之间放置一块玻璃，闭上一只眼睛并在玻璃上标记出在风景中那些点对应的位置。以此方式在二维绘画中生成了对三维场景的忠实图像。

笛沙格是一位法国数学家，他在欧几里得几何的框架下建立了射影几何体系。1636 年笛沙格出版了《笛沙格先生关于透视实践通用方法的案例》一书，其中他提出了一种构造物体透视图像的几何方法。笛沙格还验证了形体在透视变换下保持不变的特性。这对画家和雕塑家们非常实用。

笛沙格最重要的著作《试论圆锥曲线和平面的相交所得结果的初稿》发表于 1639 年，他使用射影几何来处理圆锥截面的理论。直到 1882 年法国数学家兼工程师彭赛列发表了一篇论文，才又重新唤起了人们的对射影几何的兴趣。

在射影几何中，点、直线和平面等几何元素在投影时仍然保持点、直线和平面的形态。然而投影后它们的长度、长度的比例和角度可能会发生变化，在射影几何里，欧几里得几何中的平行线在投影中会在无穷远处相交。■

本条目作者 克利福德·皮寇弗

049

帕斯卡三角形

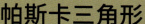

布莱斯·帕斯卡（Blaise Pascal，1623—1662）
奥马尔·海亚姆（Omar Khayyam，1048—1131）

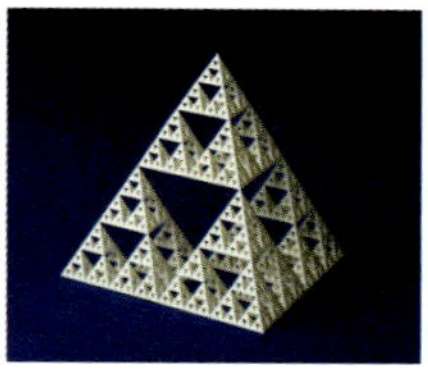

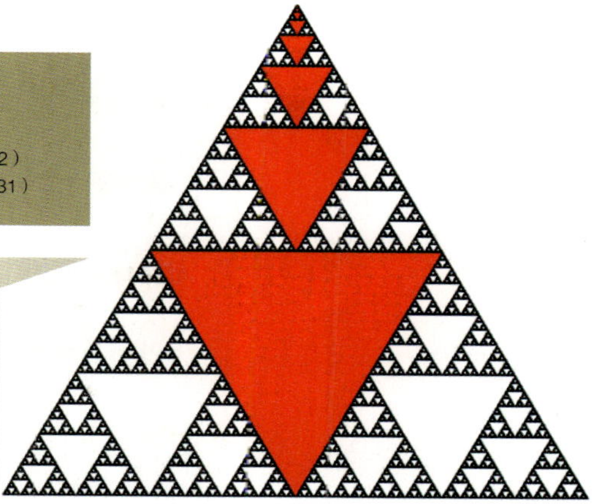

左图：乔治·W. 哈特（George W. Hart）用一种称为激光烧蚀的工艺制作了帕斯卡金字塔的尼龙模型。右图：文中讨论的分形帕斯卡三角形。中轴线上的红色三角形中的单元格的数目都是偶数（6，28，120，496，2016，…），并包括了所有的完全数（一个正整数等于它们的真因数之和）。

正态分布曲线（1733 年），元胞自动机（1952 年），分形（1975 年）

1654 年

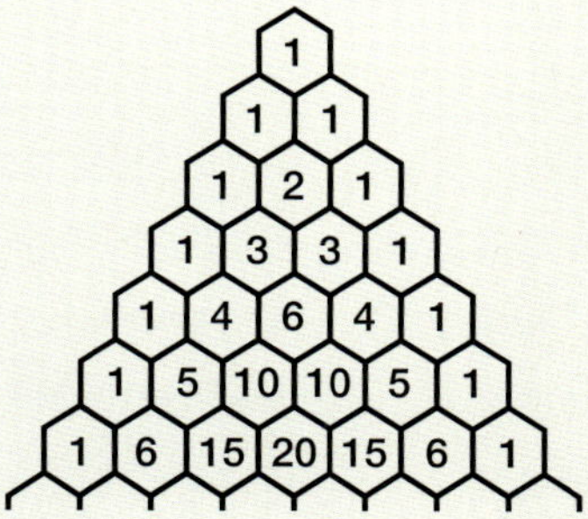

数学史上最著名的整数模式之一是帕斯卡三角形。1654 年帕斯卡第一次发表了关于这一主题的论文，但这种图案早在公元 1100 年波斯诗人数学家海亚姆就知道了，甚至更早就有印度和古代中国的数学家提出过。本页插图就是前七排帕斯卡三角形。

帕斯卡三角形中的每个数都是上面两个数之和。多年来数学家们讨论并发现了帕斯卡三角形在概率论、在二项式 $(x+y)^n$ 的展开及各种数论中扮演的重要角色。数学家高德纳（Donald Knuth，出生于 1938 年）曾指出，帕斯卡三角中衍生出的关系和图案太多，以至于当有人发现它的某个新特性时，除了发现者本人之外并没有多少人会因此而兴奋。然而，迷人的研究也揭示了无数奇迹，包括对角线上的特殊图案，具有各种六边形性质的完美方形图案，以及将帕斯卡三角形推广到负整数和高维时的新发现。

当帕斯卡三角形中的偶数被点取代、奇数被间隙取代时，会产生分形，在不同大小的尺度上呈现出复杂的重复图案。这些分形图像有一个重要的实际用途，因为它们可以为材料科学家提供模型，帮助生产具有新性质的新结构。例如，1986 年，研究人员发明了在微米尺度上的金属丝三角形垫片，它几乎与帕斯卡三角形在奇数位置穿孔的形状完全相同。他们得到的最小三角形面积约为 1.38 平方微米，科学家们还观察到在磁场中这些垫片有许多奇特的超导性质。■

本条目作者 克利福德·皮寇弗

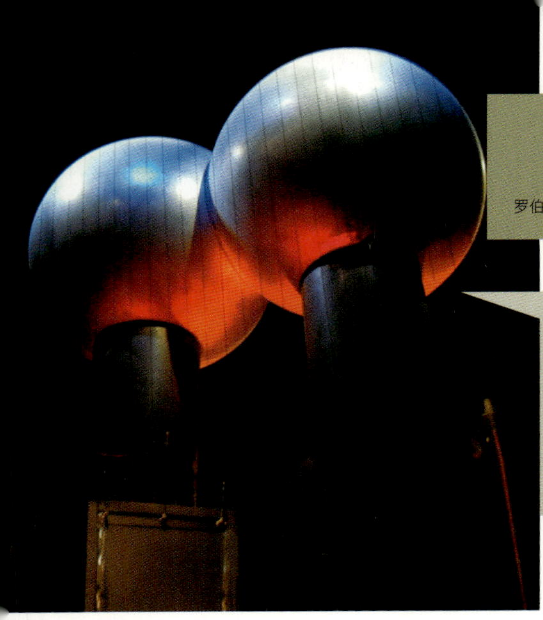

冯·居里克静电起电机

奥托·冯·居里克（Otto von Guericke，1602—1686）
罗伯特·杰米森·范德格拉夫（Robert Jemison Van de Graaff，1901—1967）

（右图）冯·居里克发明了也许是第一台静电起电机，这是在休伯特–弗朗索瓦·格拉沃洛的版画（约1750年）中描绘某种型号的起电机。（左图）世界上最大的空气绝缘范德格拉夫发电机，最初是由范德格拉夫为早期原子能实验设计的，目前在波士顿科学博物馆中展示。

库仑定律（1785年），电池（1800年），电子（1897年），“小男孩”原子弹（1945年）

1660年

神经生理学家阿诺德·特雷胡布（Arnold Trehub）写道：“过去两千年来最重要的发明必定影响广泛而深远，且意义重大。在我看来，这指的就是奥托·冯·居里克发明的静电产生器。”尽管电现象已早被人们所知，但直到1660年，似乎才由冯·居里克制造出了第一台发电机器的前身。他的静电起电机使用了一个硫制成的球体，可以用手旋转和摩擦起电（历史学家还不清楚他的装置能否持续旋转，如果这样的话，就可以更轻易地将其归类为机器了）。

概括地说，静电起电机通过将机械能转化为电能来产生静电。时间推进到19世纪末，静电起电机在研究物质结构上起到了至关重要的作用。1929年，美国物理学家罗伯特·范德格拉夫设计并制造了一台静电起电机，被称为范德格拉夫起电机（VG），在核物理研究中得到了广泛的应用。作家威廉·古尔斯特尔（William Gurstelle）写道：“最大、最亮、最狂暴、最灿烂的放电现象不是来自威姆斯赫斯特型号静电机器，也不是来自特斯拉线圈，而是来自礼堂般大小的一对高耸的圆柱形机器，叫作范德格拉夫起电机，它能产生大量的电火花、刺鼻的臭氧和强大的电场……”

VG采用电力供电的方式给一条运动着的传送带充电，从而积累高电压，通常是积累在一个中空的金属球上。在粒子加速器中使用VG时，离子（带电粒子）源由电压差加速。事实上，VG产生的电压可以精确控制，这使得VG可以用于原子弹设计过程中的核反应研究。

多年来，静电加速器已被用于癌症治疗、半导体生产（通过离子注入的方式）、电子显微镜束流、食品灭菌以及核物理实验中的质子加速。■

本条目作者 克利福德·皮寇弗

051

发明微积分

艾萨克·牛顿（Isaac Newton，1643—1727）
戈特弗里德·威廉·莱布尼茨（Gottfried Wilhelm Leibniz，1646—1716）

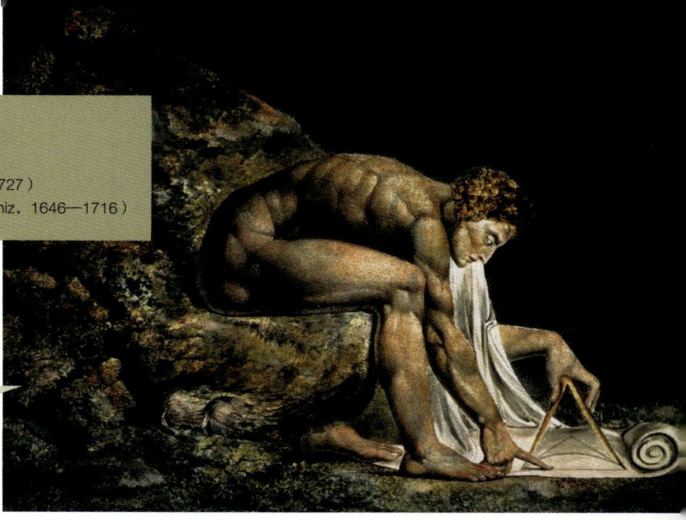

威廉·布莱克（William Blake）笔下的牛顿（1795）。布莱克是一位诗人兼艺术家，他把牛顿描绘成一个神圣的几何学家，凝视着地上的几何图形，思考着数学和宇宙。

早期微积分（约 1500 年），牛顿运动定律和万有引力定律（1687 年），傅里叶级数（18C7 年），拉普拉斯的《概率的分析理论》（1812 年）

约 1665 年

英国数学家牛顿和德国数学家莱布尼茨通常被认为是微积分的发明者，但早在他们之前，就有许多数学家探索过速率和极限的概念，甚至可以上溯到古埃及人发明的计算金字塔体积和近似圆面积的方法。

在 17 世纪，牛顿和莱布尼茨都在苦苦思索切线、变化率、极小值、极大值和无穷小值（几乎等于零但不是零的难以想象的微小量）的问题。两个人都很清楚，微分（求曲线上某点的切线——即在那个点上“刚好触及”曲线的直线）和积分（求曲线围成的面积）互为逆过程。1665—1666 年，牛顿基于求无限和式的兴趣，率先发明了微积分，然而他发表成果慢了一步。在 1684 年莱布尼茨首先发表了他在微分学上的成果，接着又在 1686 年发表了他对积分学的研究。他说：“像奴隶一样在辛苦的计算工作中耗费时间，对优秀的人来说是不值得的。我的新微积分，通过一种分析来阐明真理，而不需绞尽脑汁去努力想象。”这使得牛顿感到十分恼怒。关于如何划分发明微积分功劳的争论持续多年，结果是微积分的发展被推迟了。牛顿是第一个将微积分应用于物理学问题的人，而莱布尼茨则创建了现代微积分书籍中的大部分符号。

今天，微积分已经深入到科学发展的每一个领域，并在生物学、物理、化学、经济学、社会学和工程学中广泛应用。总之，在任何有数量（如速度或温度）发生变化的领域中，微积分都发挥着不可替代的作用。微积分可以用来帮助解释彩虹的结构、教我们如何在股票市场上赚更多的钱、引导宇宙航行、做天气预报、预测人口增长、设计建筑以及分析疾病的传播等。微积分引发了一场革命，它也改变了我们看待世界的方式。■

本条目作者 克利福德·皮寇弗

052

《显微图谱》

马塞洛 · 马尔比基（Marcello Malpighi，1628—1694）
安东 · 菲利普斯 · 范 · 列文虎克（Anton Philips van Leeuwenhoek，1632—1723）
罗伯特 · 胡克（Robert Hooke，1635—1703）
乔治 · 尼古拉斯 · 帕帕尼古拉乌（Georgios Nicholas Papanikolaou，1883—1962）

罗伯特 · 胡克的《显微图谱》里的跳蚤。

眼镜（1284 年），精子的发现（1678 年），人体内的“动物园”（1683 年），细胞分裂（1855 年），病原菌学说（1862 年）

1665 年

尽管显微镜在 16 世纪末就已经问世，但英国科学家罗伯特 · 胡克对复式显微镜（使用了不止一块镜片）的运用，是一个特别重要的里程碑，他制作的这款显微镜被认为是现代显微镜在光学和机械学上的重要先驱。光学显微镜拥有两块镜片，分别是目镜和物镜，其中目镜用于观察，物镜对准样本。显微镜的整体放大率是目镜和物镜的放大倍数的乘积。

1665 年，胡克出版了《显微图谱》（*Micrographia*）一书，书中描绘了一些令人惊叹的显微观察结果，还包括他对从植物到跳蚤在内的多种生物学标本的制作方法。这本书还讨论了行星、光的波动理论以及化石的起源，激发了公众对显微镜功能的科学兴趣。

胡克是第一个发现生物细胞的人，他还创造“cell”（细胞）这个词用以描述所有生物的基本组成单元。他之所以会创造出细胞这个词，是因为观察到的植物细胞让他想到了僧侣们所住的小房间（cellulae）。对于胡克的伟大贡献，科学史专家理查德 · 韦斯特福尔（Richard Westfall）写道：“罗伯特 · 胡克的《显微图谱》是 17 世纪最杰出的著作之一，综合了他对矿物、动物和植物世界的观察结果。”

1673 年，荷兰生物学家列文虎克在一滴来自池塘的水中发现了活的生物，让人们看到了把显微镜用于医学研究的可能性。此后，列文虎克又发表了关于红细胞、细菌、精子、肌肉组织和毛细血管的图谱（意大利医生马塞洛 · 马尔比基也观察到了毛细血管）。经过多年发展，显微镜成了研究黑死病、疟疾、昏睡病等疾病病因所必需的工具。在细胞研究中，比如通过“巴氏涂片”（pap smear，这一方法由希腊医生帕帕尼古拉乌发明）检查来筛查癌变前以及已经癌变的宫颈细胞时，显微镜也发挥着关键作用。在 1943 年巴氏涂片得到广泛使用之前，宫颈癌是美国女性的首要致死病因。■

本条目作者 克利福德 · 皮寇弗

053

驳斥自然发生说

亚里士多德（Aristotle，公元前 384—公元前 322）
弗朗切斯科·雷迪（Francesco Redi，1626—1697）
拉扎罗·斯帕拉捷（Lazzaro Spallanzani，1729—1799）
路易斯·巴斯德（Louis Pasteur，1822—1895）

路易·巴斯德是法国微生物学家及化学家，他有许多意义重大的发现，涉及细菌致病、疫苗接种、发酵和加热杀菌法各个领域。

达尔文的自然选择理论（1859 年），病原菌学说（1862 年），米勒-尤列实验（1952 年）

1668 年

两千多年前，亚里士多德在他的《动物志》（*The History of Animals*）一书中声称，某些生物源自同样的生物，而另一些，比如昆虫，则可以从腐烂的泥土或植物中自发产生。古人在每个春天都看到尼罗河水涨上河岸，而退潮后留下淤泥和青蛙，而后者在干燥的季节里并不存在。莎士比亚的《安东尼与埃及艳后》告诉我们，鳄鱼和蛇是从尼罗河的河泥中诞生的。某些生物诞生于无生命的物质中——这一概念被亚里士多德称为自然发生说，直至 17 世纪它都几乎未曾受到质疑。毕竟人们常常看到的蛆虫好像就是从腐肉中诞生的。

1668 年，意大利医生及诗人弗朗切斯科·雷迪设计了一个试验，质疑自然发生说以及烂肉生蛆的正确性。雷迪将肉放在三个广口罐里，放置数天。一个罐子是敞开的，苍蝇可以停在肉上产卵。另一个罐子是密封的，里面没有出现苍蝇和蛆虫。第三个罐子的口用纱布蒙着，可以阻止苍蝇进入罐子，但苍蝇在纱布上产卵并且孵化出蛆虫。

一个世纪后，意大利牧师及生物学家拉扎罗·斯帕拉捷在一个密封容器中煮沸肉汤，让空气从中逸出。他没有在容器中看到任何活着的有机体，然而问题依然存在：空气对于自然发生而言是否是一个关键要素。

1859 年，法国科学院赞助了一场竞赛，辩题是什么样的实验能决定性地证明或证伪自然发生说。路易斯·巴斯德的参赛作品获得了优胜，他将煮沸的肉汤放在带有细长瓶颈的烧瓶中，细长的玻璃瓶颈弯曲向下。这使得空气可以自由进入烧瓶，但空气中的微生物被阻挡在外。这个装肉汤的烧瓶中没有生长出任何生物。从此，自然发生说的概念被贬谪出了历史舞台。■

本条目作者 迈克尔·C. 杰拉尔德和格洛丽亚·E. 杰拉尔德

卡西尼计算了地球到火星的距离，然后是地球到太阳的距离。这里展示的是火星和地球大小的比较；火星半径大约是地球的一半。

测量太阳系

乔瓦尼·多梅尼科·卡西尼（Giovanni Domenico Cassini，1625—1712）

埃拉托色尼测量地球（约公元前 240 年），日心宇宙学说（1543 年），开普勒行星运动定律（1609 年），迈克尔逊—莫雷实验（1887 年）

1672 年

在 1672 年天文学家乔瓦尼·卡西尼测定太阳系大小的实验之前，流传着一些相当古怪的理论。公元前 280 年，萨莫斯的阿利斯塔克（Aristarchus）曾说过，太阳到地球的距离仅仅是地月距离的 20 倍。卡西尼时代的一些科学家也认为，星星距离地球只不过几百万英里远。卡西尼派出了天文学家让·里歇尔（Jean Richer）去南美东北海岸城市卡宴，他自己留在巴黎。卡西尼和里歇尔同时测量了火星相对于遥远恒星的角度位置。使用简单的几何方法，并且知道巴黎和卡宴之间的距离，卡西尼就确定了地球到火星的距离。一旦得到这个距离，他就采用开普勒第三定律（参见条目“开普勒行星运动定律”）计算了火星和太阳之间的距离。利用这两条信息，卡西尼确定了地球到太阳的距离约为 1.4 亿千米，仅比实际的平均距离少了 7%。作家肯德尔·黑文（Kendall Haven）写道：“卡西尼发现的距离意味着宇宙比任何人幻想的都要大数百万倍。”请注意，要想不损害视力而直接测量太阳是很困难的。

卡西尼还因其他诸多发现而闻名。比方说，他发现了土星的 4 颗卫星，并且发现了土星环中的主要环缝，后人将其命名为卡西尼环缝以纪念卡西尼。有趣的是，他是最早正确猜想光以有限速度传播的科学家之一，但并没有公布支持这一理论的证据，据肯德尔·黑文所说：“他是一位虔诚的教徒，相信光来自上帝。因此，光必须是完美的、无限的，不能被有限的速度所限制。”

自卡西尼时代起，我们对太阳系的概念随着诸多发现而不断成长，例如天王星的发现（1781 年）、海王星的发现（1846 年）、冥王星的发现（1930 年）及阋神星的发现（2005 年）。■

本条目作者 克利福德·皮寇弗

牛顿棱镜

艾萨克·牛顿（Isaac Newton，1643—1727）

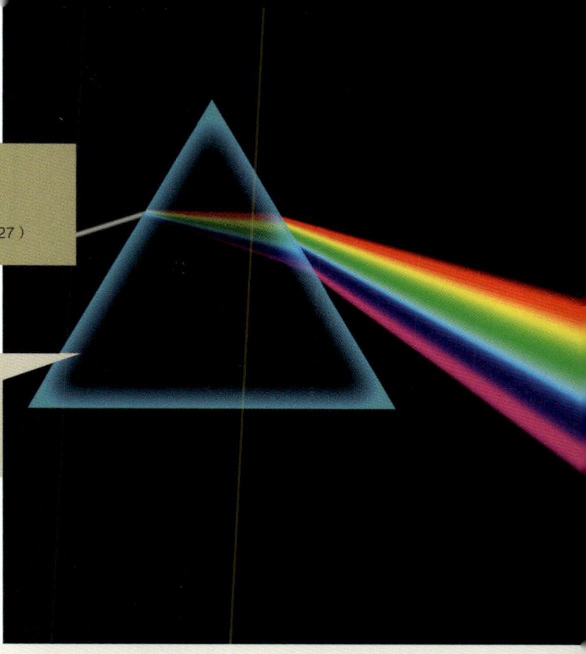

牛顿用棱镜证明，白光并不是亚里士多德所认为的单色光，而是许多不同光的混合体，这些光对应着不同的颜色。

光的波动性（1801 年），电磁波谱（1864 年），白炽灯（1878 年）

1672 年

教育家迈克尔·杜马（Michael Douma）写道："我们现在对光和颜色的正确理解始于艾萨克·牛顿，他在 1672 年发表了一系列实验。牛顿是第一个破解彩虹奥秘的人，他用棱镜折射白光，将它分解成组分色：红色、橙色、黄色、绿色、蓝色和紫色光。"

17 世纪 60 年代后期，当牛顿在进行光和颜色的实验时，同时代的许多人认为颜色是光和暗的混合体，是棱镜给光添加了颜色。尽管当时这样的观点占据了主导地位，但牛顿依然确信，白光并不是亚里士多德所认为的单色光，而是许多不同光的混合体，这些光对应着不同的颜色。英国物理学家罗伯特·胡克对牛顿关于光特性的研究提出了批评，这使牛顿怒不可遏，且似乎远远超出胡克批评的程度。因此，直到 1703 年胡克去世后，牛顿才出版了他的不朽杰作《光学》（*Opticks*）。这样的话，牛顿就可以对光这一主题下最终结论，也避免了与胡克争辩不休。1704 年，牛顿的《光学》终于出版了。在这本书中，牛顿进一步讨论了他对颜色和光的衍射研究。

牛顿在他的实验中使用了玻璃三棱镜。光从棱镜的一侧入射，随后被玻璃折射成各种颜色；不同颜色光的偏转角度因其波长不同而不同。棱镜的工作原理是，当光从空气进入棱镜玻璃时，光会改变速度。当这些颜色光被分开后，牛顿还使用另一个棱镜将它们重新折射在一起，再次形成白光。这个实验表明，棱镜并非像许多人认为的那样，仅仅是为光添加颜色。牛顿还只让一个棱镜的红光穿过另一个棱镜，发现红色依然未变。这进一步证明了棱镜并没有产生颜色，而只是将原始光束中已经存在的颜色分离开来。■

本条目作者 克利福德·皮寇弗

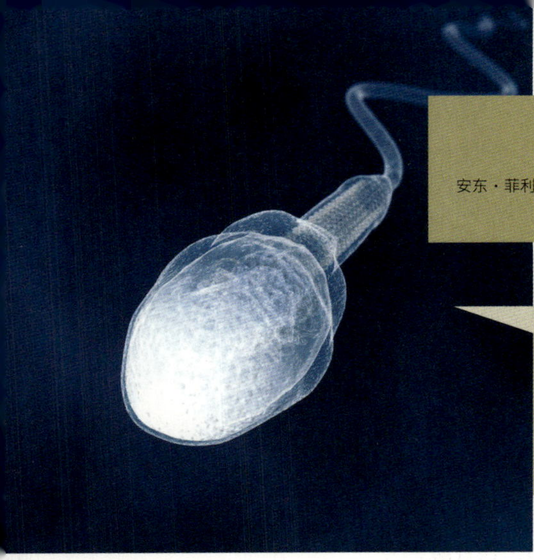

精子的发现

安东·菲利普斯·范·列文虎克（Anton Philips van Leeuwenhoek，1632—1723）
尼古拉斯·哈特索克（Nicolaas Hartsoeker，1656—1725）

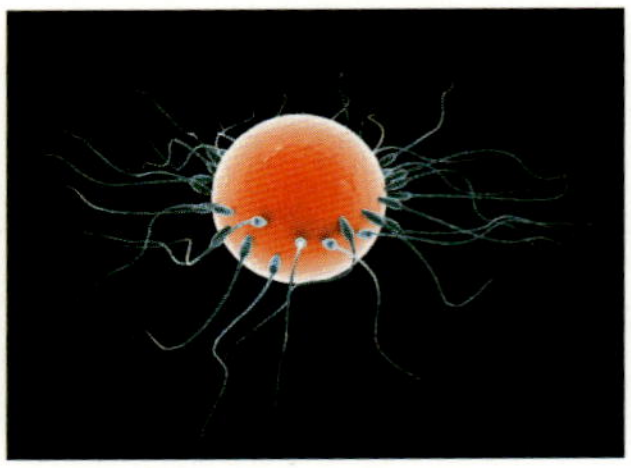

右图：众多精子围着一个卵子，竞争受精机会。左图：描绘了一个精子，突出了精子的头部、鞭子样尾巴和起连接作用的中段部分。中段部分有一个丝状核，里面有很多线粒体，为尾部的活动提供能量。

《显微图谱》（1665 年），遗传的染色体理论（1902 年），避孕药（1955 年）

1678 年

1678 年，荷兰科学家列文虎克向英国皇家学会报告了关于人类精子的发现——精子就像是数不清的、蠕虫似的小动物。他写道：“我所研究的只是夫妻性生活之后的残留物，绝没有罪恶地玷污自己之意。如果阁下认为这些观察结果可能让学者们感到不适或愤怒，我真诚地请求阁下可以把这些结果视为个人隐私。至于是公开发表还是毁掉它们，都尊重阁下的意见。”列文虎克最终认为，在精液中游动的那些微小的生灵们，在女性受孕的过程中扮演了重要角色。其他科学家认为，精子只是寄生虫，而与生殖过程没有任何关系。

大约在 1677 年，列文虎克和他的学生约翰·哈姆（Johan Ham）用放大倍数为 300 倍的显微镜观察精子。列文虎克把精子描述为小动物，这种说法也表明他是先成论的支持者，先成论认为，每一个精子的头部都含有一个微小而完整的人。荷兰显微镜专家尼古拉斯·哈特索克声称，他在 1674 年就已观察到了精子，但他不确定他看到的是什么，最初还以为这些蠕动的细胞是寄生虫。哈特索克还画过一幅著名的画作：一个小人蜷缩在精子的头部，这也是先成论的一种表现形式。他并没有说过真的观察到了小人的存在，但其他的研究者却说真有其事。一些人甚至提出，精子中的小人可能还有更小的精子，存在一种小人中有小人的无限循环。不过，当研究者弄清楚小鸡胚胎中各种器官是如何在发育过程中才逐渐出现之后，事实就很明确了：动物的生命并不是从接近完整的形态开始的。

在英文中，sperm 和 spermatozoan 都是精子的意思，不过前者指代男性的生殖细胞，而后者才是指可以游动、带有鞭子样尾巴的精子细胞。今天，我们都知道男性的精子细胞有 23 条染色体（线状的携带遗传信息的物质），女性的卵细胞也有 23 条染色体，在受精过程中两者会结合在一起。■

本条目作者 克利福德·皮寇弗

057

人体内的“动物园”

安东·菲利普斯·范·列文虎克（Anton Philips van Leeuwenhoek，1632—1723）

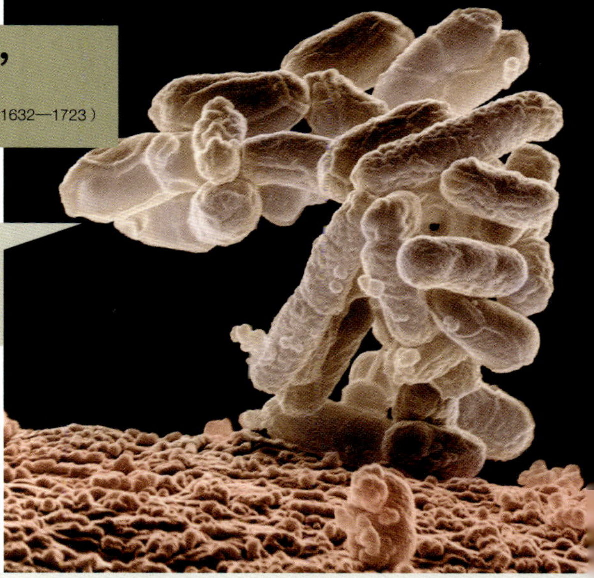

这是大肠杆菌的电镜图，图中的大肠杆菌呈棒状。通常在婴儿出生后一两天内，这种细菌就占领了婴儿的胃肠道。

污水处理系统（约公元前 600 年），《显微图谱》（1665 年），精子的发现（1678 年），病原菌学说（1862 年），消毒剂（1865 年）

1683 年

即使是健康人体，也好似动物园，携带了大量微生物，影响着我们的健康。人体内的细菌、真菌和病毒组成了一个十分多样化的生态系统。当它处于合适的平衡状态、发挥适当功能时，也许能应对从肠道炎症到各种皮肤疾病在内的健康问题。有趣的是，人体中各种微生物（大多数存在于肠道中）的数量至少是人体细胞的 10 倍，这让我们每一个人的身体都像是一个超级有机体，各个物种相互作用，共同影响我们的健康。关于“微生物动物园”的最早发现之一出现在 1683 年。当时，荷兰微生物学家列文虎克使用自制的显微镜，研究他从牙垢上刮下的样品，令他惊讶的是，他发现样本里有很多“微小的、活着的动物，都是非常可爱的生灵”。

不管是有害的还是有益的微生物，通常都存在于皮肤上，或者嘴巴、胃肠道、阴道、鼻子以及其他孔洞里。在人体肠道内，生活着 500 多种细菌，科学家认为，这些细菌构成了一个“虚拟器官”。它们可以让食物发酵，帮助消化，产生人体所需的维生素，还能阻止有害细菌生长。婴儿一旦出生，这些细菌就会迅速占领他们的肠道。目前，科学家正在研究不同细菌群体在肠道疾病（如溃疡性结肠炎）、肿瘤发生以及肥胖症等病症中可能扮演的角色。他们已经发现，微生物的多样性在控制囊性纤维化（一种遗传疾病，会导致肺部出现瘢痕）的发展过程中是非常重要的影响因素。此外，科学家还在继续研究微生物对湿疹、牛皮癣、帕金森病以及一系列自身免疫疾病的影响。

还有一种寄生虫疗法，医生向患者肠道植入特定的寄生虫（如钩虫和鞭虫），帮助调整患者免疫系统的功能。在某些情况下，这种方法也许可以缓解炎性肠道疾病、多发性硬化症、哮喘以及特定的皮肤病。■

本条目作者 克利福德·皮寇弗

牛顿——伟大的启迪者

艾萨克·牛顿（Isaac Newton，1643—1727）

牛顿出生地英格兰伍尔斯索普庄园及一棵古老苹果树的照片。牛顿在这里开展了许多关于光和光学的著名实验。据说在某个秋天，牛顿在这里看到了一个掉落的苹果，并在某种意义下启发了他发现了万有引力定律。

发明微积分（约 1665 年），牛顿棱境（1672 年），牛顿运动定律和万有引力定律（1687 年），爱因斯坦——伟大的启迪者（1921 年）

1687 年

化学家威廉·H. 克罗珀（William H. Cropper）写道："牛顿是物理学史上最伟大的创造型天才。包括爱因斯坦、麦克斯韦、玻尔兹曼、吉布斯和费曼在内，没有人能与牛顿在理论、实验和数学方面的综合成就上达到相同的高度。如果你是一名时间旅行者，在回到 17 世纪的旅行中遇到牛顿，你可能会发现，他有点像一个歌唱家，先是激怒眼前的所有人，然后走上舞台，如天使一般歌唱……"

牛顿或许比其他任何科学家都更能启发那些追随他的科学家，使他们相信可以从数学的角度来理解宇宙。记者詹姆斯·格莱克（James Gleick）写道："艾萨克·牛顿出生在一个黑暗、晦涩、巫术横行的世界……他至少有一次濒临疯狂的边缘……却比之前或之后的任何人都更多地发现了人类知识的本质核心。他是现代世界的首席建筑师……他使知识建立在定量和精确的坚实基础之上。他确立了原理，这些原理被称为牛顿定律。"

作家理查德·科克（Richard Koch）和克里斯·史密斯（Chris Smith）指出："13 世纪到 15 世纪的一段时间里，欧洲在科学技术方面远远领先于世界其他地方，并在随后的 200 年里巩固了这一领先地位。到了 1687 年，艾萨克·牛顿基于哥白尼、开普勒等人的先期研究提出了他的真知灼见，他认为宇宙是由一些物理、机械和数学定律所支配的。这注入了极大信心，让人们相信万物皆合理，万物皆相合，万物皆可以通过科学来完善。"

受到牛顿的启发，天体物理学家霍金写道："我不同意这种观点，说宇宙是一个谜……这种观点并不能公正地评价大约四百年前伽利略发起并由牛顿继承的科学革命……现在，我们有数学定律来支配我们日常所经历的一切。"■

本条目作者 克利福德·皮寇弗

059 牛顿运动定律和万有引力定律

艾萨克·牛顿（Isaac Newton，1643—1727）

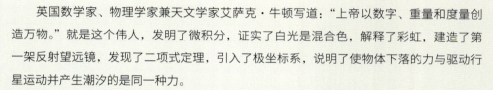

引力影响着太空中物体的运动。这里的艺术描绘展示的是天体间发生的一次巨大碰撞，可能有冥王星那么大的天体发生碰撞后，产生的尘埃环围绕着附近的织女星。

开普勒行星运动定律（1609 年），重力加速度（1638 年），发明微积分（约 1665 年），牛顿棱镜（1672 年），牛顿—伟大的启迪者（1687 年），广义相对论（1915 年），引力透镜（1979 年）

1687年

英国数学家、物理学家兼天文学家艾萨克·牛顿写道：“上帝以数字、重量和度量创造万物。”就是这个伟人，发明了微积分，证实了白光是混合色，解释了彩虹，建造了第一架反射望远镜，发现了二项式定理，引入了极坐标系，说明了使物体下落的力与驱动行星运动并产生潮汐的是同一种力。

牛顿运动定律关注的是物体上的作用力和这些物体的运动之间的关系。他的万有引力定律声称，两个物体间相互吸引的力与物体质量的乘积成正比，与物体间距离的平方成反比。牛顿第一运动定律（惯性定律）指出，除非施加外力，否则物体不会改变它们的运动状态。也就是说，除非受到合力的作用，静止的物体会一直保持静止，而运动的物体则继续以同样的速度和方向运动。根据牛顿第二运动定律，当合力作用在一个物体上时，动量（质量 × 速度）的变化率与作用力成正比。根据牛顿第三运动定律，当一个物体对另一个物体施加力的时候，第二个物体会对第一个物体施加一个大小相等、方向相反的力。例如，勺子对桌子向下的力与桌子对勺子向上的力大小相等。

据说牛顿曾经历严重的心理和精神问题。他一直憎恨着他的母亲和继父，十几岁的时候，他威胁要将他们活活烧死在房子里。牛顿也写过以《圣经》为主题的论著，包括《圣经》的预言。很少有人知道他花在神学和炼金术上的时间比花在科学上的时间还多，他在宗教方面的著述也比他在自然科学方面的著述还要多。不管怎么说，这位英国数学家和物理学家可能是有史以来最有影响力的科学家。■

本条目作者 克利福德·皮寇弗

大数定律

雅各布·伯努利（Jacob Bernoulli，1654–1705）

1994 年瑞士发行的数学家雅各布·伯努利的纪念邮票。邮票上图案为伯努利的头像和他的大数定律。

骰子（约公元前 3000 年），正态分布曲线（1733 年），贝叶斯定理（1761 年），拉普拉斯的《概率的分析理论》（1812 年）

1713 年

大数定律是由瑞士数学家雅各布·伯努利证明的。但直到伯努利去世后，人们才从 1713 年出版其遗著《猜度术》（*The Art of Conjecturing*）一书中看到这一定律。大数定律是概率论中的一个定理，描述了随机变量具有长期稳定性的趋势。例如，当一个随机实验（如掷硬币）的观察次数足够大时，则某种结果（比如掷出头像，即正面）发生的频率将接近理论上的概率，例如 0.5。更正规的说法是，一个具有有限的总体均值和方差的，独立且同分布的随机变量序列，它们的平均值将接近理论上的总体均值。

设想一下你掷一个标准的六面体骰子。我们期望多次结果的平均值是预期的总体均值，比如 3.5。假如你的前三次投掷恰好是 1，2 和 6，平均值为 3。但随着你掷出更多的次数，平均值最终将稳定在 3.5 的预期值上。赌场经营者喜欢大数定律，因为他们可以指望长期稳定的结果并且制定相应稳定的赌博规则。保险公司则依靠大数定律来应对并计划赔付损失。

在《猜度术》中，伯努利估计一个装有未知数量的黑、白两种球的箱子中白球的比例。每次从箱子中随机取出一个小球，记下颜色后随机替换另一个小球，他用取出过的小球中白球的比例来估计全部小球中白球的比例。只要你有足够的时间，你的估计可以达到你任何希望达到的准确性。伯努利写道：“如果对所有事件的观察一直持续到永远（因此，最终的概率往往是完全确定的），世界上的一切都将以固定的概率发生。即使发生了最偶然的事件，我们也只能认为，这是某种宿命。”■

本条目作者 克利福德·皮寇弗

061

欧拉数 e

莱昂哈德·保罗·欧拉（Leonhard Paul Euler，1707—1783）

美国圣路易门拱门的形状是一个倒挂的悬链线。悬链线可以用方程：$y=(a/2)\cdot(e^{x/a}+e^{-x/a})$ 来描述。这个拱门是世界上最高的纪念碑，高度达 192 米。

圆周率 π（约公元前 250 年），虚数（1572 年），超越数（1844 年）

1727 年

英国科学作家大卫·达林（David Darling）写道，数字 e“可能是数学中最重要的数字。虽然 π 对外行人来说更熟悉，但在数学学科的较高层次上 e 远比 π 更重要、更普遍。”

数字 e，近似等于 2.718 28，可以用多种方法计算。例如：$(1+1/n)^n$ 当 n 趋近于无穷大的极限值时就等于 e。尽管像雅各布·伯努利和莱布尼茨这些数学家都意识到这一常数的重要性，但瑞士数学家欧拉才是首先深入研究这个数字的人之一，在 1727 年欧拉写的论文中第一个使用了符号 e。在 1737 年，他证明了 e 是无理数，也就是说，e 不能表示为两个整数的比值。在 1748 年欧拉计算出了 e 的前面 18 位数字，今天已知的 e 的小数位数超过 1000 亿位。

e 出现在数学的不同领域，例如在两端悬挂着的绳索形状的悬链线方程中，在复利计算公式中，以及在概率论与数理统计的许多应用中都能看到 e 的身影。在有史以来发现的最令人惊奇的数学公式之一：$e^{i\pi}+1=0$ 中，数学的 5 个最重要的符号：1，0，π，e 和 i（−1 的平方根）都出现了。哈佛大学数学家本杰明·皮尔斯（Benjamin Pierce）说：“我们不能理解这个公式，我们不知道它的意思，但我们已经证明了它，因此我们知道它代表了真理。”在数学家中的多次“民意测验”中都把这个公式列为最美丽的数学公式的榜首。卡斯纳（Kasner）和纽曼（Newman）说：“我们只能不断地复写这个公式并不停地探寻它的含义。它同时吸引着神秘主义者、科学家和数学家。”■

本条目作者 克利福德·皮寇弗

062

正态分布曲线

亚伯拉罕·棣美弗（Abraham de Moivre，1667—1754）
约翰·卡尔·弗里德里希·高斯
（Johann Carl Friedrich Gauss，1777—1855）
皮埃尔－西蒙·拉普拉斯（Pierre-Simon Laplace，1749—1827）

这是一张德国马克钞票，上面印有高斯的头像和正态分布函数的图像和公式。

帕斯卡三角形（1654 年），大数定律（1713 年），拉普拉斯的《概率的分析理论》（1812 年）

1733 年

1733 年，法国数学家棣美弗发表了论文《二项式 $(a+b)^n$ 的级数展开项之和的近似》，第一次描述了正态分布曲线，也称为“误差定律”。棣美弗一生都穷困潦倒，曾经在咖啡馆里兼职下棋挣钱。

正态分布——也被称为高斯分布，以纪念多年后系统地研究这条曲线的高斯——代表了一类重要的连续概率分布，它被广泛应用于无数个需要观察测量的学科领域。这些领域包括人口统计、健康统计、天文测量、遗传学、情报学以及保险统计等方面的研究。在实验和观察数据误差或波动变化的任何领域都要用到正态分布。事实上，在 18 世纪初数学家们就开始意识到，各种不同项目中的大量测量数据，似乎都表现出相似的散布或分布形态。

正态分布由两个关键参数（均值和标准差）确定。均值即平均值，标准差则是数据的分散性或变异性的量化指标。正态分布曲线的图形通常被称为钟形曲线，因为它呈现古代铜钟一样的对称形状，也就是说，数据点倾向于集中在图像中部，在曲线左右两侧尾部的数据点则越往外越少。

棣美弗研究正态分布，是为了研究“二项分布”的近似，例如，硬币投掷实验就服从二项分布。1783 年，拉普拉斯用正态分布来研究测量误差。1809 年高斯用正态分布来研究天文数据。

人类学家弗兰茨·高尔顿爵士（Francis Galton）评价正态分布时说：“‘误差频率定理’展现了神奇的宇宙秩序，我不知道还有什么东西比它更令人印象深刻。如果希腊人知道这个定理，他们一定会将它奉若神明，顶礼膜拜。这个定理在最疯狂的混乱中，平静而轻松地统治着这个世界。”■

本条目作者 克利福德·皮寇弗

063

林奈的生物分类法

亚里士多德（Aristotle，公元前 384—公元前 322）
泰奥弗拉斯托斯（Theophrastus，公元前 372—公元前 287）
卡尔·林奈（Carl Linnaeus，1707—1778）
查尔斯·达尔文（Charles Darwin，1809—1882）

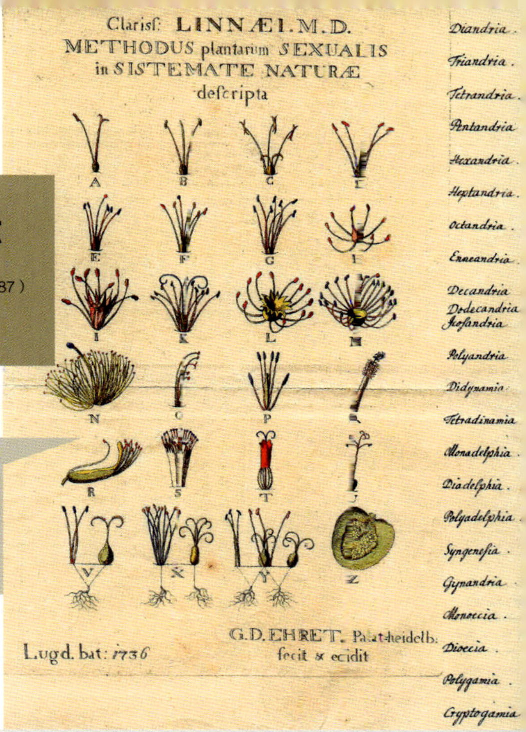

图为《植物繁殖》（1736）的广告，其作者是乔治·狄俄尼索斯·埃雷特（Georg Dionysius Ehret，1708—1770），这位德国植物学家以植物插画著称。这张图描绘了林奈归纳的 24 类植物生殖系统。

化石记录和进化（1836 年），达尔文的自然选择理论（1859 年），生物域（1990 年）

1735 年

山狮、美洲狮、黑豹和美洲金猫有什么共同点？它们只是美国同一种动物的十多个别名中的 4 个而已，它们都是美洲狮（Felis concolor）。在自然界中，我们通常会用俗名来指称动植物，但是这一类名称很容易产生误导。小龙虾、海星、蠹鱼和海蜇的英文名中都包含“fish”（鱼），但它们都不是鱼，而且彼此毫无关系。

分类法可以追溯回远古时代。亚里士多德根据繁殖方式来为动物分类，而泰奥弗拉斯托斯则根据用途和栽培方式来为植物分类。瑞典植物学家及医生卡尔·林奈在第一版《自然分类》（*Systema Naturas*，1735）中，提出了一个新分类法（为动植物科学命名及分类的方法）。首先，他为植物和动物指定了拉丁名，它是一种二级命名法，由属名与种名组成，这使得每一种生物体都有独特的名称，人们至今仍然在沿用这个系统。比如说，犬属包括亲缘关系密切的狗、狼、郊狼和豺，每一种成员都有一个种名。另外，林奈完善了一种多层级的分类，在这种分类法中，“高级”包含了逐层逐级的“低级”群体。根据林奈分类法，相近的属归在各个科中，比如说，犬属和狐属（狐狸）都归于犬科。林奈分类法的最高级别是界，但他只归纳了动物界和植物界。

林奈分类法根据生物体的身体特征和推定的自然关系，将它们分为不同的类别。这是基于当时《圣经》释义而来的，即动植物在最初被创造出来时就是现在的形态。一个世纪后，达尔文提供了可靠的证据，证明两种现存动物或植物可能有共同的祖先，或者已灭绝的生物可能就是那些现存生物的祖先。当代分类法的基础是系统发生学，这种学说整合归纳了生物之间的关系，其中包括现存生物与已灭绝生物。■

本条目作者 迈克尔·C. 杰拉尔德和格洛丽亚·E. 杰拉尔德

064

伯努利流体动力学定律

丹尼尔·伯努利（Daniel Bernoulli，1700—1782）

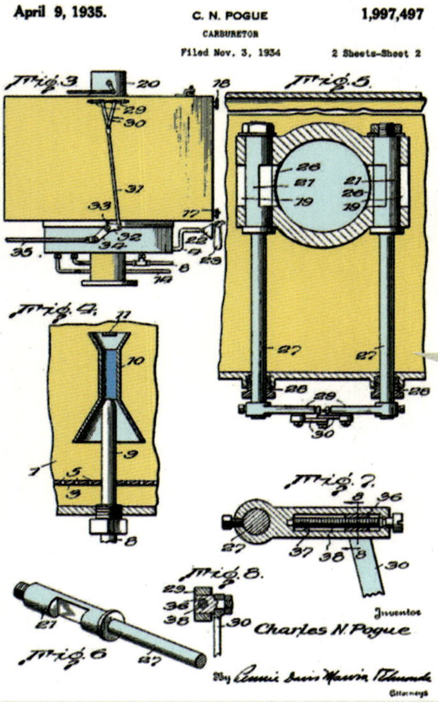

许多发动机化油器都包括一个称为文丘里管的狭窄喉管，依据伯努利定律可以加速空气并降低压强来抽取燃料。这里的 1935 年化油器专利图中被标记为 10 的就是喉管。

阿基米德浮力原理（约公元前 250 年），布朗运动（1827 年），莱特兄弟的飞机（1903 年）

1738 年

想象一下，水稳定地流经一根管道，从建筑物的顶部输送到下面的草地上。液体的压强会沿着管道发生变化。数学家兼物理学家丹尼尔·伯努利发现的定律将流体在管道中流动时的压强、流速和高度联系在一起。今天，我们把伯努利定律写成 $v^2/2 + gz + p/\rho = C$；v 是流体的速度，g 是重力加速度，z 是流体中某点的高度，p 是压强，ρ 是流体密度，而 C 是一个常数。伯努利之前的科学家就已经知道，当一个运动的物体升高时，会将动能转化成势能。伯努利意识到，按同样的方式，流动流体动能的变化会导致压强的变化。

该公式假定流体在封闭管道中有稳定的（非湍流）流动，且流体必须是不可压缩的。由于大多数液体流体只有很微小的可压缩性，所以伯努利定律往往是一个有用的近似法。此外，流体不应该是黏性的，这也意味着流体不应该有内摩擦。虽然真正的流体都不能满足所有这些标准，但对于除开管壁或容器壁旁的流体自由流动区域来说，伯努利关系式通常是非常准确的，而且特别适用于气体和较轻的液体。

伯努利定律经常引用上述方程中参数的一个子集，换言之，压强降低的同时速度会增加。在设计文丘里喉管时，就会用到伯努利定律。文丘里喉管是化油器空气道中的一个狭窄区域，引起压强的降低，反过来又导致燃油蒸汽被抽出化油器腔。依据伯努利定律，流体在直径较小的区域加速，压强降低，会产生局部的真空吸力。

伯努利公式在空气动力学领域有着大量的实际应用，在研究流过翼型（如机翼、螺旋桨叶和舵面）的流体效应时就会用到它。■

本条目作者 克利福德·皮寇弗

人工选择（选择育种）

艾布·赖哈尼·比鲁尼（Abu Rayhan Biruni，973—1048）
罗伯特·贝克韦尔（Robert Bakewell，1725—1795）
查尔斯·达尔文（Charles Darwin，1809—1882）

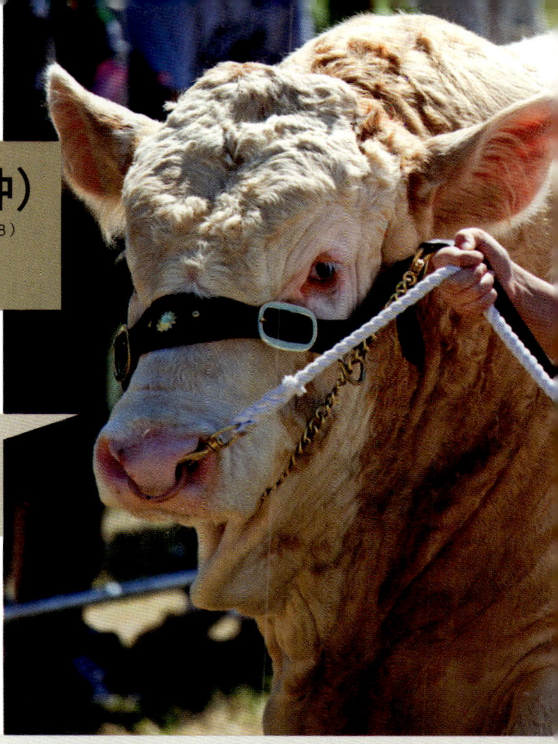

在苏格兰的一场农业展会中，这头冠军公牛被牵入赛场，也许它正在想在它的收藏中再添一条蓝丝带。

小麦：生命的主粮（约公元前 1.1 万年），农业（约公元前 1 万年），水稻栽培（约公元前 7000 年），达尔文的自然选择理论（1859 年）

1760年

选择育种是查尔斯·达尔文用来构思他的自然选择理论时用到的一个基本概念，他在论文中还特别引用了罗伯特·贝克韦尔在这一领域的开创性工作。达尔文注意到，许多驯养的动植物是由一些被针对性饲养的个体演化而来的，这些个体往往都具有某些优良品质。

选择育种这个短语是由达尔文创造的，不过罗马人在 2000 年前就使用过这种方法，波斯学者比鲁尼在 11 世纪时也描述过它。然而，真正将它引入科学理念的是贝克韦尔，他是英国农业革命时期的领袖人物。贝克韦尔生于一个英国佃农家庭，他早年在欧洲大陆旅行，学习务农方法。1760 年他父亲去世，他便掌管了农场，改造草地，以便用他创新的饲养技术牧牛，并为牧场灌溉、浸润、施肥。他将注意力转移到了家畜上，并通过选择育种培育出了新莱切斯特羊。这个品种体大骨细，它们富有光泽的长毛被大量出口至北美和澳大利亚。如今，贝克韦尔留给我们的宝藏不仅是他培育的品种，还有他的育种方法。

不同的家畜个体可能拥有不同的优良性状，通过个体杂交，这些性状被集中到子代身上。对植物的培育通常追求高产量、高生长速率，以及对疾病和不良气候条件的抵御能力。家鸡的培育目标则包括蛋和肉的品质与大小，以及健康幼体的出生成活率。到目前为止包括鱼和贝类在内的水产养殖业潜力尚未被充分发掘，其育种目标也包括生长率和存活率、肉质、抗病性。贝类的育种目标还包括贝壳大小及颜色等。■

本条目作者 迈克尔·C. 杰拉尔德和格洛丽亚·E. 杰拉尔德

贝叶斯定理

托马斯·贝叶斯（Thomas Bayes，约 1702—1761）

这里有上框和下框。你随机选择一个框，再从中随机取出一个台球，发现取出的是花球。那么你当时选择上框的可能性有多大？

亚里士多德的《工具论》（约公元前 350 年），大数定律（1713 年），拉普拉斯的《概率的分析理论》（1812 年）

贝叶斯定理在科学中起着基础作用。它是由英国数学家、长老会牧师贝叶斯提出的，它可以用一个简单的条件概率公式来说明。条件概率是指：在事件 B 发生的情况下事件 A 发生的概率，记为 $P(A|B)$。而贝叶斯定理说：$P(A|B)=[P(B|A)\times P(A)]/P(B)$。这里，$P(A)$ 被称为 A 的先验概率，因为它只是事件 A 的概率，并不考虑 B 是否发生，$P(B|A)$ 是当 A 发生时 B 的条件概率，$P(B)$ 是 B 的先验概率。

想象一下我们的盒子有两个框。上框有 10 个白球和 30 个花球。下框则白球和花球各有 20 个。你随机选取一个框，然后在框中随机取出一个球，我们假设所有的台球有同样的可能被选中。这时你发现手中是个花球，问你当时选择上框的可能性有多大？换句话说，在你手中有一个花球的情况下，你从上框取球的概率是多少？

事件 A 对应于你“选择上框”，事件 B 是你“取到花球”（无论你在哪框取）。我们想计算的是 $P(A|B)$。很明显 $P(A)=0.5$。在上框中取到花球的概率 $P(B|A)=0.75$，从下框中取到花球的概率是 0.5，则“取到花球”的概率 $P(B)=0.75\times 0.5+0.5\times 0.5=0.625$。我们就可以使用贝叶斯公式来计算，“在知道手中是花球的情况下你选择上框”的概率是：$P(A|B)=[P(B|A)\times P(A)]/P(B)=0.75\times 0.5/0.625=0.6$。■

本条目作者 克利福德·皮寇弗

067

癌症病因

博纳迪诺·拉马齐尼（Bernardino Ramazzini，1633—1714）
约翰·希尔（John Hill，1707—1775）
珀西瓦尔·波特（Percivall Pott，1714—1788）
海因里希·威廉·戈特弗里德·冯·瓦尔代尔-哈茨
（Heinrich Wilhelm Gottfried von Waldeyer-Hartz，1836—1921）
山极胜三郎（Katsusaburo Yamagiwa，1863—1930）

荷兰女性克拉拉·雅各比（Clara Jacobi）在1689年摘除颈部肿瘤前后的照片。

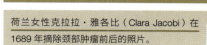

细胞分裂（1855年），海拉细胞（1951年），表观遗传学（1983年），端粒酶（1984年）

1761年

记者约翰·布鲁姆（John Bloom）写道："如果把人体所有细胞看作一个和谐的、柏拉图式的理想国——每个细胞都担着特定职责，与其他细胞精密配合——那么，癌细胞就是一群发动政变的游击队员。"癌症代表着一大类疾病，一旦发生癌症，细胞就会不受控制地增殖，有时还会转移到身体的其他部位。癌症通常是由细胞的遗传物质发生变异引起的，致病原因可能有很多，比如接触了致癌物质（如香烟、阳光、病毒），或者是DNA复制时出错。

关于癌症最早的描述是公元前1600年的一份古埃及纸莎草文稿，记录了一批疑似癌症病例，其中包括8例乳腺肿瘤。当时，医生治疗肿瘤的方法是用名为"火钻"的高温设备来灼烧肿瘤。

1713年，意大利医生博纳迪诺·拉马齐尼报告说，宫颈癌通常发生于已婚妇女中，而修女这个群体，则没人患宫颈癌。于是他推测，性生活可能会让患癌风险上升。英国医生约翰·希尔曾惊讶地发现，他的鼻癌患者都经常吸鼻烟，因此在1761年，他发表了第一篇描述鼻烟与鼻癌关系的论文。希尔认为，从广泛意义上来说，环境中的一些物质可能会诱发癌症。1775年，另一位英国医生珀西瓦尔·波特提出，在烟囱清扫工中，阴囊癌的发病率较高，这可能是因为他们经常接触煤焦油。波特的记录中，甚至还有一位阴囊癌患者是个小男孩，他是烟囱清扫的学徒工。1915年，日本科学家山极胜三郎所做的研究表明，经常在兔子的皮肤上涂抹煤焦油，确实会诱发癌症。

19世纪60年代，德国解剖学家威廉·冯·瓦尔代尔-哈茨把癌细胞分为多个种类，并且提出癌症的发生是从单个细胞开始的，可能通过血液和淋巴系统扩散到全身。今天，我们知道，一些与癌症相关的基因突变可能会让抑癌基因失活，而抑癌基因的作用，通常是防止细胞分裂失控。■

本条目作者 克利福德·皮寇弗

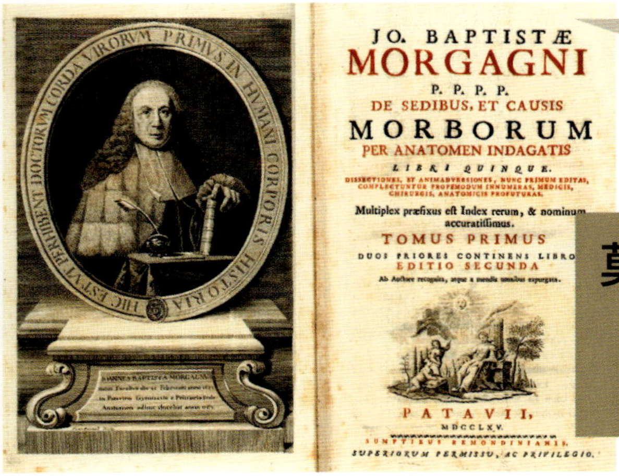

莫尔加尼的著作《疾病的位置与起因》的封面和扉页。

莫尔加尼："病变器官的哭喊"

安德烈亚斯・维萨里（Andreas Vesalius，1514—1564）
加布里埃莱・法洛皮奥（Gabriele Falloppio，1523—1562）
乔瓦尼・巴蒂斯塔・莫尔加尼（Giovanni Battista Morgagni，1682—1771）
玛丽・弗朗索瓦・泽维尔・比沙（Marie François Xavier Bichat，1771—1802）
鲁道夫・路德维希・卡尔・菲尔绍（Rudolf Ludwig Karl Virchow，1821—1902）

《人体的构造》（1543 年），大脑功能定位（1861 年），大脑偏侧性（1964 年）

1761 年

"不管是感冒还是癌症，相关症状都源于人体器官和组织的变化，这种说法对于今天的我们而言，似乎已经司空见惯，甚至是陈词滥调，"作家约翰・G. 西蒙斯（John G. Simmons）写道，"但在以前，把临床病史与尸检发现的结构变化系统性地联系起来，这绝对是一个新奇的想法。"1761 年，意大利解剖学家乔瓦尼・莫尔加尼出版了里程碑式的著作《疾病的位置与起因》（*On the Seats and Causes of Disease*），这让莫尔加尼成了"现代病理解剖学之父"。病理解剖学是指，基于人体、器官和组织的检查结果来诊断疾病。在莫尔加尼看来，疾病症状就是"病变器官的哭喊"。

尽管维萨里、法洛皮奥等科学家已经开展了广泛的解剖学研究，但由于莫尔加尼准确而系统地检查了各种病变器官和人体部位，他的著作仍然引人关注。《疾病的位置与起因》出版时，莫尔加尼 79 岁，他在书中记载了 650 个解剖案例。在临床实践中，莫尔加尼会仔细观察患者的症状，然后通过尸检，弄清楚症状背后的病因。通过自己的研究，他从本质上摒弃了古代医生提出的关于疾病成因的体液假说——这种假说认为疾病的根源在于人体内的体液失衡。《疾病的位置与起因》明确了肝硬化是一种慢性的退行性疾病（患者的肝细胞会被破坏，然后被疤痕组织替代），以及梅毒性脑损伤、胃癌、胃溃疡、心脏瓣膜疾病的病理学机制。莫尔加尼还通过观察发现，某一侧大脑受损，引起中风后，会导致另一侧身体瘫痪。

由于一直醉心于研究，莫尔加尼在晚年时曾说："我把我的一生都花在书和尸体上了。"在他之后不久，法国解剖学家玛丽・比沙辨识了多种人体组织，观察了疾病对组织的影响，也为病理学的发展作出了重要贡献。19 世纪初，德国病理学家鲁道夫・菲尔绍推动了细胞病理学的发展，首次发现了白血病对血细胞的影响。■

本条目作者 克利福德・皮寇弗

黑洞

约翰·米歇尔（John Michell，1724—1793）
卡尔·施瓦西（Karl Schwarzschild，1873—1916）
约翰·阿奇博尔德·惠勒（John Archibald Wheeler，1911—2008）
斯蒂芬·威廉·霍金（Stephen William Hawking，1942—2018）

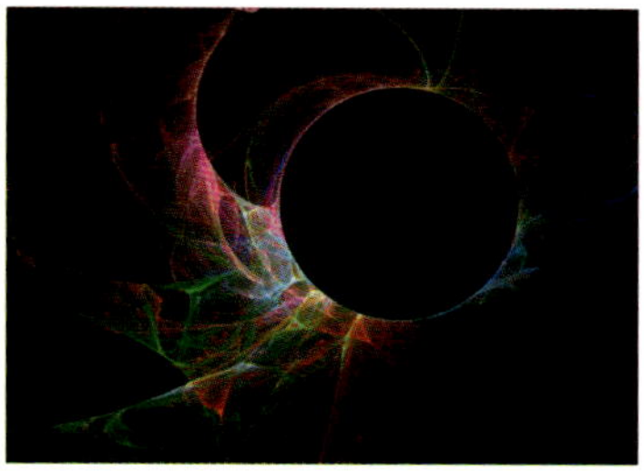

（左图）黑洞和霍金辐射是斯洛文尼亚艺术家克拉塞克（Teja Krašek）创作的大量印象派作品的灵感来源。（右图）黑洞附近空间扭曲的艺术想象图。

日心宇宙学说（1543 年），望远镜（1608 年），主序星（1910 年），广义相对论（1915 年），中子星（1933 年），恒星核合成（1946 年），引力透镜（1979 年），引力波（2016 年）

1783 年

天文学家们或许不相信地狱，但大多数相信宇宙中存在贪食的黑色区域，并且建议人们在它前面放一块警示牌，写上“入此地者抛却希望。”这是意大利诗人但丁在他的《神曲》中描述地狱入口时发出的警告，正如天体物理学家斯蒂芬·霍金所建议的那样，对于接近黑洞的旅行者来说，这是一条恰当的信息。

这些宇宙地狱真实地存在于众多星系的中心。这类黑洞是数百万甚至数十亿倍太阳质量的坍缩天体，却挤在不比太阳系大的空间里。根据经典的黑洞理论，其周围的引力场巨大到任何东西都无法逃脱它们的魔掌，甚至光也是如此。任何坠落黑洞的人都会一头扎进它极高密度、极小体积的中心区域……时间在这里终结。如果考虑了量子理论，那么黑洞被认为会发射一种辐射，它被称为“霍金辐射”。

黑洞可以有多种尺度。这里提及一些历史背景，就在 1915 年爱因斯坦发表他的广义相对论几周之后，德国天文学家卡尔·施瓦西精确地计算了如今我们所知的施瓦西半径，或者称为视界。这个半径定义了一个包裹着特定质量天体的球体。在经典的黑洞理论中，球体内的引力是如此之强，以至于光、物质或信号都无法逃离。对于太阳质量的黑洞，施瓦西半径大约只有几千米长；而视界只有胡桃大小的黑洞，其质量可以与地球相当。这样一种质量大到光都无法逃离的天体，它的实际概念最早由地质学家约翰·米歇尔于 1783 年提出，而“黑洞”一词则是理论物理学家约翰·惠勒在 1967 年创造的。■

本条目作者 克利福德·皮寇弗

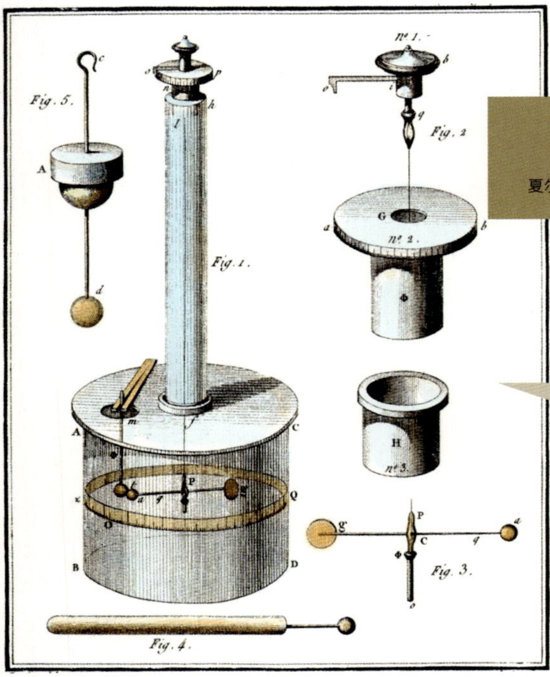

库仑定律

夏尔－奥古斯丁·库仑（Charles-Augustin Coulomb，1736—1806）

库仑扭秤，摘自他的著作《关于电和磁的研究报告》（*Mémoires sur l'électricité et le magnétisme*，1785—1789）

冯·居里克静电起电机（1660 年），电池（1800 年），麦克斯韦方程组（1861 年），电子（1897 年）

1785 年

19 世纪的散文家托马斯·卡莱尔（Thomas Carlyle）写道："我们称这雷云之火为电，但它究竟是什么？又由什么所组成呢？"法国物理学家夏尔－奥古斯丁·库仑是认识和理解电荷的先驱研究者，这位杰出的物理学家在电、磁和力学等领域都做出了贡献。他的静电定律指出，两个电荷之间的吸引力或排斥力与它们的电荷量的乘积成正比，与它们之间的距离 r 的平方成反比。如果电荷有相同的符号，它们之间是排斥力；而如果有相反的符号，则是吸引力。

今天，实验已经证明库仑定律在相当大的间距范围内是有效的，小至 10^{-16} 米（原子核直径的十分之一），大到 10^6 米。库仑定律只有在带电粒子静止时才是精确的，因为运动产生的磁场会改变作用在电荷上的力。

尽管在库仑之前的其他研究人员已经提出了 $1/r^2$ 定律，但我们仍把这种关系称为库仑定律，以纪念库仑通过扭秤测量提供的证据而独立获得的结果。换句话说，直到 1785 年库仑提供令人信服的定量结果之前，该定律只是一个很好的猜想而已。

库仑扭秤的某个版本包括固定在绝缘棒上的一个金属球和一个非金属球。这根棒的中间悬在一根不导电的长丝或纤维上。为了测量静电力，金属球是带电的。第三个带相同电荷的球靠近扭秤的带电球，使扭秤上的带电球被排斥。这种排斥力使丝线扭转。如果我们测量以相同的旋转角度扭转纤维丝线需要的力，就可以估算出带电球体所造成的力的大小。换句话说，丝线就像一个非常灵敏的弹簧，提供了与扭转角成比例的扭力。■

本条目作者 克利福德·皮寇弗

071

代数基本定理

约翰·卡尔·弗里德里希·高斯
（Johann Carl Friedrich Gauss，1777—1855）

格雷格·福勒（Greg Fowler）描绘的 $z^3-1=0$ 的 3 个根（或零点）：1；−0.5 + 0.866 03 i；−0.5 −0.866 03 i 附近的牛顿迭代法的收敛情况的分形图像。3 个根分别位于图中 3 个大牛眼的中心。

花拉子密的《代数》（830 年），发明微积分（约 1665 年），分形（1975 年）

1797 年

代数基本定理有几种表达方式，其中之一是：每一个次数 $n \geq 1$ 的实系数或复系数的多项式，都有 n 个复数根。换句话说，对任何 n 次多项式 $P(x)$，都有 n 个值 x_i（其中一些可能重复），使得 $P(x_i)=0$。即 n 次多项式方程为 $P(x)=a_n x^n + a_{n-1} x^{n-1} + \cdots + a_1 x + a_0 = 0$，其中 $a_n \neq 0$。

例如，考虑二次多项式 $f(x)=x^2-4$，它的图像是抛物线，其最小值在 $f(x)=-4$。多项式有两个不同的实根（$x=2$ 和 $x=-2$），在图形上，它们就是抛物线与 x 轴相交的点。

这一定理吸引大家注意的部分原因是，历史上试图证明它的次数太多。通常认为是德国数学家高斯在 1797 年第一个证明了代数基本定理。他的博士论文发表于 1799 年，他提出了他的第一个证明，但其重点是针对实数系数的多项式，以及他对以前别人尝试证明的反对意见。但按照今天的标准，高斯的证明也并不严格完整，因为它依赖于某些曲线的连续性，但比以前的所有尝试，已经有了很大的改进。

高斯认为代数基本定理非常重要，他反复多次证明这个问题上就说明了这一点。他的第四个证明是他写过的最后一篇论文，发表于 1849 年，也就是在他的学位论文发表之后的第 50 年。但请注意，1806 年，让-罗伯特·阿尔冈（Jean-Robert Argand，1768—1822）已经发表了关于复系数多项式的代数基本定理的严格证明。代数基本定理的证明也推动了许多领域数学的发展，各种证明方法涵盖了从抽象代数、复分析到拓扑学等各个领域。■

本条目作者 克利福德·皮寇弗

072

牛痘接种

爱德华·安东尼·詹纳（Edward Anthony Jenner，1749—1823）

英国讽刺作家詹姆斯·吉尔雷（James Gillray）在 1802 年所画的漫画，描述了詹纳提出疫苗理论初期所遭受的争议。请注意看，在画中一些牛从人们的身体里“长了出来”。

病原菌学说（1862 年），病毒的发现（1892 年），抗体的结构（1959 年）

1798 年

医学史专家罗伯特·马尔卡希（Robert Mulcahy）写道：“天花这种疾病已经困扰了人类数千年。在 18 世纪，仅在欧洲，天花每年大概就要夺走 40 万人的生命，还在数十万人的脸上留下了斑斑疤痕。天花病毒的传播就像野火一般迅猛，感染病毒的人会发高热、起疱疹。大约一半的感染者会在几周内死亡——根本无药可治。”

天花是一种可传染的病毒性疾病，自从人类出现以来，就在人类社会中肆虐。考古学家曾在古埃及的木乃伊（约公元前 1100 年）上发现了天花留下的疤痕。欧洲人把天花带到了新大陆，这种疾病也成了阿兹特克和印加帝国覆灭的原因之一。

英国医生爱德华·詹纳在很多年里，一直听说这样的故事：奶牛场的挤奶女工感染牛痘之后，就对天花产生了抵抗力。牛痘是一种和天花类似的疾病，发生在牛的身上，对人类并不致命。于是在 1796 年，詹纳从一位挤奶女工的牛痘疤痕上采集了一些牛痘浆液，然后他在一个 8 岁男孩的皮肤上划出两道伤口，把这些浆液移植到伤口上。这个男孩开始有一些低热和不适，但很快就完全康复了。不久后，詹纳再给这名男孩接种天花患者疮疤上的浆液，但男孩并未出现任何症状。1798年，詹纳在《关于牛痘预防接种的原因与后果》（*An Inquiry into the Causes and Effects of the Variolae Vaccinae*）一书中公布了更多的发现。他把这个过程称为接种（vaccination），该词源于拉丁文中的 vacca，意思是牛。此后，只要人们有需求，詹纳就会给他们接种牛痘。

詹纳并不是第一个以接种疫苗的方式对抗天花的人，但是他的工作被认为是用科学的方法来控制传染病的首次尝试。医生斯特凡·里德尔（Stefan Riedel）写道：“正是因为詹纳坚持不懈的推动，以及在疫苗接种研究上的全心投入，才改变了医学的实践方式。”最终，天花疫苗在全世界得到广泛使用，1980 年世界卫生组织宣布人类成功消灭了天花，这是迄今为止人类历史上唯一彻底消灭的恶性传染病。所以，现在人们再也不需要接种牛痘来预防天花了。■

本条目作者 克利福德·皮寇弗

电池

路易吉·伽伐尼（Luigi Galvani，1737—1798）
亚历山德罗·伏打（Alessandro Volta，1745—1827）
加斯东·普朗忒（Gaston Plante，1834—1889）

电池的演变促进了电气应用方面的重大进展，从电报通信系统的出现，到电池在车辆、照相机、计算机和电话上的应用等。

冯·居里克静电起电机（1660 年），电网（1878 年），电子（1897 年）

1800 年

电池在物理学史、化学史和工业史上发挥着不可估量的作用。随着电池在功率和复杂程度上的演变，它们促进了电气应用方面的重大进展，从电报通信系统的出现，到电池在车辆、照相机、计算机和电话上的应用等。

1780 年前后，生理学家路易吉·伽伐尼用青蛙腿进行了实验，他发现青蛙腿在接触金属时会产生痉挛。科学记者迈克尔·吉伦（Michael Guillen）写道："在他轰动一时的公开演讲中，伽伐尼向人们展示了如同晾衣绳上一字排开的许多湿衣服一样，挂在一根铁丝上的几十只青蛙腿，用铜钩去钩住青蛙腿，它们就会不由自主地抽动。正统的科学对他的理论不以为然，但他那如合唱队般整齐排列的蜷曲青蛙腿奇观，确保了伽伐尼的每一场演讲都座无虚席。"伽伐尼把这种腿部抽搐运动归因于"生物电"。然而，他的朋友、意大利物理学家亚历山德罗·伏打则认为，这种现象与伽伐尼使用的不同金属有更多的关系，这些金属被一种潮湿的连接物质连接起来。1800 年，伏打发明了传统意义上的第一块电池。当时，他将几对铜片和锌片交替堆叠起来，铜片和锌片之间用盐水浸湿的布片隔开。当这种伏打电堆的顶端和底端被一根电线连接起来的时候，电流开始在其中流动。为了确定电流的确在流动，伏打甚至用舌头去舔电池的两极，并且体验到一种刺痛感。

"电池本质上是一个充满化学物质的罐子，能够产生电子。"作家马歇尔·布雷恩（Marshall Brain）和查尔斯·布赖恩特（Charles Bryant）这样写道。如果在负极和正极之间接上一根电线，化学反应产生的电子就会从一极流向另一极。

1859 年，物理学家加斯东·普朗忒发明了可再充电电池。他通过迫使电流"反向"流动，可以给铅酸电池再充电。到了 19 世纪 80 年代，科学家们成功发明了商业化干电池，它使用糊状物质替代了电解液（含有自由离子的可导电物质）。■

本条目作者 克利福德·皮寇弗

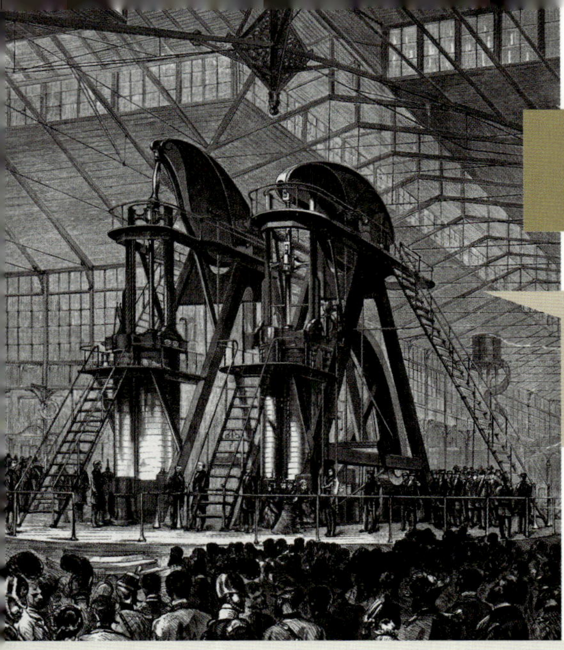

高压蒸汽机

理查德·特里维西克（Richard Trevithick，1771—1833）

1876年，美国总统尤利西斯·辛普森·格兰特与巴西国王唐·佩德罗二世在费城为威廉姆森蒸汽机举行了启动仪式。

卡诺热机（1824年），蒸汽轮机（1890年），内燃机（1908年）

1800年

历史上曾经有一段时间，人的体力是唯一的动力来源。之后，我们学会了利用马和牛。而后，我们又知道了如何利用水通过水轮获得动力。但是所有这些动力源都有它们的局限性。你用上述的任何一种动力源都不能创造出火车头或是像泰坦尼克那样的邮轮。同时，虽然你可以修建一座水力发电厂或工厂，但是你的这个工厂还是会被地理位置所严格局限。人们发现，这个世界需要一种更好的能量来源。

蒸汽机为工业时代的到来吹响了号角。第一台高压蒸汽机是由英国工程师理查德·特里维西克于1800年发明的。到1850年，工程师们对蒸汽机做了持续的改进，使科利斯蒸汽机成为了大型固定式发电所需的高技术水平的典范。它高效、可靠，同时体积庞大，也非常重，这些都是发电厂一个好的引擎所必不可少的因素。旧金山的悬空缆车系统也是利用这种类型的蒸汽引擎。

1876年费城博览会也是庆祝美国建国百年大典，当时所使用的电力也是通过蒸汽机提供的，两个气缸的蒸汽引擎发出了1400马力（100万瓦特）的电力。直径超过1码（大约1米）的活塞在其气缸中移动行程达3米，可以带动直径9米的飞轮旋转。

泰坦尼克号使用的是下一代蒸汽机，这种蒸汽机通过蒸汽在多个气缸内的连续膨胀获得能量。

高压蒸汽引擎的主要部件之一是锅炉，它通过将水煮沸来制造蒸汽压力。而锅炉的问题在于，处在高压下的锅炉总是存在爆炸的可能性。最可怕的一次发生在1865年名为“苏塔纳”（Sultana）的一艘蒸汽动力船上。那艘船有4个锅炉，其中一个泄漏的锅炉只是匆匆地修补了一下就继续出航了。据估计是由于维修的地方再次泄漏了，引起了一场巨大的爆炸，当时船上有2000多名游客，其中1800人被这场爆炸夺去了生命。今天，工程师用蒸汽轮机取代了蒸汽机。这种蒸汽轮机在任何一个电厂都可以看到。■

本条目作者 马歇尔·布莱恩

化石记录和进化

乔治·居维叶（Georges Cuvie-，1769—1832）
理查德·欧文（Richard Owen，1804—1892）
查尔斯·达尔文（Charles Darwin，1809—1882）

18 世纪 90 年代首批出土的灭绝哺乳动物化石挑战了现存生物自创世始从未改变的观点。图中的角石是一种已灭绝的海洋无脊椎动物的化石，这种软体动物因其形似盘紧的羊角而得名。

林奈的生物分类法（1735 年），达尔文的自然选择理论（1859 年），放射性碳测年法（1949 年）

1836 年

在 19 世纪之前，出土的各种骨骼化石遗迹似乎在外观上截然不同，缺乏明显的中间过渡类型。人们对这一现象的解释在很大程度上支持了神创论，以及任何动物种类都未曾灭绝的观点。1796 年，居维叶在研究哺乳动物的骨骼化石时，拒绝了进化论的观点。而相似的骨骼化石却是达尔文建立进化论时用到的关键证据。

乔治·居维叶是法国伟大的博物学家及动物学家，他结合自己的古生物学知识和比较解剖学的专业技术，对哺乳动物的化石遗迹和相对应的现存生物进行比较。1796 年，居维叶发表了两篇论文：一篇对比了现存的大象和灭绝的猛犸；另一篇则对比了巨型树懒和在巴拉圭发现的已灭绝的大地懒。他认为要解释自己的发现与地球上众多的地质特征，最好的理由就是发生过几场大灾难，它们导致许多物种灭绝，而紧随其后的则是再次造物。居维叶是灾变论的主要支持者，而且极其反对进化论。

查尔斯·达尔文在 19 世纪 30 年代早期搭乘贝格尔号航行，中途在巴塔哥尼亚发现了乳齿象、大地懒、马和类似大犰狳的雕齿兽的化石残骸。1836 年返回英国时，达尔文将这些化石和自己的详细笔记带给了解剖学家理查德·欧文。欧文认为这些化石与南美现存哺乳动物的亲缘关系最近（他后来反对达尔文的自然选择理论）。在《物种起源》（1859）一书中，达尔文注明了这些化石的重要性，并且坦陈人们也许永远无法找到化石与现存生物之间的“缺失环节”或过渡物种，剖析了自己结论中最大的缺陷，不过也恰恰是这一点强有力地支持了他的进化论。2012 年，达尔文及其同事收集的 314 片化石于英国地质调查所的某个角落被重新发现，在此之前，它们已经失踪了超过 150 年。■

本条目作者 迈克尔·C. 杰拉尔德和格洛丽亚·E. 杰拉尔德

法拉第电磁感应定律

迈克尔·法拉第（Michael Faraday，1791—1867）

（左图）1861 年由约翰·沃特金斯（John Watkins，1823—1874）拍摄的法拉第肖像。（右图）发电机图片，摘自1889年G. W. 德·通塞尔曼（G. W. de Tunzelmann）的《现代生活中的电》（*Electricity in Modern Life*）。发电站一般用到的发电机带有转子，通过磁场和导电体间的相对运动将机械能转化为电能。

安培电磁定律（1825 年），麦克斯韦方程组（1861 年），电网（1878 年）

1831 年

戴维·古德林（David Goodling）教授写道："迈克尔·法拉第是在莫扎特去世的那一年出生的，法拉第的成就比莫扎特的要难理解得多，但法拉第对现代生活和文化做出的贡献却同样伟大……他在磁感应方面的发现奠定了现代电气技术的基础……也为电、磁和光的统一场论打造了框架。"

英国科学家迈克尔·法拉第最伟大的发现是电磁感应。他在 1831 年注意到，当他移动磁铁穿过一个固定线圈时，线圈的导线中总是会产生电流。其中，感应电动势等于磁通量的变化率。美国科学家约瑟夫·亨利也做过类似的实验。今天，这种电磁感应现象在发电厂中起着至关重要的作用。

法拉第还发现，如果他在固定的永磁体附近移动一个导线环，就会有电流流过导线。法拉第用电磁铁做实验，改变电磁铁周围的磁场，然后他就检测到附近的一根导线中会产生电流。

苏格兰物理学家麦克斯韦后来提出，磁通量变化会产生的一个电场，它不仅会使附近导线中的电子流动，而且即便在没有电荷的情况下也存在于空间中。麦克斯韦用公式表达了磁通量变化及其与感应电动势（用 ε 或 emf 表示）之间的关系，这就是我们所说的法拉第电磁感应定律。电路中产生的 emf 的大小与影响电路的磁通量的变化率成正比。

法拉第虔信上帝维持着宇宙的运转，而他是在按上帝的旨意，通过精心实验，及同行们对其结果的测试和构建来揭示宇宙的真相。他把《圣经》中的每一个字都当作真理，但在这个世界上，在接受任何其他类型的断言之前，细致的实验都是必不可少的。■

本条目作者 克利福德·皮寇弗

088

达尔文和贝格尔号之旅

查尔斯·达尔文（Charles Darwin，1809—1882）

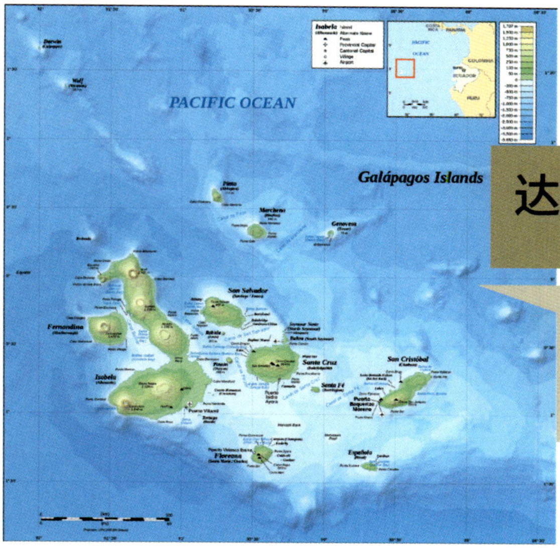

图为厄瓜多尔西边加拉帕戈斯群岛的地形图及等深图，达尔文正是在这里发现了 14 种喙的大小与形状各不相同的雀鸟。事实证明，这个发现是他提出的自然选择理论的主要基石。

林奈的生物分类法（1735 年），化石记录和进化（1836 年），达尔文的自然选择理论（1859 年）

1831 年

在 1859 年之前，很少人会猜到查尔斯·达尔文能跻身于最重要的生物学家之列，而他的《物种起源》（*Orgin of Species*，1859）一书可能是科学史上影响最深远的著作。达尔文的父亲是一位富裕而有声望的医生，他的母亲是韦奇伍德陶瓷公司创始人约西亚·韦奇伍德（Josiah Wedgwood）的女儿，他的祖父是 18 世纪的著名学者伊拉斯谟斯·达尔文（Erasmus Darwin）。不过，不管是在医学学习还是在剑桥的学士研习过程中，查尔斯都没有什么突出的表现，他的时间都用来探索自然界与打猎了。

皇家海军贝格尔号的船长罗伯特·菲茨罗伊（Captain Robert FitzRoy）正在寻找可以记录和收集生物标本的“绅士乘客”，这艘船将环绕地球进行五年的航程，着重测绘南美海岸线。22 岁的达尔文对自然科学有浓厚的兴趣，另外也很重要的一点是，他与只年长他 4 岁的船长在社会阶层上是平等的，因此，他被选中担任了这个无薪职位。1831 年，贝格尔号扬帆启航，这个时候的达尔文还和大多数欧洲人一样，相信是神创造了世界，相信自然界中的生物从未改变过。

在不晕船的时候，达尔文勤勉地观察并收集动物、海洋无脊椎动物、昆虫以及已灭绝动物的化石。他在智利还经历了一场地震。加拉帕戈斯群岛是厄瓜多尔西边约 1000 千米处的 10 个火山岛，在此度过的五周是他在航行途中最值得纪念的时段。在他的众多收集品中，有 4 只嘲鸫分别来自 4 个岛屿，他发现它们各不相同。他带回欧洲的还有 14 只雀鸟，它们的喙在大小和形状上都不一样。1835 年返回英国时，达尔文已是一名广受认可的博物学家，他的演示、论文，以及一本题为《探索之旅》（又名《贝格尔号航海记》）的畅销书都使他的声名更加卓著。■

本条目作者　迈克尔·C. 杰拉尔德和格洛丽亚·E. 杰拉尔德

087

细胞核

安东尼・范・列文虎克（Antonie van Leeuwenhoek，1632—1723）
弗朗兹・鲍尔（Franz Bauer，1758—1840）
罗伯特・布朗（Robert Brown，1773—1858）
马蒂亚斯・施莱登（Matthias Schleiden，1804—1881）
奥斯卡・赫特维希（Oscar Hertwig，1849—1922）
阿尔伯特・爱因斯坦（Albert Einstein，1879—1955）

图为动物细胞的内部三维图像，中间圆形的大细胞器就是细胞核。

《显微图谱》（1665 年），精子的发现（1678 年），细胞分裂（1855 年），遗传的染色体理论（1902 年），核糖体（1955 年）

1831 年

17 世纪 70 年代，荷兰显微镜学家安东尼・范・列文虎克率先观察到了人们过去未曾发现的一个世界，他的观察对象包括肌肉纤维、细菌、精子，以及鲑鱼的红血球细胞核。根据记录，1802 年第二个观察到细胞核的是弗朗兹・鲍尔，他是一位奥地利显微镜学家及植物画家。不过，人们通常将发现细胞核的功劳归于苏格兰植物学家罗伯特・布朗。后者在研究兰花表皮（外皮层）时，看到了一个不透明的小点，它同样也出现在了花粉的形成初期。布朗便将这个小点称为细胞核。在 1831 年伦敦林奈学会的一次会议上，布朗首次向同僚们描述了它的外观，并在两年后发表了他的发现。布朗和鲍尔都认为细胞核是单子叶植物特有的细胞结构，兰花就属于这一类植物。1838 年，细胞学说的共同发现者，德国植物学家马蒂亚斯・施莱登率先发现了细胞核与细胞分裂的关系。1877 年，奥斯卡・赫特维希证明了它在卵子受精过程中的作用。

细胞核内含有遗传物质。它是细胞中最大的细胞器，它包含了染色体和脱氧核糖核酸（DNA），是调控细胞新陈代谢、细胞分裂、基因表达以及蛋白质合成的中心。核膜是双层膜，用来包裹细胞核，并将其与细胞其他部分分隔开来，并与粗面内质网连接在一起。后者是蛋白质合成的场所。

1831 年布朗发现细胞核时，他已是一位资深植物学家。1801—1805 年，他在澳大利亚收集了 3400 种植物，并就其中 1200 种发表了报告。1827 年，他的显微镜报告称，花粉颗粒（之后还有别的粒子）在液体或气体媒介中连续且随意地移动，与其他花粉颗粒相撞。1905 年，阿尔伯特・爱因斯坦解释了这种被称为布朗运动的现象，他认为是不可见的水分子撞击了可见的花粉粒子。■

本条目作者 迈克尔・C. 杰拉尔德和格洛丽亚・E. 杰拉尔德

非欧几里得几何

尼古拉·伊万诺维奇·罗巴切夫斯基
（Nicolai Ivanovich Lobachevsky，1792—1856）
亚诺什·鲍耶（János Bolyai，1802—1860）
格奥尔格·弗里德里希·伯恩哈德·黎曼
（Georg Friedrich Bernhard Riemann，1826—1866）

非欧几里得几何的一种形式是由莱斯的双曲面镶嵌图案来表示的。数学艺术家埃舍尔还验证了可以用非欧几里得几何学将整个宇宙压缩在有限的碟子图案中。

欧几里得的《几何原本》（约公元前 300 年），笛卡尔的《几何学》（1637 年），射影几何（1639 年），黎曼假设（1859 年）

1829 年

自欧几里得时代（约公元前 325—公元前 270 年）以来，所谓的平行公设似乎很合理地描述了我们的三维世界是如何运作的。这个公设说：给定一条直线和不在这条线上的一个点，在它们所在的平面上，通过这个点只可以作一条直线不与原来的直线相交。

随着时间的推移，人们发现如果这一平行公设不成立也是可以的，这时将会产生各种非欧几里得几何的公式，在我们的世界里已经产生了戏剧性的后果。爱因斯坦谈到非欧几里得几何时说："我非常重视对几何的这种新解释，因为如果我不掌握它，我就永远无法发现相对论。"事实上，爱因斯坦的广义相对论将时空表示为一种非欧几里得几何，在这种几何中，时空会在太阳和行星等具有巨大引力的物体附近发生扭曲。他还想象了将一个保龄球放入绷紧的橡胶膜上造成凹陷的效果，以此使引力场可视化：如果你把一个台球放到这个凹陷的侧面上，给台球一个水平方向的推力，它就会绕保龄球转动一段时间，就像一颗行星绕着太阳转动一样。

1829 年，俄罗斯数学家罗巴切夫斯基发表了《论几何原理》一书，他在书中假定平行公设是错误的，也产生出一种完整而相容的几何学。在他之前几年，匈牙利数学家亚诺什·鲍耶曾研究过类似的非欧几里得几何，但他著作的出版延迟到了 1832 年。1854 年，德国数学家黎曼证明了在适当的维度下各种非欧几里得几何都是可能的，从而概括了鲍耶和罗巴切夫斯基的发现。黎曼曾经说过："非欧几里得几何的价值在于它能够将我们从先入为主的观念中解放出来，为了做好探索物理定律的准备，我们可能需要这些非欧几里得式的几何学。"他的预言在后来因爱因斯坦的相对论的出现而成为现实。■

本条目作者 克利福德·皮寇弗

085

输血

詹姆斯·布朗德尔（James Blundell，1791—1878）
卡尔·兰德施泰纳（Karl Landsteiner，1868—1943）

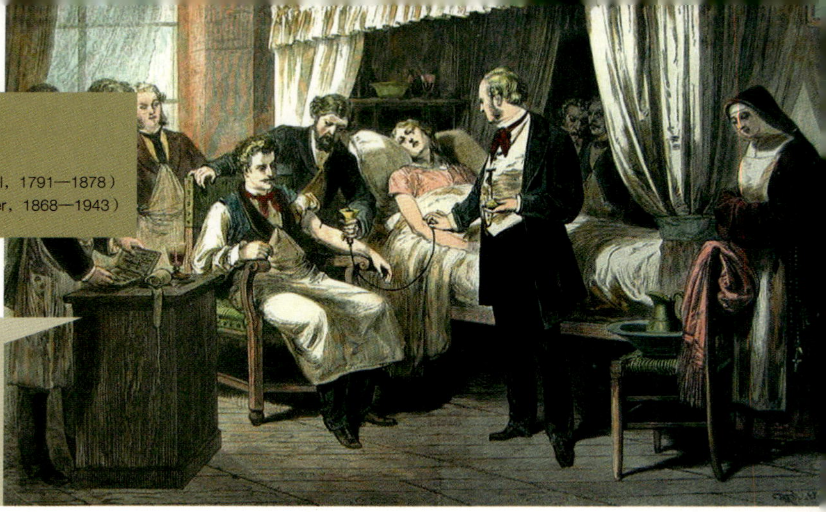

这幅手工上色的版画描述的是在法国皮蒂耶医院（Hôpital de la Pitié，1874）开展的"输血"（The Transfusion of Blood）手术，此画摘自《哈勃周刊》（*Harper's Weekly*），作者是米兰达（Miranda）。

血液循环系统（1628 年），细胞分裂 (1855 年)，心脏移植 (1967 年)

1829 年

"输血的历史是一个让人着迷的故事。对于这种医学手段，人们时而对其热忱无比，时而又深恶痛绝，在其他任何一种医学手段的介绍中，你都找不到这样的情节。"外科医生雷蒙德·赫特（Raymond Hurt）写道，"在发现血型的分类，以及找到令人满意的抗凝血剂之前，输血的潜力一直没有完全发挥出来。"

输血常常是指，把血液或血液中的某些成分从一个人转移到另一人的体内，以应对创伤或手术时的失血问题。在治疗血友病（hemophilia）和镰刀型细胞贫血（sickle-cell anemia）之类的疾病时，可能也需要输血。

在 17 世纪，欧洲医生就在尝试从动物到动物、动物到人的输血手段。英国妇产科医生詹姆斯·布朗德尔被认为是第一个成功开展人与人之间输血的人。布朗德尔不仅把输血手段建立在科学的基础上，而且还唤醒了人们对输血的热情——在他之前，输血被认为是非常不安全的手术。1818 年，布朗德尔从几位捐赠者那里得到血液，输入一个濒死的胃癌患者体内，可惜的是这位患者在两天之后死亡。1829 年，布朗德尔利用一只注射器，把一位丈夫的血液输给妻子，后者因为难产而大量出血。这位妻子幸运地活了下来，这也是第一例有记录的成功输血案例。

布朗德尔很快意识到，输血很可能会造成肾脏受损，甚至致死。直到 1900 年左右，澳大利亚医生卡尔·兰德施泰纳发现了 3 种血型：A、B、O 型，而且他还发现血型相同的人之间进行输血，通常是安全的。随后不久，第四种血型也被发现了，即 AB 型。20 世纪 30 年代，电气化冷藏设备的发展催生了第一批"血液银行"。1939 年，Rh 这种罕见的血型被发现之后，危险的输血反应发生概率就非常低了。

有时，输血会因为偏见而受到限制。比如在 20 世纪 50 年代，美国路易斯安那州规定，如果医生没有得到允许，给白人输来自黑人的血液是一种犯罪。■

本条目作者 克利福德·皮寇弗

084

发育的胚层学说

卡尔·安斯特·冯·贝尔（Karl Ernst von Baer，1792—1876）
克里斯汀·海因里希·潘达尔（Christian Heinrich Pander，1794—1865）
罗伯特·雷马克（Robert Remak，1815—1865）
汉斯·斯佩曼（Hans Spemann，1869—1941）

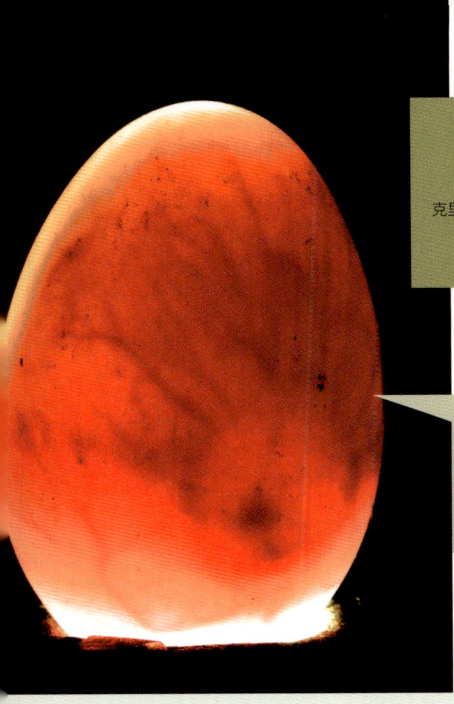

就如图中这枚孵化了一周的鸡蛋一样，将蛋对着光，可以观察到小鸡或小鸭胚胎及血管的发育。验蛋的正确做法是在暗室中，将蛋置于光源之上。

精子的发现（1678 年），细胞分裂（1855 年），表观遗传学 (1983 年）

1828 年

卡斯珀·弗里德里希·沃尔夫（Casper Friedrich Wolff）提供了支持表观遗传学的证据——在母体怀孕后，每个新生生物个体最初都是卵子中一团未分化的物质，而后才渐渐分化成长。沃尔夫在 1759 年提出的这一理论基本被科学界忽视了，不过在接下来的 18 世纪，它又被人们重新提起，并成为胚层学说的理论基础。

1815 年，在爱沙尼亚出生的卡尔·安斯特·冯·贝尔进入了维尔茨堡大学，他在那里初次接触了胚胎学的新领域。他的解剖学教授鼓励他继续研究小鸡胚胎发育，但是由于没钱购买鸡蛋或聘请助手监测孵卵器，他就把这个项目转交给了自己更富裕的朋友克里斯汀·海因里希·潘达尔，而后者在小鸡胚胎中发现了三个不同的区域。

1828 年，冯·贝尔扩展了潘达尔的发现，指出在所有脊椎动物胚胎中都有三个同心胚层。1842 年，波兰籍德裔胚胎学家罗伯特·雷马克为这些胚层的存在提供了显微证据，并为它们指定了名称，这些名称到如今仍在沿用。外胚层或最外层会发育成皮肤和神经；内胚层即最内层会发育成消化系统和肺；在这两层之间的是中胚层，它将发育成血液、心脏、肾脏、生殖腺、骨骼以及结缔组织。随后学界确定：所有的脊椎动物都是两侧对称，并有三个胚层；辐射对称的动物（水螅和海葵）有两个胚层；而海绵只有一个胚层。

冯·贝尔还提出了另一些胚胎原理：比起少数动物专有的特征，多数动物的共同特征出现得更早。所有脊椎动物在初始时都发育出了皮肤，随后鱼和爬行动物的皮肤分化出了鳞片，鸟类分化出了羽毛，哺乳动物分化的则是毛发。1924 年，汉斯·斯佩曼发现了胚胎诱导现象，它解释了细胞群如何形成特别的组织和器官。■

本条目作者 迈克尔·C. 杰拉尔德和格洛丽亚·E. 杰拉尔德

083

布朗运动

罗伯特·布朗（Robert Brown，1773—1858）
让-巴蒂斯特·佩兰（Jean-Baptiste Perrin，1870—1942）
阿尔伯特·爱因斯坦（Albert Einstein，1879—1955）

科学家使用布朗运动和扩散概念来模拟麝鼠的繁殖。1905 年，5 只麝鼠从美国被引进布拉格。到了 1914 年，它们的后代已经扩散到方圆 90 英里的范围。1927 年，它们的数量超过 1 亿只。

原子论（1808 年），分子运动论（1859 年），玻尔兹曼熵方程（1875 年）

1827 年

1827 年，苏格兰植物学家罗伯特·布朗用显微镜研究悬浮在水中的花粉颗粒。他发现悬浮在水中的花粉颗粒似乎以一种随机的方式在跳跃舞蹈。1905 年，阿尔伯特·爱因斯坦预测了这类小颗粒的运动，他认为这些小颗粒正不断受到水分子的冲击。任何时刻，由于偶然因素，花粉颗粒的某一侧可能比另一侧受到更多水分子的撞击，从而导致颗粒短暂地朝一特定方向轻微移动。爱因斯坦利用统计规律证明，布朗运动可以用这类碰撞中的随机波动来解释。此外，通过这种运动，我们可以确定正在撞击宏观颗粒的假想分子的大小。

1908 年，法国物理学家让-巴蒂斯特·佩兰证实了爱因斯坦对布朗运动的解释。由于爱因斯坦和佩兰的研究成果，物理学家们最终不得不接受原子和分子存在的事实，而此前即便到了 20 世纪初，这个问题也依然悬而未决。佩兰在总结他 1909 年关于这一问题的论文时写道：“我认为从今以后将很难再用合乎逻辑的论证来反对分子学说的观点。”

布朗运动导致了各种介质中颗粒的扩散，这一常识在许多领域都有着广泛的应用，包括污染物的扩散、理解舌面上糖浆的相对甜度等。扩散概念也有助于我们理解信息素对蚂蚁的影响，以及 1905 年麝鼠被意外释放后在欧洲的繁殖扩散。扩散定律已经被用于烟囱污染物浓度的建模，以及模拟新石器时代农民取代狩猎采集者的过程。研究人员还利用扩散定律研究了露天中氡的扩散和土壤中石油烃类污染的扩散过程。■

本条目作者 克利福德·皮寇弗

082

安培电磁定律

安德烈-马里·安培（André-Marie Ampère，1775—1836）
汉斯·克里斯蒂安·奥斯特（Hans Christian Ørsted，1777—1851）

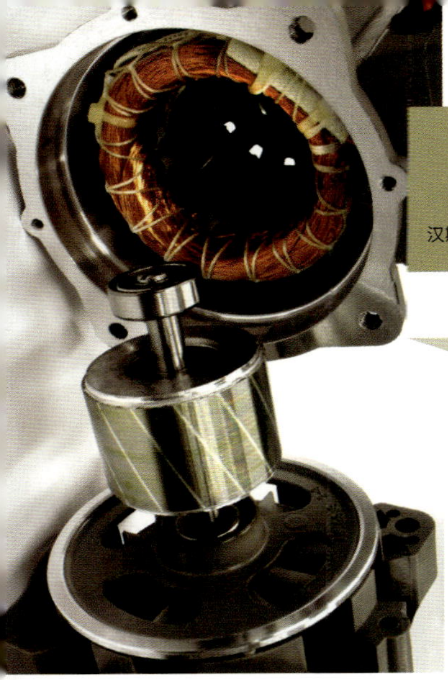

（右图）安德烈-马里·安培的版画像，由 A. 塔迪厄（A. Tardieu，1788—1841）绘制。（左图）电动机外露的转子和线圈。电磁铁广泛应用于电动机、发电机、扬声器、粒子加速器、工业电磁吸盘等。

库仑定律（1785 年），法拉第电磁感应定律（1831 年），麦克斯韦方程组（1861 年）

1825 年

到 1825 年，法国物理学家安德烈-马里·安培已经奠定了电磁理论的基础。而 1820 年以前，电和磁之间的关系在很大程度上还是未知的。当时，丹麦物理学家汉斯·克里斯蒂安·奥斯特发现，罗盘磁针在附近的电线接通或切断电流的瞬间会发生移动。尽管当时并未完全理解这个简单的演示，但它表明电和磁是相关的现象，这一发现引发了电磁学的各种应用，并最终发展出电报、收音机、电视和计算机。

安培等人在 1820—1825 年这一时期进行的后续实验表明，任何载有电流 I 的导体都会在其周围产生磁场。这一基本发现及其对导线的各种影响，有时被称为安培电磁定律。例如，载流导线产生环绕导线的磁场 $\mathbf{B}$（这里用粗体表示向量）。$\mathbf{B}$ 的大小与 I 成正比，且方向是沿着以长直导线的轴为中心、半径为 r 的假想圆周。安培等人证明电流能吸引铁屑，并且安培提出了电流是磁源的理论。

尝试过电磁铁的读者都算是亲身体验了安培定律。电磁铁的制作方法是用一根绝缘导线缠绕钉子，然后再将导线的两端接到一块电池上。简言之，安培定律表达了磁场和产生磁场的电流之间的关系。

美国科学家约瑟夫·亨利（Joseph Henry，1797—1878）、英国科学家迈克尔·法拉第（Michael Faraday，1791—1867）和詹姆斯·克拉克·麦克斯韦（James Clerk Maxwell）的实验进一步证明了电和磁之间的联系。法国物理学家让-巴蒂斯特·毕奥（Jean-Baptiste Biot，1774—1862）和费利克斯·萨伐尔（Félix Savart，1791—1841）也研究了导线电流和磁之间的关系。安培是一名虔诚的信徒，他相信自己已经证明了灵魂和上帝的存在。■

本条目作者 克利福德·皮寇弗

081

温室效应

约瑟夫·傅里叶（Joseph Fourier，1768—1830）
斯万特·奥古斯特·阿伦尼乌斯（Svante August Arrhenius，1859—1927）
约翰·丁达尔（John Tyndall，1820—1893）

（左图）菲利普·詹姆斯·德·卢泰尔堡（Philip James de Loutherbourg，1740—1812）在 1801 创作的《煤溪谷之夜》（*Coalbrookdale by Night*），画中展示的是梅德利木材熔炉，这是早期工业革命一种常见的标志物。（右图）自工业革命以来，制造业、采矿业等活动的巨大变化增加了空气中温室气体的含量。例如，以煤为主要燃料的蒸汽机推动了工业革命。

能量守恒（1843 年），内燃机 (1908 年)，光合作用 (1947 年)

1824 年

作家约瑟夫·冈萨雷斯（Joseph Gonzalez）和托马斯·谢勒（Thomas Sherer）写道：“尽管负面报道层出不穷，但这个被称为温室效应的过程其实是非常自然且必要的现象……大气中所含的某些气体使阳光能够穿透、照射到地表，但却会阻碍再辐射的热能逃逸。如果没有这种自然的温室效应，地球将变得太冷而无法维持生命的存在。”或者如卡尔·萨根（Carl Sagan）曾经描写的那样，“有一点温室效应是一件好事。”

一般来说，温室效应指的是大气气体吸收和发射红外辐射或热能而使行星表面升温的过程。一部分能量经气体再辐射后逃逸到外太空，另一部分则被再辐射回行星。大约在 1824 年，数学家约瑟夫·傅里叶想要知道，地球是如何保持足以维持生命的温度。他提出，尽管一些热量确实会逃逸到太空中，但大气有点像半透明的穹顶或玻璃锅盖，它吸收了一部分太阳的热量，并将其再辐射到地球上。

1863 年，英国物理学家、登山家约翰·丁达尔报道了一些实验，证明水蒸气和二氧化碳吸收了大量的热。他的结论是，水蒸气和二氧化碳必定在调节地表温度方面发挥着重要作用。1896 年，瑞典化学家斯万特·阿伦尼乌斯证明二氧化碳充当了非常强大的“热阱”，如果大气中二氧化碳含量减半的话，就有可能引发冰期。今天，我们用“人为全球变暖”一词来表示人类排放温室气体（如燃烧化石燃料）导致的温室效应增强。

除了水蒸气和二氧化碳，牛打嗝产生的甲烷也会促成温室效应。“牛打嗝？”托马斯·弗里德曼（Thomas Friedman）写道，“没错，温室气体的惊人之处就在于排放源的多样性。一群牛打嗝可能比满是悍马的高速公路还糟糕”。■

本条目作者 克利福德·皮寇弗

080

卡诺热机

尼古拉斯·伦纳德·萨迪·卡诺（Nicolas Léonard Sadi Carnot，1796—1832）

（右图）萨迪·卡诺的肖像。（左图）蒸汽机车。卡诺致力于理解机器中的热流循环，他的理论到现在也适用。在他那个时代，蒸汽机通常烧木头或煤炭。

热力学第二定律（1850 年），蒸汽轮机（1890 年），内燃机（1908 年）

1824 年

热力学（功与热量之间能量转换的研究）的大部分前期工作集中在发动机的运转，以及煤等燃料是如何被发动机有效地转化为有用功的。萨迪·卡诺可能是最常被尊为“热力学之父”的人，这要归功于他在 1824 年的著作《论火的动力》（*Réflexions sur la puissance motrice du feu*）。

卡诺不知疲倦地研究机器内部的热流，部分原因是他对英国蒸汽机似乎比法国蒸汽机更有效率而感到不安。在他那个时代，蒸汽机通常燃烧木头或煤炭来将水转化成蒸汽。然后，高压蒸汽推动发动机的活塞。当蒸汽从排气口释放出来时，活塞又回到了原来的位置。冷却散热器将排出的废气转化为水，这样它就可以再次被加热成蒸汽来驱动活塞。

卡诺设想了一种如今被称为卡诺热机的理想热机，理论上它的输出功等于输入的热量，且在转换过程中不会损失哪怕一点点能量。经实验之后，卡诺意识到没有任何装置可以在这种理想状况下运转，总有一些能量流失到周围环境中。以热的形式存在的能量不可能被完全转换成机械能。不过，卡诺的确帮助发动机设计师们改进了发动机，使其以接近峰值的效率运转。

卡诺对“循环装置”也很感兴趣，其中，在循环的不同部分，各种部件会吸收或排出热量，但制造这样一台百分之百效率的发动机是不可能的。这种不可能性也是热力学第二定律的另一种表述方式。不幸的是，卡诺在 1832 年染上了霍乱，根据卫生部门的命令，他几乎所有的书籍、论文和其他个人物品都被付之一炬！■

本条目作者 克利福德·皮寇弗

079

巴贝奇的机械计算机

查尔斯·巴贝奇（Charles Babbage，1792—1871）
奥古斯塔·阿达·金，即洛夫雷丝伯爵夫人
（Augusta Ada King, Countess of Lovelace，1815—1852）

巴贝奇的差分计算机工作模型的一部分，目前收藏于伦敦科学博物馆。

计算尺（1621 年），ENIAC（1946 年），阿帕网（1969 年）

1822 年

巴贝奇是一位英国分析学家、统计学家和发明家，他对宗教神迹也颇感兴趣。他曾写道："神迹不意味着违背已有规律，而是……表明存在着更高层次的规律。"巴贝奇认为，神迹甚至可能发生在一个机械的世界里。就像巴贝奇想象在他的计算机器上编写的程序也会出现奇怪的行为一样，上帝也会在自然界不时弄出点类似的反常事件。在调查《圣经》中的神迹之后，他认为一个人死而复生的概率是 $1/10^{12}$。

巴贝奇被认为是计算机史前时代最重要的数学工程师。特别是他因设计了一个巨大的手动机械计算机"差分机"而出名，这台计算机被认为是现代计算机的先驱。巴贝奇认为这种装置对制作数学用表最为有用，但他担心人类会在抄录 31 个金属轮盘上输出的数字结果时会出错误。今天，我们意识到巴贝奇比他的时代超前了大约一个世纪，他那个时代的政治环境和技术水平远不足以支撑他去实现这一崇高梦想。

巴贝奇的"差分机"始建于 1822 年，目的是计算多项式函数的值，机器大约使用了 25 000 个机械部件，但一直未能完成。他还计划建造一个更大的通用计算机"分析机"，它可以使用穿孔卡编程，有单独的区域来存储数据和进行计算。估计这个分析机能够存储 1000 个 50 位数的数字，机器长度将超过 30 米。英国诗人拜伦勋爵（Lord Byron）的女儿阿达·金给分析机的程序制定了规范。虽然巴贝奇也向阿达提供过帮助，但许多人认为阿达才是第一位计算机程序员。

1990 年，作家威廉·吉布森（William Gibson）和布鲁斯·斯特林（Bruce Sterling）发表了小说《差分机》，和读者一起畅想了如果巴贝奇的机械计算机真的成功，会给维多利亚时代的社会带来什么影响。■

本条目作者 克利福德·皮寇弗

拉普拉斯的《概率的分析理论》

皮耶－西蒙·拉普拉斯侯爵（Pierre-Simon, Marquis de Laplace，1749–1827）

拉普拉斯认为，值得重视的是：源于对机会性游戏的分析的“概率论”应该成为“人类最重要的知识……”。

发明微积分（约 1665 年），大数定律（1713 年），正态分布曲线（1733 年）

1812 年

法国数学家兼天文学家拉普拉斯的《概率的分析理论》（*Analytical Theory of Probabilities*）是第一篇将概率论与微积分结合起来的关于概率论的重要论文。概率学家关注的是随机现象。虽然一次掷骰子可以被认为是随机事件，但经过多次重复后，某些统计规律就会显现出来。很明显，这些规律可以被研究并可以用来做预测。

拉普拉斯将第一版的《概率的分析理论》献给了拿破仑，其中讨论了从单一事件概率中寻找复合事件概率的方法。书中还提到了最小二乘法和布丰投针试验，并讨论了许多实际应用。

霍金称《概率的分析理论》为“杰作”，并评论说：“拉普拉斯认为，世界是具有确定性的，所以事物中不可能有概率。概率会导致我们知识贫乏。”根据拉普拉斯的说法，对于一个足够先进的宇宙本体来说，没有什么是“不确定的”——在 20 世纪量子力学和混沌理论兴起之前，这个决定性的思想模型一直很强大。

为了解释随机的概率过程如何产生可预测的结果，拉普拉斯要求读者想象几个盒子排列成一个圆圈。一个盒子里只有黑球，另一个只有白球。其他的盒子则是两种球混装。如果我们随机取出一个球，把它放在相邻的盒子里，然后继续绕着圈作同样的操作。最后，几乎所有的盒子里的黑白球数量将趋近于一样的比例。这样拉普拉斯展示了随机的“自然力量”是如何创造出具有可预测性和有序性的结果。拉普拉斯写道：“这门科学非常了不起，这种起源于对机会性游戏的分析的科学应该成为人类最重要的知识内容……在很大程度上，我们生活中最重要的问题是都是概率问题。”其他著名的概率学家包括吉罗拉莫·卡尔达诺（Gerolamo Cardano，1501—1576）、皮埃尔·德·费马、布莱兹·帕斯卡（Blaise Pascal，1623—1662）和安德烈·尼古拉耶维奇·柯尔莫哥洛夫（Andrey Nikolaevich Kolmogorov，1903—1987）。■

本条目作者 克利福德·皮寇弗

077

原子论

约翰·道尔顿（John Dalton，1766—1844）

（左图）约翰·道尔顿的肖像画，出自威廉·亨利·沃辛顿（William Henry Worthington，约 1795—约 1839）之手。（右图）根据原子论，一切物质都是由原子组成的。图示的一个血红蛋白分子中以球体表示原子。这种蛋白质存在于红细胞中。

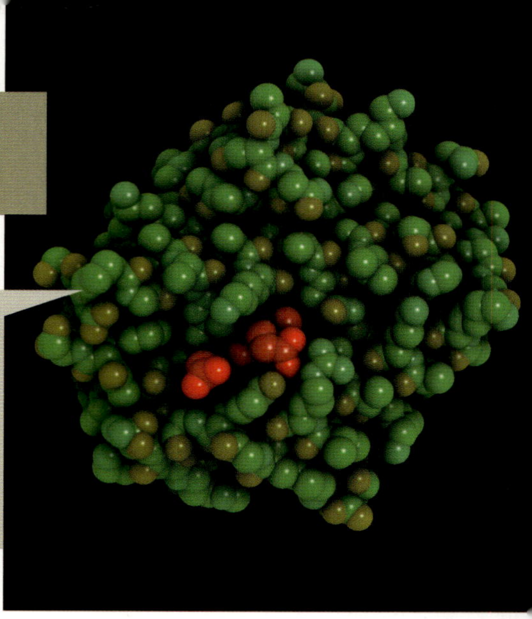

分子运动论（1859 年），电子（1897 年），原子核（1911 年），夸克（1964 年）

1808 年

尽管历尽艰辛，约翰·道尔顿依然在事业上取得了成功：他成长的家庭并不富有；他拙于言辞，还患有严重色盲；他的实验动手能力也被认为相当简单粗糙。或许其中一些挑战是他那个时代任何新秀化学家都不可逾越的障碍，但道尔顿不屈不挠，为原子论的发展做出了卓越的贡献。原子论称，所有物质都是由不同重量的原子组成，且原子以简单的比例结合成原子化合物。在道尔顿时代，原子论还认为，这些原子是不可摧毁的，而且对于一种特定的元素来说，所有的原子都是一样的，具有相同的原子量。

他还提出了倍比定律，当两种元素可以结合形成不同的化合物时，与固定质量的某种元素相结合的另一种元素的质量会形成简单的整数比，比如 1：2。这些简单的比例也证明了原子是构成化合物的基本部件。

道尔顿的原子论也遭遇过阻力。比如，英国化学家亨利·恩菲尔德·罗斯科爵士（Sir Henry Enfield Roscoe，1833—1915）曾在 1887 年嘲笑道尔顿说："原子是道尔顿先生发明的小木球。"或许罗斯科指的是一些科学家用来表示不同大小原子的木头模型。尽管如此，到了 1850 年，物质的原子论被越来越多的化学家所接受，大多数的反对意见也销声匿迹了。

尽管在公元前 5 世纪，希腊哲学家德谟克利特（Democritus）就认为物质是由微小的、不可分割的粒子组成。但直到 1808 年道尔顿发表《化学哲学新体系》（*A New System of Chemical Philosophy*）之后，这一观点才被普遍接受。今天，我们知道原子可以被分割成更小的粒子，比如质子、中子和电子，甚至还有更小的粒子夸克，夸克结合在一起形成其他亚原子粒子，如质子和中子。■

本条目作者 克利福德·皮寇弗

076

1807 年

傅里叶级数

让·巴普蒂斯·约瑟夫·傅里叶
（Jean Baptiste Joseph Fourier，1768—1830）

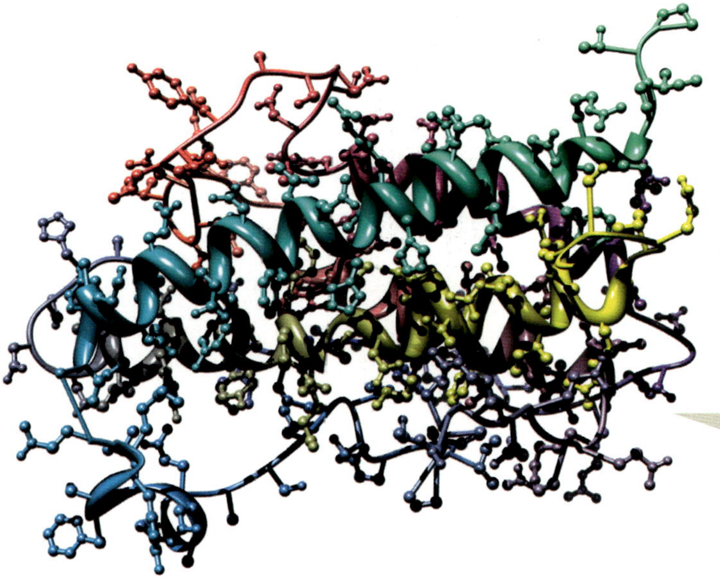

图为人的生长激素的分子模型。利用了傅里叶级数和相应的傅里叶合成方法，从 X 射线衍射数据中确定的分子结构。

发明微积分（约 1665 年），光的波动性（1801 年），薛定谔的波动方程（1926 年）

今天傅里叶级数广泛应用于从振动分析到图像处理等各种领域。实际上频谱分析在任何领域都十分重要。例如，傅里叶级数可以帮助科学家们更好地辨识和理解恒星的化学成分，或分析声带如何产生语音。

法国数学家傅里叶在发现他的著名级数之前，曾在 1789 年跟随拿破仑远征埃及，在那里傅里叶花了几年时间研究埃及文物。1804 年，他回到法国，开始对热学的数学理论进行过研究。1807 年，他完成了他的重要论文《热的传播》（*On the Propagation of Heat in Solid Bodies*）。他关注的重点是不同形状中的热传导。对于这些问题，研究人员通常会给出在时间 $t=0$ 时若干表面点的温度以及它的边界形状，然后进行研究。而傅里叶则使用了一个包含正弦和余弦项的级数来构造解决这些问题的方法。简言之，他发现任何可微函数——无论这个函数图像看起来多么奇怪——都可以以任意精度表示为正弦函数和余弦函数组成的级数。

传记作家杰罗姆·拉维兹（Jerome Ravetz）和 I. 格拉顿 - 吉尼斯（I. Grattan-Guinness）指出：“傅里叶的成就可以理解为，他为方程组的求解发明了强大的数学工具。它产生了一系列的后续研究，并在数学分析中提出了问题，从此之后，这些问题引领了许多主要工作。”英国物理学家詹姆斯·金斯爵士（James Jeans，1877—1946）说：“傅里叶定理告诉我们，每条曲线，无论它有什么性质，也无论它是以什么方式得到的，都可以通过足够数量的简谐振动曲线叠加而准确地再现出来。简言之，每条曲线都可以通过波的叠加来建立。”■

本条目作者 克利福德·皮寇弗

075

光的波动性

克里斯蒂安·惠更斯（Christiaan Huygens，1629—1695）
艾萨克·牛顿（Isaac Newton，1643—1727）
托马斯·杨（Thomas Young，1773—1829）

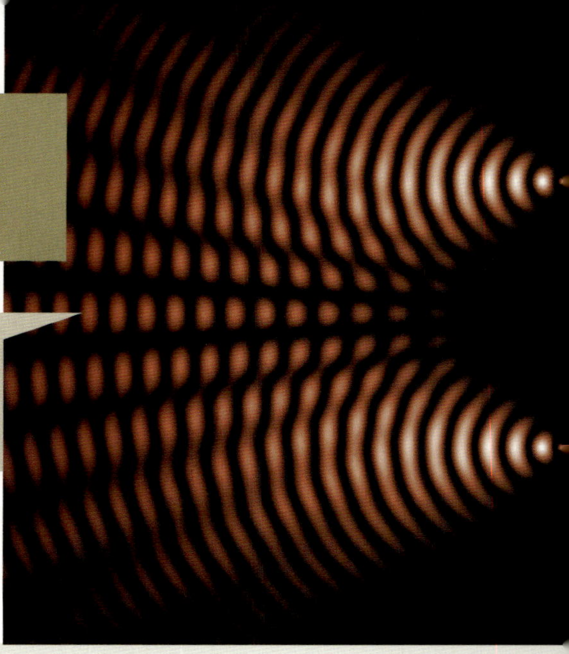

模拟两个点光源的干涉图样。托马斯·杨指出，来自两条狭缝的光波叠加可以解释观察到的一系列明暗区域，其中明区和暗区分别代表相长干涉和相消干涉。

麦克斯韦方程组（1861 年），电磁波谱（1864 年），电子（1897 年），光电效应（1905 年），德布罗意公式（1924 年），薛定谔的波动方程（1926 年），互补性原理（1927 年）

1801 年

“光是什么？”这个问题曾困扰过科学家们好几个世纪。1675 年，著名的英国科学家艾萨克·牛顿提出，光是一束微小的粒子流。他的竞争对手、荷兰物理学家克里斯蒂安·惠更斯则认为，光是由波组成的，但牛顿的理论往往占据上风，这一定程度上是由于牛顿的声望。

大约在 1800 年，英国研究者托马斯·杨开始了一系列实验，为惠更斯的波动理论提供了支持。值得一提的是，杨也因罗塞塔石碑破译方面的工作而闻名。在现代版的杨氏实验中，一束激光均等地照亮不透明表面上的两条平行狭缝。光通过两条狭缝后形成的图样在远处的屏幕上可以观察到。杨用几何论证表明，来自两条狭缝的光波叠加可以解释观察到的一系列等间距的明暗带（明暗条纹），其中明条纹和暗条纹分别代表相长干涉和相消干涉。你可以把这些光的图样想象成类似于两块石头丢进湖里的情形，观察波浪相撞，它们或是相互抵消，或是堆叠出更大的波浪。

如果我们用电子束代替光来做同样的实验，会得到相似的干涉图样。这个观测结果非常有趣，因为如果电子只表现出粒子性，那么人们所预期的是仅仅能看到与这两条狭缝对应的两条亮斑。

今天，我们知道光和亚原子粒子表现出来的特性可能会更加神秘。当每次只发射一个电子通过狭缝时，也会产生干涉图样，且与同时通过两条狭缝的波所产生的干涉图样相似。这种特性适用于所有的亚原子粒子，而不仅仅是光子和电子，也表明光和其他亚原子粒子不可思议地同时具备粒子性和波动性，这仅仅是物理学量子力学革命的一部分内容。■

本条目作者 克利福德·皮寇弗

091

氮循环和植物化学

让-巴蒂斯特·布森戈（Jean-Baptiste Boussingault，1802—1887）
赫尔曼·黑尔里格尔（Hermann Hellriegel，1831—1895）
马丁努斯·拜耶林克（Martinus Beijerinck，1851—1931）

这是第二次世界大战时的一张海报，鼓励豆类增产。这种植物不仅是食物来源，同时还能利用大气中的氮使土壤更加肥沃。

农业（约公元前 1 万年），生态相互作用（1859 年），光合作用（1947 年）

1837 年

氮元素在 1772 年被发现，它大约占据了地球大气的 78%——是氧气的四倍，并且是氨基酸、蛋白质和核酸的重要组成元素。降解的动植物物质中所含的氮通过一系列互利关系，形成一种可溶的植物营养素被吸收，而后再转变为气态，重归大气。

氮只能由植物或动物来分解（在利用它之前，它们会先将其固定），这个概念是由法国农业化学家让-巴蒂斯特·布森戈提出的。1834—1876 年，他在法国阿尔萨斯自己的农场里建立了世界上第一个农业研究基地，在田地里实施化学实验法。布森戈还确定了氮在植物、动物以及外界环境间的转移方式，并研究了诸如土壤肥力、轮作、植物和土壤的固氮作用、雨水中的氨以及硝化作用等相关问题。

学界原本普遍认为植物是直接从大气中吸收氮的。但 1837 年，布森戈推翻了这个观念，并展示了植物吸收氮的方式是从土壤中吸收硝酸盐。第二年，他发现氮对植物和动物都至关重要，而食草动物和食肉动物都从植物那里获得氮元素。他的化学发现为我们现代人对氮循环的理解奠定了基础。

1888 年，德国农业化学家赫尔曼·黑尔里格尔和荷兰植物学家及微生物学家马丁努斯·拜耶林克分别独立发现了豆科植物利用大气氮（N_2）以及土壤微生物将其转化成氨（NH_3）、硝酸盐（NO_3）和亚硝酸盐（NO_2）的途径。在包括大豆、苜蓿、野葛、豌豆、豆角和花生等的豆科植物中，如根瘤菌这样的（互惠）共生固氮菌能进入植物根系的根毛中，大量繁殖并刺激根瘤形成。在根瘤中，这些固氮菌将氮转化成硝酸盐，豆科植物可利用这些硝酸盐促进自身生长。当植物死后，固定的氮被释放，又可以重新被其他植物使用，由此使土壤更加肥沃。■

本条目作者 迈克尔·C. 杰拉尔德和格洛丽亚·E. 杰拉尔德

电报的发明展示了人类远距离交流的能力。

电报系统

查尔斯·惠特斯通（Charles Wheatstone，1802—1875）
威廉·福瑟吉尔·库克（William Fothergill Cook，1806—1879）

奥尔梅克罗盘（约公元前 1000 年），电话（1876 年），广播电台（1920 年），阿帕网（1969 年）

1837 年

一提到电报系统，我们可能会想象一个人坐在办公室里，对着一个按键敲击摩尔斯代码来发送信息，并通过一个滴答作响的金属棒接收信息。1837 年，英国发明家威廉·福瑟吉尔·库克和科学家查尔斯·惠特斯通发明了第一台用于商业服务的电报机。

许多发明都是在这段时期内先后涌现的，但这项发明却成为占据主导地位的发明之一。最重要的原因是它极为简单的原理和组成。制作一个电报系统，你所需要的东西包括作为终端的一个按键——本质上是一个开关机、一个发声器即一个可以发出滴答声的电磁铁、一根电线和一块电池。地球被当作第二根电线来使用，以完成电池的电流回路。如此简单的组成意味着建立一个电报站不需要太多的成本，而且它极其可靠。

一旦建立好了基础系统，网络就会被快速地发展起来。但是，为了形成网络，单一的电线需要与其他电线相连接，于是由带玻璃绝缘子的电线杆承载电线，因为这样的电线杆成本很低，而且容易制作。建造电线杆最简单的方式是将其沿铁路轨道铺设。一般情况下，大多数火车站都会建立一个电报站，任何人都可以通过电报站与世界进行交流。

想象一下，当人类第一次能够如此简单地进行远距离交流的时候，是怎样一幅情景。过去传递一条信息需要写在一封信中，骑马传递需花上几天或几周的时间，而如今只需要一分钟就可以了。

例如，在美国内战时期的许多战场之间，电报信息几乎可以瞬间传递，因此电报甚至改变了北方地区的战争局面，就连林肯总统也通过电报局得到即时信息。这使得调遣军队和供给变得非常便利。

工程师很快就找到了古塔胶为电线绝缘，于是就有了海底电报电缆。工程师通过电报系统缩小了整个世界。■

本条目作者 马歇尔·布莱恩

093

银版照相法

尼塞福尔·涅普斯（Nicéphore Niépce，1765—1833）
路易斯-雅克-曼德·达盖尔
（Louis-Jacques-Mandé Daguerre，1787—1851）

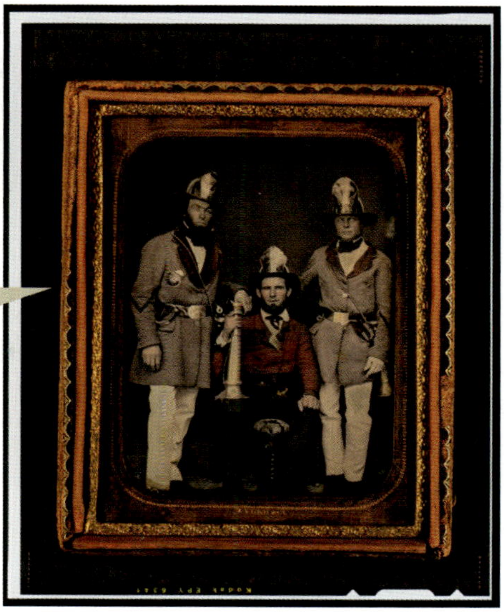

左图：达盖尔 1844 年用银版照相法给自己拍摄的照片。右图：约 1855 年，南卡罗来纳州查尔斯顿市凤凰消防公司与机械消防公司的工头们。

眼镜（1284 年），望远镜（1608 年），全息图（1947 年）

1839 年

光化学（Photochemistry）最典型的应用就是摄影。过去只有凭借艺术家的眼睛和手才能记录场景，法国发明家尼塞福尔·涅普斯用自制的相机“暗箱”——一种光、镜头和镜子的机械组合就能记录下来。他采用的就是自创的“日光胶版法”（Heliography），具体而言就是先将一种感光剂沥青（焦油的一种，存在于石油馏分中）涂在金属板上，然后将金属板固定在暗箱里以接收反射的图像，接着在阳光下曝光数小时，金属板上的感光区域在阳光照射下变硬（可能发生了自由基聚合），未感光区域随后用溶剂洗去。就这样，人类历史上第一张真正意义上的照片在 1826 年诞生了。当然由于曝光时间过长，这项技术并不实用。

法国艺术家和摄影师路易斯-雅克-曼德·达盖尔曾是涅普斯的合作者。涅普斯逝世后，他坚持相关研究，并发现采用银化合物作为感光剂大有前途。经过多次实验后，达盖尔制备了一种涂有碘化银（Silver iodide）的金属板，由于碘化银对光十分敏感，曝光时间也相应缩短到了数分钟，将形成潜影的金属板与水银蒸气接触进行显影，所得的就是银—汞合金（汞合金）构成的图像，鉴于板上的未感光部分仍然具有光敏性，因此需要将未反应的碘化银除去才能使图像永久留存。不久之后，达盖尔发现如果选用金盐显影，得到的图像色彩更加精美且更加耐久。

1839 年上述银版照相法一经公开，便引起轰动，后期历经多次改进，该方法基本能够满足人们对记录个人肖像的需求。虽然它的曝光时间为 10～60 秒，会造成所拍摄人物形象过于呆板，且整个拍摄技术不易上手，价格也不菲，还具有一定的毒性，但无论怎样，银版照相法的发明是一项创举，它的确改变了这个世界。■

本条目作者 德里克·B. 罗威

图为以古老方式收集的橡胶树胶乳。

橡胶

托马斯·汉考克（Thomas Hancock，1786—1865）
查尔斯·古德伊尔（Charles Goodyear，1800—1860）

塑料（1856 年），聚乙烯（1933 年），光合作用（1947 年）

1839 年

橡胶，作为一种广为人知的天然聚合物，其分子由异戊二烯（Isoprene）单体经聚合而成。异戊二烯是一种五碳化合物，在很多植物中都能找到，据说它能够保护植物免受炎热的伤害。当植物中富含的异戊二烯发生聚合时，得到的产物就是诸如南美橡胶树等所分泌的黏稠胶乳状树液。

这种树液可以进一步加工成天然橡胶——这种产品在中南美洲历史上已经出现了数百年。但是如果直接使用天然橡胶，将会遇到很多问题，比如在炎热的天气，它会变得软化而黏稠，而在寒冷冬天，它又极易变脆开裂。许多发明家都尝试对天然橡胶进行改性，希望能够提高其实用性。经过数年的艰苦研究，美国化学家查尔斯·古德伊尔终于取得了突破性成功：不知是偶然发现还是经过了精心试验（有一种说法是他把一块橡胶粘到了一个热炉上），的确是古德伊尔首先发现在天然橡胶中加入硫黄并加热后，其性能可以得到明显改善，变成一种有弹性、耐用且不易发黏的物质。如果能将这一过程工业化，那未来市场潜力可谓巨大。古德伊尔在随后的几年里不断探索，试图将自己的发明投入工业化生产，这几乎耗尽了他的家人与债权人的所有耐心。直到 1844 年，他给自己的发明申请了专利，并建立一个橡胶制品的生产厂，生产我们所熟知的硫化橡胶（Vulcanization，名字源自罗马火神）。在应对欧洲专利纠纷的过程中，他几经坎坷，最为著名的案例是他与英国工程师托马斯·汉考克之间的专利纠纷，汉考克研究橡胶改性几乎与他同时，也以几乎相同的改性工艺获得了英国的专利授权。

从化学角度讲，硫化橡胶中硫黄起到的作用是使聚合物的长链发生交联，从结构上限制分子的相对滑移从而改变了天然橡胶本身的性质。不管其发明过程是否带有偶然性，硫化橡胶的发明给工业界和商业界都带来了巨大利润。如今，硫化橡胶催生了名目繁多的消费品，如轮胎、软管、鞋底和曲棍球，还有工业装备中使用的诸多橡胶零部件。■

本条目作者 德里克·B. 罗威

095

光纤光学

让-丹尼尔·科拉东（Jean-Daniel Colladon，1802—1893）
高锟（Charles Kuen Kao，1933—2018）
乔治·艾尔弗雷德·霍克姆（George Alfred Hockham，1938—2013）

光纤沿着其长度方向传输光。通过一种被称为全内反射的过程，光被束缚于光纤之内，直到它抵达光纤末端为止。

牛顿棱镜（1672 年），光的波动性（1801 年），激光（1960 年）

1841 年

光纤光学有着悠久的历史，其中就要提到瑞士物理学家让-丹尼尔·科拉东于 1841 年进行的灯光喷泉精彩演示，光线在水槽流出的弧形水流内传播，形成美丽的景观。到了 20 世纪初，现代光纤被发现并经过多次独立改良，使用柔性的玻璃或塑料纤维来传输光。1957 年，研究人员申请了光纤内窥镜的专利，使内科医生得以查看胃肠道的内部。1966 年，电气工程师高锟和乔治·霍克姆提出在电信行业利用光纤来传输光脉冲形式的信号。

通过一种被称为全内反射的过程，光纤可以将光束缚在其内部，这是由于光纤的纤芯材料相对于包裹它的薄包层有着更高的折射率。一旦光进入纤芯，它就会在纤芯内壁上不断反射。信号在传播很长一段距离后，其强度会遭受一定的损耗，因此有必要使用光再生器来增强光信号。今天，与传统的通信铜线相比，光纤具备很多优势，比如光纤相对廉价和质量轻，信号传输的衰减也较小，而且不受电磁干扰的影响。此外，如果需要照明和查看的对象位于狭窄、难以到达的地方，光纤也可以派上用场，提供照明或传送图像。

在光纤通信中，借助不同波长的光，每根光纤可以传输许多独立的信道。信号的最初形式是电子比特流，发光二极管或激光二极管等微小光源发出的光经它们调制后，产生了用于传输的红外光脉冲。1991 年，技术人员研发出光子晶体光纤，它通过一种周期结构（如贯穿光纤的圆柱孔阵列）的衍射效应来引导光束传输。光纤的发明改变了世界的通信模式，为信息高速公路奠下了基石。■

本条目作者 克利福德·皮寇弗

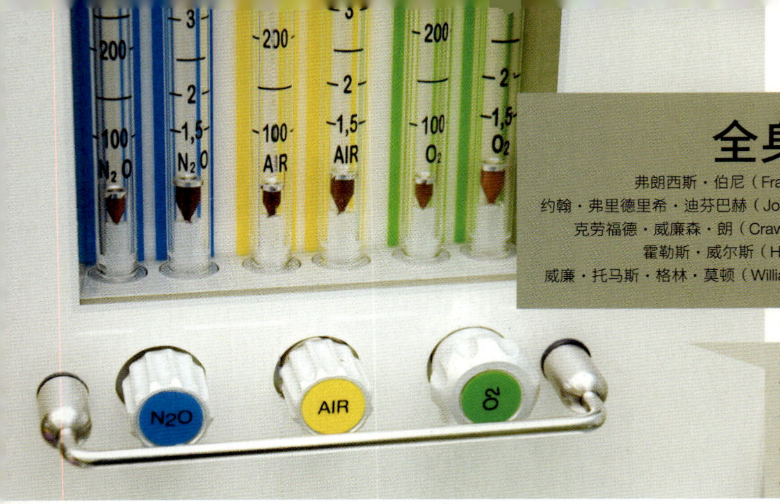

全身麻醉

弗朗西斯·伯尼（Frances Burney，1752—1840）
约翰·弗里德里希·迪芬巴赫（Johann Friedrich Dieffenbach，1795—1847）
克劳福德·威廉森·朗（Crawford Williamson Long，1815—1878）
霍勒斯·威尔斯（Horace Wells，1815—1848）
威廉·托马斯·格林·莫顿（William Thomas Green Morton，1819—1868）

一种手术设备上的三种医用气体。有时，一氧化二氮会与氧气按 2 ： 1 的比例混合，用作更强力的麻醉剂（如地氟醚和七氟醚）的载体气体。

伤口缝合（约公元前 3000 年），巴累的“合理手术”（1545 年），心脏移植（1967 年）

1842 年

在现代世界，我们可能已经忘了在前麻醉剂时代做手术时的可怕场景。19 世纪著名的英国小说家、编剧弗朗西斯·伯尼曾叙述过，她在做乳房切除术时，就靠着一杯酒来缓解疼痛。手术开始时，七位男性按着她。伯尼写道：“当噩梦般的刀片刺入我的乳房，切过我的血肉、静脉、动脉、神经时，我忍不住哭喊出来。在整个切割过程中，我的尖叫声没有停止过……天！我感觉刀子在折磨我胸部的骨头——在刮它！这场手术对我来说，就是一场无以言表的折磨。”

全身麻醉是由药物诱导的一种无意识状态，可以让患者在手术时感觉不到疼痛。在古代，人们常用鸦片作为早期的麻醉剂。在印加帝国，萨满教的道士曾用古柯叶来让身体的某个部位产生麻木感。不过，三位美国人发现了适合现代手术用的全身麻醉剂，他们是医生克劳福德·威廉森·朗、牙医霍勒斯·威尔斯以及威廉·莫顿。1842 年，朗在为一位患者切除颈部囊肿时，让患者吸入麻醉性气体乙醚。1844 年，威尔斯使用一氧化二氮，也就是所谓的笑气，为很多患者做拔牙手术。1846 年，莫顿公开展示为患者移切下颌肿瘤的手术，在手术中使用了乙醚，报纸对这场手术进行了报道，莫顿也因此声名鹊起。1847 年，医生开始使用氯仿，这种麻醉剂的危险性比乙醚高一些。今天，医生使用的是更安全、更有效的麻醉剂。

莫顿的那场展示结束之后，麻醉剂的使用开始得到普及。1847 年，整形手术的先驱约翰·弗里德里希·迪芬巴赫写道：“消灭疼痛这一美好梦想变成了现实。疼痛，能让我们最清晰地认识到自己的存在，也是我们对人体缺陷最独特的感受，但现在它不得不屈服于人类智慧的力量，屈服于乙醚蒸汽的力量。”■

本条目作者 克利福德·皮寇弗

能量守恒

詹姆斯・普雷斯科特・焦耳
（James Prescott Joule，1818—1889）

拉弓蓄积的势能在松开弓后转换为箭的动能。而当箭射中靶子时，动能又转换为热能。

热力学第二定律（1850 年），$E=mc^2$（1905 年），来自原子核的能量（1942 年）

1843 年

“在那些深夜里的恐怖时刻，每当想到死亡和湮灭之时，能量守恒定律或许可以为你提供一丝慰藉，”科学记者纳塔莉・安吉尔（Natalie Angier）写道，“你个人的能量总和，包括储存在你身体所有原子中的能量，以及结合这些原子化学键中的能量，将不会湮灭……构造你身体的质量和能量将会改变形式和位置，但它们依然在这里，在这生命和光的轮回之中，在始于一场大爆炸的永恒派对之中。”

用经典的方式来说，能量守恒原理表明，在一个封闭系统中，相互作用的物体能量可以改变形式，但总能量保持不变。能量有多种形式，包括动能、势能、化学能和热能。就拿弓箭手来说，他拉弓产生的形变蓄积了势能，松开弓后势能转换为箭的动能。弓和箭的总能量在放箭前后原则上是不变的。同样，储存在电池中的化学能也可以转换为电动机的动能。球在下落时，它的引力势能转换为动能。能量守恒的发展史上有一个关键的时间点，那就是 1843 年，物理学家詹姆斯・焦耳发现，在重物下落带动水桨旋转的过程中损失的引力势能等于水与桨摩擦获得的热能。热力学第一定律通常可以这样表述：一个系统因加热而增加的内能等于加热补充的能量减去系统对周围环境所做的功。

值得注意的是，在弓箭的例子中，当箭射中靶子时，动能转换为热量。但热力学第二定律限制了热能转换为功的方式。■

本条目作者　克利福德・皮寇弗

超越数

约瑟夫·刘维尔（Joseph Liouville，1809—1882）
查尔斯·埃米特（Charles Hermite，1822—1901）
费迪南·冯·林德曼（Ferdinand von Lindemann，1852—1939）

法国数学家查尔斯·埃米特的照片，大约拍摄于 1887 年。埃米特在 1873 年证明欧拉数 e 是超越数。

圆周率 π（约公元前 250 年），欧拉数 e（1727 年），康托尔的超限数（1874 年）

1844 年

在 1844 年，法国数学家刘维尔设计了以下有趣的数字，今天被称为刘维尔常数：0.110001000000000000000001000…。你能猜出它的意义或构造它的规则吗？

刘维尔证明了他设计的这个不寻常的数字是超越数，而这个数字也是第一个被证明的超越数。注意它的构造方法：这个常数在每个小数位上都只有对应于阶乘数的小数位上是“1”，其他地方都是“0”。这意味着 1 只发生在小数点后面第 1，2，6，24，120，720，…小数位的位置上。

超越数是如此的奇妙，以至于它们在历史上只是“最近”才被发现，你可能只熟悉其中的一个 π，也许还有欧拉数 e。这些数字不能表示为任何有理数系数的代数方程的根。例如，这意味着 π 不可能满足如 $2x^4-3x^2+7=0$ 之类的方程。

证明一个数字是超越数是很困难的。在 1873 年法国数学家埃米特证明了 e 是超越数，在 1882 年德国数学家林德曼证明了 π 是超越数。而在 1874 年，德国数学家格奥尔格·康托尔（Georg Cantor）竟然证明了“几乎所有”实数都是超越数！这让许多数学家感到大跌眼镜。因此，如果你能把所有的实数放在一个大罐子里，摇动罐子，随机抽取一个数字出来，这个数字几乎肯定是超越数。然而，尽管超越数“无处不在”，但只有少数是已知的或被命名过的。犹如仰望满天繁星，你能叫出名字的有几个呢？

除了对数学的追求，刘维尔对政治也很感兴趣，并于 1848 年当选为法国制宪议会议员。刘维尔在后来的选举中失败，变得一蹶不振。尽管如此，他常在数学漫谈中穿插着引用的诗句，一生写下 400 多篇高质量的数学论文。■

本条目作者 克利福德·皮寇弗

今天，外科医生在做手术之前，都会使用无菌毛刷、含有氯己定或碘的洗手液洗手，冲水的水龙头是非手触式，无须用手接触。

塞麦尔维斯：教会医生洗手的人

伊格纳茨·菲利普·塞麦尔维斯（Ignaz Philipp Semmelweis，1818—1865）
路易斯·巴斯德（Louis Pasteur，1822—1895）
约瑟夫·李斯特（Joseph Lister，1827—1912）

污水处理系统（约公元前 600 年），病原菌学说（1862 年），消毒剂（1865 年）

1847 年

作家 K. 科德尔·卡特（K. Codell Carter）和芭芭拉·卡特（Barbara Carter）写道：“医学进步是由两类人群的牺牲所推动的：努力理解疾病的研究者，以及在这一过程中死去或被杀死的患者。这种特别的进步在一定程度上是由数十万产妇的牺牲而推动的。她们在生产之后，死于产褥热（childbed fever），这种疾病在 19 世纪初期慈善性质的产科诊所里非常猖獗。”

尽管在人们发现微生物是很多疾病的致病原因之前，就有一些医生提出保持清洁对于预防传染性疾病的重要性，但在较早对消毒进行系统化研究的人群中，最知名的要数匈牙利产科医生伊格纳茨·塞麦尔维斯。塞麦尔维斯注意到，在他所工作的维也纳医院，因为产褥热死亡的产妇要远远多于同类医院。他还发现，只有在维也纳医院，医生们常常是在研究了尸体之后，再给患者做检查。

产褥热即产后发热，是由细菌导致的一种败血症，也就是血液被细菌感染。塞麦尔维斯还发现，在大街上生产的产妇很少患产褥热。于是他推测传播这种疾病的物质（比如某些颗粒状物质）可能是从尸体传到产妇身上的。他让医护人员用含氯的消毒液洗手之后再接触产妇，这一措施显著地降低了产妇的死亡率。

遗憾的是，尽管塞麦尔维斯的发现令人惊叹，但当时很多医生并不认可他的发现，部分原因可能是因为承认了塞麦尔维斯的发现，就意味着承认了如此多的产妇死亡都是由医生导致的。另外，当时很多医生把产褥热归因于瘴气——一种有毒的空气。最终，塞麦尔维斯疯掉了，被关在一家精神病院，并被精神病院守卫殴打致死。不过，后来法国微生物学家路易斯·巴斯德对细菌的研究，以及英国外科医生约瑟夫·李斯特在手术中创造性地使用了抗菌剂，都证明了塞麦尔维斯是正确的。■

本条目作者 克利福德·皮寇弗

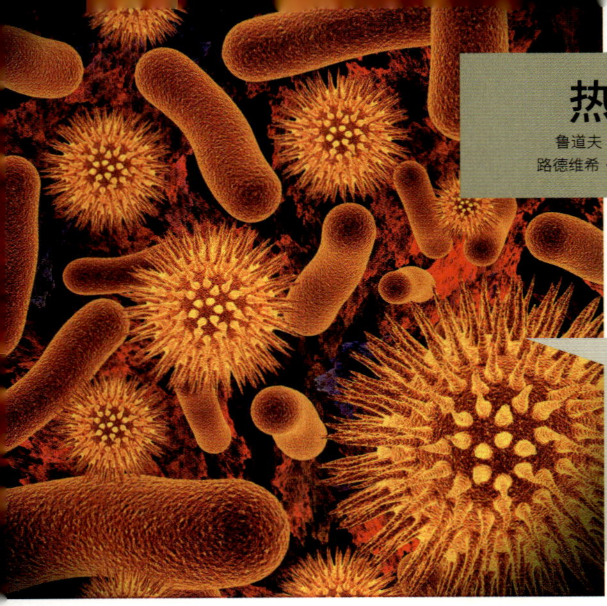

热力学第二定律

鲁道夫·克劳修斯（Rudolf Clausius，1822—1888）
路德维希·玻尔兹曼（Ludwig Boltzmann，1844—1906）

100

（右图）鲁道夫·克劳修斯肖像。
（左图）微生物从周围环境的无序材料中构建它们“不可思议的结构”，但这样做的代价是增加周围环境的熵。封闭系统的总熵增加，而单个组分的熵可以减小。

玻尔兹曼熵方程（1875 年），卡诺热机（1824 年），能量守恒（1843 年）

1850 年

每当看到我在海滩上堆起的沙堡崩塌时，我总会想起热力学第二定律（Second Law of Thermodynamics，SLT）。SLT 一种早期的表述形式为：孤立系统的总熵或无序度总是趋向于某一极大值。对于一个封闭的热力学系统，熵被认为是对无法做功的热能总量的度量。德国物理学家鲁道夫·克劳修斯以如下形式阐述了热力学第一和第二定律：宇宙的能量是恒定的，而宇宙的熵则趋于一极大值。

热力学是一门研究热的学科，更宽泛地说，是研究能量转换的学科。SLT 暗指宇宙中所有的能量都趋向于演化到一种均匀分布的状态。当我们想到一座房屋、一具身体或一辆汽车不经保养而日趋恶化的时候，也会间接地援引 SLT。或者，正如小说家威廉·萨默塞特·毛姆（William Somerset Maugham）所写的那样，“打翻了牛奶，哭也没用，因为宇宙的一切力量都在处心积虑要把牛奶打翻。”

克劳修斯在他职业生涯的早期曾说过：“热量不会自发地从低温物体传向高温物体。”奥地利物理学家路德维希·玻尔兹曼扩展了熵和 SLT 的定义，他将熵解释为一个系统中因分子热运动而导致的无序度。

从另一个角度来看，SLT 是说两个相互接触的毗邻系统趋向于使它们的温度、压力和密度相等。例如，当一块热金属被放进冷水槽时，金属会变冷，而水则会变热，直到二者温度相等为止。当一个孤立系统最终处于平衡状态时，如果没有来自系统外部的能量，该系统就无法做有用功。SLT 为我们解释了永动机为什么无法制成的原因。■

本条目作者　克利福德·皮寇弗

贝塞麦炼钢法

亨利·贝塞麦（Henry Bessemer，1813—1898）

像水一样白热化的钢材从 35 吨的电炉中倾倒出来的场景，该照片大约是在 1941 年拍摄于美国宾夕法尼亚州布拉肯里奇的阿勒格尼卢德伦钢铁公司。

铁的冶炼（约公元前 1300 年），罗马混凝土（约 126 年），塑料（1856 年）

1855 年

在铁器时代，铁器工具的盛行改变了世界。然而，1855 年英国工程师亨利·贝塞麦发明的炼钢法，因生产出商业上使用的钢铁而获得专利，同样对世界产生了革命性的影响。

钢铁从何而来？一切都始于铁矿石，人们将铁矿石从地下开采出来，然后在高炉中将其冶炼为铁。出来的是含碳量 5% 左右的生铁。将生铁放入碱性氧气转炉炼成钢铁。纯氧在压力的作用下吹入，燃烧掉大量的碳，最终只留下含碳量 0.1% 的低碳钢或含碳量 1.25% 的高碳钢。碳的含量，加上不同金属的合金比例和冷却方法，决定了钢铁的使用特性。

钢铁是一种非凡的材料：非常的坚固、极具抗疲劳能力、容易加工——它可以被塑造成各种不同的形式。比如对钢铁加热，然后用某种方式对它进行冷却，它会更加易于延展；而用淬火方式冷却它，它会变得更硬但易碎；通过表面硬化处理可以同时达到这两种效果。外壳坚硬，因此它很难被切断，同时内部柔软，抵消了它的脆性。

随后出现了合金，在钢中加入一点铬，就不会生锈；加一点碳可以使其更加坚硬；加一点钨或钼，就能变成工具钢；加一些钒，耐久性就会更强。

这些合金的特性解释了为什么钢材几乎无处不在。工程师在汽车车身和发动机上使用钢材，从而将坚固、成本和耐久性结合在一起。工程师在迪拜塔这样的摩天大楼和米洛高架桥这样的大桥上使用钢材，也是同样的原因。他们在混凝土中使用了钢筋，大大地提高了其拉伸强度。不过有一个问题是钢材无法解决的，那就是自身的重量较大——铝材和碳纤维解决了这个问题。当强度和耐用性并不是最大的问题，而成本是最主要问题的时候，塑料也可以作为其代替品。■

本条目作者 马歇尔·布莱恩

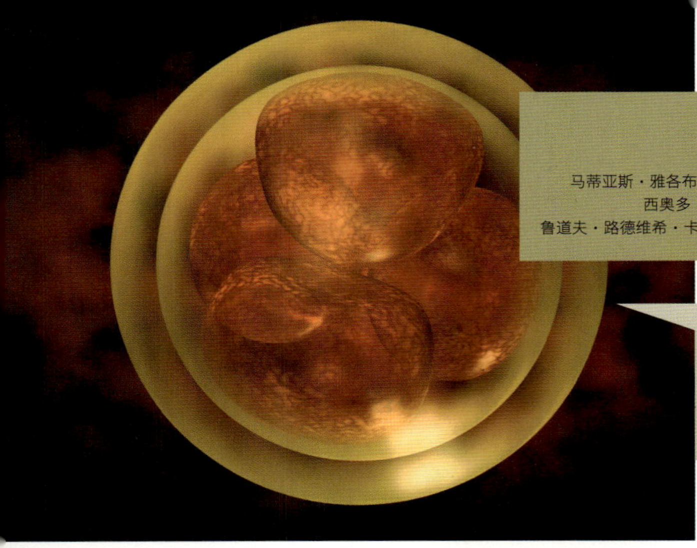

细胞分裂

马蒂亚斯·雅各布·施莱登（Matthias Jakob Schleiden，1804—1881）
西奥多·施旺（Theodor Schwann，1810—1882）
鲁道夫·路德维希·卡尔·魏尔啸（Rudolf Ludwig Karl Virchow，1821—1902）

102

这是一幅受精卵的艺术图，刚刚完成了两次细胞分裂。精子与卵子结合，会形成受精卵，受精卵最后会发育成一个新的个体。

癌症病因（1761 年），塞麦尔维斯：教会医生洗手的人（1847 年），病原菌学说（1862 年），海拉细胞（1951 年），端粒酶（1984 年）

1855 年

德国医生鲁道夫·魏尔啸根据自己的观察和理论指出，研究疾病不只是观察患者的症状，还要看清楚一点：所有病理学研究（疾病诊断）最终都是对细胞的研究。魏尔啸还是细胞病理学这一新领域的开创者之一，他认为除了研究整个人体，更重要的是研究细胞或细胞群可能会发生的病变。

1855 年，魏尔啸的一个观点被广为传播：每个细胞都源自一个已经存在的细胞。这个观点否认了自然发生说（spontaneous generation）——这个理论认为，细胞和有机体可以从没有生命的物质中产生。魏尔啸通过显微镜研究发现，细胞能分裂成两个相同的部分，这一发现是对细胞理论的重要贡献。除此之外，细胞理论还认为，所有生物都是由一个或多个细胞组成的，细胞是生命的基本组成单位。德国生理学家西奥多·施旺、德国植物学家马蒂亚斯·雅各布·施莱登也为细胞理论作出了重要贡献。魏尔啸有一句名言：科学的任务，就是找出认知的局限性，然后把注意力集中在这上面。

除了描述细胞分裂，魏尔啸还首次准确鉴别出了血癌病例的白血病细胞。尽管取得了这些成就，但他还是不认可细菌会导致疾病的观点，也不承认干净整洁的环境在传染病预防中的重要性。另外，他也不认可巴斯德的细菌致病理论，他认为组织发生病变是由细胞功能失常导致的，而不是源于外来微生物的入侵。

科学作家约翰·G. 西蒙斯（John G. Simmons）写道："通过细胞学说，魏尔啸扩展了生物化学与生理学的研究边界，在更广泛的生物学领域产生了重要影响——随着遗传学的发展，以及我们对生殖繁育有了更深的理解之后，细胞学说最终演化出了分子生物学。"今天，我们都知道，癌症是由不受控制的细胞分裂引发的，还知道皮肤上的伤口能愈合是因为已经存在的细胞分裂出了新的皮肤细胞。■

本条目作者 马歇尔·布莱恩

塑料

亚历山大·帕克斯（Alexander Parkes，1813—1890）

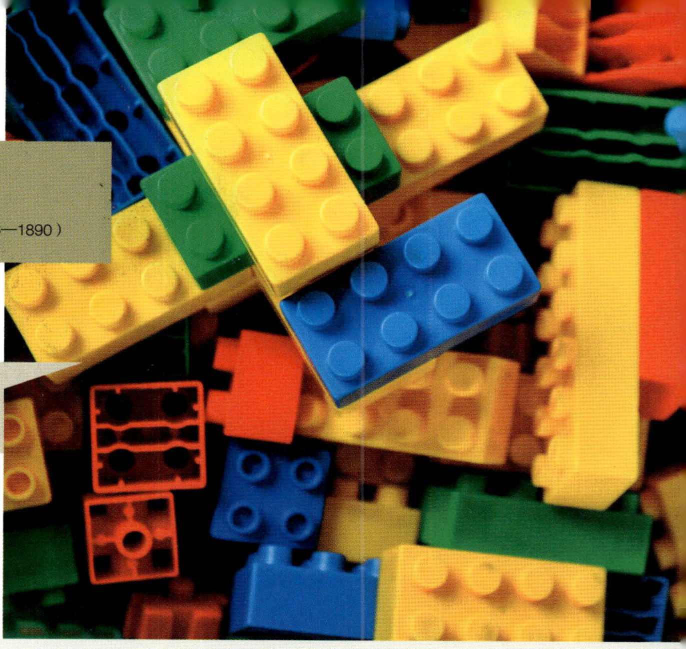

这种塑料玩具积木通常是由 ABS 塑料（丙烯腈-丁二烯-苯乙烯）制作的。

罗马混凝土（约 126 年），橡胶（1839 年），聚乙烯（1933 年）

人类使用橡胶和胶原等天然塑料已经有 1000 年的历史了，而第一种人工塑料则是亚历山大·帕克斯于 1856 年发明的硝化纤维素塑料，并取得专利。今天，我们身边的塑料制品多得数不清。塑料的低成本、可延展性、耐久性使其成为了人们的理想材料。

塑料被广泛使用的一个原因是化工工程师利用工厂大规模生产制造了低成本的塑料。另一个因素是机械工程师与工业工程师为塑料产品设计了零件，并创造了模具系统为其塑型。塑料的重量很轻，却很坚固、耐腐蚀、易塑形，可以为许多不同性能塑造完全不同的形状。虽然常常用来制造人工象牙的硝化纤维素塑料是由纤维素制成的，但是现代的大多数塑料是由高品质的单体聚合而成的。如聚乙烯就是由碳原子和氢原子长链聚合而成的，所以它们本质上是固化的汽油。链的长度、分叉的数量、聚合的程度带给了聚乙烯许多不同的性质。

工程师也与科学家在一起创造出了上百种不同类型的塑料。一些塑料用于制作柔软的衣服或者填充枕头的纤维。1935 年杜邦的发明家华莱士·卡罗瑟斯（Wallace Carothers）为降落伞、背包、帐篷等开发了坚固耐磨的尼龙纤维，后来又开发了凯夫拉纤维，它坚固到可以用来制作防弹背心。一些塑料是橡胶状的，可以用于制作密封圈、垫片、O 形圈、车轮和把手。有些像玻璃一样清澈透明，有些则完全不透明。有些非常坚固，拉伸强度可以和钢材媲美，同时又具有弹性，非常轻便。这些多样性和丰富的功能意味着工程师可以用塑料制造几乎所有的东西。■

1856 年

本条目作者 马歇尔·布莱恩

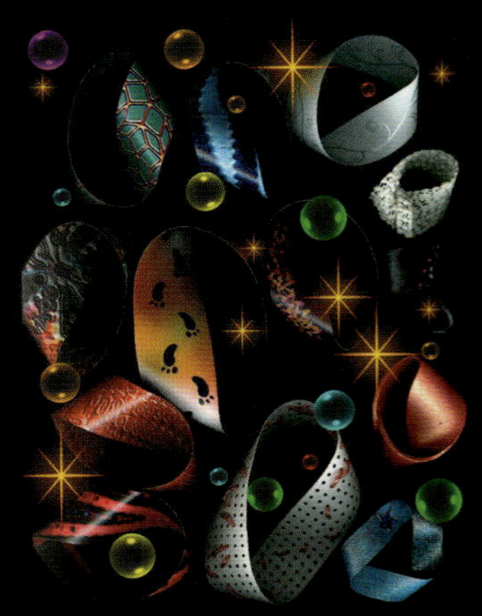

莫比乌斯带

奥古斯特·费迪南德·莫比乌斯（August Ferdinand Möbius，1790—1868）

多姿多彩的莫比乌斯带，一件由克拉塞克和皮寇弗共同创作的艺术品。莫比乌斯带是人类发现和研究的第一种单面曲面。

柏拉图多面体（约公元前 350 年），欧几里得的《几何原本》（约公元前 300 年），非欧几里得几何（1829 年），超立方体（1888 年）

1858 年

德国数学家莫比乌斯是一位害羞的、不合群的甚至心不在焉的教授，他最著名的发现就是莫比乌斯带，而且是在他将近 70 岁的时候才发现的。你可以自己制作它：取一条丝带，将它的一端扭转半周（180 度）后再将丝带的两端粘接起来。结果得到了一个只有一面的曲面。一个虫子可以从这样的带子上不越过边缘，到达带子上的任何一点。你还可以试着用蜡笔在莫比乌斯带上着色，一面涂红色和另一面涂绿色。你会很快发现这是不可能的，因为它实际上只有一面。

莫比乌斯去世以后，这条带子越来越流行，应用越来越多，它已经成为数学、魔术、科学、艺术、工程、文学和音乐的组成部分。莫比乌斯带甚至还成了无处不在的废品回收行业的 symbol（标志），确实它象征着将废物转化为有用资源的循环过程。今天，从分子结构、金属雕塑、邮票、文学、技术专利、建筑结构乃至我们整个宇宙的模型中，莫比乌斯带都随处可见。

莫比乌斯与同时代的德国著名数学家约翰·本尼迪克特·利斯廷（Johann Benedict Listing，1808—1882）同时发现了这个古怪的曲面。然而莫比乌斯似乎比利斯廷更理解这个曲面的价值和意义，因为莫比乌斯更仔细地探讨了这条带子的一些著名特性。

莫比乌斯带是人类发现和研究的第一个单面曲面。直到 19 世纪中期都没有人描述过单面曲面的性质，这似乎令人难以置信，但历史上真的没有记载过这样的研究。鉴于莫比乌斯带是第一个也是唯一的一个为大众津津乐道的拓扑学对象（拓扑学是研究几何形状及其相互关系的科学），这个优雅的发现值得在这本书中占有一页之地。■

本条目作者 克利福德·皮寇弗

105

达尔文的自然选择理论

查尔斯·莱尔（Charles Lyell，1797—1875）
托马斯·马尔萨斯（Thomas Malthus，1766—1834）
查尔斯·达尔文（Charles Darwin，1809—1882）
阿弗雷德·罗素·华莱士（Alfred Russel Wallace，1823—1913）

这是查尔斯·达尔文摄于 1869 年的照片，摄影师是朱丽亚·玛格丽特·卡梅隆（Julia Margaret Cameron，1815—1879），她以其英国名人肖像照而闻名。

农业（约公元前 1 万年）、林奈的生物分类法（1735 年）、人工选择（选择育种）（1760 年）、达尔文和贝格尔号之旅（1831 年）、化石记录和进化（1836 年）、生态相互作用（1859 年）

1859 年

《物种起源》的完稿花费了 20 年以上的时间，查尔斯·达尔文凭借其天赋将一系列迥然不同的资源与观察结果融为一体，并以此为基础完成了这本著作。他于 1831—1835 年乘坐皇家海军贝格尔号航行，在此期间达尔文阅读了查尔斯·莱尔的《地质学原理》，此书中提到嵌在岩石中的化石是数百万年前生命的印迹，它们已不再生存于地球上，也和现存生物完全不同。1838 年，达尔文又读了托马斯·马尔萨斯的《人口论》。马尔萨斯推定人口增长率将远远超过食物供给量，如果不加以扼制就会造成灾难性的后果。达尔文还借鉴了农民们选择优良畜种的实践经验（人工选择）。他在加拉帕戈斯群岛发现的 14 种雀鸟几乎所有方面都很相似，只有喙部的大小与形状不同，这是因为它们要适应自己栖息岛屿的食物种类。

达尔文不是第一个提出进化概念的人，但其他提出者缺乏解释各种进化事件的统一理论。他的理论基础是自然选择。在自然界，物种之间存在着对有限资源的竞争。有些生物拥有最有利的特征可以更好地适应栖息环境，因此它们也最有可能幸存、繁殖，并将有利特征遗传给后代。所以，在许多世代之后，源自一个共同祖先的各个物种“在改良中一路进化”。

19 世纪 40 年代，达尔文在一篇论文中概略地叙述了他的自然选择理论。他预料到他的反创世理论将会遭遇如暴风雨般的抗议，因此他不愿意出现在公众面前，但是在接下去的十多年里，他仍然在不断地收集更多证据以捍卫自己的理论。1858 年，达尔文获知有一位博物学家同行独立总结出了一套自然选择理论，它和达尔文自己的理论惊人相似，他就是阿弗雷德·罗素·华莱士。于是达尔文迅速完成了《物种起源》一书，这本书于 1859 年出版。事实证明，这本书不仅是抢手的畅销书，也是科学史上的一部经典著作。■

本条目作者 迈克尔·C. 杰拉尔德和格洛丽亚·E. 杰拉尔德

生态相互作用

查尔斯·达尔文（Charles Darwin，1809—1882）

图中所示的是互利共生关系，一只清洁虾正在为一条海鳝清洁口中的寄生虫。这条鱼因寄生虫被清除而得益，而清洁虾则食用寄生虫获得营养。

氮循环和植物化学（1837 年），达尔文的自然选择理论（1859 年），食物网（1927 年）

1859 年

生态学研究的是生物体及其栖息环境间的关系，那么同一生态系统中的两个甚或多个物种之间必然能彼此影响。在一种极端情况下，这种相互关系致使一方受益而另一方受损；另一种极端情况下，双方都从这种相互关系中受益。在 1859 年的《物种起源》中，达尔文阐明，最严重的生存斗争发生在同一物种的成员中，因为它们具有相同的表型和生态需求。

相互关系包含什么？在捕食和寄生这两种状况里，只有一个物种从相互关系中受益，另一种则要付出代价。捕食关系代表了生态相互作用的某个极端状态，这种关系是一个物种捕捉并食用另一个物种，比如猫头鹰捕食田鼠或肉食性的猪笼草捕食昆虫。寄生关系是不那么极端的情况，一个物种（寄生生物）受益于另一个物种（寄主）的损失，而寄主在这种相互作用中没有得到任何益处，比如绦虫寄生于脊椎动物寄主的肠内。细胞内寄生生物，比如原生动物或细菌，往往需要媒介将它传输给它的寄主，比如按蚊将疟原虫传递给人类寄主。

在偏利共栖关系中，一个物种从另一个物种处受益，后者在这一相互作用中并不受损。鲫鱼是一种栖息在开阔海域的热带鱼类，它与鲨鱼共栖，并食用鲨鱼漏下的残羹剩菜。潜鱼是一种细长的小鱼，生活在海参的泄殖腔内（消化道的下端）以躲避捕食者。

在所有的生态相互作用中，最公平的就是互利共生关系。在这种关系里，每一个物种都为对方提供资源或服务，达成互惠互利的效果，如地衣是绿藻与真菌共生产生的植物联合体。其中，真菌从藻类那里获得氧气和碳水化合物，而藻类从真菌那里获得水、二氧化碳和无机盐。■

本条目作者 迈克尔·C. 杰拉尔德和格洛丽亚·E. 杰拉尔德

107

分子运动论

詹姆斯·克拉克·麦克斯韦（James Clerk Maxwell，1831—1879）
路德维希·爱德华·玻尔兹曼（Ludwig Eduard Boltzmann，1844—1906）

根据分子运动论，我们在吹肥皂泡时，向密闭空间吹入了更多的空气分子，导致泡内的分子碰撞比泡外的更剧烈，从而使肥皂泡膨胀。

原子论（1808 年），布朗运动（1827 年），玻尔兹曼熵方程（1875 年）

1859 年

想象一下，一个薄薄的塑料袋里装满了嗡嗡作响的蜜蜂，它们随机地撞向其他蜜蜂及袋子的内壁。随着蜜蜂飞舞弹跳的速度加快，它们坚硬的身体会携带更大的力量撞击内壁，导致袋子膨胀。这里的蜜蜂是对气体中原子或分子的隐喻。气体分子运动论试图用这些粒子的持续运动来解释气体的宏观性质，如压强、体积和温度。

根据分子运动论，温度取决于容器中粒子的速度，而压强则来自粒子与容器壁的碰撞。当某些假设条件得到满足时，即便分子运动论的最简化的版本也极为精确。比如，组成气体的应该是大量相同的微小粒子，且它们的运动方向完全随机。这些粒子相互之间，以及粒子和容器壁之间的碰撞应该是弹性的，除此之外它们之间再没有其他作用力。此外，粒子的平均间隔也应该很大。

大约在 1859 年，物理学家詹姆斯·克拉克·麦克斯韦发展了一套统计处理方法，把容器内气体粒子的速度范围表示为温度的函数。例如，气体分子会随着温度的升高而加速。麦克斯韦还考虑了分子运动的特性是如何决定气体的黏度和扩散的。1868 年，物理学家路德维希·玻尔兹曼推广了麦克斯韦的理论，得出了麦克斯韦-玻尔兹曼分布，它描述了随温度变化的粒子速度的概率分布。有趣的是，当时的科学家们还在争论原子是否存在。

我们在日常生活中就能看到分子运动论的身影。举例来说，在给轮胎或气球充气时，我们往密闭空间注入了更多的空气分子，导致空间内部的分子碰撞比外部的更剧烈，从而使密闭空间的外壳膨胀。■

本条目作者 克利福德·皮寇弗

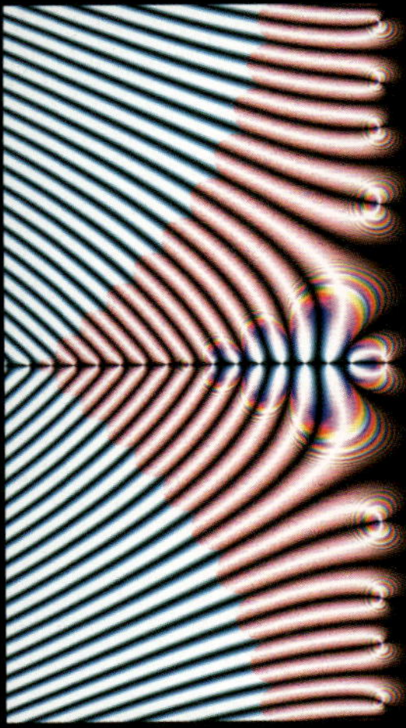

黎曼假设

格奥尔格·费里德里希·波恩哈德·黎曼

（Georg Friedrich Bernhard Riemann，1826—1866）

108

蒂伯·马吉拉斯（Tibor Majlath）在复平面上对黎曼 Zeta 函数 $\zeta(x)$ 的图像再现。上面和下面分别有 4 个小眼对应于 x 的实部等于 1/2 时 $\zeta(x)=0$ 的根。图形在实轴和虚轴的范围都是 [−32,+32]。

埃拉托色尼的筛法（约公元前 240 年），虚数（1572 年），希尔伯特的 23 个问题（1900 年），证明开普勒猜想（2017 年）

1859 年

什么是“数学中最重要的开放性问题”？曾经进行过很多次数学调查，比较一致的意见是“黎曼假设的证明”。它的证明涉及 $\zeta(x)$，即 Zeta 函数，该函数最初定义为无限和 $\zeta(x)=1+(1/2)^x+(1/3)^x+(1/4)^x+\cdots$。它可以表示为复杂的图像，对数论中研究质数的性质有十分重要的意义。

当 $x=1$ 时，这个级数和是无限的。当 $x>1$ 时，级数的和是一个有限的数，但如果 $x<1$ 时，级数和又是无限的。文献中讨论和研究的更完整的 Zeta 函数是一个定义更复杂的复数变量函数，它相当于这个级数当 x 为实数且 $x>1$ 时的情况，除去当实部等于 1，对于任何实数或复数都具有限值。现在讨论使函数为零的点（即函数的零点）。我们知道当 x 是 −2，−4，−6，…时，函数等于零，它们都是函数的零点，但这些零点只是称为平凡零点，它还有无限多个我们更关心的更重要的零点，它们的实部介于 0 和 1 之间，而我们并不完全清楚这些零点会出现在什么地方。

数学家黎曼推测，这些（复数）零点的实部都等于 1/2。尽管有大量的数学证据支持这个假设，但至今仍然无人证明它。黎曼假设的证明将对质数理论和我们对复数性质的理解产生深远的影响。令人惊讶的是，物理学家可能通过对黎曼假设的研究发现量子物理学和数论之间的神秘联系。

今天，世界各地有 11 000 多名志愿者还在忙于验证黎曼假设，他们使用 ZetaGrid 项目上的一个分布式计算机软件包来搜索黎曼 Zeta 函数的零点。每天可验证超过 10 亿个的 Zeta 函数零点。■

本条目作者 克利福德·皮寇弗

大脑功能定位

希波克拉底（Hippocrates，公元前 460—公元前 377）
盖伦（Galen，129—199）
弗朗兹·约瑟夫·加尔（Franz Joseph Gall，1758—1828）
皮埃尔·保罗·布洛卡（Pierre Paul Broca，1824—1880）
古斯塔夫·西奥多·弗里奇（Gustav Theodor Fritsch，1838—1927）
爱德华·希茨格（Eduard Hitzig，1839—1907）
怀尔德·格雷夫斯·彭菲尔德（Wilder Graves Penfield，1891—1976）
赫伯特·亨利·贾斯珀（Herbert Henri Jasper，1906—1999）

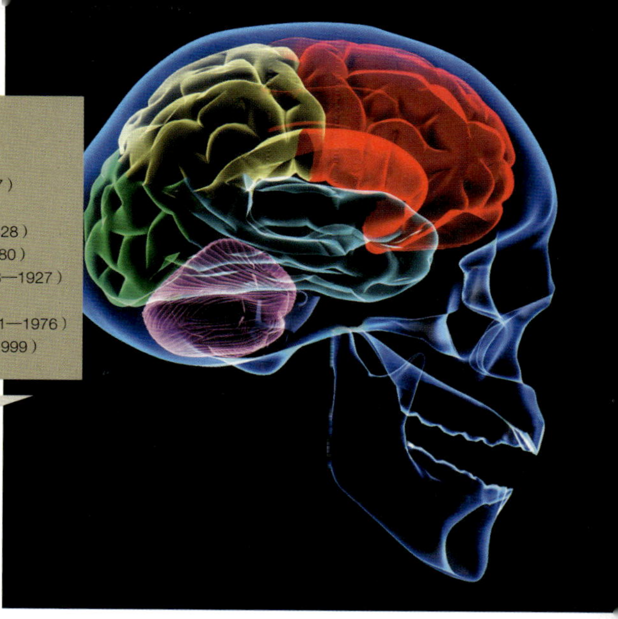

大脑皮层包括额叶（frontal lobe，红色区域）、顶叶（parietal lobe，黄色区域）、枕叶（occipital lobe，绿色区域）和颞叶（temporal lobe，蓝绿色区域）。额叶负责“执行功能”（executive function），比如计划和抽象思维。小脑（紫色区域）位于大脑下方。

莫尔加尼：“病变器官的哭喊”（1761 年），神经元学说（1891 年），大脑偏侧性（1964 年）

1861 年

古希腊医生希波克拉底曾说，大脑是由一些物理材料构成的，就是这些材料产生了思维与情感。希腊医生盖伦也说过：“神经起源的地方，就是灵魂的所在地。”不过，直到 19 世纪，关于大脑功能定位的前沿研究才得以开展。这类研究是基于这样的想法：不同的脑区负责不同的功能。

1796 年，德国神经解剖学家弗朗兹·约瑟夫·加尔认为，可以把大脑看作是由不同亚结构拼合而成的一个器官，每个亚结构都有不同的分工，负责执行不同的功能，比如语言、音乐等。但是，他错误地认为这些亚结构的相对大小和功能可以通过面积以及颅骨隆起的大小推测出来。

1861 年，法国医生皮埃尔·布洛卡发现，一个特殊的脑区与语言产生有关。他之所以得出这样的结论，是因为他在为两个患者做检查时发现，患者大脑左半球的前额区域受损之后，就失去了说话的能力——今天，我们把布洛卡发现的这个脑区称为“布洛卡区”。有趣的是，如果一个脑部肿瘤在生长过程中逐渐破坏布洛卡区，患者仍能保留主要的语言能力，这说明，语言功能可以从布洛卡区转移到其他区域。

大约在 1870 年，德国科学家古斯塔夫·弗里奇和爱德华·希茨格为大脑功能定位提供了其他的重要证据。他们在狗身上开展的实验显示，如果用电刺激大脑的特定区域，可以让狗的某些身体部位做出动作。1940 年，加拿大科学家怀尔德·彭菲尔德和赫伯特·贾斯珀也开展了一个电刺激实验。当他们刺激大脑一侧的运动皮层时，受试者身体的另一侧会发生抽搐。此外，他们还为大脑的运动区（控制自主性肌肉运动）和感觉区制作了详细的功能地图。■

本条目作者 克利福德·皮寇弗

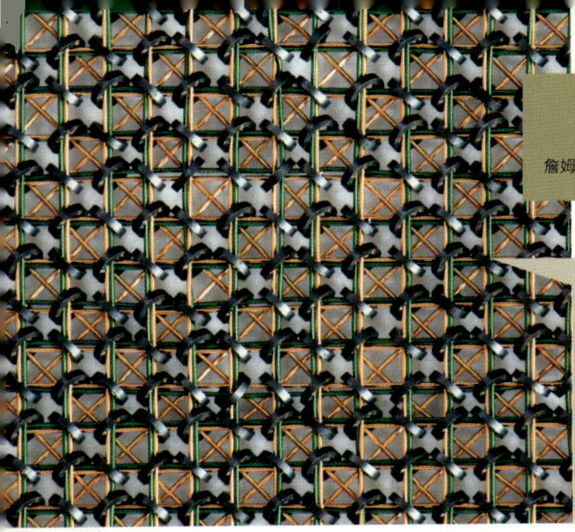

麦克斯韦方程组

詹姆斯·克拉克·麦克斯韦（James Clerk Maxwell，1831—1879）

（右图）詹姆斯·克拉克·麦克斯韦夫妇（1869），（左图）利用麦克斯韦方程组中的安培定律，我们可以在一定程度上理解 20 世纪 60 年代的计算机磁芯存储器。安培定律描述了载流导线如何产生环绕导线的磁场，从而使甜甜圈状的磁芯改变其磁极。

安培电磁定律（1825 年），法拉第电磁感应定律（1831 年），万物理论（1984 年）

物理学家理查德·费曼（Richard Feynman）写道，“展望人类历史的远景，比方说，从现在开始的一万年后，再回过头来看。那么，毫无疑问，麦克斯韦发现电动力学定律将被评为 19 世纪最重大的事件。与这项重要的科学事件相比，同一时期的美国内战也会黯然失色而显得微不足道。”

麦克斯韦方程组是描述电场和磁场行为的 4 个著名公式的集合。它们表达了电荷如何产生电场，以及磁荷不可能存在的事实。它们还展示了电流如何产生磁场，以及变化的磁场如何产生电场。如果用 E 代表电场，B 代表磁场，ε_0 代表电常数，μ_0 代表磁常数，而 J 代表电流密度，你可以这样来表达麦克斯韦方程组：

$\nabla\cdot E=\dfrac{\rho}{\varepsilon_0}$	高斯电学定律（即高斯定律）
$\nabla\cdot B=0$	高斯磁定律（无磁单极子）
$\nabla\times E=-\dfrac{\partial B}{\partial t}$	法拉第电磁感应定律
$\nabla\times B=\mu_0 J+\mu_0\varepsilon_0\dfrac{\partial E}{\partial t}$	麦克斯韦－安培定律

请注意这些表达式的绝对简洁，爱因斯坦也因此认为麦克斯韦取得的成就足以媲美艾萨克·牛顿。此外，这些方程还预言了电磁波的存在。

哲学家罗伯特·P. 克里斯（Robert P. Crease）描述了麦克斯韦方程组的重要性：“尽管麦克斯韦方程组相对简单，但它大胆地重组了我们对自然的认知，统一了电和磁，并将几何、拓扑和物理联系在一起。它对理解周围的世界也至关重要。而且作为第一个场方程，它不仅向科学家展示了一种研究物理学的新方法，也推动他们朝着统一自然界中的基本力的方向迈出了第一步。”■

本条目作者 克利福德·皮寇弗

111

病原菌学说

马可·特伦休斯·瓦罗（Marcus Terentius Varro，公元前 116—公元前 27）
路易斯·巴斯德（Louis Pasteur，1822—1895）

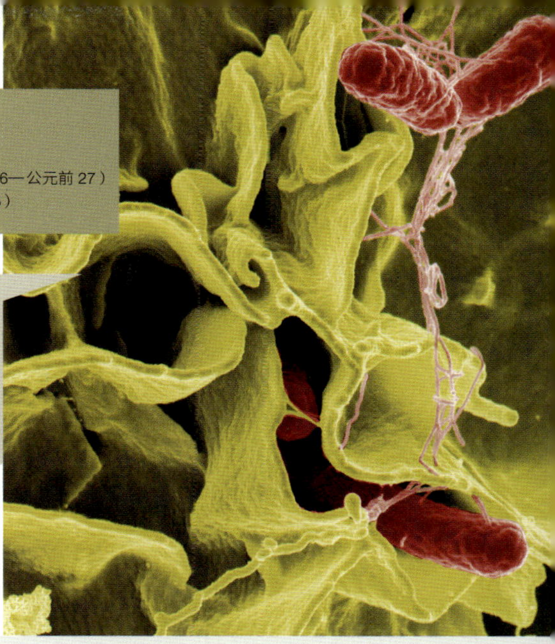

这是色彩增强扫描电子显微镜所拍摄的图片，鼠伤寒沙门杆菌（*Salmonella typhimurium*，红色）正在入侵人工培养的人体细胞（由美国落基山实验室提供）。沙门氏菌可以导致伤寒（typhoid fever）以及一些食源性疾病。

《显微图谱》（1665 年），塞麦尔维斯：教会医生洗手的人（1847 年），细胞分裂（1855 年），消毒剂（1865 年），水的氯化（1910 年）

1862 年

在现代人的思维里，微生物会致病是一件众所周知的事情。我们对饮用水进入氯化处理，使用抗生素之类的药物，也会要求医生把手洗干净。为此，我们要感谢法国化学家、微生物学家路易斯·巴斯德。他开展的开创性研究弄清楚了疾病发生的原因，找到了预防疾病的办法，也为微生物致病的理论（即很多疾病都是由微生物引起的）提供了重要证据。

在 1862 年开展的一个著名实验里，巴斯德证明，细菌能在经过灭菌的肉汤培养基中生长出来，这并不是因为“自然发生说”——这个理论的观点是，生命通常是从没有生命的物质中产生的。比如，在一个颈部细长而弯曲的长颈瓶中，由于灰尘、孢子和其他颗粒根本没法进入肉汤培养基，因此就没有长出有机体。只有当瓶颈破裂时，有机体才开始在肉汤培养基中生长出来。如果“自然发生说”是正确的，那么完好的长颈瓶中肉汤培养基最终会出现有机体，因为微生物会自然生长出来。

在巴斯德的科学生涯中，他取得了很多成就。他研究过酿酒过程中的发酵现象，也研究过羊群、蚕类的疾病。他制作出了狂犬病疫苗，发明了巴氏灭菌法（把液体加热到一定的温度，并保持一段时间）来阻止微生物在食物中生长。在研究炭疽热时，巴斯德发现动物感染炭疽杆菌之后，即使把来自动物血液的细菌溶液浓度稀释到非常低，只要在注射进动物体之前，让细菌在培养基上增殖，它们仍然可以杀死动物。

巴斯德并不是第一个提出看不见的生物会导致疾病的人。早在公元前 26 年，罗马学者马可·特伦休斯·瓦罗就曾警告紧挨着沼泽生活的人们：“由于这里孕育着一些微小的、眼睛看不见的生物，它们飘浮在空气中，可以通过嘴巴、鼻子进入人体，因此这里常会发生严重的疾病。”不过，巴斯德对微生物致病机制的广泛研究，革新了医学和公共卫生领域。■

本条目作者 克利福德·皮寇弗

电磁波谱

弗里德里克·威廉·赫歇尔（Frederick William Herschel，1738—1822）
约翰·威廉·里特（Johann Wilhelm Ritter，1776—1810）
詹姆斯·克拉克·麦克斯韦（James Clerk Maxwell，1831—1879）
海因里希·鲁道夫·赫兹（Heinrich Rudolf Hertz，1857—1894）

在我们看来，印度月蛾无论雌雄都是浅绿色的，彼此之间难以分辨，但月蛾自己却能感知到紫外波段的光。因此，对它们来说，雌性和雄性看起来很不一样。

牛顿棱镜（1672 年），光的波动性（1801 年），X 射线（1895 年），宇宙微波背景辐射（1965 年）

电磁波谱指的是电磁辐射（EM）的宽广频率范围。EM 由能量波组成，这些波能够在真空中传播，并且包含相互垂直振荡的电场分量和磁场分量。电磁波谱的不同部分是根据波的频率来区分的。按照频率增加（也就是波长减小）的顺序，依次是无线电波、微波、红外辐射、可见光、紫外辐射、X 射线和 γ 射线。

我们可以看到波长为 4000 ～ 7000 埃的光，其中 1 埃等于 10^{-10} 米。输电塔中来回移动的电子可以产生无线电波，其波长从几英尺到几英里不等。如果我们把电磁波谱比作一架有 30 个八度的钢琴，其中辐射的波长每过一个八度就增加一倍，那么可见光只有不到一个八度。如果我们想要体现我们的仪器探测到的整个辐射光谱，需要给钢琴增加至少 20 个八度。

外星人或许拥有超越我们的感官。即便是在地球上，我们也能找到更敏感的生物。例如，响尾蛇就有红外探测器，可以给它们提供周围环境的“热图像”。在我们看来，印度月蛾无论雌雄都是浅绿色的，彼此之间难以分辨，但月蛾自己却能感知到紫外波段的光。因此，对它们来说，雌性和雄性看起来很不一样。当月蛾栖息在绿叶上时，其他生物很难发现它们，但月蛾相互之间无法伪装；相反，它们眼中的对方都是色彩斑斓的。蜜蜂也能察觉紫外光。事实上，许多花卉都有美丽的图案，蜜蜂可以看到这些图案，并被引导着飞向花朵。这些迷人而复杂的图案完全超越了人类的感知范围之外。

罗列在这个条目顶端的物理学家们在电磁波谱的研究方面发挥了重要作用。■

本条目作者 克利福德·皮寇弗

113

消毒剂

威廉·亨利（William Henry，1775—1836）
伊格纳茨·菲利普·塞麦尔维斯（Ignaz Philipp Semmelweis，1818—1865）
路易斯·巴斯德（Louis Pasteur，1822—1895）
约瑟夫·李斯特（Joseph Lister，1827—1912）
威廉·斯图尔特·霍尔斯特德（William Stewart Halsted，1852—1922）

麦卢卡蜂蜜已被证明具有抗菌特性，有助于伤口愈合。这种蜂蜜是由新西兰的蜜蜂生产的，它们采食麦卢卡灌木（*Leptospermum scoparium*）的花蜜。

塞麦尔维斯：教会医生洗手的人（1847 年），病原菌学说（1862 年），水的氯化（1910 年），青霉素（1928 年）

1865 年

1907 年，美国医生富兰克林·C. 克拉克（Franklin C. Clark）写道："三次著名事件塑造了医学史，而每一次事件都完全革新了外科学。"第一个事件是在外科手术中缝合伤口，以免患者流血过多，就像法国外科医生安布鲁瓦兹·巴累所做的一样。第二个事件是通过乙醚之类的全身麻醉剂减轻患者的疼痛，几位美国人在这方面作出了重要贡献。第三个事件是无菌化的外科手术，这是由英国外科医生约瑟夫·李斯特推动的。李斯特使用石炭酸（Carbolic Acid，现在称为苯酚）来给伤口和手术器材消毒，极大地降低了术后感染的风险。

受到路易斯·巴斯德关于病原菌学说的启发，李斯特尝试用石炭酸来消灭微生物。1865 年，一位患者的一条腿发生开放性骨折，腿部骨骼已经刺穿了皮肤。为了治疗这位患者，李斯特先把绷带放进石炭酸溶液里浸湿，然后用它包扎患者的腿，最后成功治好了这个骨折患者。1867 年，李斯特发表的《外科手术的杀菌原理》（*Antiseptic Principle of the Practice of Surgery*）一文中阐述了上述发现。

李斯特不是第一个提出消毒方法的人。英国化学家威廉·亨利就曾建议，用加热的方法给衣物消毒。匈牙利医生伊格纳茨·塞麦尔维斯也曾呼吁医生洗手，以免传播疾病。不过，李斯特在开放性创口上使用石炭酸，通常能防止当时医院中常常发生的可怕感染。他的著作和演讲说服了很多需要使用消毒剂的医务人员。

消毒剂通常直接用于人体表面。现代社会更多采取提前消毒的方法来阻止细菌接触到患者（比如给医疗器械消毒，医生戴上口罩）。抗生素也是今天常用的药物，用于预防体内感染。1891 年，威廉·霍尔斯特德在做手术时，开创性地戴上了橡胶手套。■

本条目作者 克利福德·皮寇弗

孟德尔遗传学

格雷戈尔·约翰·孟德尔（Gregor Johann Mendel，1822—1884）

格雷戈尔·孟德尔研究了豌豆植株上一些容易分辨的性状的遗传规律，比如颜色和皱褶，结果表明，遗传规律可以通过简单的数学法则和概率来阐释。

遗传的染色体理论（1902 年），表观遗传学（1983 年），人类基因组计划（2003 年），基因治疗（2016 年）

1865 年

奥地利神父格雷戈尔·孟德尔研究了豌豆植株上一些容易分辨的性状遗传规律，比如颜色和皱褶，他发现豌豆的遗传规律可以用数学法则和概率来阐释。尽管在孟德尔生前，他的工作并没有受到重视，但他发现的定律为遗传学（一门研究生物体遗传和变异规律的科学）奠定了基础。

1865 年，孟德尔用了 6 年时间，研究了 20 000 多株豌豆后，提出了他的遗传定律，报告了自己的研究成果。生物体会通过独立的“单元”——也就是我们今天所说的基因——来遗传生物性状。这一发现与当时其他广泛流传的理论并不相同，比如当时有的理论认为后代会继承父母双方的混合性状，或者后代可以从父母那里遗传获得性性状（比如，如果父亲经常练习举重，那么儿子的肌肉就会比较发达）。

以豌豆为例，每个植株的每个基因座上都有两个等位基因（allele），子代会从父本及母本处各遗传一个等位因子，具体得到的是哪一个因子是一个概率问题。如果子代接受了一个绿色种皮因子和一个黄色种皮因子，黄色种皮因子就有可能在子代中起主导作用，使子代结出黄色种子（称为显性因子），但是绿色种皮因子仍然存在（称为隐性因子），并且始终会以一种可以预测的方式遗传给后代。

今天，遗传医学主要关注遗传变异在人体健康和疾病中扮演的角色。比如囊性纤维化（会有呼吸困难等症状）的发病原因就是一个影响细胞膜的基因发生了突变。在孟德尔遗传学定律的启发下，科学家得以更深入地研究基因和染色体（主要由 DNA 组成的遗传物质），也可以更好地对付更多疾病，重塑人类的进化之路。一个很典型的例子是，科学家把人胰岛素基因插入细菌，使其大规模产生胰岛素用于糖尿病的治疗。■

本条目作者 克利福德·皮寇弗

115

图为现在使用的元素周期表——所有化学之源。

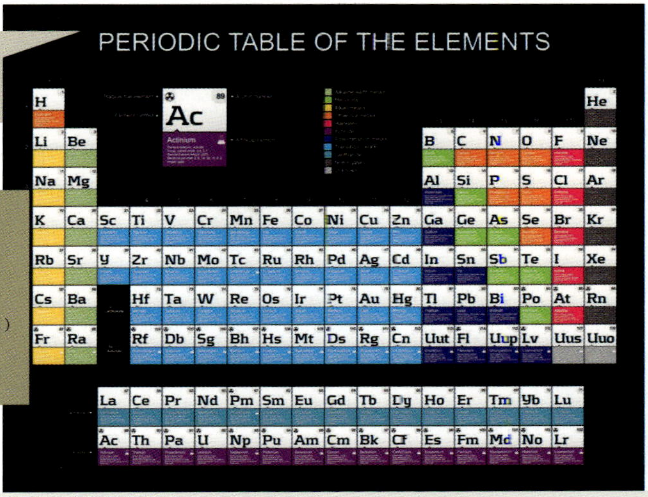

元素周期表

洛萨·迈耶尔（Lothar Meyer，1830—1895）
德米特里·伊万诺维奇·门捷列夫（Dmitri Ivanovich Mendeleev，1834—1907）
约翰·亚历山大·雷纳·纽兰兹（John Alexander Reina Newlands，1837—1898）
安东尼奥斯·范·登·布鲁克（Antonius van den Broek，1870—1926）
亨利·格温·杰弗里斯·莫塞利（Henry Gwyn Jeffreys Moseley，1887—1915）

电子（1897 年），原子核（1911 年），氢键（1920 年）

1869 年

元素周期表在化学中的核心地位是无可争议的。它涵盖了各元素的原子结构、反应活性、常见价态及其他一些重要的概念，是来之不易的人类智慧结晶，也是人类最重要的知识财富之一。构成我们世界的“一砖一瓦”都包含在元素周期表里，它们在元素周期表中的相对位置反映了它们之间深层次的联系。

德国化学家洛萨·迈耶尔和英国化学家约翰·亚历山大·雷纳·纽兰兹是两位最先有意识将已知的元素按照原子质量排列的人，他们各自独立地开展工作，旨在揭示各元素间潜在的排布规律，他们还将具有近似性质的元素凑在一起：如钠和钾，两者都是柔软的、反应活性高的金属。在俄罗斯，化学家德米特里·伊万诺维奇·门捷列夫也在沿着相同的思路开展工作，当时他并不了解迈耶尔和纽兰兹及其工作。1869 年，他提出了自己的排序方案，他的排布原则是基于各元素的原子量与所形成化合物中的常见价态。门捷列夫元素周期表不仅包含所有的已知元素，甚至还为那些有待发现的元素大胆地设置了“天窗”。这些元素后来陆续被人们发现，基本性质也和门捷列夫的预测相吻合，这充分证明了门捷列夫元素周期表的正确性。

现代的元素周期表是荷兰物理学家安东尼奥斯·范·登·布鲁克和英国物理学家亨利·格温·杰弗里斯·莫塞利修订提出的，在各元素是通过原子序数（数值上等于原子核中的质子数）递增来排序的。表中的各列（称为族，Group）的相对顺序是按照原子最外层“壳”（称为轨道，Orbital）中的电子数目递增的顺序依次排列的，从最左侧一列的元素外层仅一个电子，是活性很高的钠元素为代表的碱金属族，表中最右侧一列的外层电子完全充满轨道，是不活跃的惰性气体族。每一个新的横行（称为周期，Period）都是从更重的碱金属元素开始排列的，直到更重的惰性气体元素结束。更重的元素意味着该元素的轨道拥有更多的外层电子，周期表也由此一行行有序地向外拓展。

毫不夸张地说，正是几千年来化学领域的众多发现才使人类最终发现了元素周期表，通过元素周期表，人们能够理解不同元素的区别与联系，它的确是人类取得的伟大成就之一。■

本条目作者 德里克·B. 罗威

1874 年

康托尔的超限数

格奥尔格·康托尔（Georg Cantor，1845—1918）

康托尔和他妻子的照片，拍摄于 1880 年左右。康托尔关于无穷大的惊人想法最初引起了广泛的批评，这可能加剧了他抑郁症。

埃拉托色尼的筛法（约公元前 240 年），超越数（1844 年），哥德尔定理（1931 年）

德国数学家康托尔建立了现代集合理论，并引入了一个令人难以置信的超限数概念，它可以用来表示有无穷多对象的集合的相对“大小”。最小的超限数叫作 aleph-nought（读作“阿列夫－零”），写成 $\aleph_0$，这就是整数集合中成员的“个数”。如果整数是无限的（有 $\aleph_0$ 个成员），是否还有更高等级的无穷大呢？事实上，虽然整数、有理数（可以表示为分数的数）和无理数（就像 2 的平方根一样，不能表示为分数的数）都有无限多个，但在某种意义上，无理数的无穷多比有理数或整数的无穷多要“大得多”。同样，实数（包含有理数和无理数）的“个数”要比整数多得多。

康托尔的无穷大理论引起了极大的震动。在他的理论被接受之前曾备受批评，这可能导致了康托尔的严重抑郁症和精神分裂反复发作。康托尔还把超越所有超限数的“绝对无限”概念与上帝画上等号。他写道：“我毫不怀疑那些多重超限数的真理。我在上帝的帮助下才认识到了它们，我研究它们的多重性已经二十多年了。”1884 年，康托尔写信给瑞典数学家哥斯塔·米塔格·莱弗勒（Gösta Mittag-Leffler），解释说他不是新论文的创造者，而仅仅是一名记录者而已。是上帝提供了灵感，留下康托尔负责他论文的组织和风格。康托尔说，他知道超限数是真实的，因为“是上帝告诉我的”。如果上帝只能创造有限的数字，那岂不是贬低了上帝的力量。数学家大卫·希尔伯特（David Hilbert）将康托尔的作品描述为“数学天才最完美的产物，也是人类纯粹智力劳动的最高成就之一。”■

本条目作者 克利福德·皮寇弗

玻尔兹曼熵方程

路德维希·爱德华·玻尔兹曼
（Ludwig Eduard Boltzmann，1844—1906）

（左图）路德维希·爱德华·玻尔兹曼的肖像。（右图）设想墨汁和水分子的所有可能的排列都是等可能的。因为绝大多数墨汁分子的排列并不对应于墨汁分子聚集成滴的情形，所以一旦一滴墨汁被加入水中，大多数时候我们不会观察到这滴墨汁仍聚集在一起。

布朗运动（1827 年），热力学第二定律（1850 年），分子运动论（1859 年）

1875 年

一句古老的谚语说："一滴墨汁可能引起百万次思考。"奥地利物理学家路德维希·玻尔兹曼沉醉于统计热力学，该方向集中关注一个系统中大量粒子的数学性质，包括水中的墨汁分子。1875 年，他将熵 S（可粗略理解为系统的无序程度）和系统可能的状态数量 W 之间的数学关系公式化为简洁的表达式：$S = k \cdot \log W$，其中 k 是玻尔兹曼常数。

考虑一滴墨汁滴在水中的过程。根据分子运动论，分子们处于不断的随机运动中，并且一直在对它们自身进行重新排列。我们假设所有可能的排列都是同样可能的。因为绝大多数墨汁分子的排列并不对应于墨汁分子聚集成滴的情形，所以大多数时候我们不会观察到一滴墨汁。混合是自发地发生的，简单地因为存在的混合排列数量比不混合排列的要多很多。自发过程的发生是因为它产生了最可能的末态。利用公式 $S = k \cdot \log W$，我们可以计算熵，并且可以理解为什么存在的状态越多，熵值越大。一个高概率的状态（例如水墨混合状态）具有很大的熵值，并且自发过程产生的末态具有最大的熵值，这是表述热力学第二定律的另一种方式。用热力学的术语来说，我们可以说存在多种途径 W（微观状态的数量）来创建一个特定的宏观状态——在我们的例子中，便是墨汁在一杯水中的混合状态。

尽管玻尔兹曼提出的通过将系统之中的分子可视化来推导热力学的观点在今天看来是显而易见的，但与他同时代的许多物理学家都对原子的概念持批判意见。由于与其他物理学家的反复冲突，加上缠绕他终身的躁郁症，可能导致这位物理学家在 1906 年与妻女度假时自杀。他坐落于维也纳的墓碑上镌刻着他著名的熵方程式。■

本条目作者 克利福德·皮寇弗

吉布斯自由能

约西亚·威拉德·吉布斯（Josiah Willard Gibbs，1839—1903）

118

右图为 1903 年的约西亚·威拉德·吉布斯。左图为剧烈的铝热反应，反应的 ΔG 为负值，且绝对值相当大。

能量守恒（1843 年），热力学第二定律（1850 年），玻尔兹曼熵方程（1875 年）

1876 年

如果你想揭开化学的神秘面纱去了解各种化学现象背后的本质，那么你应该去学习热力学（Thermodynamics）。热力学的研究对象是能量的变化，而这正是一切化学过程发生的原始驱动力。热力学的产生与发展归功于美国科学家约西亚·威拉德·吉布斯，他有着独到的理论洞察力和卓越的数学才能，使热力学成为一个精妙的科学工具而应用到各个领域当中，包括化学、物理学和生物学。

1876 年，吉布斯发表了关于化学系统和反应“自由能”方面的研究工作，人们为了纪念他，将这“自由能”命名为“吉布斯自由能”，并用字母 G 来表示。当一个系统从一种状态转化到另一种状态时，如发生了化学反应，或者发生了物理变化（如熔化、沸腾），G 的变化量（称为 ΔG）等于系统和外界交换的非体积功（如系统放出的热量）。能够放热的化学反应（如燃烧）ΔG 为负值，如果一个反应的 ΔG 比燃烧的 ΔG 具有更大（绝对值）的负值（如铝热反应或硝酸甘油的分解），那么这个反应将会非常剧烈且危险。相反像植物的光合作用这类反应 ΔG 为正值，这类反应需要额外吸收来自外部的能量，例如需要光照。

想要更深入地了解 ΔG 还需知道另一个关键点：ΔG 由两部分组成，即焓（Enthalpy）和熵（Entropy）。焓（用字母 H 表示）可以认为是单纯热量和能量的量度，而熵（S）则关系到无序度以及反应物的“自由度”，即该物质到底有多少种不同的运动和振动模式。化学家们经常要反复考量这些物理量，以便对化学的反应有更加深刻的认识。一些能从周围环境中吸取热量的化学反应是可以自发进行的，比如我们日常使用的凝胶冰袋。这类反应之所以能发生，主要是由于产物的熵值要远远高于反应物的熵值，熵值的变化（ΔS）远大于焓值的变化（ΔH），最终 ΔG 为负值，反应能够自动发生。如果碰到一个反应的 ΔH 和 ΔS 都是负值而且绝对值很大，那一定要十分小心，因为很可能将发生一场剧烈的爆炸！■

本条目作者 克利福德·皮寇弗

电话

亚历山大·格雷厄姆·贝尔（Alexander Craham Bell，1847—1922）

贝尔电话实验室。

电报系统（1837 年），光纤光学（1841 年），
广播电台（1920 年），阿帕网（1969 年）

1876 年

想象一下在 1850 年的时候，如果你想与他人谈话，你肯定只有一种选择：经过一段旅程，面对面地与那个人见面，这件事可能会因距离花费几天或者几周的时间。你还可以用另一种交流方式：写一封亲笔信。即使 1850 年电报系统开始被广泛使用，但是与他人对话这一简单的行为依然要求人们面对面才能进行。

直到 1876 年，亚历山大·格雷厄姆·贝尔获得了电话的发明专利。其装置本身非常简单——一个用碳粒制作的麦克风和一个扩音器。为了将两个电话连在一起，你所需要的仅仅是一根铜线和电源，例如电池。有了这项创新技术，人们首次实现了远距离对话。

工程师是如何办到的？第一个创新是交换机。在一座城镇中，每个家庭、办公室都会与交换机用铜导线连接起来。这样管理员可以将城镇中的任何两根铜导线连接。铜导线也可以连接任何两座城镇。这样一来，两座城镇中的任何人都可以通过电话进行交流。几座城镇之间的连接，就可以形成一个区域交换机。最终，干线会跨越国家，遍布全世界，现在全世界的任何两个人都可以通过电话进行交流。

工程师后来发明了一种机械转换器用来代替人工接线员。电话拨号会告诉转换器做什么。这使得打电话的成本下降。然后工程师创造了更小的计算机来取代机械转换器，使按键式的拨号成为了可能。打电话的成本又一次被降低。工程师将语音信号转换成了数字信号，并通过光纤电缆发送这些信号，大幅地降低了成本，提高其容量。而后，工程师发明了一种通过 IP 地址来打电话的方式，使得人们可以通过网络来通话。网络电话诞生了，通过网络打电话变成了一件免费的事情。这是关于工程学的成功故事：让一件过去看起来不可能的事情最终变为零成本就可能实现！■

本条目作者 马欧尔·布莱恩

酶

威廉·屈内（Wilhelm Kühne，1837—1900）
爱德华·比希纳（Eduard Buchner，1860—1917）
詹姆斯·B. 萨默（James B.Summer，1887—1955）

某些抗癌药和免疫抑制剂的作用靶标是嘌呤核苷磷酸化酶（PNP），这种酶的功能是清除 DNA 分解时形成的特定分子废物，以保持细胞内环境。图中显示的是 PNP 的计算机模型。

细胞呼吸（1937 年），核糖体（1955 年），聚合酶链式反应（1983 年）

1878 年

生命失去酶便不能存活。活细胞中发生着数千种化学反应：老细胞正在被新细胞替换；简单的小分子正在互相连接形成复杂的大分子；食物正被消化并转化成能量；废物正在被处理；细胞正在再生。这些包括了合成与分解的反应被统称为新陈代谢。其中每一种反应都需要一定程度的能量（活化能），若是缺少这样的能量，这些反应不会自行发生。酶的存在减少了这些反应所需的活化能，并数百万倍地加速这些反应。这些酶通常是蛋白质或 RNA 酶，在反应过程中，酶既不被消耗也不发生化学变化。

身体里的每一种化学反应都是某个化学途径或循环周期的组成部分，而大多数酶都有极高的特异性，只作用于化学途径中的单一底物（反应物），以产生代谢顺序中的某个产物。在活细胞 4000 多种酶里，大多数酶都是蛋白质，它们有着独特的三维结构，其形状决定了其特异性。酶的英文常用名是在其作用底物名称后面加上后缀“ase”，不过化学类文献中更多使用其专用名（描述性名称）。

在 17 世纪末和 18 世纪初，人们知道肉类由胃液消化，而淀粉可以被唾液和植物提取液分解成单糖。德国生理学家威廉·屈内于 1878 年率先创造了“enzyme”（酶）这个单词，以指称他发现的胰蛋白酶，这是一种消化蛋白质的酶。1897 年，柏林大学的爱德华·比希纳首次证明酶可以在细胞外发生作用。1926 年，康奈尔大学的詹姆斯·萨默在研究刀豆时分离并结晶出了第一种酶——脲酶，并确定它是一种蛋白质。萨默是 1946 年诺贝尔化学奖获奖人之一。■

本条目作者 迈克尔·C. 杰拉尔德和格洛丽亚·E. 杰拉尔德

白炽灯

约瑟夫·威尔逊·斯旺（Joseph Wilson Swan，1828—1914）
托马斯·阿尔瓦·爱迪生（Thomas Alva Edison，1847—1931）

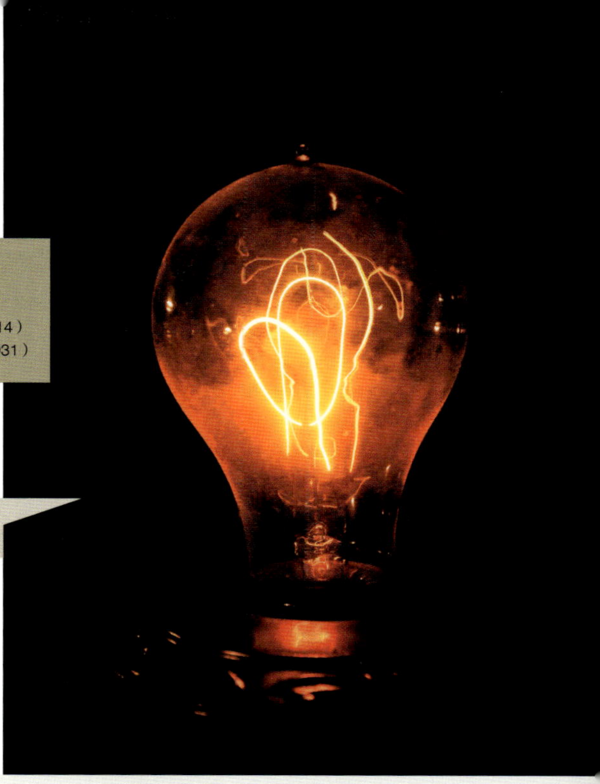

使用环形碳灯丝的爱迪生灯泡。

光的波动性（1801 年），光纤光学（1841 年），
电磁波谱（1864 年）

1878 年

以电灯泡发明而著名的美国发明家托马斯·爱迪生曾写道："要发明，你需要有丰富的想象力和一堆垃圾。"爱迪生并不是唯一发明白炽灯的人——白炽灯是一种利用热能驱动产生光辐射的光源。其他同样著名的发明家包括英国的约瑟夫·斯旺。然而爱迪生是最为人们铭记的人，因为他推动了多种因素的组合——获得了耐用的灯丝，力求在灯泡内达到绝对真空，以及建立供电系统，使灯泡在建筑、街道和社区之中产生了实用价值。

在白炽灯中，电流通过灯丝，将灯丝加热从而产生光。玻璃外壳可以防止空气中的氧气去氧化和破坏炽热的灯丝。最大的挑战是找到最有效的灯丝材料。爱迪生的碳化竹丝能够发光 1200 多个小时。如今，人们通常使用钨丝作为灯丝，并在灯泡内充满惰性气体，如氩气，以减少灯丝材料的蒸发。盘绕的线圈提高了效率，典型参数为 60 瓦、120 伏的灯泡灯丝实际长度为 580 毫米。

如果灯泡在低电压下工作，它可以惊人地持久。例如，加利福尼亚消防站灯泡"世纪之光"从 1901 年以来几乎持续地在发光。一般来说，白炽灯的效率很低，因为它所消耗的 90% 能量都被转化为热能而非可见光。虽然今天有更高效的灯泡（例如紧凑型荧光灯）开始取代白炽灯，但简单的白炽灯泡曾经取代了会产生烟灰且更危险的油灯和蜡烛，永远地改变了世界。■

本条目作者 克利福德·皮寇弗

电网

支撑架空电力线的输电塔经常使用钢铁结构。没有电力网络，能源将不得不在现场生产。

冯·居里克静电起电机（1660 年），库仑定律（1785 年），电池（1800 年），电子（1897 年）

1878 年

在 1878 年的巴黎世界博览会上，游客们惊叹于由齐纳布·格拉姆发电机（Zénobe Gramme dynamo）供电的亚布罗契柯夫弧光灯［帕维尔·亚布罗契柯夫（Pavel Yablochov）于 1876 年取得的专利产品］。这是早期商业高压电力体系应用的一个实例，这个体系是一种电力网络，现今电力网络已存在于全世界每一个角落。

想象一下没有电网的社会是什么样子的：每个家庭或企业都只能在自己的场地上发电。但是这种方式存在着发电效率问题。一个大型电厂对于采购燃料可以实现规模经济，也可充分应用资源控制排放。像核能这样的先进技术没有大型电厂是不可能的。对于水力发电、太阳能发电，以及风力发电这种站点特定的电力资源来说，只有形成网络才有意义。电网还可以增加可靠性，当一个大型电厂需要离线进行维护时，该区域的其他电厂可以通过网络来弥补，承担起它的负荷。

令人惊奇的是，电网只需要两个主要的组成部分：电线与变压器。变压器可以将电压调高或调低。对于远距离的送电，变压器会将电压升高至 70 万伏甚至更高。一旦电被送达目的地，变压器会将其电压降低。社区层面是 40 000 伏，邻里层面是 3000 伏。在你的家里，终端变压器会将电压降至 240 伏或 120 伏，用于你家墙上的插座和电灯开关。

现有的电力网络还不完美，我们偶尔会看到大面积停电。在闷热的夏天，全网高峰负荷运行时，一个关键的输电线路故障可能会导致一个它自身无法解决的问题。其他线路尝试着承担起故障线路的工作，但是它们可能也会因超负荷而发生故障。连锁反应甚至可能会使许多地区都陷入黑暗之中。工程师正在为解决这一问题设计新的架构。一旦完善，无形的电网将更加可靠。■

本条目作者 马歇尔·布莱恩

123

迈克尔逊-莫雷实验

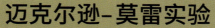

阿尔伯特·亚伯拉罕·迈克尔逊（Albert Abraham Michelson，1852—1931）
爱德华·威廉斯·莫雷（Edward Williams Morley，1838—1923）

迈克尔逊-莫雷实验证明地球并没有在以太风中穿行。在19世纪晚期，人们普遍认为，以太（此图艺术地描绘的承光介质）是光传播的媒介。

光的波动性（1801年），电磁波谱（1864年），狭义相对论（1905年）

1887年

物理学家詹姆斯·特雷菲尔（James Trefil）写道：“很难想象空间中虚无一物。人类的大脑似乎总想要用某种物质来填补空间，在历史上的大部分时期，这种想象中的物质被称为以太。人们认为天体之间的真空被一种稀薄的果冻所填充。”

1887年，物理学家阿尔伯特·迈克尔逊和爱德华·莫雷进行了开拓性的实验，来探测人们认为遍布太空中的以太。以太的想法并非疯狂至极——毕竟，水波通过水传播，声音通过空气传播。即使是在明显的真空之中，光不也需要通过一种介质来传播吗？为了探测以太，研究人员将一束光分成两束，并使两束光线相互垂直传播。两束光被反射回来后，重新合并为一束以产生有条纹的干涉图样，这种干涉图样依赖于光在两个方向上运动的时间。如果地球穿过以太，当其中一束光（必须进入以太“风”）相对于另一束光变慢时，应该可以检测到干涉图样的变化。迈克尔逊向他的女儿解释了这个想法：“两束光相互竞争，就好比两个游泳的人，一个奋力地逆流而上再游回来，另一个只是横向地来回游完同样的距离。如果河里的水在流动，第二个游泳者一定会快一些。”

为了进行如此精细的测量，将振动引起的干扰最小化，他们把仪器漂浮在水银池上，使仪器可以相对于地球的运动方向自由旋转。然而仪器产生的干涉图样并没有发现明显的变化，这表明地球并没有通过“以太风”——这使得该实验成为物理学中最著名的“失败”实验。这一发现有助于说服其他物理学家接受爱因斯坦的狭义相对论。■

本条目作者 克利福德·皮寇弗

超立方体

查尔斯·霍华德·辛顿（Charles Howard Hinton，1853—1907）

由罗伯特·韦伯（Robert Webb）用 Stella4D 软件绘制的超立方体的三维展示。超立方体是普通立方体的四维对应物。

欧几里得的《几何原本》（约公元前 300 年），射影几何（1639 年），莫比乌斯带（1858 年）

1888 年

据我所知，数学中没有什么概念能像第四维那样吸引成人和孩子们了，这一空间的方向不同于我们每天生活的三维空间中的 3 个方向。神学家们猜测，来世、天堂、地狱、天使和我们的灵魂都可能居住在第四维度中。数学家和物理学家在他们的计算中经常使用第四维度。这是描述我们宇宙结构重要理论的一部分。

超立方体是普通立方体的四维对应物。在谈到其他维度中的立方体对应物时，经常引用术语“超立方体”。我们将一个（二维的）正方形放入三维空间，让它在里面平移一段距离，并跟踪正方形的运动轨迹生成的形状，就可以看到一个三维立方体，同样将一个三维立方体放入四维空间，让它平移一段距离，并跟踪其轨迹影像就会产生一个（四维的）超立方体。虽然很难想象一个立方体在垂直于它的 3 个轴的方向上移动一段距离产生的轨迹，但计算机图形学依然有助于数学家开发对高维物体的直觉。请注意，一个立方体是由正方形的“面”所界定的，一个超立方体就应该由立方体的“体”所界定。我们可以列出各种维度物体的角、边、面和体的数目供参考：

	顶点	边	面	体	超体
点	1	0	0	0	0
线段	2	1	0	0	0
正方形	4	4	1	0	0
立方体	8	12	6	1	0
超立方体	16	32	24	8	1
五维超立方体	32	80	80	40	10

超立方体这个词是 1888 年由英国数学家辛顿在他的《新思想时代》一书中创造和首次使用的。辛顿被认为是一个偏执狂，他还以他的一套彩色立方体而闻名。他声称这套东西可以用来帮助人们窥视第四维度。如果在招灵法会上使用辛顿立方体则可能会帮助人们瞥见已去世家庭成员的灵魂。■

本条目作者 克利福德·皮寇弗

125

蒸汽轮机

查尔斯・帕森斯爵士（Sir Charles Parsons，1854—1931）

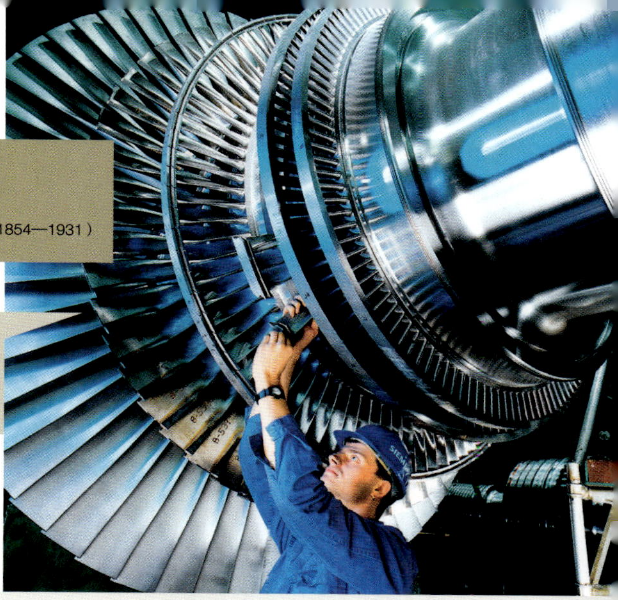

在工厂组装的汽轮机转子正在安装涡轮叶片。当代涡轮机的制作非常精密，以至于只能通过计算机来构建。

齿轮（约 50 年），高压蒸汽机（1800 年），卡诺热机（1824 年），内燃机（1908 年）

1890 年

如今，在任何一座大型电力厂中最引人注目的是一个比公交车还要大的大型蒸汽轮机。你还可以在航空母舰和核潜艇上找到类似的蒸汽轮机。有了蒸汽轮机，工程师才有了放弃使用活塞式蒸汽机，从蒸汽中获得电力的设想。

让我们随着时间机器回到 1912 年泰坦尼克号的机舱中。在这里，从一百多个大型燃煤锅炉中制取的蒸汽进入 3 个蒸汽引擎中，来带动 3 个螺旋桨。其中的两个引擎是巨大的活塞式蒸汽机，每个引擎能够产生 30 000 马力（22 000 千瓦）的动力，第三个则是蒸汽轮机，它产生大约一半的马力。我们在此目睹的是整个转变的过程。蒸汽轮机由查尔斯・帕森斯爵士于 1890 年发明，虽然当时的发明并不完美，但是它很快就取代了活塞，直接从蒸汽中获取旋转能量。

蒸汽轮机的原理非常简单。膨胀的蒸汽带动若干个附连到一个轴上的叶轮。叶轮一个比一个大，从而使得在蒸汽膨胀的全过程中捕获到更多的能量。与泰坦尼克号的活塞式引擎比较，每台活塞式蒸汽机使用 3 个尺寸逐渐增大的气缸。蒸汽首先在最小的气缸中膨胀，然后进入第二个尺寸略大的气缸中，从第一个气缸排出的蒸汽中继续提取能量，然后再进入第三个更大的气缸中。这种设备能有效地产生动力，但是庞大而笨重。泰坦尼克号的一台蒸汽活塞式发动机重约 1000 吨。

蒸汽轮机与活塞式蒸汽机完成相同的工作，但与其相比，它小巧、轻便、更加高效。因为这些优势，现代蒸汽轮机几乎出现在每个大型燃煤电厂和核电站中。它们不是用 3 个膨胀室的气缸，而是用多级的叶轮尽可能多地提取能量。这一装置充分地展示了工程师们如何使用全新概念的设备以获得更好的结果。■

本条目作者　马歇尔・布莱恩

心理学原理

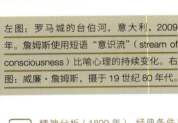

威廉·詹姆斯（William James，1842—1910）

126

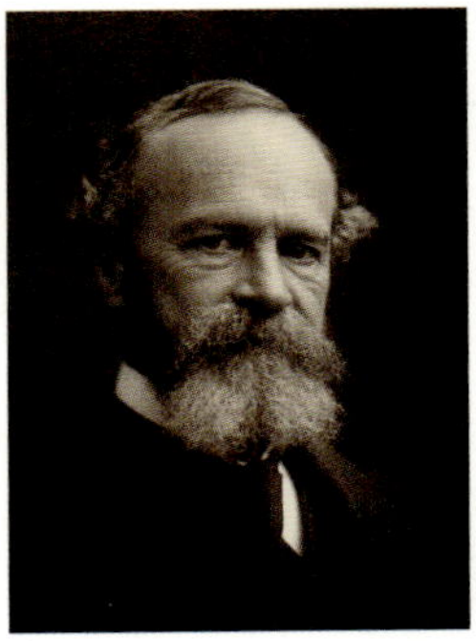

左图：罗马城的台伯河，意大利，2009 年。詹姆斯使用短语“意识流”（stream of consciousness）比喻心理的持续变化。右图：威廉·詹姆斯，摄于 19 世纪 80 年代。

精神分析（1899 年），经典条件反射（1903 年），安慰剂效应（1955 年），认知行为疗法（1963 年），心智理论（1978 年）

1890 年

尽管非常热爱艺术，威廉·詹姆斯却遵从父亲的意愿学医。然而，他从来没有从事过医学相关的实践活动。在经过很长的思想斗争后，詹姆斯受聘成为哈佛大学一名讲师。在那里，他开拓了美国心理学研究的新领域，并完成了这一时期最有影响力的著作——《心理学原理》（*The Principles of Psychology*）。詹姆斯耗费了 12 年的时间才完成这一著作，当 1890 年此书正式出版后，他写信给一个朋友说“心理学真是一门糟透了的学科”。

在心理学原理中，詹姆斯将心理学描述为是关于精神生活的科学。他认为，科学心理学一定要让人认识到，意识和心智是为了使我们适应环境而演化出来的。因此，“意识做了什么”比“意识是什么”及“意识包含什么内容”更重要。

怎样才能对人们的心理进行最佳研究？在德国，实验心理学家们使用希普计时器等精密仪器对人们的心理反应进行测量。詹姆斯反对这种方法，他认为仅仅通过将简单内容相加或者测定反应速度，人们永远无法了解精神生活的复杂性。詹姆斯用另一种视角看待意识，他使用过一个美妙的比喻：意识像一条溪流，充满活力且不断地发展变化。一个人永远无法两次踏进同一条河流。因此，没有任何仪器可以获取人们的这种体验。

詹姆斯在书中曾将“习惯”作为主题，称其是“生活的惯性轮”。他还提出过情绪理论，认为情绪跟随行为而变，即如今所谓的詹姆斯—兰格理论［James-Lange Theory，卡尔·兰格（Carl Lange）是一位丹麦生物学家，他在同一时期独立地提出了与詹姆斯相同的观点］。詹姆斯还支持实用主义及真理的多元性，他认为这些真实的观念对人们的日常生活有所裨益。

时至今日，詹姆斯与他的著作依然对美国心理学的发展有着重要影响。《纽约时报》关于他的讣告标题尤其可以说明他的成就与博学：“威廉·詹姆斯逝世了，时年 68 岁。他是心理学家，小说家的哥哥（其二弟是小说家），美国最重要的哲学家，哈佛大学教授，现代美国心理学实际上的创建者，实用主义的倡导者，涉猎鬼神之学。”■

本条目作者 韦德·E. 皮克伦

127

神经元学说

海因里希·威廉·戈特弗里德·冯·瓦尔代尔-哈茨
（Heinrich Wilhelm Gottfried von Waldeyer-Hartz，1836—1921）
卡米洛·高尔基（Camillo Golgi，1843—1926）
圣地亚哥·拉蒙·卡哈尔（Santiago Ramóny Cajal，1852—1934）

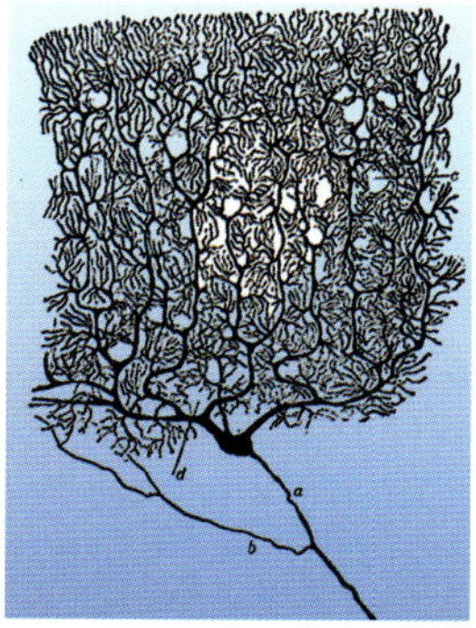

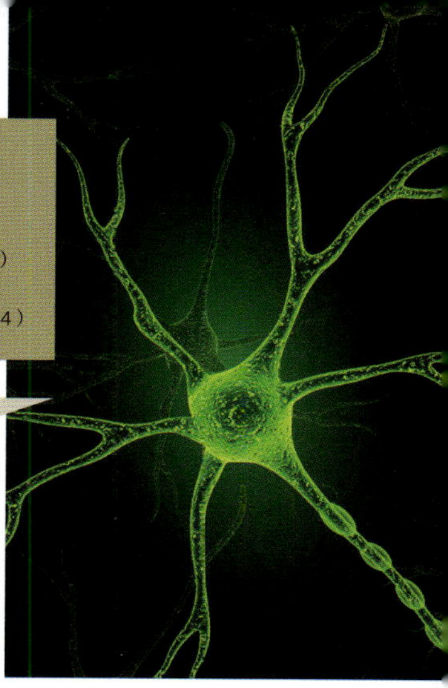

左图：猫的小脑皮层上的浦肯野氏神经细胞（Purkinje neuron），这幅复杂的神经元图是由卡哈尔绘制。右图：神经元拥有多个树突，细胞体和一根长长的轴突。轴突上的囊状突起是髓鞘细胞。

大脑功能定位（1861 年），抗抑郁药物（1957 年），大脑偏侧性（1964 年）

1891年

在神经生物学家戈登·谢泼德（Gordon Shepherd）看来，神经元学说是“现代思想中最伟大的理论之一，可以和物理学中的量子理论、相对论、元素周期表和化学键理论相提并论”。神经元学说源自 19 世纪末的显微镜研究，这个学说的主要观点是，神经元是神经系统的信号传输单元，并且神经元会通过几种方式准确地相互连接和影响。德国解剖学家威廉·冯·瓦尔代尔-哈茨根据西班牙神经科学家圣地亚哥·卡哈尔、意大利病理学家卡米洛·高尔基等人的观察结果，在 1891 年正式提出神经元学说。卡哈尔改进了高尔基的银染法（silver stain），可以通过显微镜更好地观察神经元分叉过程中的那些惊人细节。

尽管现代科学家发现了最初的神经元学说的一些例外，但绝大多数神经元都由树突、细胞体和轴突（最长有 1 米左右！）组成。在很多时候，神经信号都是通过神经递质传播——神经递质是一种化学物质，由一个神经元的轴突释放到一个狭小的连接空间——也就是所谓的化学突触（chemical synapse），再从突触进入一个相邻神经元的树突。如果神经信号让一个神经元足够兴奋，后者就会产生一个短暂的电脉冲，即动作电位（action potential），沿着轴突传播。另一种连接称为电突触（electrical synapse），也称缝隙连接（gap junction），可以让神经元直接相连。

感觉神经元会把来自人体上感受器细胞信号传递至大脑。运动神经元则会把大脑发出的信号传递至肌肉。胶质细胞（glial cell）会为神经元提供结构上和代谢上的支持。尽管成年人一般不会产生新的神经元，但在人的一生中，神经连接却会不断地形成。人的神经元数量大概为 1000 亿个，每个神经元都可以形成 1000 个以上的突触连接。多发性硬化症（multiple sclerosis）的发生，是因为轴突外周缺少髓鞘（myelin，绝缘性的化学物质）。帕金森病的发生与神经递质多巴胺（dopamine）不足有关，这种化学物质通常由中脑的特定神经元产生。■

本条目作者 克利福德·皮寇弗

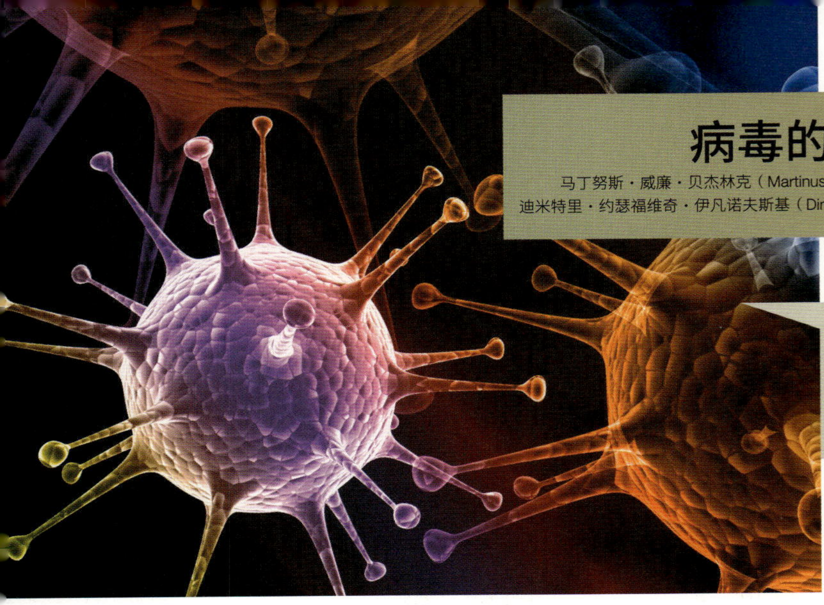

病毒的发现

马丁努斯·威廉·贝杰林克（Martinus Willem Beijerinck，1851—1931）
迪米特里·约瑟福维奇·伊凡诺夫斯基（Dimitri Iosifovich Ivanovsky，1864—1920）

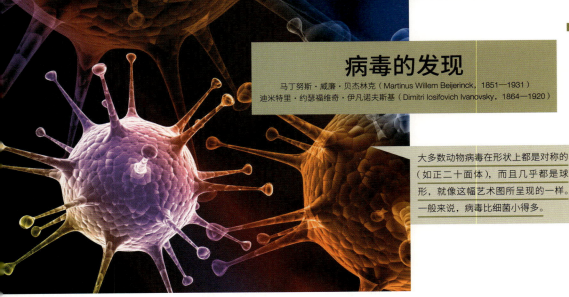

大多数动物病毒在形状上都是对称的（如正二十面体），而且几乎都是球形，就像这幅艺术图所呈现的一样。一般来说，病毒比细菌小得多。

病原菌学说（1862 年），海拉细胞（1951 年），抗体的结构（1959 年）

1892 年

科学记者罗伯特·阿德勒（Robert Adler）写道："狂犬病、天花、黄热病、登革热、脊髓灰质炎、流感、艾滋病——看着由病毒导致的疾病名单，就像在看人类的苦痛目录——科学家破解病毒秘密的过程，就像是在黑暗中摸索前进，试图理解根本看不见的东西——在很多年里，他们甚至没法想象自己研究的到底是什么。"

病毒属于一个奇怪的领域，介于生命和非生命之间，它们并没有全套的分子机器，无法独立繁殖，但是一旦感染了动物、植物、真菌或细菌，它们就能劫持宿主，产生大量的新病毒副本。一些病毒甚至诱骗宿主细胞无休止地增殖，导致癌症。今天，我们知道大部分病毒都很小，用普通的光学显微镜看不见，它们的平均大小只有细菌的百分之一。病毒颗粒是由遗传物质（DNA 或 RNA）和蛋白质外壳组成。一些病毒在宿主细胞外面时，还会有一层脂质包膜。

1892 年，俄罗斯生物学家迪米特里·伊凡诺夫斯基研究了破坏烟草叶片的烟草花叶病（tobacco mosaic disease），在破解病毒奥秘的道路上迈出了重要一步。伊凡诺夫斯基设计了一种精密的陶瓷过滤器，以捕捉所有病原体。捣碎病变的烟草叶之后，他用过滤器过滤了烟草叶片的汁液。让他感到惊讶的是，过滤出的汁液依然具有感染能力。不过，伊万诺夫并不知道烟草汁液中含有病毒，而是认为毒素或者细菌孢子可能才是病原体。1898 年，荷兰微生物学家马丁努斯·贝杰林克开展了一个相似的实验，他认为这种新的感染性病原体本质上是液态的，他把这类病原体称为"可溶性活细菌"（soluble living germ）。后来的研究人员还曾在豚鼠的角膜组织、鸡肾细胞、无菌鸡蛋等介质中培养病毒。直到 20 世纪 30 年代，研究人员最终才通过电子显微镜（electron microscope）看见了病毒。■

本条目作者 克利福德·皮寇弗

X 射线

威廉·康拉德·伦琴（Wilhelm Conrad Röntgen，1845—1923）
马克思·冯·劳厄（Max von Laue，1879—1960）

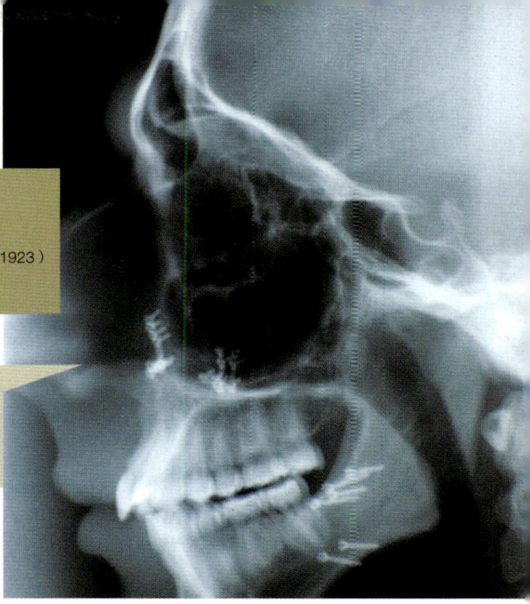

人体头部侧面的 X 光片。从这张图片上可以看到，医生使用螺丝钉来修复下颌骨。

望远镜（1608 年），光的波动性（1801 年），电磁波谱（1864 年），放射性（1896 年）

1895 年

威廉·伦琴给妻子的手拍了一张 X 光片，他的妻子看到 X 光片后，“发出了惊恐的尖叫声，她认为这些射线是邪恶的死亡预兆”，作家肯德尔·黑文写道：“不到一个月，全世界都在讨论伦琴的 X 射线。对此持怀疑态度的人把 X 射线称为死亡射线，认为它们会毁掉人类。一些激进的梦想家则把它们称为奇迹射线，认为它们可以让盲人重获光明，能把图表直接发射到学生的脑袋里。”不过对于医生来说，在医学上，X 射线的出现是一个治疗伤病者的转折点。

1895 年 11 月 8 日，德国物理学家伦琴用阴极射线管做了一个实验，他发现当他开启射线管时，尽管有一层厚厚的硬纸板遮着射线管，但 1 米外的一块废弃荧光屏亮了起来。伦琴意识到，阴极射线管发射出了某种看不见的射线。他很快就发现这种射线可以穿过很多材料，比如木板、玻璃和橡胶。当伦琴把手放在看不见的射线的传播路径上时，他看到了自己骨骼的模糊影像。他把这种射线称为 X 射线，因为它们当时是未知而神秘的，他继续秘密地进行实验，以便在与其他专家讨论之前更好地理解这些现象。由于他对 X 射线的系统研究，伦琴后来获得了第一个诺贝尔物理学奖。

医生们很快就利用 X 射线进行诊断，但 X 射线的精确性质直到 1912 年左右才被完全弄清楚。当时马克思·冯·劳厄用 X 射线照射一种晶体的形成了衍射图案，这证实了 X 射线是电磁波，就像光一样，但能量更高，波长更短，其波长与分子中原子之间的距离相当。今天，X 射线已被应用于无数领域，如从 X 射线晶体学（揭示分子的结构）到 X 射线天文学（例如，在卫星上使用 X 射线探测器来研究外太空的 X 射线的发射源）。■

本条目作者 克利福德·皮寇弗

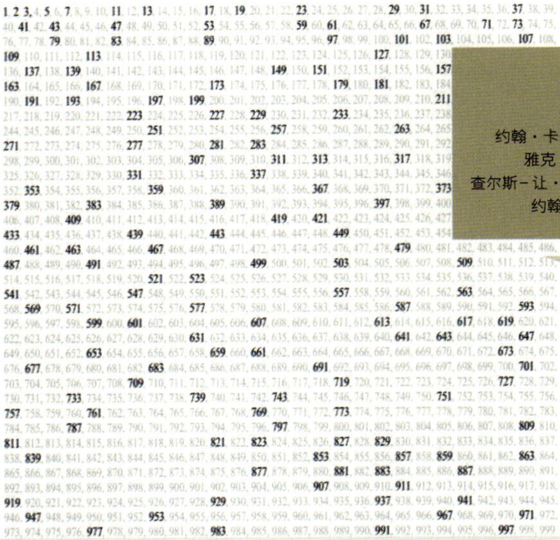

质数定理的证明

130

约翰·卡尔·弗里德里希·高斯（Johann Carl Friedrich Gauss，1777—1855）
雅克·所罗门·阿达马（Jacques Salomon Hadamard，1865—1963）
查尔斯-让·德·拉·瓦莱-布桑（Charles-Jean de la Vallée-Poussin，1866—1962）
约翰·爱登索·李特伍德（John Edensor Littlewood，1885—1977）

图中用黑体字表示的质数，“在自然数中像杂草一样生长……没有人能预测下一个质数会在哪里冒出来……”尽管数字 1 过去被认为是质数，但今天数学家们通常认为 2 才是第一个质数。

埃拉托色尼的筛法（约公元前 240 年），黎曼假设（1859 年），公钥密码学（1977 年），证明开普勒猜想（2017 年）

1896 年

数学家唐·札吉尔（Don Zagier）评论说：“尽管质数的定义很简单，并且它们是自然数的基础组成部分，但质数却像自然数中的杂草一样生长。没有人可以预测下一个质数发芽冒出来的地方。更令人惊讶的是质数表现出惊人的规律性，冥冥之中有规律在支配着它们的行为，它们几乎像军队一样精确地遵循这些规律。”

考虑函数 $\pi(n)$，它是小于或等于给定数 n 的质数数目。在 1792 年，当高斯只有 15 岁时，就表现出对质数的痴迷。他提出 $\pi(n) \approx n / \ln(n)$，其中 ln 是自然对数。质数定理的一个结果是第 n 个质数近似等于 $n / \ln(n)$，当接近无穷大时，这种近似的相对误差接近于 0。高斯后来将 n 估计细化为 $\pi(n) \approx \mathrm{Li}(n)$，其中 $\mathrm{Li}(n)$ 是 $dx/\ln x$ 从 2 到 n 的定积分。

后来在 1896 年，法国数学家阿达马和比利时数学家瓦莱-布桑独立地证明了高斯的质数定理。基于数值实验，数学家们推测 $\pi(n)$ 总是比 $\mathrm{Li}(n)$ 稍小一点。然而在 1914 年，李特伍德证明，如果我们能够搜索到巨大的 n 值，$\pi(n)$，$\mathrm{Li}(n)$ 就会无限地反转过来。1933 年，南非数学家斯坦利·斯科维斯（Stanley Skewes）指出，$\pi(n)-\mathrm{Li}(n)=0$ 的第一次变号发生在 10^10^10^34 之前，这个数字被称为斯科维斯数，其中^后面的数表示幂指数。自 1933 年以来，这一数值逐渐下降，现已降至 10^{316} 左右。

英国数学家 G. H. 哈代（G. H. Hardy，1877—1947）曾将斯科维斯数描述为“所有在数学中具有明确意义的数字中的最大数字”，尽管斯科维斯数后来已经失去了这一崇高的荣誉。大约在 1950 年，保罗·艾狄胥（Paul Erdös）和阿特尔·西尔伯格（Atle Selberg）发现了质数定理的第一个初等证明方法，他们在证明中只用到了实数 *。■

* 以前的证明使用了复分析等高等数学工具。——译者注

本条目作者 克利福德·皮寇弗

131

放射性

阿贝尔·尼埃普斯·德·圣-维克托（Abel Niépce de Saint-Victor，1805—1870）
安托万·亨利·贝克勒尔（Antoine Henri Becquerel，1852—1908）
皮埃尔·居里（Pierre Curie，1859—1906）
玛丽·斯克沃多夫斯卡·居里（Marie Skłodowska Curie，1867—1934）
欧内斯特·卢瑟福（Ernest Rutherford，1871—1937）
弗雷德里克·索迪（Frederick Soddy，1877—1956）

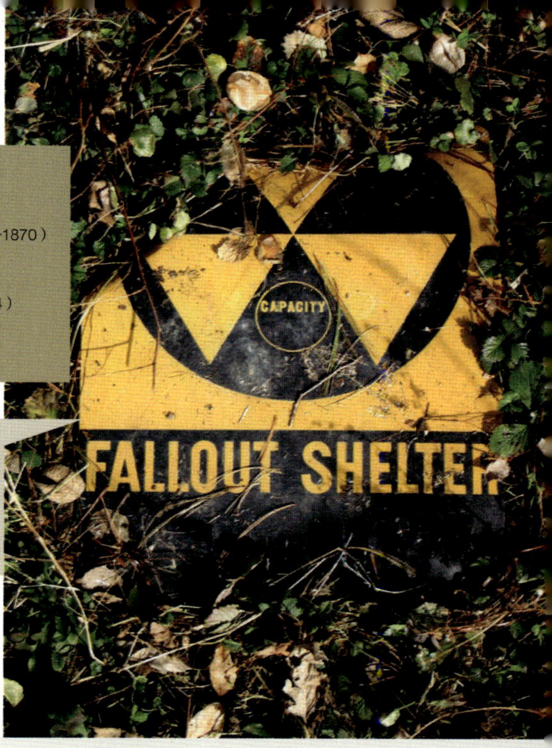

20 世纪 50 年代末，美国各地的放射性庇护所数量有所增加。这些空间是为了保护人们免受核爆炸产生的放射性碎片伤害而设计的。原则上，人们可以一直待在避难所里，直到外面放射性物质衰减到更安全的水平。

X 射线（1895 年），$E=mc^2$（1905 年），中子（1932 年），来自原子核的能量（1942 年），“小男孩”原子弹（1945 年），放射性碳测年法（1949 年）

1896 年

为了理解放射性原子核（原子的中心区域）的行为，想象一下爆米花在炒锅里爆开的样子。玉米粒在几分钟内随机弹出，而有一些玉米粒似乎根本不会弹出。同样，大多数我们所熟知的原子核是稳定的，本质上与几个世纪前一样。然而，有一些类型的原子核是不稳定的，并随着原子核的解体而弹出许多碎片。放射性就是这些粒子的放射。

放射性的发现通常认为与法国科学家亨利·贝克勒尔 1896 年在铀盐中观察到的磷光有关。大约在贝克勒尔发现放射性物质的一年前，德国物理学家威廉·伦琴在实验放电管时发现了 X 射线。贝克勒尔很好奇，想知道发光的化合物（受到阳光或其他激发波的刺激后发出可见光的化合物）是否也能产生 X 射线。贝克勒尔把硫酸铀钾放在一张用黑纸包着的照相底片上。他想知道这种化合物在光的刺激下是否会发出磷光并产生 X 射线。

出乎贝克勒尔的意料，铀化合物即使在抽屉里也会使黑纸包裹里的照相底片感光。铀似乎在发射某种穿透性的“射线”。1898 年，物理学家玛丽·居里和皮埃尔·居里发现了两种新的放射性元素：钋和镭。不幸的是，放射性的危险并没有立即被认识到，一些医生甚至开始提供镭灌肠治疗和其他危险的医治方法。后来，欧内斯特·卢瑟福和弗雷德里克·索迪发现这些元素实际上在放射性过程中转变成了其他元素。

科学家们能够识别出三种常见的放射性形式：阿尔法粒子（赤裸的氦核）、贝塔射线（高能电子）和伽马射线（高能电磁波）。斯蒂芬·巴特斯比（Stephen Battersby）指出，今天，放射性已被用于医学成像、肿瘤治疗、鉴定文物年代和保存食物等。■

本条目作者 克利福德·皮寇弗

电子

约瑟夫·约翰·汤姆逊（Joseph John Thomson，1856—1940）

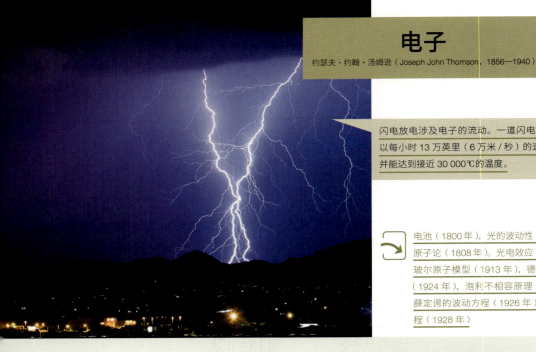

闪电放电涉及电子的流动。一道闪电的前缘能以每小时 13 万英里（6 万米 / 秒）的速度移动，并能达到接近 30 000℃的温度。

电池（1800 年），光的波动性（1801 年），原子论（1808 年），光电效应（1905 年），玻尔原子模型（1913 年），德布罗意公式（1924 年），泡利不相容原理（1925 年），薛定谔的波动方程（1926 年），狄拉克方程（1928 年）

1897 年

作家约瑟法·谢尔曼（Josepha Sherman）写道：“物理学家约瑟夫·约翰·汤姆逊喜欢笑，但他也很笨拙，常常弄破试管，使实验无法进行。”然而，幸运的是汤姆逊坚持并揭示了本杰明·富兰克林和其他物理学家的猜想——电效应是由极微小的电荷单位产生的。1897 年，约瑟夫·约翰·汤姆逊发现电子是一种质量远小于原子的独特粒子。他的实验使用了阴极射线管：一种能量束在正极和负极之间传输的真空管。虽然当时没有人知道阴极射线到底是什么，但汤姆逊能够利用磁场使阴极射线弯曲。通过观察阴极射线如何在电场和磁场中移动，他确定这些粒子是相同的，并且与发射它们的金属无关。而且，这些粒子的电荷与质量之比都是相同的。其他人也做过类似的观察，但汤姆逊是第一批提出这些“微粒”是所有形式的电的载体，并且是物质基本组成部分人之一。

本书的许多条目都讨论了电子的各种特性。今天，我们知道电子是一个带负电荷的亚原子粒子，它的质量是质子的 1/1836。运动中的电子产生磁场。在正质子和负电子之间有一种吸引力，称为库仑力，它使电子束缚在原子中。当在两个或两个以上的原子间共享电子时，就会形成原子间的化学键。

根据美国物理研究所的说法，“以电子为基础的现代思想和技术，经历了许多艰难的发展过程，导致了电视、计算机和其他许多东西的发明。”在汤姆逊谨慎的实验和大胆的假设之后，其他许多人也进行了重要的实验和理论研究工作，他们为我们提供了新的视角——观察原子的内部世界。”■

本条目作者 克利福德·皮寇弗

精神分析

西格蒙德·弗洛伊德（Sigmund Freud，1856—1939）

这是弗洛伊德做精神分析时所用的沙发（弗洛伊德博物馆，伦敦），患者会躺在上面。他会避免出现在患者的视野里，仅坐在绿色的椅子上倾听他们的自由联想。

大脑功能定位（1861年），心理学原理（1890年），经典条件反射（1903年），大脑偏侧性（1964年），安慰剂效应（1955年），抗抑郁药物（1957年），认知行为疗法（1963年），心智理论（1978年）

1899年

根据作家凯瑟琳·里夫（Catherine Reef）的说法，奥地利医生西格蒙德·弗洛伊德“对人类精神的研究，比他之前的任何一个人都要深入。他开创性地提出了一种全新的诊断和治疗精神疾病的方法，这种方法称为精神分析法（Psychoanalysis）。他会直接和患者交谈，而更重要的是，他会倾听”。弗洛伊德认为，无意识的精神过程在塑造人类行为和情感方面是非常重要的，他鼓励患者“自由地联想”，谈论幻想和梦境中的图像。他还鼓励患者扮演旅行者，就像“坐在火车车厢的窗户旁边，然后向车厢外的人讲述他所看见的、不断变换的窗外风景”。在倾听患者讲述并从中发现潜在信息的过程中，弗洛伊德经常感觉自己像一位考古学家，在发掘古老城池中的珍贵遗迹。他的目的是把会导致有害症状的无意识冲突阐释清楚，从而让患者认识自己的问题（比如异常的恐惧或癖好），并找到解决问题的办法。出版于1899年的《梦的解析》（*The Interpretation of Dreams*），是弗洛伊德最伟大的著作。

弗洛伊德经常提出，患者对性幻想的压抑，以及幼儿时期的经历，对后来的异常行为产生了非常重要的影响。他最有名的精神分析模型，是把人的精神分为三个层次：本我（id，只关心一些基本需求，比如性满足）、超我（superego，关注社会规范和道德准则）和自我（ego，在这一精神层面，人们的决定取决于本我与超我之间的博弈）。

作家迈克尔·哈特（Michael Hart）认为，尽管弗洛伊德的观点充满争议，我们也很难分辨其中哪些观点是正确的，或是有用的，但对于心理学来说，他的观点“完全颠覆了我们对人类精神的认识”。面对行为异常的人，弗洛伊德没有责怪，也没有嘲笑，而是努力寻找异常背后的原因。精神病学家安东尼·斯托尔（Anthony Storr）写道：“长期以来，弗洛伊德都是聆听痛苦中的人们的倾诉，而不是给他们下命令或者进行劝解，他的这种做法形成了现代大多数心理疗法的基础方法，无论是对患者还是对心理医生来说都很有用。”■

本条目作者 克利福德·皮寇弗

134

黑体辐射定律

马克斯·卡尔·恩斯特·路德维希·普朗克（Max Karl Ernst Ludwig Planck，1858—1947）
古斯塔夫·罗伯特·基尔霍夫（Gustav Robert Kirchhoff，1824—1887）

1900 年

熔岩发出的光近似黑体辐射，而熔岩的温度可以由其颜色来估算。

马克斯·普朗克 1878 年肖像。

电磁波谱（1864 年），光电效应（1905 年），宇宙微波背景辐射（1965 年）

量子物理学家丹尼尔·格林伯格（Daniel Greenberger）如是写道：“量子力学有着神奇的魔力。”量子理论源于对发射辐射的炽热物体的开创性研究，认为物质和能量同时具有粒子性和波动性。举例来说，想象一下电炉上的线圈，当它变得越来越热时，会先后发出棕色、红色的光。德国物理学家马克斯·普朗克于 1900 年提出的黑体辐射定律量化了黑体在特定波长处的辐射能量。黑体就是在任何给定的波长和温度下发射和吸收可能的最大辐射量的物体。

黑体发射的热辐射量随频率和温度的变化而变化，人们日常生活中遇到的许多物体，其发射的辐射光谱有很大一部分在红外或远红外波段，这部分光谱是人们肉眼看不见的。然而，随着物体温度的升高，其光谱的主要部分会发生转移，这样人们就可以看到物体发出的光了。

实验室中的黑体可以用一个巨大、中空的刚体来近似，比如球体，它的某一侧被戳出了一个孔。进入孔内的辐射被内壁反射，且每次反射都会因内壁的吸收而产生耗散。辐射通过这个孔离开的概率可以忽略不计。因此，这个物体就起到了黑体的作用。普朗克用一组微小的电磁振荡器来模拟黑体的空腔壁。他假设振荡器的能量是离散的，且只能设定某些值。这些振荡器既发射能量到空腔内，又以离散的跃迁或一份份量子的形式吸收来自空腔的能量。普朗克从理论上推导出的辐射定律，加之涉及离散振荡器能量的量子化方法，使他获得了 1918 年的诺贝尔物理学奖。今天，人们知道大爆炸刚刚过后的宇宙是一个近乎完美的黑体。德国物理学家古斯塔夫·基尔霍夫在 1860 年引入了“黑体”这个术语。■

本条目作者 克利福德·皮寇弗

135

希尔伯特的 23 个问题

大卫·希尔伯特（David Hilbert，1862—1943）

大卫·希尔伯特 1912 年的照片，见于哥廷根大学知名人士明信片。吸引了大批学生购买。

黎曼假设（1859 年），康托尔的超限数（1874 年），质数定理的证明（1896 年），诺特的理想环理论（1921 年），证明开普勒猜想（2017 年）

1900 年

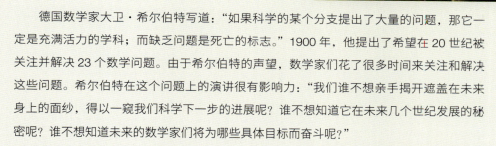

德国数学家大卫·希尔伯特写道：“如果科学的某个分支提出了大量的问题，那它一定是充满活力的学科；而缺乏问题是死亡的标志。”1900 年，他提出了希望在 20 世纪被关注并解决 23 个数学问题。由于希尔伯特的声望，数学家们花了很多时间来关注和解决这些问题。希尔伯特在这个问题上的演讲很有影响力：“我们谁不想亲手揭开遮盖在未来身上的面纱，得以一窥我们科学下一步的进展呢？谁不想知道它在未来几个世纪发展的秘密呢？谁不想知道未来的数学家们将为哪些具体目标而奋斗呢？”

此后，大约有十个问题得到了干净利落的解决，其他一些问题出现了一些解决方案，被部分数学家所接受，但仍然存在一些争议。例如，开普勒猜想（希尔伯特问题 18 的一部分），提出了关于球体包装效率的问题，涉及计算机辅助证明，很难加以验证。最后，在 2017 年的一期《数学论坛 Pi》（*Forum of Mathematics Pi*）上发表了开普勒猜想的正式证明，由美国数学家托马斯·黑尔斯（Thomas Hales）领导的一个团队，解决了这个数百年未解决的问题。

今天仍未解决的最著名的问题之一是黎曼假设，它涉及黎曼 Zeta 函数（一个极端波动的函数）的零点分布。希尔伯特对此特别关注：“如果我沉睡一千年后醒来，我的第一个问题就是：黎曼假设已经证明了吗？”

本·扬德尔（Ben Yandell）写道：“能亲手解决希尔伯特的问题之一一直是许多数学家们的浪漫梦想。在过去的一百年里，各种解决方案和有价值的部分结果从世界各地纷至沓来。希尔伯特的问题清单是那样的美妙，充满了浪漫幻想和历史传承，这些精心挑选的问题一直是数学的核心凝聚力。”■

本条目作者 克利福德·皮寇弗

遗传的染色体理论

西奥多·海因里希·博韦里（Theodor Heinrich Boveri，1862—1915）
沃尔特·斯坦伯勒·萨顿（Walter Stanborough Sutton，1877—1916）

136

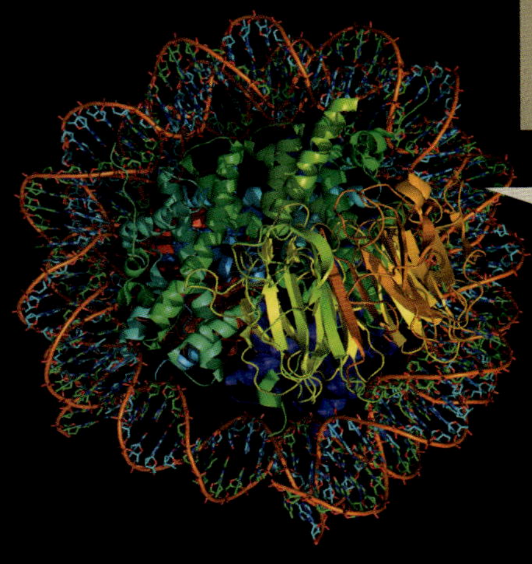

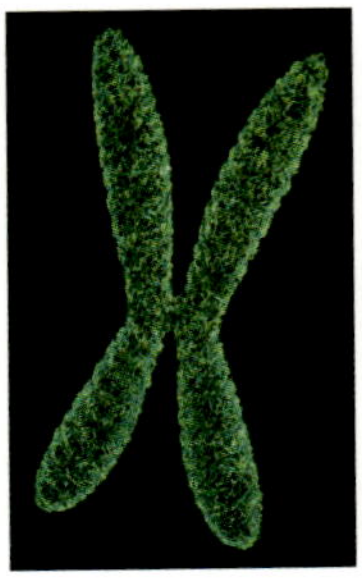

左图：在每条染色体中，DNA 都缠绕在蛋白质上，形成核小体（nucleosome）。然后，核小体进一步折叠盘绕，形成更加复杂的结构，为基因表达提供一些额外的调控机制。右图：染色体的艺术图。

精子的发现（1678 年），细胞分裂（1855 年），孟德尔遗传学（1865 年），海拉细胞（1951 年），DNA 的结构（1953 年），表观遗传学（1983 年），人类基因组计划（2003 年）

1902 年

染色体是一种丝状结构，每一条染色体都是一个长长的、卷曲的 DNA 分子缠绕在一个蛋白质支架上。细胞分裂时，可以通过显微镜看到染色体。人体细胞含有 23 对（46 条）染色体——每对染色体中，一条来自父亲，一条来自母亲。精子和卵子各含有 23 条待配对的染色体。卵子受精后，受精卵中的染色体就恢复到 46 条。

大约在 1865 年，奥地利神父格雷戈尔·孟德尔发现，生物体会通过独立的“单元”来遗传各种性状，这些独立的“单元”，就是我们今天所说的基因。但是，直到 1902 年，德国生物学家西奥多·博韦里和美国遗传学家、医生沃尔特·萨顿才分别确定，染色体是基因这种遗传信息的载体。

在研究海胆时，博韦里得出结论：精子和卵子各有半套染色体。不过，如果精子和卵子结合后，染色体数量异常的话，一定会发育出异常的海胆胚胎。博韦里认为，不同的染色体会影响生物发育的不同方面。萨顿对草蜢的研究则发现，在产生生殖细胞的过程中，成对的染色体会相互分开。博韦里和萨顿不仅提出，染色体携带着亲代的遗传信息，他们的研究还表明，在细胞生命周期的各个阶段，染色体都是独立存在的，即使看不见它们的时候也是这样的。这一结论与此前的主流看法是相悖的，后者认为，在细胞分裂时染色体会“溶解”，然后在子代细胞中再重新形成。博韦里和萨顿的工作开创了一个全新的领域——细胞遗传学（cytogenetics），也就是结合细胞生物学和遗传学的学科。

今天，我们都知道在精子和卵子的结合过程中，来自父母的染色体在配对时，会因交叉而发生部分交换。也就是说，新的染色体并不完全是从父母的某一方遗传过来的。如果染色体的数量不正确，就会发生遗传性疾病，比如唐氏综合征，这类疾病的患者拥有 47 条染色体。■

本条目作者 克利福德·皮寇弗

137

莱特兄弟的飞机

威尔伯·莱特（Wilbur Wright，1867—1912）
奥维尔·莱特（Orville Wright，1871—1948）

莱特兄弟设计的飞机第一次持续飞行。

内燃机（1908 年），第一批宇航员（1961 年），土星五号火箭（1967 年）

1903 年

飞机现在已经非常普及了，所以让人很难想象当年没有飞机的日子。但是在 20 世纪初期，这个世界上根本就不存在飞机这个东西。很多人认为人类永远都不可能飞起来。

1903 年，莱特兄弟在美国北卡罗来纳州实现了人类飞翔的梦想。他们当然是工程师，同时他们也是科学家和发明家。他们需要解决很多的麻烦，处理很多基础性问题：如何产生升力？如何产生足够的推力？如何控制飞行？如何使飞机足够轻？如何将所有的这些结合在一起？

例如，他们建造了一个风洞，并对什么形状的机翼能提供最大的升力作了基础性研究。最初莱特飞行器的双层机翼采用木材、织物和拉线组成，坚固又轻巧，然后在飞行过程中通过弯曲机翼来控制飞行。以今天的标准看，他们当初的解决方案非常奇异，整个机翼都是扭曲的，他们甚至用臀部来控制其扭曲程度。我们认为他们前面装置的控制面板也非常奇怪。这是因为莱特兄弟是从一张白纸开始，一切都是未知的，没有先例。而当莱特兄弟破解了飞行的核心机密，方向舵、升降舵以及副翼后，飞机就都得到了迅速的演进。

他们设计的整个飞机空载时质量为 605 磅（275 千克）。如何能够让它离开地面？它使用的引擎与今天的标准相比非常原始。飞机的引擎排量约 200 立方英寸（3.3 升），质量约 200 磅（91 千克），它仅仅产生 12 马力（8826 瓦特）的动力。发动机进气口处的一小盘汽油担当汽化器，气缸中的接触断路器产生火花，用水的蒸发来冷却发动机。一个名叫查理斯·泰勒的人从零开始，仅用与莱特兄弟三方对话后得到的草图就制作了这个引擎，但是它可靠地产生了 12 马力来带动两个反向旋转、手工雕刻的木质螺旋桨。

乍看上去，三个人就算有再多的想法也不可能创造一个飞行机器，但是灵感、好奇、坚持，以及发明的快感驱使着他们一路走了下来。■

本条目作者 马歇尔·布莱恩

138

经典条件反射

伊万·巴甫洛夫（Ivan Pavlov，1849—1936）

左图：巴甫洛夫和他的狗的青铜像，位于他在俄罗斯库尔图什的实验室。右图：1922 年，伊万·巴甫洛夫在他的实验室。

心理学原理（1890 年），精神分析（1899 年），安慰剂效应（1955 年），认知行为疗法（1963 年），心智理论（1978 年）

1903 年

俄国生理学家伊万·巴甫洛夫坚持认为，对于神经系统的研究一定要使用科学的方法，而在表述中则应遵从客观主义、机械主义和唯物主义的原则。巴甫洛夫出生和成长于俄国中部，其父亲是一名乡村牧师。最初，巴甫洛夫打算继承父亲的事业，不过随着其对科学的兴趣与日俱增，他最终选择前往圣彼得堡大学读书并在那里取得了生理学学位。

到 1890 年时，巴甫洛夫已在大学实验医学研究所的生理学系担任主任。他主要研究消化方面的问题，并于 1904 年获得了诺贝尔生理学或医学奖。巴甫洛夫选择狗作为他的实验研究对象，当完成对胃部消化功能的研究后，他开始着手于探索分泌唾液在消化过程中的必要性。1903 年，巴甫洛夫实验室的一名饲养员发现，在给狗喂食前它就开始分泌唾液。这引起了巴甫洛夫的注意，他用做实验的方法对这种现象所涉及的心理机制进行了研究。

巴甫洛夫探讨了如何通过操作外部刺激来控制行为，最为著名的研究就是经典条件反射。在研究中，当狗将“响起铃声”与“提供食物”相结合后，即使只出现铃声而不提供食物，狗也会基于条件刺激而分泌唾液。巴甫洛夫宣称，这种条件作用与神经系统有关但不涉及心理因素。对于狗来说，学习的实质就是在不同刺激间首先建立简单的基本联系，并进而形成复杂的联系链条，推及至人类和其他动物也是如此。多年来，巴甫洛夫及其研究团队一直在探讨与此学习模式相关的推论，包括怎样据此对精神障碍现象进行解释。■

本条目作者 韦德·E. 皮克伦

139

$E = mc^2$

阿尔伯特·爱因斯坦（Albert Einstein，1879—1955）

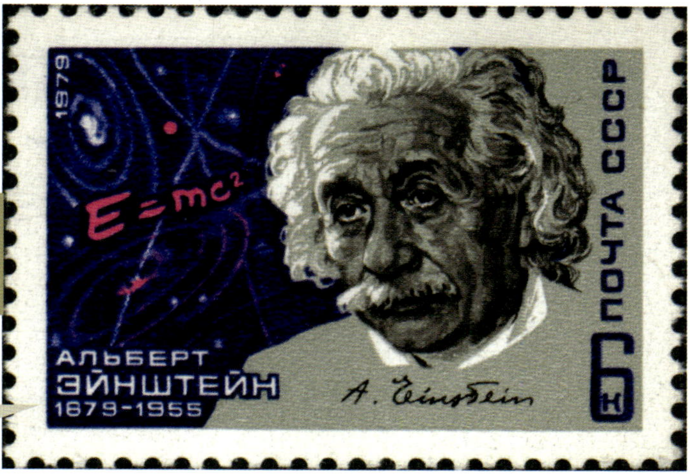

1979 年，苏联发行了一套邮票，以纪念爱因斯坦和他的 $E = mc^2$。

放射性（1896 年），能量守恒（1843 年），狭义相对论（1905 年），原子核（1911 年），爱因斯坦——伟大的启迪者（1921 年），来自原子核的能量（1942 年），恒星核合成（1946 年）

1905 年

作家大卫·博丹尼斯（David Bodanis）写道：“一代代的人们在成长过程中都熟知，方程 $E = mc^2$ 深深地改变了我们这个世界……它统治着一切，从原子弹，到电视机的阴极射线管，再到史前画作的碳-14 年代测定。”当然，该方程的魅力，除了它的含义之外，还部分在于它的简洁性。物理学家格雷厄姆·法梅罗（Graham Farmelo）写道：“伟大的方程与最优美的诗歌具有相同的非凡的力量——诗歌是最简洁和充满感情的语言形式，如同伟大的科学方程对于理解其所描述的物理现实是最简洁的形式一样。”

爱因斯坦在其发表于 1905 年的一篇论文中，基于狭义相对论的原理推导出了著名的 $E = mc^2$ 方程，有时也被称为质能方程。本质上，该方程表明一个物体的质量是其所含能量的“量度”。c 是真空中的光速，其值约为每秒 299 792 458 米。

在 $E = mc^2$ 的支配下，放射性元素不断地将其质量转换为能量，该方程也被应用于原子弹的研究，来更好地理解将原子核约束在一起的原子结合能，该能量可以决定核反应中所能释放的能量。$E = mc^2$ 解释了为什么太阳会发光。在太阳中，4 个氢核（4 个质子）聚变成一个氦核，它的质量比组成它的 4 个氢核的总质量要小一些。核聚变反应将缺失的质量转化为能量，让太阳照亮地球，让生命得以形成。根据 $E = mc^2$，聚变过程中丢失的质量 m 提供了能量 E。每秒钟，在太阳核心的聚变反应将大约 7 亿吨的氢合成为氦，从而释放出巨大的能量。■

本条目作者 克利福德·皮寇弗

光电效应

阿尔伯特·爱因斯坦（Albert Einstein，1879—1955）

夜视设备拍摄的照片。在伊拉克拉马迪军营，美军伞兵使用红外激光和光学夜视仪进行训练。夜视镜利用光电效应产生的光电子发射来放大单个光子的存在。

光的波动性（1801 年），原子论（1808 年），电子（1897 年），狭义相对论（1905 年），广义相对论（1915 年），爱因斯坦——伟大的启迪者（1921 年），量子电动力学（1948 年）

1905 年

在阿尔伯特·爱因斯坦众多的杰出成就中，包括著名的狭义相对论和广义相对论，但使他获得诺贝尔奖的成就，却是他对光电效应（photoelectric effect，PE）工作原理的解释，即特定频率的光照射在铜板时会致使它发射出电子。特别是他认为光波包（现在称为光子）可以解释光电效应。例如，人们注意到高频光，如蓝光或紫外光，会导致电子发射，但低频的红光却不行。令人惊讶的是，即使是强烈的红光也不能导致电子发射。事实上，发射出的单个电子的能量随着照射光的频率（即颜色）增加而增加。

光的频率如何成为光电效应的关键？爱因斯坦认为，光并非以其经典的波的形式发挥作用，光的能量是以波包，或称量子的形式一份一份地离散出现的，一份能量等于光的频率乘以一个常数（后来被称为普朗克常数）。如果光子低于阈值频率，它就没有足够的能量去撞出一个电子。为了更好地理解低能量红色光量子，我们打一个简单的比喻。想象一下你希望通过向保龄球扔豌豆的方式来敲碎保龄球，这完全不可能。不管你扔多少碗豆，都没用。爱因斯坦对光子能量的解释似乎解释了许多观察到的结果，例如某种给定的金属对应一个特定最小频率的入射光，如果低于这个频率就不能激发出光电子。今天，许多设备，如太阳能电池，依靠光能转换成电流来产生能量。

1969 年，有美国物理学家提出，人们可以不用光子的概念来解释光电效应，因为光电效应并没有提供光子存在的确凿证据。然而，20 世纪 70 年代对光子统计特性的研究为电磁场明显的量子本质（不同于经典的波动性质）提供了实验验证。■

本条目作者 克利福德·皮寇弗

狭义相对论

阿尔伯特·爱因斯坦（Albert Einstein，1879—1955）

永远不可能在宇宙的中心设立一个时钟，来让每个人校准自己的手表。对于以接近光速远离地球的外星人而言，你的一辈子可能不过是他一眨眼的工夫。

迈克尔逊—莫雷实验（1887 年），$E=mc^2$（1905 年），广义相对论（1915 年），爱因斯坦——伟大的启迪者（1921 年），狄拉克方程（1928 年），时间旅行（1949 年）

1905 年

爱因斯坦的狭义相对论（Special Theory of Relativity，STR）是人类最伟大的智力成就之一。当年阿尔伯特·爱因斯坦才 26 岁，他采用了狭义相对论的一个关键基础——也就是说，真空中的光速与光源的运动无关，而且不管观察者如何运动，光速对他们来说都是一样的。这与声速完全不一样，例如对于向声源移动的观测者来说，声速会增加。光的这一特性使爱因斯坦推导出了同时性的相对性：在实验室的参照系中，一个坐在实验室坐标系的观察者所看到的同时发生的两个事件，对另一个相对其运动的参考系中的观测者而言是不同时的。

因为时间与运动的速度相关，所以永远不可能在宇宙的中心设立一个时钟，来让每个人校准自己的手表。对于以接近光速远离地球的外星人而言，你的一辈子可能不过是他一眨眼的工夫，而一小时后他返回时却发现你已经死了好几个世纪了。（“相对论”这个词在一定程度上源于这样一个事实：世界的表象取决于我们运动的相对状态——表象是“相对的”）尽管人们对狭义相对论的奇怪结果已经理解了一个多世纪，但学生们仍然怀着敬畏和困惑的心情在学习它。然而，从微小的亚原子粒子直到星系的尺度，狭义相对论似乎都能准确地描述自然。

为了帮助理解狭义相对论的另一个方面，想象你自己在一架相对于地面匀速飞行的飞机上，这可以称为运动参照系。相对论的原理使我们认识到，如果不往窗外看，你就不知道你走得多快，因为你看不见周围移动的景色，所以如你所知，你可能会误认为自己在一架处于相对地面静止的参照系飞机上。■

本条目作者 克利福德·皮寇弗

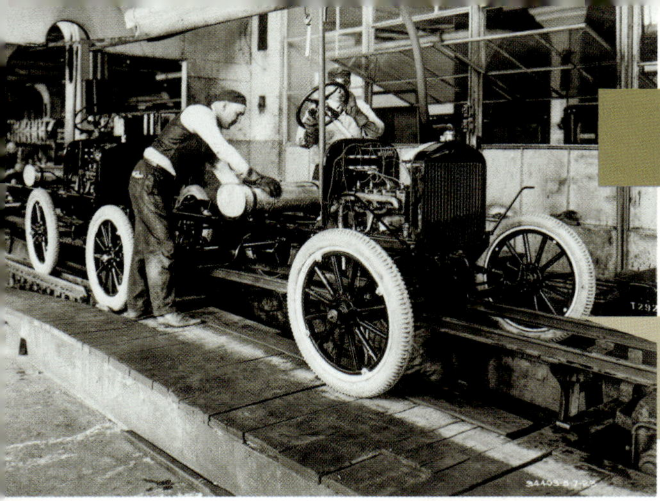

内燃机

142

这大概是 1949 年在福特汽车公司拍摄的一张照片，图中是技术人员正在内燃机旁工作。

高压蒸汽机（1800 年），卡诺热机（1824 年），莱特兄弟的飞机（1903 年）

1908 年

第一款被广泛应用的内燃机安装在 1908 年生产的福特 T 型车中。福特 T 型车的发动机是基于奥托循环的发动机开发的，也被称为四冲程发动机，由阿方斯 · 博 · 德 · 罗沙（Alphonse Beau de Rochas）于 1861 年取得专利。大量先进的工程学理念被运用到福特 T 型车的制造过程中，使人们在当时的制作材料和制造工艺下，获得了这款价廉、可靠、持久耐用的产品。到 1927 年停产的时候，一共制造了超过 1500 万辆 T 型车。

这款发动机包括好几个工程学的奇迹。材料工程师们在贝塞麦转炉工艺的基础上炼制出了钒钢，这种材料非常坚固，使得福特 T 型车至今还可以被使用。电气工程师们创造了振荡线圈点火系统，它使发动机能使用汽油、煤油或乙醇。工程师还创造了热虹吸系统，无须通过水泵，而是通过散热器让水循环。但是真正的英雄是制造工程师，是他们以惊人的效率和低廉的成本，使每年制造 200 万辆汽车成为可能。

但是，如果将今天的发动机与 T 型发动机相比，可以看到工程师又取得了一系列辉煌的成就。T 型发动机有 4 个排量 2.9 升的气缸，但只能产生 20 马力（14 914 瓦特）的动力。而今天的一些摩托车通过 1 升排量的发动机就能产生 200 马力（149 142 瓦特）的动力。这是如何做到的呢？工程师创造了顶置气门机构和高压缩比来取代 T 型发动机的平头设计。他们发明了燃油喷射系统，以取代化油器。他们设计了功能更加强大，更加精确的点火系统。他们还发明了可调的进气和排气系统。

几乎没有哪种技术能像内燃机那样，在没有进行重新概念化设计的情况下，被如此高度地优化和改进。在超过一百年的改进之后，所有的这些 T 型发动机核心概念——活塞、阀门、火花塞、水冷法、汽油都还在，但是每一个部分都被工程师进行了微调和高度优化，从而创造了今天结构紧凑、功率强大的发动机。■

本条目作者 马歇尔 · 布莱恩

143

水的氯化

卡尔·罗杰斯·达纳尔（Carl Rogers Darnall，1867—1941）
威廉·J. L. 利斯特（William J. L. Lyster，1869—1947）

左图：中世纪西班牙某村庄的一口水井。右图：突尼斯凯鲁万大清真寺内的一口水井（图片来自1900年的一张明信片，周围是祈祷厅大门的图案）。现在，这里有时会定期使用含氯溶液清洁水井以降低其中的细菌量。

污水处理系统（约公元前600年），病原菌学说（1862年），消毒剂（1865年）

1910年

1997年，《生活》（*LIFE*）杂志写道："饮用水过滤及使用氯消毒很可能是一千年来公共健康领域最重要的进展。"水中加入氯可以有效抑制细菌、病毒和阿米巴原虫，这也在很大程度上推动了20世纪发达国家人口平均寿命的大幅增加。比如，自美国开始氯化消毒饮用水，伤寒、霍乱等水源性细菌疾病就很少出现了。由于加入的氯会一直留在水中，因此能够一直对抗管道破损造成的污染。

人们早在19世纪就知道氯化是一种有效的消毒手段，但直到20世纪初，公共供水系统才开始持续使用氯化消毒装置。在1903年前后，比利时米德尔克尔克市的社区使用氯气给饮用水消毒；1908年美国新泽西州泽西市的一家水厂使用次氯酸钠给水氯化消毒；1910年，美国陆军的化学家兼外科医生卡尔·罗杰斯·达纳尔准将在战场上使用压缩液化氯气为军队净化水。他发明的这种机械液氯净化器所用的基本原理现如今仍在发达国家被广泛使用。同为美国陆军科学家的威廉·利斯特少校随后发明了含次氯酸钠的利斯特布袋，可供军队在战场上方便地处理水。

给水消毒时用到的氯还会和水中的有机物反应生成三氯甲烷和氯乙酸这两种致癌物。不过，与水源性疾病所带来的危害相比，这些致癌物的危害很低。除了氯化消毒，还可以使用臭氧、氯胺和紫外线来消毒。

达纳尔陆军医疗中心（Darnall Army Medical Center）的发言人称："可以肯定地说，从挽救的生命数量和病例的减少这个角度来看，没有哪项医学进步能媲美达纳尔在水氯化消毒方面所作出的贡献。"■

本条目作者 克利福德·皮寇弗

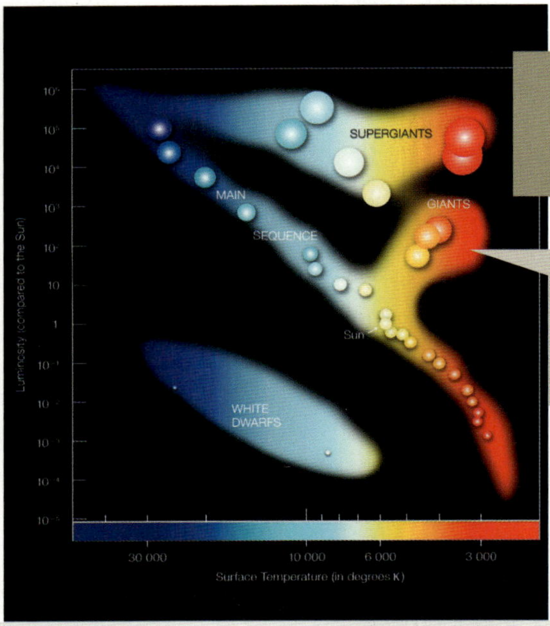

144

主序星

艾希纳·赫茨普龙（Ejnar Hertzsprung，1873—1967）
亨利·诺利斯·罗素（Henry Norris Russell，1877—1957）

恒星的实际亮度（*y* 轴）与它们的颜色（或相当于有效温度，*x* 轴）的示意图。图中存在一条恒星的对角宽带，即主序星带，其中包含了更亮的蓝色恒星、红巨星和更暗的白矮星。

黑洞（1783 年），泡利不相容原理（1925 年），中子（1932 年）

1910 年

在 20 世纪初，全世界的天文学家都在对大量恒星的颜色和谱线做识别和分类的工作，这一方法扩展了爱德华·皮克林（Edward Pickering）带领的哈佛团队的先驱工作。其中最重要的进展是丹麦天文学家艾希纳·赫茨普龙和美国天文学家亨利·罗素独立做出的观测。他们注意到，如果将恒星的光谱类型或者温度与它们的实际亮度（它们在天空中的视亮度用距离校正之后的亮度）画成图，大部分恒星集中在从左上方到右下方的宽带中。赫茨普龙用“主序带”表述这些恒星所在的带状区域。这种自 1910 年开始使用的图表被称为赫茨普龙－罗素图（赫罗图）。

接下来的几十年，天文学家开始理解主序恒星不仅仅是随机的聚类，它代表着恒星年龄和最终命运的演化轨迹。大部分恒星诞生时中心压力和温度足够高，足以引发由氢到氦的核反应。在恒星生命的核反应期间，一颗正常的恒星将位于主序带上，具体位置依赖于它的质量。更明亮的恒星是太阳质量的几倍到十倍（蓝巨星），它们位于赫罗图左上方蓝色区域；暗淡的恒星只有太阳质量的十分之一到一半（红矮星），它们位于赫罗图右下方。主序恒星也会老化，当它们的氢燃料耗尽后，将脱离主序带，它们的质量将再次决定其最终的死亡（通常是壮观的）方式。

恒星内部的细节到后来才被天体物理学家亚瑟·爱丁顿（Arthur Eddington）和汉斯·贝瑟（Hans Bethe）等人所理解，这些知识使我们可以预测特定质量的恒星如何诞生和死亡。我们的太阳质量适中，中等年龄，位于主序带上。大约 50 亿年后，太阳将膨胀为一颗红巨星，抛出它的外层物质成为行星状星云，之后以白矮星的方式落幕。■

本条目作者 吉姆·贝尔

原子核

欧内斯特·卢瑟福（Ernest Rutherford，1871—1937）

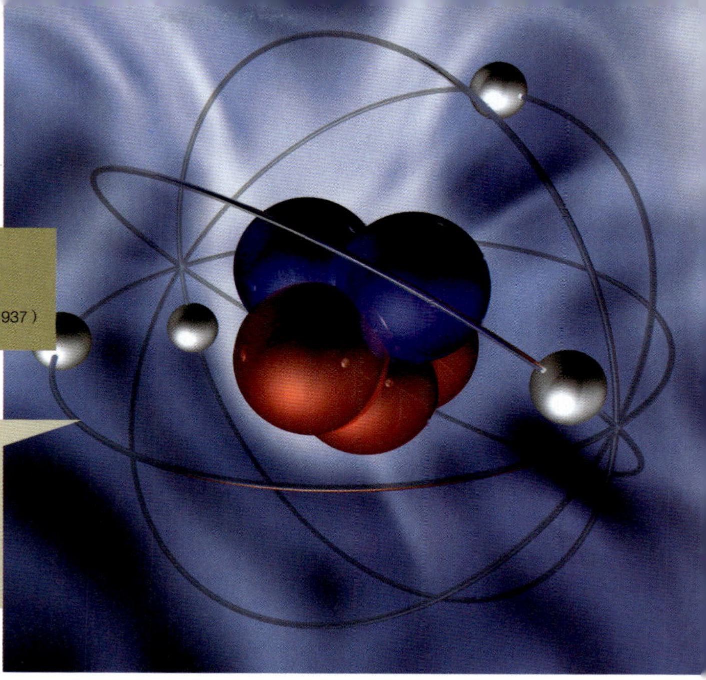

对原子中心核经典模型的艺术再现。图中展示了部分的核子（原子和中子）和电子。在实际的原子中，原子核的直径比整个原子的直径要小得多。现代通常将周围的电子描述成代表概率密度的电子云。

原子论（1808 年），电子（1897 年），$E = mc^2$（1905 年），玻尔原子模型（1913 年），中子（1932 年），核磁共振（1938 年），来自原子核的能量（1942 年），恒星核合成（1946 年）

1911 年

今天，我们知道原子核由质子和中子组成，是原子中心非常密集的区域。然而，在 20 世纪头十年里，科学家们并不知道原子核。他们认为原子是一团带正电的物质构成的弥散的网状物，其中带负电的电子就像蛋糕里的樱桃一样嵌入其中。欧内斯特·卢瑟福和他的同事们在向一层薄薄的金箔发射一束阿尔法粒子后发现了原子核，彻底推翻了这个模型。大部分的阿尔法粒子（我们今天称为氦核）都穿过了箔层，但也有很少一些粒子直接反弹回来。卢瑟福后来说这是“我经历过的最不可思议的事情……这几乎就像你朝一张纸巾发射了一枚 15 英寸的炮弹，然后它又反弹回来击中你一样不可思议。”

原子的樱桃蛋糕模型暗示着某种物质的密度在金箔上是均匀分布的，但它永远无法解释这个实验。科学家们预料可能会观察到阿尔法粒子的减速，就像子弹穿过水中一样。他们没有想到原子会有一个像桃子核那样的“硬核”。1911 年，卢瑟福宣布了一个我们今天所熟悉的模型：一个原子由带正电的原子核和环绕在周围的电子组成。考虑到阿尔法粒子与原子核碰撞的频率，卢瑟福可以用原子的大小来估计原子核的大小。作家约翰·格里宾（John Gribbin）写道，原子核“直径是整个原子的十万分之一，与伦敦圣保罗大教堂的穹顶相比，它只相当于一个针头的大小……因为地球上的一切都是由原子构成的，那就意味着你自己的身体，以及你所坐的椅子，每一个都是由比‘实体物质’多几百亿倍的空间构成的。” ■

本条目作者 克利福德·皮寇弗

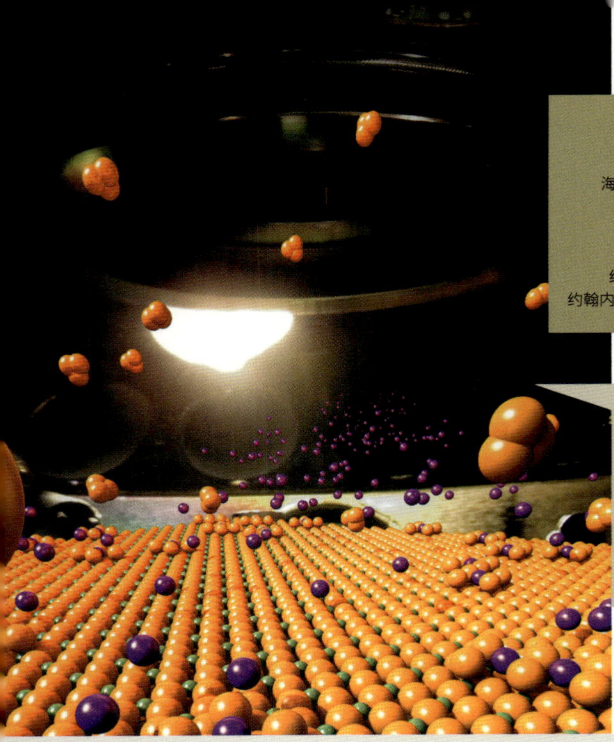

超导电性

海克·卡末林·昂内斯（Heike Kamerlingh Onnes，1853—1926）
约翰·巴丁（John Bardeen，1908—1991）
卡尔·亚历山大·米勒（Karl Alexander Müller，1927— ）
利昂·N. 库珀（Leon N. Cooper，1930— ）
约翰·罗伯特·施里弗（John Robert Schrieffer，1931—2019）
约翰内斯·格奥尔格·贝德诺尔茨（Johannes Georg Bednorz，1950— ）

2008 年，美国能源部布鲁克海文国家实验室的物理学家们在两种铜酸盐材料的双层薄膜中发现了界面高温超导性，这种材料具有制造高效电子设备的潜力。在这张艺术再现图中，这些薄膜被一层一层地制造出来。

电池（1800 年），电子（1897 年），核磁共振（1938 年）

1911 年

科学记者乔安妮·贝克（Joanne Baker）写道：“在极低的温度下，一些金属以及合金可以无电阻地导电。这些超导体中的电流可以流动数十亿年而不损失任何能量。当电子成对耦合在一起运动时，避免了可能产生电阻的碰撞，它们接近了永恒运动的状态。”

事实上，有很多金属在冷却到临界温度以下时电阻为零。这种被称为超导电性的现象，是由荷兰物理学家海克·昂内斯于 1911 年发现的，当他将水银样品冷却到绝对零度以上 4.2℃（−452.1 °F）时，他观察到其电阻骤降为零。原则上，这意味着电流可以在没有外部电源的情况下，永远地绕着超导导线的回路流动。1957 年，美国物理学家约翰·巴丁、利昂·库珀和罗伯特·施里弗确定了电子是如何成对的，以及如何能够忽略它们周围的金属：可以将金属晶格中的带正电的原子核排列想象为窗子的金属格子。接下来，想象一个带负电荷的电子在原子之间快速移动，通过拉拽它们产生一种扭曲。这种扭曲吸引第二个电子跟随第一个电子成对一起“旅行”，遇到的阻力更小。

1986 年，格奥尔格·贝德诺尔茨和亚历山大·米勒发现了一种在大约 35 K（−238℃）的较高温度下工作的超导材料，1987 年另一种在 90 K（−183℃）工作的超导材料也被发现。如果发现能在室温下工作的超导体，就可以用来节省大量的能量，并创造出高性能的电力传输系统。超导体还会排斥所有的外加磁场，这使得工程师们可以建造磁悬浮列车。在医院的核磁共振成像扫描仪中，超导电性也被用来制造强大的电磁铁。■

本条目作者 克利福德·皮寇弗

147

布拉格晶体衍射定律

威廉·亨利·布拉格（William Henry Bragg，1862—1942）
威廉·劳伦斯·布拉格（William Lawrence Bragg，1890—1971）

（左下图）硫酸铜照片。1912 年，物理学家马克斯·冯·劳厄用 X 射线记录了硫酸铜晶体的衍射图样，发现了许多清晰的斑点。在 X 射线实验之前，晶体中原子晶格面之间的间距并未被精确地知道。（右图）布拉格定律后来用于对酶等大分子晶体结构的 X 射线散射的研究。这里显示的是人类细胞色素 P450 肝酶的模型，它在药物解毒中起着重要作用。

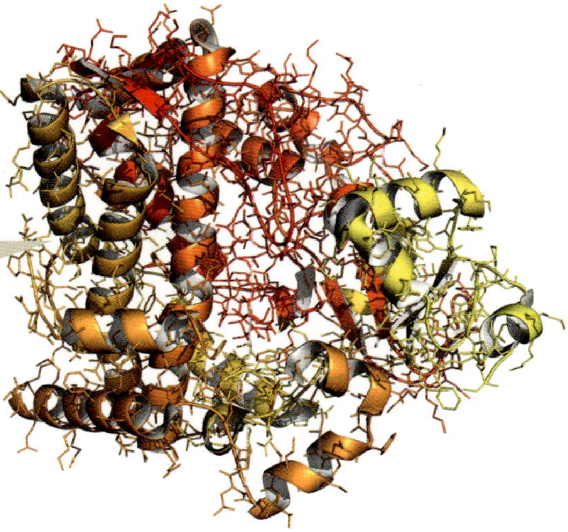

光的波动性（1801 年），X 射线（1895 年），全息图（1947 年）

1912 年

X 射线晶体学家多萝西·克劳福特·霍奇金（Dorothy Crowfoot Hodgkin）的研究工作依赖于布拉格定律，她曾写道："我一生都被化学和晶体所占据。" 1912 年，英国物理学家威廉·亨利·布拉格爵士和他的儿子威廉·劳伦斯·布拉格爵士发现了布拉格定律，该定律解释了在晶体表面产生电磁波衍射的实验结果，为研究晶体结构提供了有力工具。例如，当 X 射线对准晶体表面时，它们会与晶体中的原子相互作用，导致原子重新辐射出可能相互干涉的电磁波。根据布拉格定律：$n\lambda = 2d\sin(\theta)$，对其中的整数 n 干涉会加强。在这里，λ 是入射电磁波的波长（例如 X 射线）；d 是晶体中原子晶格平面间的距离；而 θ 角是入射光与反射面的夹角。

例如，X 射线穿过晶体表层，然后在下一层反射，并在离开表面之前以相同的距离传播回来。传播的距离取决于层之间的距离以及 X 射线进入材料的角度。为了使反射波达到最大强度，必须使两种波保持同相，这时两种波就会叠加而产生"相长干涉"。当 n 为整数时，两种波在反射后仍保持同相。例如，当 $n = 1$ 时，存在"一阶"反射，对于 $n = 2$，存在"二阶"反射。如果只有两行参与衍射，那么随着 θ 值的变化，"相长干涉"将逐渐变为"相消干涉"。然而，如果出现多行干涉，则相长干涉的波峰会变得尖锐，而波峰之间则是相消干涉。

当 X 射线穿过晶体层，按照布拉格定律反射并返回，可以用来计算晶体原子平面之间的间距和测量辐射的波长。对晶体中 X 射线波干扰的观测，通常称为 X 射线衍射，为几个世纪以来一直倍受质疑的晶体周期原子结构提供了直接证据。■

本条目作者 克利福德·皮寇弗

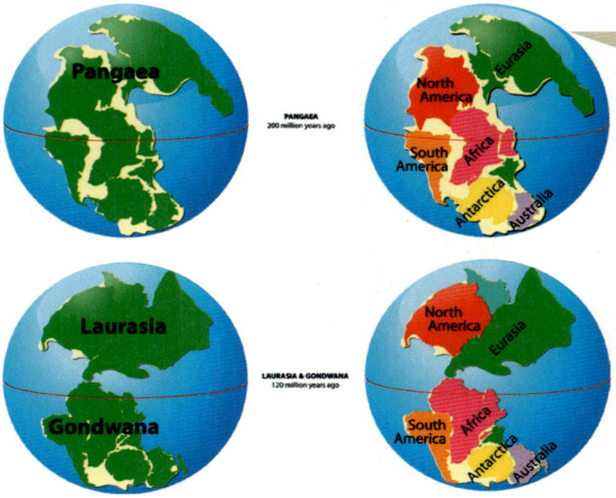

根据大陆漂移说，一个完整的巨大的大陆——泛大陆——分裂成了两个超大陆，即劳亚古陆（北半球）和冈瓦纳古陆（南半球）。

大陆漂移说

亚历山大·冯·洪堡（Alexander von Humboldt，1769—1859）
阿尔弗雷德·魏格纳（Alfred Wegener，1880—1930）

达尔文和贝格尔号之旅（1831 年），化石记录和进化 (1836 年)，达尔文的自然选择理论（1859 年）

1912 年

随意看看南半球地图，就会发现南美洲东部和非洲西部的海岸线轮廓十分吻合，就如两片相邻的拼图。自然学家及探险家亚历山大·冯·洪堡显然有相同的想法。在 19 世纪早期，他发现南美和西非的动植物化石之间似乎存在联系，阿根廷和南非的山脉也十分类似。后来的探险家们也发现印度和澳大利亚的化石之间有相同之处。

阿尔弗雷德·魏格纳既是德国地球物理学家及气象学家，并且还是一位极地探险家。1912 年，他更进一步提出现在的各个大陆曾经属于一整块陆地，他将其称为泛大陆（“联合古陆”）。在 1915 年的《大陆与海洋的起源》（*The Origin of Continents and Oceans*）一书中，魏格纳以上述概念为基础，描述了泛大陆之后分裂成两个超大陆的过程，它们是劳亚古陆（相当于如今的北半球）和冈瓦纳古陆（相当于南半球）。现代学界认为这个分裂过程发生于 1.8 亿至 2 亿年前。魏格纳无法为大陆漂移提供解释，直至 1930 年在格陵兰岛的一次探险中死于心力衰竭，他的观点都一直被全盘否定。到了 20 世纪 60 年代，板块构造论确立，大陆漂移说才最终被人们接受。板块构造论认为各个板块一直在处于相对运动中，它们相互插入其他板块下方，而后退行分离。

远在科学界认可大陆漂移说的许久之前，自然学家们就一直在相距万里甚或被海洋分隔的不同大陆上发现相同或相似的动植物古化石。热带蕨类舌羊齿属（*Glossopteris*）的化石在南美、非洲、印度和澳大利亚都有发现；肯氏兽（Kannemeyrid）是一种类似哺乳动物的爬行类，它们的化石出现在非洲、亚洲和南美洲。相对地，有的大陆上一些现存动植物与其他大陆截然不同。比如说，澳大利亚的所有本土哺乳动物都是有袋类，而非胎生类，这意味着在进化出胎生哺乳动物之前，大洋洲就已从冈瓦纳古陆分离出去了。■

本条目作者 迈克尔·C. 杰拉尔德和格洛丽亚·E. 杰拉尔德

149

玻尔原子模型

尼尔斯·亨里克·大卫·玻尔
（Niels Henrik David Bohr，1885—1962）

这些位于马其顿奥赫里德的圆形剧场座椅，隐喻了玻尔的电子轨道。根据玻尔的观点，电子不可能在离原子核任意距离的轨道上运行；相反，电子被限制在与离散能级相关的特定电子壳层上。

电子（1897 年）、原子核（1911 年）、泡利不相容原理（1925 年）、薛定谔的波动方程（1926 年）、海森堡不确定性原理（1927 年）

1913 年

物理学家阿米特·戈斯瓦米（Amit Goswami）写道：“有人说，一说起希腊语就想起荷马的作品。同样说到量子理论就会想起丹麦物理学家尼尔斯·玻尔于 1913 年发布的研究成果。”玻尔知道带负电荷的电子很容易从原子中移走，而带正电荷的原子核占据了原子的中心部分。在玻尔原子模型中，原子核被认为像中心太阳，电子像行星一样绕轨道运行。

这样一个简单的模型肯定会有问题。例如，一个围绕原子核旋转的电子可能会发射电磁辐射。当电子失去能量时，它会衰落并落入原子核中。为了避免原子坍塌以及解释氢原子的各种发射光谱，玻尔假设电子不能在与原子核任意距离的轨道上运行。相反，它们被限制在特定的允许轨道或壳层上。电子就像爬梯子或从梯子上下来一样，当电子得到能量提升时，它可以跳跃到更高的能级或者壳层，或者可以下降到更低的壳层。只有当原子吸收或发射出具有特定能量的光子时，电子才会发生这种壳层之间的跳跃。今天我们知道，这个模型有很多缺点，而且它不适用于较大的原子，违反了海森堡测不准原理，因为这个模型使用了在确定半径轨道上具有确定质量和速度的电子。

物理学家詹姆斯·特雷菲尔（James Trefil）写道：“今天，我们不再认为电子是围绕原子核旋转的微观行星，而是把它们看作在轨道上晃动的概率波，受薛定谔的波动方程控制，就像潮汐池中某种甜甜圈形状的水一样……然而，现代量子力学原子的基本图景可以说是玻尔在 1913 年绘制的，当时尼尔斯·玻尔的见解有重大意义。”后来的矩阵力学——量子力学的第一个完整定义——取代了玻尔模型，更好地描述了原子的能级跃迁。■

本条目作者 克利福德·皮寇弗

广义相对论

阿尔伯特·爱因斯坦（Albert Einstein，1879—1955）

爱因斯坦认为引力是由时空中的质量引起的时空弯曲而导致的结果。引力扭曲了时间和空间。

牛顿运动定律和万有引力定律（1687 年），黑洞（1783 年），狭义相对论（1905 年），诺特的理想环理论（1921 年），爱因斯坦——伟大的启迪者（1921 年），时间旅行（1949 年），引力波（2016 年）

1915 年

阿尔伯特·爱因斯坦曾经写道："对我来说，除非从一开始基本概念就与广义相对论相一致，否则所有试图获得更深入的物理学基础知识的尝试似乎都是注定失败的。"1915 年，即爱因斯坦公布他的狭义相对论（提出距离和时间不是绝对的，对一个时钟的快慢的测量值取决于这个人的相对于时钟的运动）的十年后，他又给出了广义相对论（General Theory of Relativity，GTR）的一种早期形式，它从一个新的角度解释引力。爱因斯坦特别指出引力并不像其他力一样是一种真正的力，而是由时空中的质量引起的时空弯曲而导致的结果。虽然我们现在知道广义相对论在描述强引力场中的运动方面比牛顿力学（比如水星绕太阳的轨道）做得更好，但牛顿力学在描述普通经验世界方面仍然很有用。

为了更好地理解广义相对论，请考虑空间中任何存在质量的地方，质量都会扭曲空间。想象一个保龄球放在了一张橡胶薄膜上。这是一种理解恒星对宇宙结构影响的直观方便的可视化方法。如果你把一颗弹珠放置于这个凹陷的橡胶薄膜外围，并给弹珠一个侧向推力，它会绕着保龄球旋转一段时间，就像一颗行星绕着太阳转一样。保龄球将橡胶薄膜弯曲就好比一个恒星将时空弯曲。

广义相对论可以用来理解引力如何弯曲和减慢时间。在许多情况下，广义相对论似乎也允许时间旅行。

爱因斯坦还提出引力效应以光速传播。因此，如果太阳突然脱离太阳系，地球在大约 8 分钟后才会离开绕日轨道，这是光从太阳到地球所需要的时间。如今，许多物理学家认为引力必须被量子化，并以引力子的形式出现，就像光以光子的形式出现一样，光子是电磁波的微小量子包。■

本条目作者 克利福德·皮寇弗

151

弦论

特奥多尔·弗朗茨·爱德华·卡鲁扎
（Theodor Franz Eduard Kaluza，1885—1954）
约翰·亨利·施瓦茨（John Henry Schwarz，1941— ）
迈克尔·鲍里斯·格林（Michael Boris Green，1946— ）

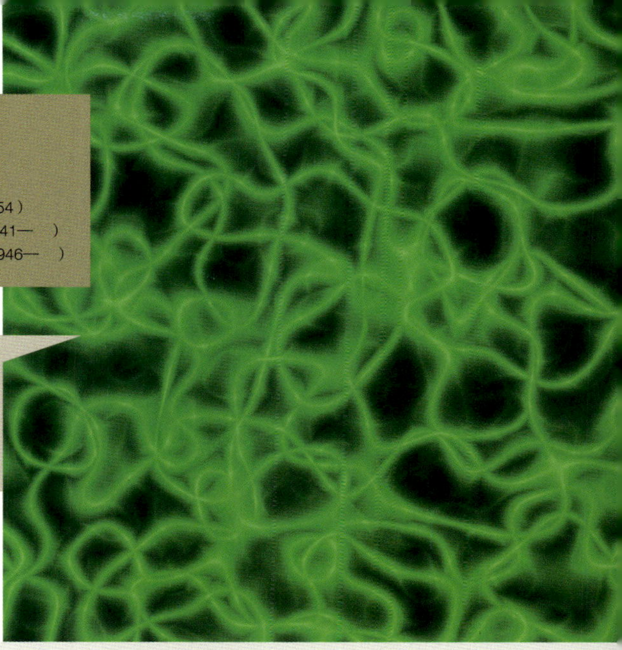

在弦论中，弦的振动模式决定了该弦是何种粒子。以小提琴作为比喻。拨动A弦，一个电子就形成了。拨动E弦，你就创造了一个夸克。

标准模型（1961年），万物理论（1984年），大型强子对撞机（2009年）

1919年

数学家迈克尔·阿蒂亚（Michael Atiyah）写道："弦论中涉及的数学……在微妙和复杂程度上，大大超过了先前在物理理论中使用的数学。弦理论在数学领域产生了一系列惊人的结果，而这些领域似乎与物理学相去甚远。对许多人来说，这表明弦论必须回到正确的轨道上来。"物理学家爱德华·威滕（Edward Witten）写道："弦论是21世纪的物理学，但它意外地诞生于20世纪。"

现代的各种"多维空间"理论表明，在人们普遍接受的空间和时间维度之外还存在更高的维度。例如，1919年的卡鲁扎-克莱因（Kaluza-Klein）理论试图利用更高的空间维度来解释电磁和引力。在这些概念中的最新构想是超弦理论，它预测宇宙有十维或十一维——其中三维空间，一维时间，此外还有六或七个空间维度。在多维空间理论中，通过额外的空间维度来表达自然法则时，会变得更简单、更优雅。

在弦论中，一些最基本的粒子，比如夸克和电子，可以用极其微小的，本质上一维的被称为弦的实体来建模。尽管弦似乎只是一种数学抽象，但请记住，原子曾经也被认为是"不真实的"数学抽象，最终却变成了可观察的实体。然而，弦是如此之小，以至于目前还没有直接观察它们的方法。

在某些弦论中，弦形成的环在普通的三维空间中移动，但它们也在更高的空间维度中振动。作为一个简单的比喻，想象一根振动的吉他弦，它弹奏出的不同"音符"对应着不同的粒子，比如夸克和电子，或者尚在假设中的可能传递引力的引力子。

弦论学家声称各种更高的空间维度是"紧致化"的——紧密卷曲的（在被称为卡拉比—丘空间的结构中），因此额外的维度本质上是不可见的。1984年，迈克尔·格林和约翰·亨利·施瓦茨在弦论的理论方面取得了新的突破。■

本条目作者 克利福德·皮寇弗

152

氢键

沃斯·霍夫·罗德布什（Worth Huff Rodebush，1887—1959）
温德尔·米切尔·拉提莫（Wendell Mitchell Latimer，1893—1955）
莫里斯·罗伊尔·哈金斯（Maurice Loyal Huggins，1897—1981）

如图，水是地球生命的根基，而氢键又是水具有各种性质的根基。

元素周期表（1869 年），电子（1897 年），DNA 的结构（1953 年）

1920 年

氢键是整个生命世界神秘的“胶黏剂”，它将 DNA 链结合在一起，帮助确定蛋白质的构型，并存在于所有的碳水化合物分子之中。比如受体和酶的活性位点几乎总是以蛋白质自身结构中含有的以及与底物分子所连接的氢键为最根本的特征。

最早提出氢键理论的人是美国化学家莫里斯·罗伊尔·哈金斯。他的工作也启发了他的同事沃斯·霍夫·罗德布什和温德尔·米切尔·拉提莫。1920 年，在其合作发表的论文中，他们应用氢键理论解释了若干已知溶液的性质。如今，尽管近一百年过去了，研究者们还是没能完全解开氢键的奥秘。

氢键到底是什么？即便那些最优秀的科学家［如美国化学家莱纳斯·鲍林（Linus Pauling），花费了大量时间开展研究，也取得了不少的收获］回答起来也绝非易事。从某种程度上来讲，氢键往往是相邻分子中带正电的氢原子与带负电的原子（如氮原子、氧原子等）之间的相互吸引力，上述原子不必完全带电，例如氮原子或氧原子，通常它们的电子云密度较高，它们仅带有部分电负性；氢键又不能等同于离子键，因为氢键是具有方向性的，如果氢键的指向不对，那这种相互吸引力就几乎消失了；氢键又像是标准单键的一种“魅影”形式，当氢原子被富电子原子（如氧原子）吸引时，形成氢键的相互作用力最强。这样的氢—氧和氮—氢氢键广泛存在于各种不同种类的分子中，尤其在生物分子中，氢键发挥着至关重要的作用。

水是氢键存在的最好例证。一个水分子中两个氢原子连接一个氧原子，这使得水分子本身既是氢键的给电子体，同时也是受体，这导致了水具有不可思议的性质：它比任何一种小分子化合物的沸点都要高；它还能够凝结成冰——本质上就是由氢键构筑的晶格结构，冰的密度比水还小，而绝大多数的液体再怎么冷凝也不能形成漂在液面上的“冰”。■

本条目作者 德里克·B. 罗威

153

广播电台

一位妇女正在打开一台较早时期的收音机。在 20 世纪 20 年代，真空管放大器导致了无线电发射机和接收机的大发展。

电报系统（1837 年），光纤光学 (1841 年)，电话 (1876 年)，阿帕网（1969 年）

1920 年

如果我们可以乘坐时光机器回到 1912 年，站在正在下沉的泰坦尼克号的甲板上，我们将会看到一个标志着新的通信时代开始的东西。泰坦尼克号有两个船桅，分别位于船的前后端，中间拉着一根长长的导线。这是一个 5000 瓦的火花隙电台的天线，泰坦尼克号正在用它向外发送莫尔斯电码求救信号。

泰坦尼克号让电台出了名，因为这场灾难，1912 年的通过的《无线电法》要求船舶每天 24 小时监视求救信号，并为美国政府建立了一套广播电台许可证系统。

到了 1920 年，第一个调幅电台在美国开始广播：它就是宾夕法尼亚州匹兹堡的 KDKA。1912—1920 年，因为第一次世界大战，真空管大规模生产，电气工程师们得以用它为无线电发射机和接收机制造放大器。一旦工程师发明了这种设备，收音机就变得非常普及了，每个人都可以有自己的收音机。到了 1922 年，美国拥有超过一百万台广播接收器。数以百计的组织——报纸、大学、百货商店和个人——拥有了自己的广播电台。广播的黄金时代从此诞生。

NBC（美国全国广播公司）始建于 1926 年，CBS（哥伦比亚广播公司）始建于 1927 年。政府法规的改变让广告在广播中播出成为了可能。因为有了适当的收益，广播公司就有理由去扩展自己的业务，也有钱去制作或购买更多的节目内容。

这个故事整个都非常引人入胜。是战争造就了真空管，真空管又造就了广播。其结果造就了一种全新的思维方式——由广告商赞助的，全美范围内服务数百万人的，实时同步的免费的电子大众传媒。1920 年，所有这一切都还不存在，而到了 1930 年，美国有一半的家庭都拥有了收音机。大萧条开始之时，收音机提供了一种廉价的新闻与娱乐形式。电气工程造就了一场大规模的社会变革。■

本条目作者 马歇尔·布莱恩

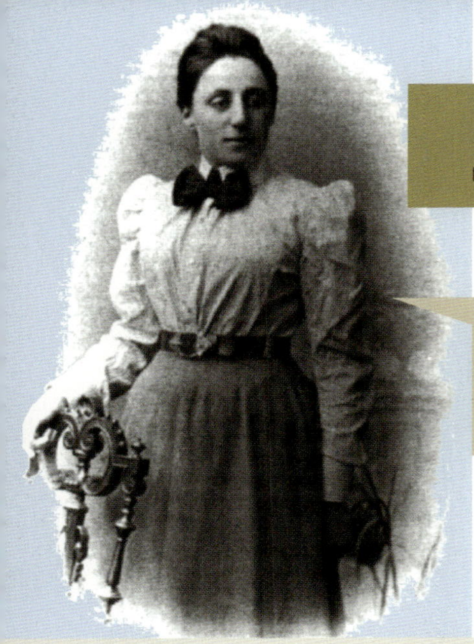

诺特的理想环理论

阿马莉·艾米·诺特（Amalie Emmy Noether，1882—1935）

诺特的著作《环中的理想理论》，对现代抽象代数的发展具有重要意义。诺特还不计名利地发展了一些与广义相对论相关的数学。

希尔伯特的23个问题（1900年），广义相对论（1915年），爱因斯坦——伟大的启迪者（1921年）

尽管女性在数学界面临着可怕的偏见，但仍有一些妇女坚持自己数学理念，奋起抗争。德国女数学家诺特被爱因斯坦称为“自女性开始接受高等教育以来，迄今为止造就的最著名的有创造性的女数学天才。”

1915年在德国哥廷根大学（University of Göttingen），诺特在理论物理学上作出了第一个重大数学突破。特别是诺特研究了物理学中的对称关系与守恒定律的联系，其成果便是著名的诺特定理。这个定理和相关的工作对爱因斯坦发展广义相对论中涉及的重力性质有很大帮助。

在诺特取得博士学位之后，她想留在哥廷根教书，但反对者们坚持说，不能指望男人会“在女人的脚下”学习。她的同事大卫·希尔伯特回击诋毁者说，“我不认为候选人的性别会妨碍她取得教师（特许讲师）资格。毕竟，大学学院又不是澡堂子。”

诺特也以她对“非交换代数”的贡献而闻名。在这种代数中，对象的乘法顺序不同会得到不同的结果。她最著名的研究成果是“理想环的升链条件”，在1921年，诺特发表了《环中的理想理论》，这是现代抽象代数的重要发展。她在这个数学领域里检验了一般的运算法则，并经常把逻辑学和数论与应用数学结合起来。

但是在1933年，当纳粹政权因为她的犹太人身份而将她从哥廷根大学解雇时，她的数学成就便被彻底地否定了。她逃离德国，进入美国宾夕法尼亚州布林莫尔学院担任教员。

据记者西伯汉·罗伯茨（Siobhan Roberts）说，诺特“每周都去普林斯顿学院讲课，并经常拜访她的朋友爱因斯坦和赫尔曼·威尔（Herman Weyl）。”她的影响力是广泛而深远的，她的很多想法出现在她学生和同事的论文中。■

本条目作者 克利福德·皮寇弗

155

爱因斯坦——伟大的启迪者

阿尔伯特·爱因斯坦（Albert Einstein，1879—1955）

1921年，42岁的阿尔伯特·爱因斯坦在维也纳参加讲座时的照片。

牛顿——伟大的启迪者（1687年），$E=mc^2$（1905年），狭义相对论（1905年），光电效应（1905年），广义相对论（1915年）

1921年

诺贝尔奖得主爱因斯坦被认为是有史以来最伟大的物理学家之一，也是20世纪最重要的科学家。他提出了狭义相对论和广义相对论，彻底改变了我们对空间和时间的理解。他还对量子力学、统计力学和宇宙学做出过重大贡献。

《爱因斯坦在柏林》（*Einstein in Berlin*）一书的作者托马斯·利文森（Thomas Levenson）写道："物理学与日常经验的距离如此之远，以至于很难说，如果今天出现了类似于爱因斯坦的成就时，我们大多数人是否能够赏识它。1921年当爱因斯坦第一次来到纽约时，成千上万的人站在街道两旁等待他的车队。试着想象今天理论物理学家会得到这样热烈的待遇吗，这是不可能的。自爱因斯坦以来，物理学家对现实的概念和大众想象之间的情感联系已经大大减弱。"

根据我咨询过的许多学者的说法，永远不会有另一个人能与爱因斯坦相提并论。利文森说："科学似乎不太可能创造出另一个被广泛认为是天才的爱因斯坦。（今天）正在探索的模型的复杂性几乎将所有的研究者都限制在问题的局部。"与今天的科学家不同，爱因斯坦几乎不需要合作。爱因斯坦关于狭义相对论的论文没有参考文献或先前的工作。

布兰·费伦（Bran Ferren），应用思维科技公司的联合主席和首席创意官，肯定地说"爱因斯坦的思想可能比爱因斯坦本人更重要。爱因斯坦不仅是现代世界最伟大的物理学家，他还是一个'鼓舞人心的榜样'，他的生活和工作点燃了无数其他伟大思想家的生命。他们对社会的贡献合计，以及他们将会激励的思想家的贡献合计起来，将大大超过爱因斯坦本人的贡献。"

爱因斯坦创造了一种不可阻挡的"智力连锁反应"，强劲的脉动、震颤的神经元和模因进化将永远活跃。■

本条目作者 克利福德·皮寇弗

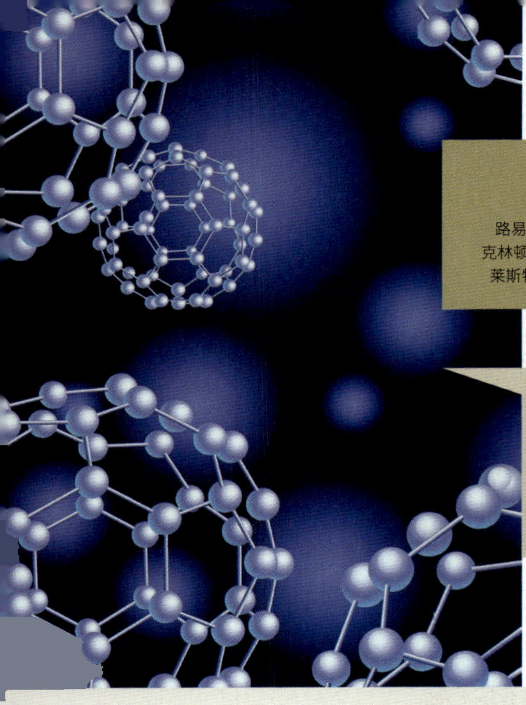

德布罗意公式

路易-维克托·德布罗意（Louis-Victor de Broglie 1892—1987）
克林顿·约瑟夫·戴维森（Clinton Joseph Davisson，1881—1958）
莱斯特·哈尔伯特·革末（Lester Halbert Germer，1896—1971）

1999 年，维也纳大学的研究人员展示了由 60 个碳原子组成的巴基球（巴克敏斯特富勒烯分子）的波状行为。一束分子（速度约为 200 米 / 秒）通过光栅产生波的干涉图样的特征。

光的波动性（1801 年），电子（1897 年），薛定谔的波动方程（1926 年）

1924 年

有关亚原子世界的大量研究表明，像电子或光子（光能量包）这样的粒子与我们日常生活中相互作用的物体完全不一样。这些实体似乎同时具有波和粒子的特征，这取决于我们的实验或观察到的现象。欢迎来到量子力学的奇妙领域。

1924 年，法国物理学家路易-维克托·德布罗意提出，物质粒子也可以被认为是波，并具有通常的与波相关的属性，包括波长（连续波峰之间的距离）。事实上，所有物体都有波长。1927 年，美国物理学家克林顿·戴维森和莱斯特·革末证明了电子的波动属性，他们指出电子可以像光波一样衍射和干涉。

著名的德布罗意公式表明，物质波的波长与其动量（一般来说等于质量乘以速度）成反比，可特别地写为 $\lambda = h / p$。其中，λ 是波长，p 是动量，h 是普朗克常数。根据作家乔安妮·贝克（Joanne Baker）的说法，利用这个方程，我们有可能证明：“更大的物体，比如滚珠轴承和獾，都有非常小的波长，小到我们看不见，所以我们不能发现它们的波动属性。”飞过球场的网球的波长为 10^{-34} 米，比质子的直径（10^{-15} 米）还要小得多。”而蚂蚁的波长比人类的波长要大。

自从最初的戴维森—革末电子实验以来，德布罗意假说已经被证实适用于其他的粒子，如中子和质子，在 1999 年发现，它甚至适用于整个分子，比如由碳原子组成的足球形状的巴基球分子。

德布罗意在他的博士论文中提出了他的想法，但是这个想法太激进，以至于他的论文审查者一开始不确定是否应该通过他的论文。但他后来因此获得了诺贝尔物理学奖。■

本条目作者 克利福德·皮寇弗

157

泡利不相容原理

沃尔夫冈·恩斯特·泡利（Wolfgang Ernst Pauli，1900—1958）

这幅艺术作品标题为“泡利不相容原理”（或者叫作“为何狗不会突然从地面陷落”）。泡利不相容原理有助于解释为什么物质是刚性的，为什么我们不会从坚硬的地面上掉下去，以至于为什么中子星在巨大的质量下仍能抵抗引力坍缩。

库仑定律（1785 年），电子（1897 年），玻尔原子模型（1913 年），中子星（1933 年）

1925 年

想象一下人们开始在棒球场的观众席坐下时，从最靠近运动场的那一排开始。这是对于电子填充原子轨道的一个比喻——在棒球场和原子物理学中，都有一些规则来管理有多少实体（如电子或人）可以待在指定的区域。毕竟，如果多个人试图挤在一个小座位上，还是会很不舒服的。

泡利不相容原理（Pauli’s Exclusion Principle，PEP）解释了为什么物质是刚性的，以及为什么两个物体不能占据同一个空间。这就是为什么我们不会从地板上掉下去的原因，也是为什么中子星在自身极大的质量下还能抵抗引力坍缩的原因。

更具体地说，泡利不相容原理指出，没有任何一对相同的费米子（如电子、质子或中子）可以同时占据相同的量子态，其中包括费米子的自旋。例如，占据同一个原子轨道的电子必定有相反的自旋。一旦一个轨道被一对自旋相反的电子占据，那么在其中一个电子离开轨道之前，就不允许有更多的电子进入这个轨道。

泡利不相容原理经过了很好的验证，是物理学中最重要的原则之一。根据作家米凯拉·马西米（Michela Massimi）的说法：“从光谱学到原子物理学，从量子场论到高能物理，几乎没有其他的科学原理能比泡利不相容原理具有更深远的影响。”根据泡利不相容原理，人们可以确定或理解作为元素周期表中化学元素分类依据的电子排布以及原子光谱。科学记者安德鲁·沃森（Andrew Watson）写道：“泡利早在 1925 年就提出了这一原则，那时还没有现代量子理论或电子自旋的概念。他的动机很简单：必须有某种东西来阻止原子中所有的电子都收缩到单一的最低能态……因此，泡利不相容原理阻止了电子和其他费米子相互侵入对方的空间。” ■

本条目作者 克利福德·皮寇弗

薛定谔的波动方程

埃尔温·鲁道夫·约瑟夫·亚历山大·薛定谔
（Erwin Rudolf Josef Alexander Schrödinger，1887—1961）

埃尔温·薛定谔的肖象被使用在奥地利 1000 先令的纸币上（1983 年）。

光的波动性（1801 年），电子（1897 年），德布罗意公式（1924 年），海森堡不确定性原理（1927 年），狄拉克方程（1928 年），薛定谔的猫（1935 年）

1926 年

物理学家亚瑟·I. 米勒（Arthur I. Miller）写道："薛定谔的波动方程使科学家能够精细地预测物质的行为，同时能够可视化被研究的原子系统。"薛定谔据说是在瑞士的一个滑雪胜地和他的情妇度假时发展了他的理论，正如他自己所说的那样，他的情妇似乎催化了他的智慧和"激情爆发"。薛定谔的波动方程用波函数和概率来描述终极现实。根据方程，我们可以计算出粒子的波函数：

$$i\hbar\frac{\partial}{\partial t}\Psi(r,t)=-\frac{\hbar^2}{2m}\nabla^2\Psi(r,t)+V(r)\Psi(r,t)$$

在这里，我们不需要关心这个公式的细节，除了要注意 $\Psi(r,t)$ 是波函数，是给定位置 r 在任何给定时间 t 的粒子概率振幅。∇^2 是用于描述 $\Psi(r,t)$ 在空间中是如何变化的。$V(r)$ 是粒子在每个位置 r 处的势能。就像一个普通的波动方程描述波纹穿过池塘的过程一样，薛定谔的波动方程描述了与粒子（如电子）相关联的概率波是如何在空间中移动的。波的峰值对应于粒子最有可能出现的位置。这个方程在理解原子中电子的能级方面也很有用，并成为作为原子世界的基本物理原理的量子力学的基础之一。虽然用波来描述粒子似乎有些奇怪，但在量子领域，这种奇怪的二元性是必要的。例如，光既可以作为波也可以作为粒子（光子），而像电子和质子这样的粒子也可以作为波。另一个类比是，把原子中的电子想象成鼓面上的波，波动方程的振动模式与原子的不同能级有关。

请注意，由维尔纳·海森堡（Werner Heisenberg）、马克斯·玻恩（Max Born）和帕斯库尔·约当（Pascual Jordan）在 1925 年开发的矩阵力学以矩阵的方式同样解释了粒子的某些特性。他们的公式等价于薛定谔的波动方程。■

本条目作者 克利福德·皮寇弗

互补性原理

尼尔斯·亨里克·大卫·玻尔（Niels Henrik David Bohr，1885—1962）

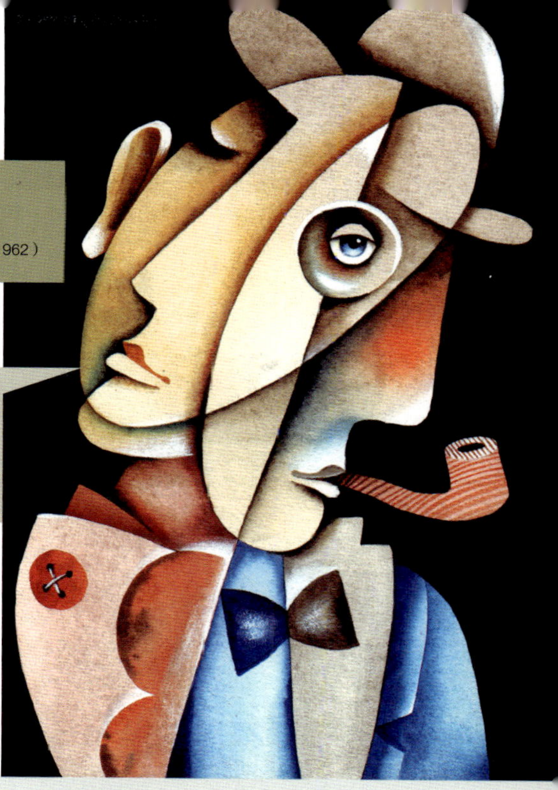

互补性的物理学和哲学含义似乎与艺术理论重叠。玻尔对立体派很着迷，有时立体派允许“矛盾”的观点共存，就像捷克画家尤金·伊万诺夫（Eugene Ivanov）的这幅作品一样。

光的波动性（1801 年），海森堡不确定性原理（1927 年），EPR 佯谬（1935 年），薛定谔的猫（1935 年），平行宇宙（1956 年）

1927 年

20 世纪 20 年代末，丹麦物理学家尼尔斯·玻尔在试图理解量子力学的奥秘（例如，量子力学认为，光有时表现为波，有时表现为粒子）时，提出了被他称为互补性的概念。作家路易莎·吉尔德（Louisa Gilder）曾这样评价：“互补性几乎是一种宗教信仰，量子世界的悖论必须被接受为基本原则，而不是试图查出‘那里到底发生了什么’，尝试去‘解决’或将问题琐碎化。玻尔以一种不同寻常的方式使用了这个词：例如，波和粒子（或位置和动量）的互补，意味着当一种属性完全存在时，与之互补的属性完全不存在。”1927 年玻尔本人在意大利科莫的一次演讲中说，波和粒子是“抽象的，它们的属性只有通过与其他系统的相互作用才能被定义和观察到。”

有时，互补性的物理学和哲学似乎与艺术理论重叠。根据科学作家 K. C. 科尔（K. C. Kole）的说法：“玻尔以其对立体主义的痴迷而闻名——尤其是像他的一位朋友后来解释的那样，‘一个物体可以是好几个东西，可以是变化的，可以是一张脸，一条腿，一个水果盘’。玻尔继续发展他的互补性哲学，表明电子是可以变化的，可以被视为波或者粒子。就像立体主义一样，互补性让矛盾的观点在同一个自然框架中共存。”

玻尔认为，从日常生活的角度来看待亚原子世界是不恰当的。他曾写道：“在我们对自然的描述中，目的不是揭示现象的真正本质，而是尽可能地追踪各个方面之间的关系。”

1963 年，物理学家约翰·惠勒这样描述了这一原理的重要性：“玻尔的互补性原理是本世纪最具革命性的科学概念，也是他 50 年探索量子理论全部意义的核心。”■

本条目作者 克利福德·皮寇弗

食物网

阿尔-贾希兹（Al-Jahiz，781—868/869）
查尔斯·艾尔顿（Charles Elton，1900—1991）
莱曼德·林德曼（Raymond Lindeman，1915—1942）

美国阿拉斯加州卡特迈国家公园的这一幕正是食物网的范例之一，图中的灰熊几乎就要一口咬住一条鱼，后者的食物则是更小的鱼类或水中漂浮的微型动植物。

农业（约公元前1万年），生态相互作用（1859年），昆虫的舞蹈语言（1927年）

1927年

食物链的概念源自9世纪的阿拉伯学者贾希兹，他著有约两百部书籍，内容包罗万象，涵盖了语法、诗歌和动物学。在动物学著作中，他讨论了动物之间的生存斗争，一些动物靠猎杀来获取食物，而另一些则被猎杀。牛津大学教员查尔斯·艾尔顿是20世纪最重要的动物生态学家之一。在1927年的经典作品《动物生态学》（*Animal Ecology*）中，艾尔顿阐述了现代生态学的基本法则，其中提出了相当明确的食物链和食物网观念——这是现代生态学的中心主题。

最简单的食物循环遵循线性关系，从食物链的最底部——该物种不食用任何其他生物（以植物为代表）——至最终捕食者或末级消费者，通常跨越3至6个层级。艾尔顿承认这样简单地以“谁吃谁”来描述食物链过于简化。食物链无法展现真正的生态系统，自然界中有多重捕食者和多重猎物。事实上，某种动物如果无法捕捉到偏爱的猎物，就可能会捕食其他动物。另外，一些食肉动物也会取食植物，实际上是杂食者；相对地，食草动物偶尔也会吃肉。如今我们以食物网的概念代替了食物链，前者更能展现这极其复杂的相互关系。

1942年，莱曼德·林德曼提出食物链的层级数受限于营养动力学，或生态系统两端间能量的有效传递。消费者摄取食物后，将能量储存在身体中，而能量只能单向传递。生物出于基本需求对食物消化利用，食物能量大部分以热能的形式损耗，剩余的部分被当作废物排出。一般而言，只有10%的能量能被食物网中的下一个高营养级生物获取。因此，能量的传递是随着食物链逐级递减的，这就导致食物链极少能超过4至5个营养层级。■

本条目作者 迈克尔·C. 杰拉尔德和格洛丽亚·E. 杰拉尔德

161

海森堡不确定性原理

维尔纳·海森堡（Werner Heisenberg，1901—1976）

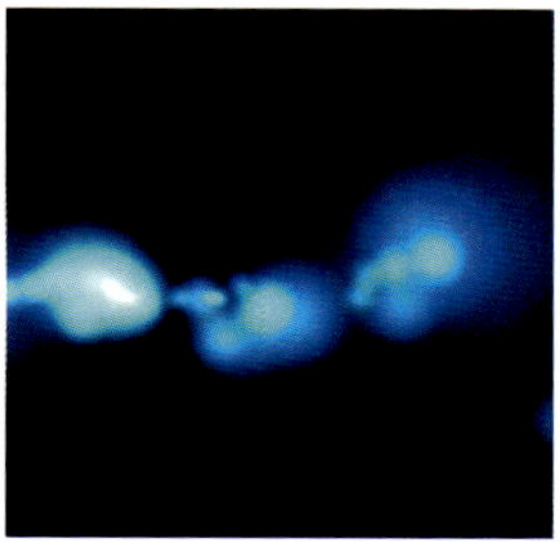

左图：根据海森堡不确定性原理，粒子可能只作为概率的集合而存在，即使通过无限精确的测量也无法预测它们的路径。右图：2001年，以维尔纳·海森堡为主题的德国邮票。

玻尔原子模型（1913年），薛定谔的波动方程（1926年），互补性原理（1927年）

1927年

数学家约翰·艾伦·保罗斯（John Allen Paulos）：“不确定性是唯一的确定性，正如学会如何在不安全中生存是唯一的安全。”海森堡不确定性原理指出，粒子的位置和速度不可能同时被精确地知道。具体地说，位置的测量越精确，动量的测量就越不精确，反之亦然。不确定性原理在原子和亚原子粒子的微观尺度上变得很重要。

在发现这一原理之前，大多数科学家认为任何测量的精度都只受所使用仪器精度的限制。德国物理学家维尔纳·海森堡提出了一个假说，即使建造一个无限精确的测量仪器，我们仍然不能准确地同时确定一个粒子的位置和动量（质量 × 速度）。该原理与粒子位置的测量对粒子动量的干扰程度无关。我们可以非常精确地测量一个粒子的位置，但这样做的结果是对其动量就知之甚少。根据海森堡不确定性原理，粒子可能仅以概率的形式存在，即使是无限精确的测量也无法预测它们的路径。

对于那些接受量子力学解释的哥本哈根科学家来说，海森堡不确定性原理意味着物理宇宙实际上并不以确定性的形式存在，而是一系列概率的叠加。类似地，即使通过理论上无限精确的测量也无法预测基本粒子（如光子）的路径。

1935年，海森堡本应接替他在慕尼黑大学的前导师阿诺德·索莫菲尔德（Arnold Sommerfeld）的职位。然而，纳粹要求“德国物理学”必须取代“犹太物理学”，后者包括了量子理论和相对论。因此，尽管海森堡不是犹太人，他在慕尼黑大学的任命还是被否决了。

第二次世界大战期间，海森堡领导了德国的核武器计划，但以失败告终。今天，科学史家们仍在争论这个项目的失败是由于缺乏资源，还是他的团队中缺少合适的科学家，或者是因为海森堡不愿给纳粹提供如此强大的武器，还是因为其他因素。■

本条目作者 克利福德·皮寇弗

昆虫的舞蹈语言

卡尔・冯・弗里施（Karl von Frisch，1886—1982）

某些昆虫——尤其是蜜蜂——的舞蹈语言非常发达，并且被广泛研究。图中，日本蜜蜂正围绕在它们的蜂巢外。

生态相互作用（1859 年），神经元学说（1891 年），食物网（1927 年）

1927 年

动物通常在寻找食物地点、交配或是对环境中出现的危险发出警报时会彼此交流。许多动物都使用信息素来辅助其交配行为。这些交流并不仅仅只发生在同种动物之间，例如我们可以看到宠物的面部表情和肢体语言。臭鼬喷出的臭气是非常有效的防御武器，可以帮助它躲避熊以及其他捕食者，而且这种气味足够浓烈，能在顺风 1 英里（1.6 千米）处被人类察觉。

动物交流并不仅限于脊椎动物，其中最有趣的一些例子发生在昆虫身上。20 世纪 20 年代，诺贝尔生理学或医学奖得主卡尔・冯・弗里施对昆虫交流进行了开创性研究，这位奥地利人种学家在慕尼黑大学工作。他观察到意大利蜂（*Apis mellifera*）的工蜂有一种与众不同的"舞蹈语言"，它们用这种语言将食物的方向和距离告知蜂巢中的其他蜜蜂。在"圆圈舞"中，工蜂以绕小圈的方式表达食物离蜂巢很近——少于 50～100 米；而"摇摆舞"则类似于八字形的动作，表明食物在远处。

意大利蜂在其迷人的求偶仪式中，也使用一种复杂的链式交流模式，它涉及了五种感官，每一种感官都发出信号并触发配偶的后续行为：雄性以视觉鉴别雌性并转向面对它；雌性释放出化学信号，由雄性的嗅觉系统识别；雄性接近雌性，用腿轻轻敲击雌性，并在这个过程接触化学物质；雄性进而伸展并振动翅膀，演奏"求爱歌"，这一形式属于听觉交流。只有在这些步骤按顺序且成功完成后，雌性才会允许雄性进行交尾。■

本条目作者 迈克尔・C. 杰拉尔德和格洛丽亚・E. 杰拉尔德

狄拉克方程

保罗·阿德里安·莫里斯·狄拉克
(Paul Adrien Maurice Dirac，1902—1984)

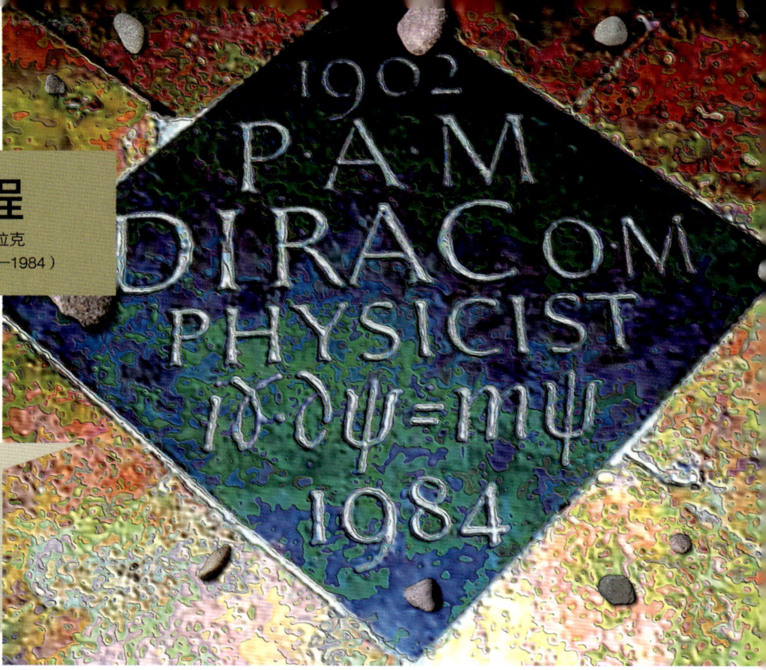

狄拉克方程是唯一出现在伦敦威斯敏斯特教堂的方程，它被刻在狄拉克的纪念牌上。这里显示的是威斯敏斯特牌匾的一个艺术代表作，描绘了一个简化版的公式。

电子(1897 年)，狭义相对论(1905 年)，薛定谔的波动方程(1926 年)，反物质(1932 年)

1928 年

正如“反物质”那个条目中所讨论的那样，物理方程有时会产生方程发现者未曾预料过的想法或结果。根据物理学家弗朗克·韦尔切克(Frank Wilczek)论文中关于狄拉克方程所述，这类方程的力量似乎是不可思议的。1927 年，保罗·狄拉克试图找到一个符合狭义相对论原理的薛定谔波动方程的形式。狄拉克方程的一种写法是：

$$\left(\alpha_0 mc^2 + \sum_{j=1}^{3} \alpha_j p_j c\right)\Psi(x,t) = i\hbar \frac{\partial \Psi}{\partial t}(x,t)$$

该方程发表于 1928 年，以一种既符合量子力学又符合狭义相对论的方式描述了电子和其他基本粒子。这个方程预言了反粒子的存在，并且在某种意义上“预言”了它们将在实验中被发现。正电子(电子的反粒子)的发现是数学在现代理论物理中应用的典型案例。在这个方程中，m 是电子的静止质量，$\hbar$ 是约化普朗克常量(1.054×10^{34} J·s)，c 是光速，p 是动量，x 和 t 分别是时间和空间坐标，而 $\Psi(x, t)$ 是一个波函数。α 是作用于波函数的一个线性算子。

物理学家弗里曼·戴森(Freeman Dyson)称赞这个公式代表了人类对现实理解的一个重要阶段。他写道：“有时一个简单的基本方程会突然促进对整个科学领域的理解。因此，1926 年薛定谔的方程和 1927 年狄拉克方程为先前神秘的原子物理过程带来了奇迹般的秩序。化学和物理的那些令人迷惑的复杂性就这样被简化成了两行代数符号。”■

本条目作者 克利福德·皮寇弗

产生青霉素的青霉菌特写照片。

青霉素

约翰·丁达尔（John Tyndall，1820—1893）
亚历山大·弗莱明（Alexander Fleming，1881—1955）
霍华德·沃尔特·弗洛里（Howard Walter Florey，1898—1968）
恩斯特·鲍里斯·钱恩（Ernst Boris Chain，1906—1979）
诺曼·乔治·希特利（Norman George Heatley，1911—2004）

病原菌学说（1862 年），消毒剂（1865 年），水的氯化（1910 年）

1928 年

在回顾自己的发现时，苏格兰生物学家亚历山大·弗莱明回忆道："1928 年 9 月 28 日黎明我醒来时，并没想到会发现世界上首个被称为细菌杀手的抗生素，从而彻底颠覆医学。不过我想这正是我当时做的。"

弗莱明结束休假返回实验室后发现，金黄色葡萄球菌培养皿由于受到污染已经长出了霉菌。他还注意到，霉菌附近的细菌生长受到了抑制，因此他推断霉菌分泌了某种抑制细菌生长的物质。他很快就在肉汤中培育出了这种单一的霉菌，并确定这是一种青霉菌，因此他把肉汤中的这种抗菌物质称作青霉素。有意思的是，古时候也有很多人注意到霉菌可以用于治病，爱尔兰物理学家约翰·丁达尔甚至于 1875 年就已宣布青霉菌可以杀菌。不过是弗莱明首次提出这种霉菌会分泌某种抗菌物质，并将这种物质分离出来的。后续研究表明，青霉素是通过破坏细菌细胞壁来杀死细菌的。

1941 年，澳大利亚制药学家霍华德·弗洛里、德国生物化学家恩斯特·钱恩和英格兰生物化学家诺曼·希特利合作证实了青霉素可以治疗小鼠和人类的感染，并最终使青霉素变成了一种可用的药物。美国和英国政府在第二次世界大战期间决定，尽可能多地生产青霉素来治疗受伤士兵。在 1944 年前，美国伊利诺伊州皮奥里亚市用一种发霉的甜瓜生产了 200 多万剂青霉素。很快，青霉素就被用于治疗败血症、肺炎、白喉、猩红热、淋病、梅毒等主要的细菌性疾病。不幸的是，细菌会慢慢演化出耐药性，促使人们继续寻找其他抗菌素。

在自然界，并不是只有青霉菌会产生抗生素。比如，链霉菌就会分泌链霉素和四环素这两种抗生素。青霉素和后续发现的抗生素开启了抗击细菌的新篇章。■

本条目作者 克利福德·皮寇弗

165

哈勃宇宙膨胀定律

埃德温·鲍威尔·哈勃（Edwin Powell Hubble，1889—1953）

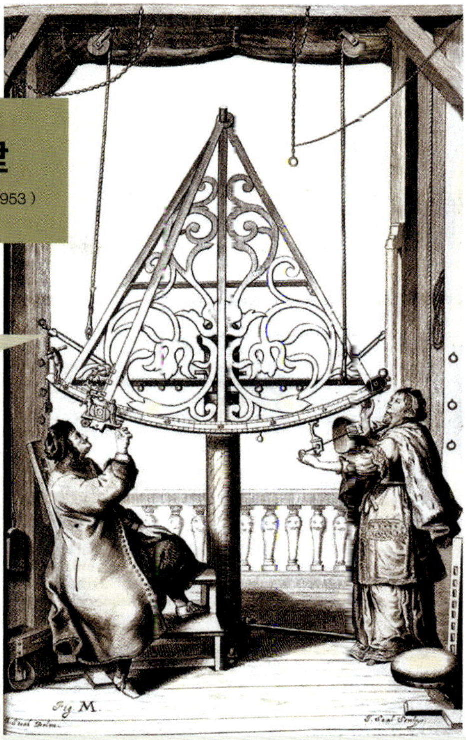

几千年来，人类仰望天空，想要知道自己在宇宙中的位置。图为波兰天文学家约翰内斯·赫维留（Johannes Hevelius）和他的妻子伊丽莎白在进行观测（1673 年）。伊丽莎白被认为是最早的女天文学家之一。

宇宙微波背景辐射（1965 年），宇宙暴胀（1980 年），暗能量（1998 年）

1929 年

宇宙学家约翰·P. 修兹劳（John P. Huchra）写道："可以这样说，迄今为止最重要的宇宙学发现就是宇宙正在膨胀。它连同推断宇宙并没有偏爱之地的哥白尼原理，以及质疑了夜空为何黑暗的奥伯斯佯谬，一起构成了现代宇宙学的基石。它迫使宇宙学家去思考宇宙的动力学模型，并暗示宇宙存在一个时间尺度或年龄。而这一切之所以成为可能……主要是由于埃德温·哈勃对近邻星系距离的估算。"

1929 年，美国天文学家埃德温·哈勃发现星系与地球上观测者之间的距离越远，它后退的速度就越快。星系之间的距离，或者说星系团之间的距离正在不断增加，因此，宇宙也正在膨胀。

许多星系的速度（例如一个星系远离地球上的观测者的运动）可以由其红移来估算，红移指的是地球上的探测器观测到的电磁辐射波长比天体源发出的要长。这类红移出现的原因是空间本身的膨胀，星系正以高速远离我们。光源和接收者之间的相对运动导致波长变化就是多普勒效应的一个例子。也有其他方法可以用来确定遥远星系的速度。（局部引力相互作用占主导的天体，如单一星系内的恒星，不会表现出这种彼此远离的视运动。）

尽管地球上的观测者发现所有遥远的星系团都在飞离地球，但我们在宇宙中的位置并不特殊。另一个星系的观测者也会看到我们所在的星系团正在飞离他们的位置，因为所有的空间都在膨胀。这也是大爆炸的主要证据之一，早期宇宙就是从大爆炸中演化而来，随后仍在不断膨胀。■

本条目作者 克利福德·皮寇弗

哥德尔定理

库尔特·哥德尔（Kurt Gödel，1906—1978）

爱因斯坦和哥德尔的合影，由奥斯卡·摩根斯坦（Oskar Morgenstern）拍摄于20世纪50年代，地点为普林斯顿高级档案研究所。

亚里士多德的《工具论》（约公元前350年），欧几里得的《几何原本》（约公元前300年），康托尔的超限数（1874年）

1931年

奥地利数学家库尔特·哥德尔是一位杰出的数学家，也是20世纪最杰出的逻辑学家之一。他的不完全性定理影响非常广泛，不仅适用于数学，也适用于计算机科学、经济学和物理学等领域。哥德尔在普林斯顿大学工作时，爱因斯坦是他最亲密的朋友之一。

“哥德尔定理”于1931年发表，对逻辑学家和哲学家而言无异于注入了一剂清醒剂。因为它指出在任何严格逻辑化的数学体系中，都存在一些命题或问题，根据该系统内的公理既不能证明它们也不能否定它们，因此算术的基本公理有可能产生矛盾。这就导致了数学具有本质上的“不完备性”的结论，这一事实导致了持续的影响和争论。此外，哥德尔定理还结束了人们几个世纪以来试图在所有数学领域建立严格基础的公理体系的尝试。

王浩*在他的著作《对哥德尔的反思》（*Reflections on Kurt Gödel*）中就这一话题作了如下论述：“哥德尔的科学思想和哲学猜想的影响一直在增加，他的潜在影响和价值可能还会继续增加。可能要花几百年的时间才能对他的一些大胆猜想作出更明确的确认或反驳。”道格拉斯·霍夫施塔特（Douglas Hofstadter）也指出，哥德尔的第二定理明白地指出了数学系统的内在局限性，“这意味着唯一主张自身一致性的形式化数论版本，其一致性其实也是不存在的。”

1970年，哥德尔关于上帝存在的数学证明开始在他的同事中流传。证明不到一页长，却引起了相当大的轰动。在生命的尽头哥德尔变得很偏执，老是觉得人们想毒死他。他停止进食并于1978年去世。他生前还患有精神分裂症和抑郁症。■

* 华裔美籍数学家（1921—1995）。——译者注

本条目作者 克利福德·皮寇弗

反物质

保罗·狄拉克（Paul Dirac，1902—1984）
卡尔·戴维·安德森（Carl David Anderson，1905—1991）

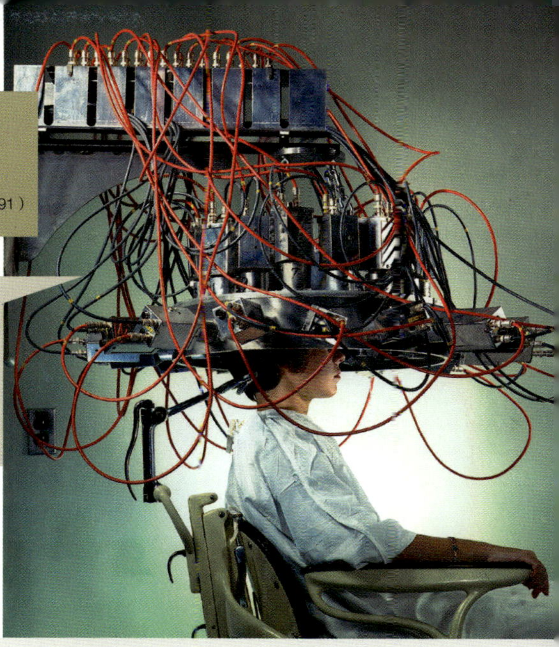

20 世纪 60 年代，美国布鲁克海文国家实验室的研究人员使用如图所示的探测器来研究吸收了注入的放射性物质的小脑瘤。这些突破发展成了更实用的大脑成像设备，如今天的正电子发射计算机断层扫描仪（PET）。

电子（1897 年），狄拉克方程（1928 年），“小男孩”原子弹（1945 年）

1932 年

作家乔安妮·贝克（Joanne Baker）写道：“虚构的宇宙飞船通常由‘反物质驱动器’提供动力，但是反物质本身是真实存在的，甚至可以在地球上由人工制造的。反物质是物质的‘镜像’形式……反物质不能与物质长久共存——两者一旦接触就会在闪光中湮灭。反物质的存在本身就说明了粒子物理学中的深层对称性。”

英国物理学家保罗·狄拉克曾经指出，我们现在学习的抽象数学让我们能够瞥见未来的物理学。事实上，他在 1928 年提出的关于电子运动的方程就预测了反物质的存在，且反物质随后被发现。根据那些公式，一个电子必然有一个质量相同但带正电荷的反粒子。1932 年，美国物理学家卡尔·安德森通过实验观察到了这种新粒子，并将其命名为正电子。1955 年，反质子在伯克利质子加速器（一种粒子加速器）上产生。1995 年，物理学家在欧洲核子研究中心（Organisation Européenne pour la Recherche Nucléaire，CERN）的研究设施中创造了第一个反氢原子。欧洲核子研究中心是世界上最大的粒子物理实验室。

反物质反应如今以正电子发射计算机断层显像（PET）的形式得到了实际应用。这种医学成像技术需要探测由一个核不稳定、可发射正电子的放射性示踪原子所产生的伽马射线（高能辐射）。

现代物理学家继续提出假说来解释为什么可观测宇宙几乎完全由物质而非反物质组成。宇宙中是否存在由反物质主导的区域？通过常规观察，反物质几乎与普通物质难以区分。物理学家米奇奥·卡库（Michio Kaku）写道：“你可以用反电子和反质子生成反原子。甚至反物质人和反物质行星在理论上都是可能的。然而，反物质在与普通物质接触时会湮灭形成能量的爆发。任何手里拿着反物质的人都会立即爆炸，产生相当于成千上万颗氢弹爆炸的威力。”■

本条目作者 克利福德·皮寇弗

中子

詹姆斯·查德威克（James Chadwick，1891—1974）
伊雷娜·约里奥-居里（Irène Joliot-Curie，1897—1956）
简·弗雷德里克·约里奥-居里（Jean Frédéric Joliot-Curie，1900—1958）

布鲁克海文石墨研究反应堆——第二次世界大战后在美国建造的第一个和平时期的反应堆。建设该反应堆的一个目的是通过铀裂变产生中子，以用于科学实验。

放射性（1896 年），原子核（1911 年），中子星（1933 年），来自原子核的能量（1942 年），标准模型（1961 年），夸克（1964 年）

1932 年

化学家威廉·H. 克罗珀写道："詹姆斯·查德威克发现中子的道路漫长而曲折，因为中子不带电荷，所以它们在穿过物质时不会留下可观察到的离子轨迹，在威尔逊云室里也不会留下任何痕迹；对实验者来说，它们是隐形的。"物理学家马克·奥列芬特（Mark Oliphant）写道："中子的发现是查德威克坚持不懈研究的结果，而不像放射性和 X 射线是偶然发现的。查德威克直觉上认为它必须存在，因而从未放弃追逐。"

中子是一种亚原子粒子，除了氕原子之外，其他原子核均含有中子。它没有净电荷，质量略大于质子。和质子一样，它也是由三个夸克组成的。当中子在原子核内时，它是稳定的；然而，自由中子会经历一种被称为 β- 衰变的放射性衰变，其平均寿命约为 15 分钟。自由中子在核裂变和核聚变反应中产生。1931 年，伊雷娜·约里奥-居里（玛丽·居里的女儿）和她的丈夫弗雷德里克·约里奥-居里描述了用阿尔法粒子（氦核）轰击铍原子产生的一种神秘辐射，这种辐射会从含氢的石蜡中击出质子。1932 年，詹姆斯·查德威克进行了更多的实验，提出这种新的辐射是由质量接近质子的非带电粒子，即中子组成的。因为自由中子是不带电的，它们不受电场的阻碍，能穿透到物质深处。

后来，研究人员发现多种元素在受到中子轰击后会发生裂变——即一个较重元素的原子核分裂成两个几乎相等的小块的核反应。1942 年，美国的研究人员证明，这些在裂变过程中产生的自由中子可以产生连锁反应和巨大的能量，并用来制造原子弹和建造核电站。■

本条目作者 克利福德·皮寇弗

暗物质

弗里茨·兹威基（Fritz Zwicky，1898—1974）
薇拉·库珀·鲁宾（Vera Cooper Rubin，1928—2016）

暗物质存在的最早证据之一是天文学家路易丝·沃尔德斯（Louise Volders）在 1959 年所做的观测，她证明了旋涡星系 M33（图为 NASA 雨燕卫星紫外图像）并没有如预期一样按照标准的牛顿动力学自转。

牛顿运动定律和万有引力定律（1687 年）、黑洞（1783 年）、暗能量（1998 年）

天文学家肯·弗里曼（Ken Freeman）和科学教育家杰夫·麦克纳马拉（Geoff McNamara）写道："虽然科学教师经常告诉他们的学生，元素周期表显示了宇宙是由什么组成的，但这并不准确。现在我们知道，约 96% 的宇宙是由无法简单描述的黑暗物质（暗物质和暗能量）构成的……"无论暗物质的成分是什么，它都不会发射或反射足以被直接观测到的光或其他形式的电磁辐射。科学家只能从它对可见物质的引力效应（如对星系自转速度的影响）来推断它的存在。

大多数暗物质可能并不是由标准的基本粒子（如质子、中子、电子和已知的中微子）所组成，而是由一些假想的成分组成，它们的名字富有异国情调，如惰性中微子（sterile neutrino）、轴子（axion）和弱相互作用大质量粒子（WIMP，包括中性微子），它们不发生电磁相互作用，因此难以被探测。假想的中性微子与中微子相似，但更重，速度也更慢。理论家们还考虑过一种疯狂的可能性，即暗物质包括引力子（传递引力相互作用的假想粒子），它们从邻近的宇宙渗透到我们的宇宙中。如果我们的宇宙位于一张"漂浮"在更高维度空间内的膜上，那么暗物质可以用邻近膜上的普通恒星和星系来解释。

1933 年

1933 年，天文学家弗里茨·兹威基通过对星系边缘运动的研究，为暗物质的存在提供了证据。他的研究表明星系有大量的质量无法被探测到。到了 20 世纪 60 年代末，天文学家薇拉·鲁宾证明旋涡星系中大多数恒星的轨道运动速度大致相同，这意味着在星系中恒星所在的位置之外存在暗物质。2005 年，来自加的夫大学的天文学家相信他们在室女星系团中发现了一个几乎完全由暗物质组成的星系。

弗里曼和麦克纳马拉写道："暗物质再一次提醒了我们，对于宇宙来说，人类是多么的无关紧要……组成我们的物质甚至在宇宙中都不占大多数。我们的宇宙主要是由黑暗的材料所构筑。" ■

本条目作者 克利福德·皮寇弗

聚乙烯

雷金纳德·奥斯瓦尔德·吉布森（Reginald Oswald Gibson，1902—1983）
迈克尔·威尔科克斯·佩兰（Michael Wilcox Perrin，1905—1988）
埃里克·福西特（Eric Fawcett，1927—2000）

170

聚乙烯真是“多才多艺”，其制品功能强大、使用广泛。图中为由聚乙烯制成的防穿刺的击剑运动装备。

橡胶（1839 年），塑料（1856 年），掺杂硅（1941 年）

1933 年

1933 年标志着聚乙烯的首次工业合成，但（不幸的是）并不是一个稳定的合成方法。人类制备聚乙烯的历史最早可以追溯到 1898 年，当时德国化学家汉斯·冯·佩克曼正在开展重氮甲烷的研究，在一次偶然的实验事故中他获得过聚乙烯。但是，重氮甲烷易爆又有毒，还没有人鲁莽到用它来生产聚乙烯产品，所以后续研究就此打住了，直到英国化学家雷金纳德·奥斯瓦尔德·吉布森和英裔加拿大籍物理学家埃里克·福西特开始尝试在高温高压下将乙烯单体与苯甲醛进行反应，他们得到了一种白色蜡状聚合物——这正是乙烯发生聚合反应后产生的。从化学结构上讲，聚乙烯就是由重复的亚甲基（CH_2，Methylene）构成的长碳链，它能耐受住化学品及溶剂腐蚀，同时还兼具优异的延展性（Malleability），当时就觉得它的应用前景必定十分广阔。

自此，如何稳定可靠地生产聚乙烯一直困扰着人们。直到 1937 年，英国化学家迈克尔·威尔科克斯·佩兰找到了最佳反应条件：他发现起初反应之所以能偶然成功是由于体系中存在微量的氧气。后来，他选用少量的、性能更为可靠的自由基引发剂来代替氧气，使得聚合反应能在温和反应条件下平稳进行。第二次世界大战期间，聚乙烯成为一种战时“秘密武器”——被用于电子器件中的绝缘体，在诸如雷达等军事装备中一展身手。第二次世界大战结束之前，聚乙烯已经实现了大规模工业生产，各种形式的聚乙烯新产品（如聚乙烯板材、薄膜及柔性片材）开始大量问世并受到了人们的普遍欢迎。

如今，聚乙烯已经成为最普通的塑料聚合物。聚合工艺不同，它的结构也不尽相同（体现在相对分子质量、共聚单体种类等方面），相应的产品性能也千差万别，产品线从柔韧的聚乙烯制品 [一般由低密度聚乙烯（LDPE）制得] 到刚硬的制品 [一般由高密度聚乙烯（HDPE）制得] 一应俱全。每年全球聚乙烯树脂的生产量达到数亿吨之多，被用于生产各类挤压瓶、垃圾袋、运动用品和玩具等。总的来说，关于聚乙烯的研发工作还在继续，这种起初因巧合甚至事故发现的材料如今的表现着实令人印象深刻。■

本条目作者 德里克·B. 罗威

171

中子星

弗里茨·兹威基（Fritz Zwicky，1898—1974）
乔斯琳·贝尔·伯内尔（Jocelyn Bell Burnell，1943— ）
威廉·海因里希·瓦尔特·巴德（Wilhelm Heinrich Walter Baade，1893—1960）

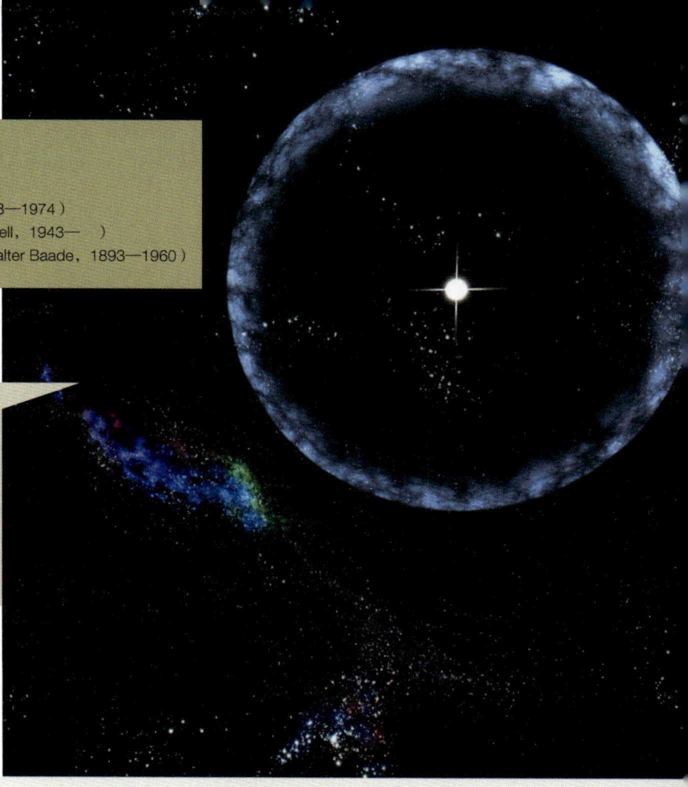

2004 年，一颗中子星经历了一场“恒星地震”，导致它爆发出明亮的耀斑，所有的 X 射线卫星都因此短暂失明。爆炸是由中子星扭曲的磁场造成的，这样的磁场能够弯曲中子星的表面。（来自 NASA 的艺术想象图）

黑洞（1783 年），主序星（1910 年），泡利不相容原理（1925 年），中子（1932 年）

1933 年

当大量的氢在引力作用下开始自身坍缩时，恒星就诞生了。随着凝聚加剧，恒星变热，产生光，形成了氦。最终，这颗恒星耗尽了氢燃料，开始冷却，并且迈进了“死亡的墓地”，此时有几种可能的状态，一种是黑洞，或者在恒星相对较小的情况下形成压缩得很紧密的同类，如白矮星或者中子星。

尤其在一颗大质量恒星耗尽核燃料之后，由于引力的作用，中心区域坍缩，恒星会经历超新星爆炸，外层被吹走。几乎完全由不带电的亚原子粒子的中子构成的中子星可能就在这样的引力坍缩过程中产生了。由于泡利不相容原理导致中子之间存在斥力，中子星无法完全因为引力坍缩成黑洞。一颗典型中子星的质量为太阳质量的 1.4 ～ 2 倍，但其半径只有 12 千米左右。有趣的是，中子星是由一种叫作中子态的特殊物质构成，它的密度非常巨大，一块方糖大小就足以包含全体人类的总质量。

脉冲星是一种快速旋转、高磁性的中子星，发出稳定的电磁辐射，且由于自转，它的辐射以脉冲的形式到达地球。脉冲的间隔从数毫秒到数秒不等。最快的毫秒级脉冲星每秒自转超过 700 次！脉冲星于 1967 年由研究生乔斯琳·贝尔·伯内尔发现，她找到一种以恒定频率闪烁的射电源。而早在 1933 年，就在中子被发现的一年后，天体物理学家弗里茨·兹威基和瓦尔特·巴德就提出可能存在中子星。

在小说《龙蛋》（*Dragon's Egg*）中，有生物就居住在中子星上，那里的引力非常强，山脉只有大约一厘米高。■

本条目作者 克利福德·皮寇弗

EPR 佯谬

阿尔伯特·爱因斯坦（Albert Einstein，1879—1955）
鲍里斯·波多尔斯基（Boris Podolsky，1896—1966）
纳森·罗森（Nathan Rosen，1909—1995）
阿兰·阿斯佩（Alain Aspect，1947—　）

艺术家再现的"超距幽灵反应"。一旦一对粒子处于纠缠态，那么其中一个粒子的某种特殊变化会立即反映在另一个粒子上，即使这对粒子相互以星际距离隔开。

互补性原理（1927 年），薛定谔的猫（1935 年），量子计算机（1981 年）

1935 年

量子纠缠（QE）指的是量子粒子之间的一种密切联系，例如两个电子或两个光子之间的联系。一旦这对粒子纠缠在一起，那么其中一个粒子的一种特殊变化会立即在另一个粒子上反映出来，并且这对粒子之间的距离是几英寸还是相距行星间的距离，对于这种现象都无关紧要。这种纠缠非常违反直觉，阿尔伯特·爱因斯坦称其为"幽灵"，并认为这证明了量子理论，尤其是哥本哈根解释存在瑕疵，哥本哈根解释认为在许多情况下量子系统处于一个概率不确定态，直到观察后才到达一个明确的状态。

1935 年，阿尔伯特·爱因斯坦、鲍里斯·波多尔斯基和纳森·罗森发表了一篇关于他们著名的爱因斯坦-波多尔斯基-罗森悖论（EPR 佯谬）的论文。假设同一个源发射出两个粒子使得它们的自旋处于相反态的量子叠加态中，标记为"+"和"–"。两个粒子在测量前都没有确定的自旋。两个粒子飞离彼此，一个去往佛罗里达，另一个去往加利福尼亚。根据量子纠缠，尽管光速禁止了信息的超光速（FTL）传递，如果佛罗里达的科学家测量自旋并发现了是"+"，那么加利福尼亚的粒子就可以立即认定为"–"。但是请注意，没有实际发生超光速信息通信。佛罗里达的科学家不能使用纠缠态发送信息到加利福尼亚，因为佛罗里达并没有操纵他们粒子的自旋，他们的粒子测量自旋的结果为"+"和"–"的概率各为 50%。

1982 年，物理学家阿兰·阿斯佩对来自同一原子单个事件中发射的反向光子对进行了实验，从而确保了光子对的相关性。他证明了 EPR 佯谬中的瞬时连接确实发生了，即使粒子对被以任意大的距离分开。

今天，量子密码学领域正在研究量子纠缠，以传送不被监视而不留任何痕迹的信息。如今正在被开发的简易量子计算机可以并行地进行计算，并且比传统计算机运算速度更快。■

本条目作者　克利福德·皮寇弗

173

薛定谔的猫

埃尔温·鲁道夫·约瑟夫·亚历山大·薛定谔
（Erwin Rudolf Josef Alexander Schrödinger，1887—1961）

当盒子被打开时，观察的行为本身就可能使叠加态坍缩，导致薛定谔的猫不是活的就是死的。本图中，薛定谔的猫幸运地活着出来了。

放射性（1896 年），互补性原理（1927 年），EPR 佯谬（1935 年），平行宇宙（1956 年）

1935 年

薛定谔的猫使我想起了鬼魂，或者可能是恐怖的僵尸——一种好像是同时活着和死去的人。1935 年，奥地利物理学家埃尔温·薛定谔发表了一篇关于这一非同寻常的悖论文章，其结果是如此惊人，以至于直到今天仍让科学家们感到困惑和关注。

薛定谔曾对新近提出的量子力学的哥本哈根解释感到不安，该解释认为从本质上而言一个量子系统（如电子）在观测完成之前，以概率云的形式存在。在更高的层次上，这似乎表明在没有观察到的情况下，精确地询问原子和粒子的现状是毫无意义的。在某种意义上，现实是由观察者创造的。在被观察之前，这个系统具有各种可能性。这对我们的日常生活意味着什么呢？

想象一只活猫被放在一个盒子里，而盒子里有一个放射源、一个盖革计数器和一个装有致命毒药的密封玻璃瓶。当放射性衰变事件发生时，盖革计数器会对事件进行测量，并触发释放锤子的机制去砸碎玻璃瓶，从而释放出毒药杀死猫。假设量子理论预测每小时发射一个衰变粒子的概率为 50%。那么一小时后，猫活着或者死去的概率是相等的。根据哥本哈根解释的某些观点，猫似乎既是活的又是死的——两种状态的混合，被称为叠加态。一些理论家认为，如果你打开盒子，观察的行为本身就“坍缩了叠加态”，导致猫不是活的就是死的。

薛定谔说，他提出的这个实验证明了哥本哈根解释的无效性，并且爱因斯坦也同意这一说法。从这个思维实验中引发出许多问题：谁可以成为一个有效的观察者？盖革计数器吗？一只苍蝇吗？猫能观察自己从而坍缩自己的状态吗？这个实验真正说明了什么样的现实本质？■

本条目作者 克利福德·皮寇弗

图灵机

艾伦·图灵（Alan Turing，1912—1954）

这是一台“庞贝机”的复制品。图灵发明了这台机电设备，用来破译恩尼格玛密码机生成的纳粹密码。

ENIAC（1946 年），信息论（1948 年），公钥密码学（1977 年）

1936 年

艾伦·图灵是一位杰出的数学家和计算机理论家。他曾经被迫接受药物治疗来“逆转”他的同性恋倾向。尽管他的密码破译工作缩短了第二次世界大战的持续时间，并因此获得大英帝国勋章，他还是没能逃过这场灾难。

当图灵打电话给警察要求调查他在英国家中的一起入室盗窃案时，一名高度恐惧同性恋的警官怀疑图灵是同性恋。图灵被迫选择要么坐牢一年，要么接受实验性药物治疗。为了避免入狱，他同意注射一年雌激素。但在他被指控仅仅两年后，42 岁的他去世，对他的朋友和家人而言，都是巨大的打击。图灵被发现躺在床上，尸检显示氰化物中毒，也许他是自杀的。但到目前为止并无定论。

许多历史学家认为图灵是“现代计算机科学之父”。在他 1936 年撰写的标志性论文《论数字计算在决断难题中的应用》中，他提出的“图灵机”（抽象符号操作设备）将能够解决任何可以想象的，能被表示为一个算法的数学问题。图灵机帮助科学家们更好地理解了计算机能力的极限。

图灵还是著名的“图灵测试”发明者，它使科学家们更清楚地理解所谓的“机器智能”，以及机器是否有一天会“思考”。图灵相信机器最终能够通过测试，证明它们能够以自然的方式与人交谈，以至于人们都无法判断自己是在与机器还是与人交谈。

1939 年，图灵发明了一种机电设备，可以帮助人们破译恩尼格玛密码机生成的纳粹密码。图灵的机器被称为“庞贝机”，经数学家戈登·韦奇曼（Gordon Welchman）改进后，成为破译恩尼格玛密码的主要工具。■

本条目作者 克利福德·皮寇弗

175

细胞呼吸

奥托·弗里茨·迈耶霍夫（Otto Fritz Meyerhof，1884—1951）
阿尔伯特·圣-捷尔吉（Albert Szent-Györgyi，1893—1986）
卡尔·罗曼（Karl Lohmann，1898—1978）
弗里茨·阿尔伯特·李普曼（Fritz Albert Lipmann，1899—1986）
汉斯·阿道夫·克雷布斯（Hans Adolf Krebs，1900—1981）
保罗·德罗斯·博耶（Paul Delos Boyer，1918—　）
彼得·米切尔（Peter Mitchell，1920—1992）
约翰·欧内斯特·沃克（John Ernest Walker，1941—　）

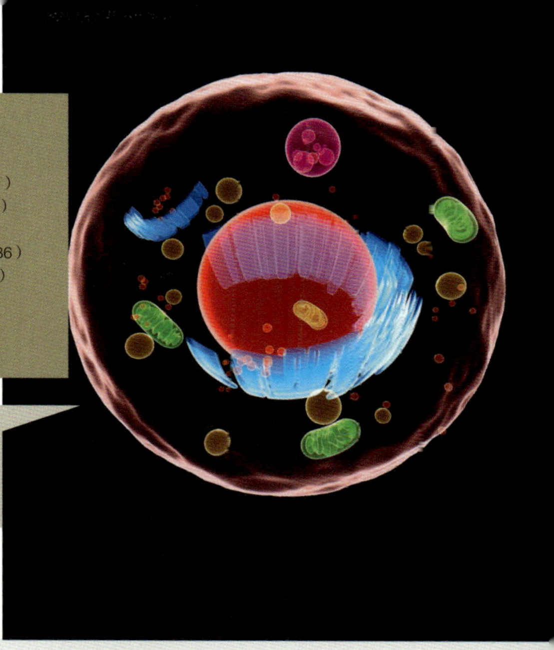

图为利用计算机技术模拟出的典型细胞的主要结构模型，其中绿色椭圆状结构即为线粒体，在肌肉细胞中线粒体特别丰富。

内燃机（1908 年），光合作用（1947 年），内共生学说（1967 年）

1937 年

所有生命体都需要能量。1929 年，德国化学家卡尔·罗曼与奥托·弗里茨·迈耶霍夫发现所有生物体的能量供应都来自同一种分子——三磷酸腺苷（ATP，Adenosine triphosphate）。ATP 分子中含有一个高能磷酸键，形成它需要消耗大量的能量，而当该键断裂时又会释放出大量能量。1941 年，德裔美籍生化学家弗里茨·阿尔伯特·李普曼进一步提出 ATP 实际起到了能量“存储器”的作用，时刻准备着为生物体的需求提供能量。在我们的体内有数以亿计的三磷酸腺苷和二磷酸腺苷（Adenosine diphosphate）相互转化实现贮能与放能，如同许许多多的小电池一样为各类蛋白质提供着化学能。这些 ATP 组装而成的小电池组，周而复始地执行它们的使命。

后来英国生化学家彼得·米切尔发现了 ATP 合酶（ATP synthase），美国生化学家保罗·博耶和英国生化学家约翰·沃克又做了进一步阐释：细胞中存在着一种专门的细胞器——线粒体（mitochondrion），它能通过 ATP 合酶源源不断地合成 ATP。这些线粒体看上去与细菌有几分相似——这绝非偶然，因为在过去漫长的进化过程中的某一时刻，线粒体似乎就曾是进入寄主细胞并寄居于其中的细菌。如今，线粒体俨然已经演变成了“ATP 生产厂”。1937 年，基于匈牙利生理学家阿尔伯特·圣-捷尔吉（因发现维生素 C 而闻名）的研究，德裔英籍生物化学家汉斯·阿道夫·克雷布斯揭示了生物体内能量代谢所涉及的系列化学反应中的第一步。这是一个始自柠檬酸（Citric acid）的循环途径，消耗了碳水化合物和脂肪降解所产生的二碳乙酰基团，并产成二氧化碳。克雷布斯循环（即柠檬酸循环）的产物进入后续其他系列的酶反应 [被称为“氧化磷酸化作用”（Oxidative phosphorylation）]，通过消耗氧气而产生 ATP。从这个意义上说，线粒体还真像个生命不息、工作不止的“炉子”，消耗的是我们吃进去的食物和吸入的氧气，同时产生了我们呼出的二氧化碳。■

本条目作者 德里克·B. 罗威

超流体

彼得·列昂尼多维奇·卡皮察（Pyotr Leonidovich Kapitsa，1894—1984）
弗里茨·沃尔夫冈·伦敦（Fritz Wolfgang London，1900—1954）
约翰·"杰克"·弗兰克·艾伦（John "Jack" Frank Allen，1908—2001）
唐纳德·米塞纳（Donald Misener，1911—1996）

阿尔弗雷德·莱特纳（Alfred Leitner）1963年的电影《液氦，超流体》（*Liquid Helium*）中的画面。液氦处于超流体状态，一层液氦薄膜沿着悬空杯的内壁缓缓向上攀爬，在外侧滑下，并在底部形成一个液滴。

伯努利流体动力学定律（1738年），超导电性（1911年），海森堡不确定性原理（1927年）

1937年

就像一些出现在科幻电影中的活生生的、缓慢爬行的液体一样，超流体的怪异行为已然引起物理学家们持续了数十年的兴趣。当超流体状态的液氦被放置在一个容器中时，它会沿着容器壁向上攀爬并离开容器。此外，超流体在其容器旋转的情况下会保持静止。它似乎能够寻找并穿透微观的裂缝和孔隙，使得传统意义上足够完好的容器出现超流体泄漏。你转动一杯咖啡——杯子里的液体也在旋转——放在桌子上，几分钟之后咖啡就静止了。但是如果你用超流体氦来做这个实验，那么你的后代一千年后再回来看这个杯子，超流体可能仍在旋转。

超流态存在于几种物质中，但通常通过氦-4来研究，氦-4是氦的一种常见的天然同位素，包含两个质子、两个中子和两个电子。在一个被称为 λ 点（-455.49 °F，2.17 K）的极冷临界温度之下，这种液态氦-4突然获得了无表面摩擦的流动能力，并且同时获得的导热系数是正常液态氦导热系数的数百万倍，远高于最好的金属导体的导热系数。术语氦 I 指的是温度高于2.17 K的液氦，氦 II 指的是低于这个温度的液氦。

超流态是由物理学家彼得·卡皮察、约翰·弗兰克·艾伦和唐纳德·米塞纳在1937年发现的。1938年，弗里茨·伦敦提出，在 λ 点下的液氦由两部分组成，一种是具有氦 I 特性的正常流体，另一种是超流体（黏度值本质上等于0）。当组成的原子开始占据相同的量子态，并且它们的量子波函数重叠时，普通流体到超流体的转变就会发生。就像在玻色-爱因斯坦凝聚中一样，原子失去了它们各自的特性，并表现为一片巨大的摊开的实体。由于超流体没有内部黏度，在流体内部形成的涡流实际上会一直旋转下去。■

本条目作者 克利福德·皮寇弗

177

核磁共振

伊西多·艾萨克·拉比（Isidor Isaac Rabi，1898—1988）
费利克斯·布洛赫（Felix Bloch，1905—1983）
爱德华·米尔斯·珀塞尔（Edward Mills Purcell，1912—1997）
理查德·罗伯特·恩斯特（Richard Robert Ernst，1933—　）
雷蒙德·瓦汉·达马迪安（Raymond Vahan Damadian，1936—　）

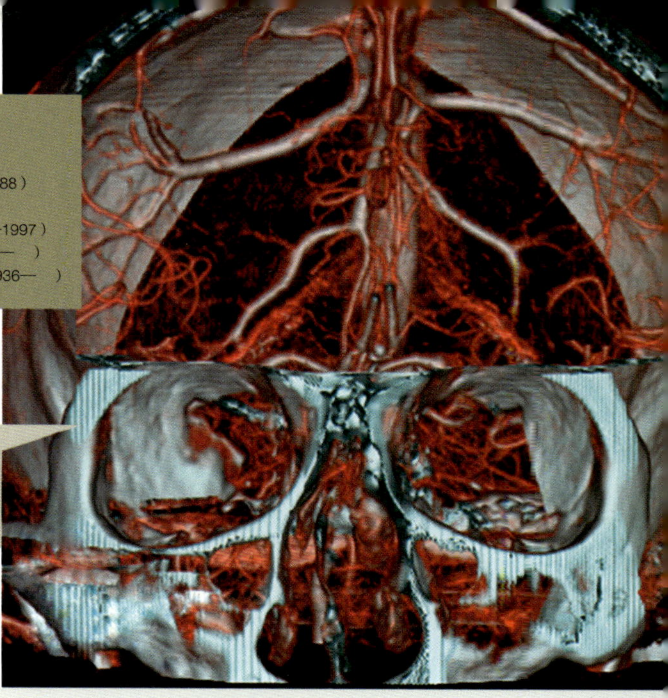

真实的大脑血管（动脉）的磁共振血管成像（MRA）。这种核磁共振研究常被用来揭示脑动脉瘤。

X射线（1895年），原子核（1911年），超导电性（1911年）

1938年

诺贝尔化学奖获得者理查德·恩斯特写道："科学研究需要强有力的工具来揭示大自然秘密。核磁共振（NMR）已被证明是能提供丰富信息的科学工具之一，它的应用涵盖了从固体物理学、材料科学……甚至到心理学的几乎所有领域，它还试图理解人类大脑的功能。"

如果一个原子核拥有至少一个未配对的中子或质子，那么该原子核便可以表现得像一块小磁铁。当施加一个外部磁场时，它会产生一种力，可以形象地理解为这种力会导致原子核进动或摆动，就像一个旋转的陀螺一样。核自旋态之间的势能差可以通过增强外磁场而增大。在打开这个静态的外磁场后，引入一个适当频率的射频（RF）信号，可以诱导自旋态之间的跃迁，从而使部分自旋被置于它们的高能态。如果射频信号关闭，自旋会弛豫至较低能态，并产生与自旋反转相关的共振频率的射频信号。这些核磁共振信号产生的信息携带了样本中的特定原子核信息，因为射频信号会直接被所处的化学环境所修饰。因此，核磁共振研究可以产生丰富的分子信息。

核磁共振最早是在1937年由物理学家伊西多·拉比描述。1945年，物理学家菲利克斯·布洛赫，爱德华·珀塞尔和他们的同事改进了这项技术。1966年，理查德·恩斯特进一步发展了傅里叶变换（FT）和其反演模式，并展示了如何利用射频脉冲创建核磁共振信号光谱与频率的关系。1971年，内科医生雷蒙德·达马迪安指出，正常细胞和恶性细胞中水的氢原子核弛豫速率可能不同，这开启了核磁共振医学诊断的可能性。20世纪80年代初，核磁共振方法开始被应用于磁共振成像（MRI），以表现人体软组织中氕原子核的核磁矩。■

本条目作者 克利福德·皮寇弗

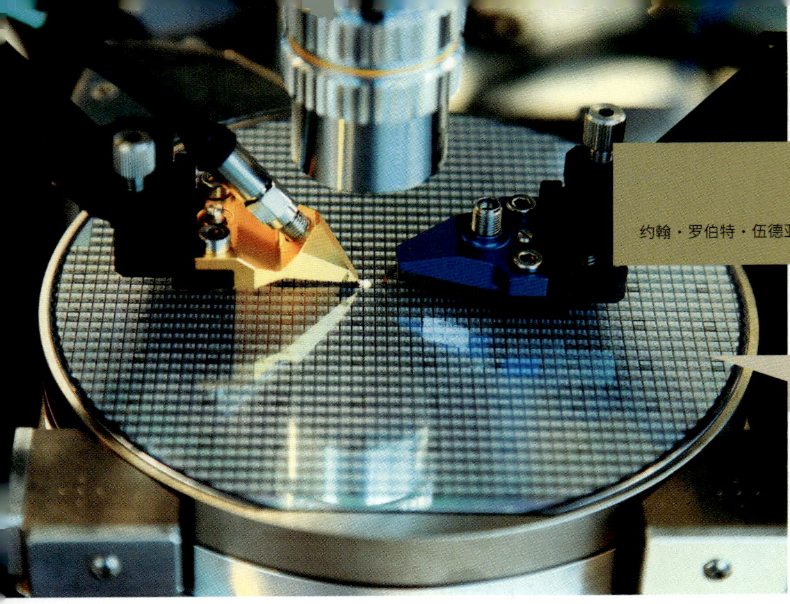

硅晶片，它是半导体材料的薄片。

掺杂硅

约翰·罗伯特·伍德亚德（John Robert Woodyard，1904—1981）

晶体管（1947 年），集成电路（1958 年），阿帕网（1969 年）

1941 年

如果要我们选出一种工程师使用的、对人类影响最大的材料，这种材料是什么？可能是工程师在枪炮和炸弹中使用的火药，火药的破坏力很大，杀死过数以百万计的人，虽然这不是一个令人感到愉快的选择；还可能是工程师用在核弹和核电站中的铀；或者是铺设公路所使用的沥青，每天数十亿人的交通都依赖于它；还有可能是为许许多多建筑结构所使用的混凝土。我们大部分车辆使用的能源汽油应该也是一种选择吧？

让我们用掌声欢迎最具影响力的材料获奖者——掺杂硅。掺杂硅是由约翰·罗伯特·伍德亚德于 1941 年在斯佩里陀螺仪公司工作时发明的。这种材料是晶体管的基础，在各个方面改变了我们的社会。环顾你的四周，数一数有多少东西是以这种或那种形式使用着计算机。想一想你每天在笔记本电脑、平板电脑或智能手机上花费的时间有多少？想一想这个世界上正有上亿台的计算机连接着网络。

想一想我们正朝着什么方向前进。“物联网”将是下一个大事件。预计在未来的十年或二十年间，将会有 100 万亿个物体与网络连接。物联网与我们的生活息息相关：家用电器、摄像机、传感器、跟踪装置、无人驾驶飞机、安防系统。掺杂硅使得计算机的成本大幅度降低，非常节能，非常智能化，使得它能够嵌入任何东西之中，并与网络连接在一起。在不太遥远的未来，一大波机器人将来到我们的世界。

掺杂硅的工艺在概念上非常简单。它始于纯的硅晶体，加入各种掺杂物，比如掺入硼能形成空穴，掺入磷则造就了自由电子。准确地讲，这些掺杂区结合在一起，工程师可以制造出二极管和晶体管。有了晶体管，工程师可以制造出放大器、接收器和计算机。现在我们的计算机和电子工业都是建立在掺杂硅的技术之上的。■

本条目作者 马歇尔·布莱恩

179

来自原子核的能量

莉斯·迈特纳（Lise Meitner，1878—1968）
阿尔伯特·爱因斯坦（Albert Einstein，1879—1955）
利奥·西拉德（Leó Szilárd，1898—1964）
恩里科·费米（Enrico Fermi，1901—1954）
奥托·罗伯特·弗里施（Otto Robert Frisch，1904—1979）

（左图）莉斯·迈特纳是发现核裂变的小组成员之一（1906年）。（右图）第二次世界大战期间，美国田纳西州橡树岭Y-12工厂的质谱仪操作员。

放射性（1896 年），$E = mc^2$（1905 年），原子核（1911 年），“小男孩”原子弹（1945 年）

1942 年

核裂变是一个如同铀原子这样的原子核分裂成更小部分的过程，该过程中经常产生自由中子和更轻的原子核，并释放大量的能量。当中子飞离并击碎其他铀原子时，就会发生连锁反应，让核裂变持续下去。核反应堆利用温和而可控制的裂变过程来产生能量。而核武器则以一种快速、不受控制的速度完成这一过程。核裂变产物本身往往具有放射性，因此可能导致与核反应堆有关的核废料问题。

1942 年，在芝加哥大学体育场下面的壁球场上，物理学家恩里科·费兴和他的同事们用铀制造了一个受控的链式核反应堆。费米依据的是物理学家莉斯·迈特纳和奥托·弗里施 1939 年的研究成果，这两位科学家展示了铀原子核如何分裂成两部分，并释放出巨大的能量。费米在 1942 年的实验中，用金属棒吸收中子，使反应速度能够控制。作家艾伦·维斯曼（Alan Weismann）解释说：“不到三年，在新墨西哥的沙漠里，他们做了完全相反的实验。这次的核反应（包括钚裂变）计划就是要完全失控，将巨大的能量瞬间释放出来，在一个月内，这个行为在日本重复了两次，摧毁了两个城市……从那以后，人类就一直被核裂变的双重致命性所恐惧和惊讶：先是不可思议的毁灭，然后是缓慢的折磨。”

由美国领导的曼哈顿计划是第二次世界大战期间进行的研制第一颗原子弹项目的代号。物理学家利奥·西拉德非常关注德国科学家制造核武器的问题，于是他找到阿尔伯特·爱因斯坦，要他在 1939 年写给罗斯福总统的信上签名，提醒总统注意这一危险。

注意，使用核聚变反应的第二种核武器是“氢弹”。■

本条目作者 克利福德·皮寇弗

“小男孩”原子弹

J. 罗伯特・奥本海默（J. Robert Oppenheimer，1904—1967）
小保罗・沃菲尔德・蒂贝茨（Paul Warfield Tibbets，Jr，1915—2007）

1945 年 8 月，拖车摇篮上的“小男孩”原子弹。“小男孩”大约 3 米长。不久后，它夺走了约 14 万人的生命。

冯・居里克静电起电机（1660 年），放射性（1896 年），来自原子核的能量（1942 年）

1945 年

1945 年 7 月 16 日，美国物理学家罗伯特・奥本海默在新墨西哥州沙漠中目睹了第一颗原子弹爆炸，他想起了《博伽梵歌》（*Bhagavad Gita*）中的一句话：“现在我变成了死神，世界的毁灭者。”奥本海默是曼哈顿计划的科学主任，该计划致力于研究第二次世界大战中的第一枚核武器。

核武器爆炸是核裂变、核聚变或这两种过程结合的结果。原子弹一般依靠核裂变，铀或钚的某些同位素分裂成较轻的原子，在连锁反应中释放中子和能量。热核炸弹（或氢弹）的部分破坏力来自核聚变。特别是在非常高的温度下，氢的同位素能结合形成较重的元素并释放能量。而这种高温是通过裂变式原子弹来压缩和加热聚变燃料达到的。

“小男孩”是 1945 年 8 月 6 日由保罗・蒂贝茨上校驾驶的埃诺拉・盖伊轰炸机在日本广岛投下的原子弹的名字。这个“小男孩”长约 3 米，含有 64 千克的浓缩铀。从飞机上释放后，四个雷达高度计被用来探测炸弹的高度。原子弹的最大破坏力是在 580 米的高度爆炸。当四个测高计中的任意两个测高计感应到正确的高度时，无烟火药在炸弹中引爆，将一块铀-235 沿着一个气缸投射到另一块铀-235 上，从而产生一种自我维持的核反应。爆炸后，蒂贝茨回忆起“可怕的云……沸腾起来，像一个恐怖的大蘑菇，而且高得难以置信。”在一段时间内，多达 14 万人死亡——大约一半人死于直接爆炸，另一半是死于辐射的持续影响。奥本海默后来指出：“科学中深奥的东西不是因为有用才被发现的，它们被发现是因为有可能发现它们。”■

本条目作者 克利福德・皮寇弗

铀浓缩

气体离心机用来生产浓缩铀。照片为1984年拍摄的美国俄亥俄州皮克顿的气体离心机。

原子核（1911 年），来自原子核的能量（1942 年），“小男孩”原子弹（1945 年）

想象一下 1942 年工程师们在曼哈顿计划中遇到的情况：来自地下的铀几乎全都是铀-238，但是偶尔还有铀-235 原子混入铀-238 原子中（其含量少于百分之一）。铀-235 原子是工程师制造核弹所需的原子。如何将铀-235 原子从铀-238 原子中分离出来呢？

为了将一个东西从另一种东西中分离出来，工程师需要在工厂进行很多道工序。炼油时利用的原理是不同的沸点和凝点，采石场用筛子分离不同尺寸的砂石。如果盐和沙砾混在一起，水可以溶解盐分从而将其分离出来。但是将铀-235 原子从铀-238 原子中分离出来却非常困难，因为两种原子几乎是相同的。

人们想尽了各种不同的办法来分离铀-235 和铀-238，比如热、磁、离心机等。当时最佳的分离手段被称为气体扩散，它包括两个步骤：将固体铀转化为被称为六氟化铀的气体，然后让气体通过数百个微孔膜扩散，铀-235 通过微孔膜比铀-238 通过要稍微容易一点。

这个过程听上去很简单，但能够让工程学设计一个工艺流程，能可靠地执行分离操作依然是一个巨大的挑战。K-25 建筑——第一个完整的气体扩散工厂位于美国田纳西州橡树岭，于 1945 年开始工作，它在当时花费了 5 亿美元（相当于今天的 80 亿美元），占用了美国很大一部分电力。这座建筑是当时世界上最大的建筑之一，室内面积大概有 50 英亩（约 20 多万平方米），包括成千上万的扩散室与它们的泵、密封件、阀门和温度控制设备等相连。它最大的问题之一是六氟化铀的高腐蚀性。像聚四氟乙烯这样新开发的材料在防止腐蚀时也派上了用场。

工程师们以前所未有的保密程度和惊人的速度，建起了 K-25 建筑（与另外的一些工厂），利用它们为第一个原子弹爆炸作铀-235 的浓缩提纯。第二次世界大战后，六氟化铀提取法一直用作铀-235 浓缩的方法，直到它被更有效的离心分离机所代替。■

本条目作者 马歇尔·布莱恩

ENIAC

约翰·莫克利（John Mauchly，1907—1980）
J. 普雷斯珀·埃克特（J. Presper Eckert，1919—1995）

美国陆军拍摄的的 ENIAC 照片。这是第一台可编程电子数字计算机，可用于解决大规模计算问题。它的第一个重要应用涉及氢弹研制。

安提基特拉机械（约公元前 125 年），计算尺（1621 年），巴贝奇的机械计算机（1822 年），图灵机（1936 年），晶体管（1947 年）

1946 年

世界上第一台可编程电子数字计算机是由美国科学家莫克利和埃克特在宾夕法尼亚大学建造，简称 ENIAC。它可用于解决大量计算问题。设计 ENIAC 的最初目的是计算美国陆军火炮射击参数表，然而它建成后的第一个重要应用却是用于氢弹的设计计算。

ENIAC 于 1946 年问世，耗资近 50 万美元，一直使用到 1955 年 10 月 2 日才关闭。这台机器有 17 000 多个真空管和围绕它们的 500 万个手工焊接点，采用 IBM 的读卡机和卡片穿孔机进行输入和输出。1997 年，由扬·范·德·斯皮格尔（Jan van der Spiegel）领导的一个工程系学生团队将这个“30 吨重的 ENIAC”复制到了一块单一的集成电路板上！

尽管在 1930 年代和 1940 年代出现过一些其他重要的电子计算机：包括美国阿塔纳索夫—贝里计算机（Atanasoff-Berry，1939 年 12 月展示）、德国 Z3（1941 年 5 月展示）和英国“巨人”计算机（Colossus，1943 年展示），然而这些机器要么不完全是电子的，要么不是通用计算机。

ENIAC 专利文档（专利编号：3120606，1947 年建档）的作者，在专利申请文件中写道：“随着每天都要处理大量复杂运算的时代降临，这种高速运算的速度变得至关重要，以至于今天市场上没有一台机器能够满足现代计算方法的全部需求。本发明的目的就是将如此冗长烦琐的计算时间大大缩短到以秒计数的程度。”

今天，计算机的使用已经渗透到数学的大多数领域，包括数值分析、数论和概率论。当然，数学家在他们的研究中也越来越多地使用计算机。他们在教学中常常使用计算机图形来启发师生的洞察力。一些著名定理的数学证明也是借助计算机才获得了成功。■

本条目作者 克利福德·皮寇弗

恒星核合成

弗雷德·霍伊尔（Fred Hoyle，1915—2001）

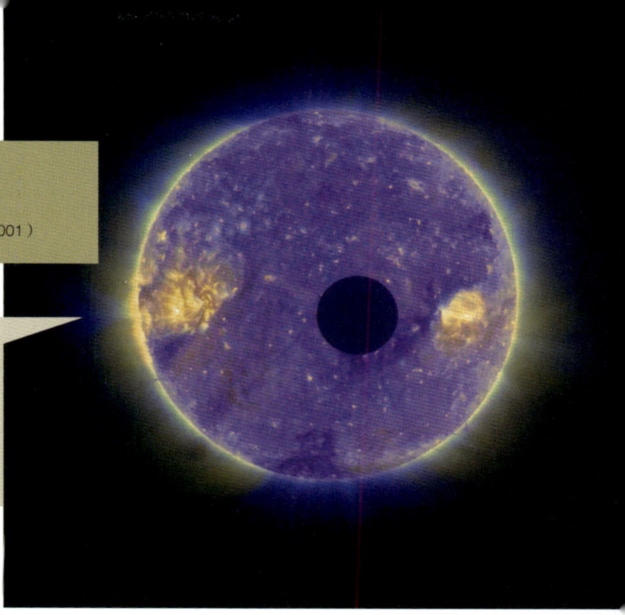

从太阳前经过的月球，由 NASA 的 STEREO-B 太阳探测器在 2007 年 2 月 25 日捕捉到的四种波长极紫外光合成的图像。由于这个探测器比地球离太阳更远，所以月球看起来比平时要小。

日心宇宙学说（1543 年），$E=mc^2$（1905 年），原子核（1911 年）

1946 年

“你应谦卑，因为你源自粪土。你应高尚，因为你由繁星组成。”这句古老的塞尔维亚谚语旨在提醒我们，若不是恒星产生了比氢和氦重的元素，并最终死亡、爆发并将之散落到宇宙之中，那么今天的宇宙就不会大量存在这些元素了。虽然氢和氦等轻元素是在大爆炸后的最初几分钟内产生的，但后续较重元素的核合成（产生较重原子核的过程）需要大质量恒星进行长时间的核聚变反应。超新星爆发迅速产生了更重的元素，这是由于恒星核心爆发时的剧烈核反应。非常重的元素，比如金和铅，产生于超新星爆发时的极度高温和强烈的中子流中。下次你看到朋友手指上的金戒指时，就想想大质量恒星中的超新星爆发吧。

1946 年，天文学家弗雷德·霍伊尔对恒星形成重核的机制进行了开创性的理论研究，他证明了极度高温的原子核是如何合成铁元素的。

在撰写这个条目时，我在办公室里抚摸着一具剑齿虎的头骨。没有繁星，就没有这些头骨。如前所述，大多数元素，如骨骼中的钙，最初是在恒星中合成，然后随着恒星死亡被吹入太空。没有繁星，热带稀树草原上奔跑的老虎就会像幽灵一样消失。没有铁原子供它造血，没有氧原子供它呼吸，没有碳原子供它合成蛋白质和 DNA。垂死的古老恒星中产生的原子被吹过了遥远的距离，最终形成了围绕太阳聚集的行星中的元素。没有这些超新星的爆发，就不会有雾气笼罩的沼泽、电脑芯片、三叶虫、莫扎特，也不会有小女孩的眼泪。没有这些爆发的恒星，也许会有天堂，但肯定没有地球。■

本条目作者 克利福德·皮寇弗

全息图

丹尼斯·伽博（Dennis Gabor，1900—1979）

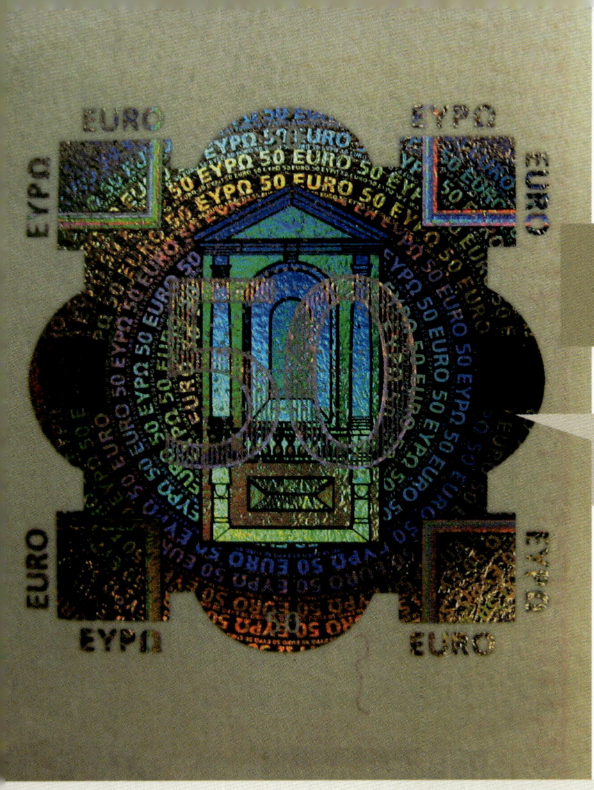

50 欧元纸币上的全息图。安全类全息图很难伪造。

牛顿棱镜（1672 年），光的波动性（1801 年），激光（1960 年）

1947 年

全息图是物理学家丹尼斯·伽博于 1947 年发明的一种方法，通过这种方法可以记录和复制三维图像。他在诺贝尔奖获奖感言中谈到全息图时说："我不需要写下一个方程式，也不需要展示一个抽象的图形。当然，人们可以把几乎任何数量的数学知识引入全息图，但其基本要点可以从物理论证中得到解释和理解。"

举一个例子，比如一个漂亮的桃子。从许多角度记录桃子的全息图可以存储在摄影胶片上。为了产生透射全息图，使用分束器将激光分为参考光束和目标光束。参考光束不直接照射桃子，而是通过一面镜子指向记录胶片。目标光束瞄准桃子。桃子反射的光与参考光束相遇，在胶片上形成干涉图样。这种条纹和螺纹形的图案完全无法辨认。在胶片冲洗完成后，通过将光以与参考光束相同的角度照射到全息图上，可以在空间中重建桃子的三维图像。全息照相胶片上的细密条纹使光线发生衍射或偏转，从而形成三维图像。

物理学家约瑟夫·卡斯帕（Joseph Kasper）和史蒂芬·菲勒（Steven Feller）写道："当你第一次看到全息图时，你肯定会感到困惑和难以置信。你可以把手放在明显有图像的地方，却发现那里什么都没有。"

透射全息图利用从后面照射到显影胶片上的光，反射全息图利用从胶片前面照射到胶片上的光。有些全息图需要激光才能看到，而彩虹全息图（比如信用卡上常见的带有反光涂层的全息图）可以不用激光就能看到。全息图也可以以光学形式存储大量的数据。■

本条目作者 克利福德·皮寇弗

185

光合作用

梅尔文·卡尔文（Melvin Calvin，1911—1997）
塞缪尔·古德诺·怀尔德曼（Samuel Goodnow Wildman，1912—2004）
安德鲁·阿尔穆·本森（Andrew Alm Benson，1917—2015）
詹姆斯·艾伦·巴沙姆（James Alan Bassham，1922—2012）

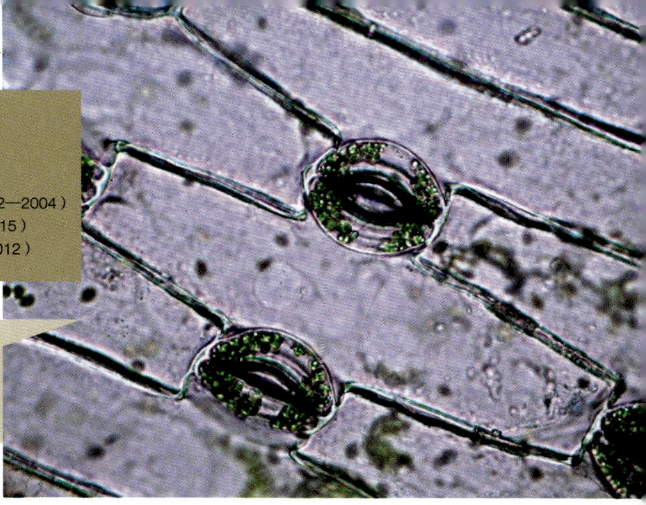

图中 Rubisco 在绿色的叶绿体中慢慢悠悠地做着它奇特的工作，整个过程在植物细胞中清晰可见。

氮循环和植物化学（1837 年），细胞呼吸（1937 年），绿色革命（1961 年）

1947 年

光合作用中的化学反应虽然悄无声息、不易察觉，但它却是世界上一切生命有机体赖以生存的基础。其实，我们所生存的地球原本并没有足够的氧气，直到光合微生物（photosynthetic microbe）以代谢的形式释放出氧气，这一作用也逐渐消灭了地球的原生微生物或者迫使它们隐匿了起来。光合作用不仅能生产我们呼吸所需要的氧气，它还能调节空气中二氧化碳的含量。仅仅认识到光合作用只是将大气变得可供呼吸还远远不够，事实上，是光合作用维系了地球上所有生命体的食物链，人类自然也包含其中。

令人惊讶的是，整个光合过程都依赖一种人类已知的最“笨”的酶（体积大、作用慢）。1947 年，塞缪尔·古德诺·怀尔德曼发表了一篇从菠菜叶子中提取到关键性酶 [核酮糖-1，5-二磷酸羧化酶 / 加氧酶（Ribulose biscarboxylase oxygenase）] 的文章。这种酶体积较大、含量丰富，作用不可或缺，这种酶的学名太长，实验室中习惯将它简称为“Rubisco”。Rubisco 是卡尔文循环（Calvin cycle）中的基础一环。卡尔文循环是由美国生物化学家梅尔文·卡尔文、化学家詹姆斯·艾伦·巴沙姆和生物学家安德鲁·阿尔穆·本森一起发现的，这条途径在植物界的地位与细胞呼吸的柠檬酸循环（Krebs cycle，克雷布斯循环）一样重要。两种循环的不同点在于：柠檬酸循环依赖的是线粒体，而植物使用的是另一种古老的细胞器——叶绿体来完成卡尔文循环。

Rubisco 可能是世界上含量最为丰富的蛋白质，甚至能占到植物中总蛋白量的一半。之所以需要这么多 Rubisco，部分原因是它并不像其他酶那样高效，它产生作用的速度极其缓慢，其他酶 1 秒钟可催化成千上万个底物分子，而 Rubisco 每秒钟仅能固定 3 个二氧化碳分子。这么低的催化效率可能是对它能区分二氧化碳与氧气能力的一种均衡。到现在，这仍然是一个开放性问题——想想这种酶经历了数十亿年的进化压力，它虽然功能重要但效率却十分低下，这背后一定隐藏着某种不为人知的制约机制，需要人们去发现和探求。如今，很多研究团队正试图通过提高 Rubisco 的效率来观察后续的一系列反应，希望将来能在人工光合领域有所建树。■

本条目作者 德里克·B. 罗威

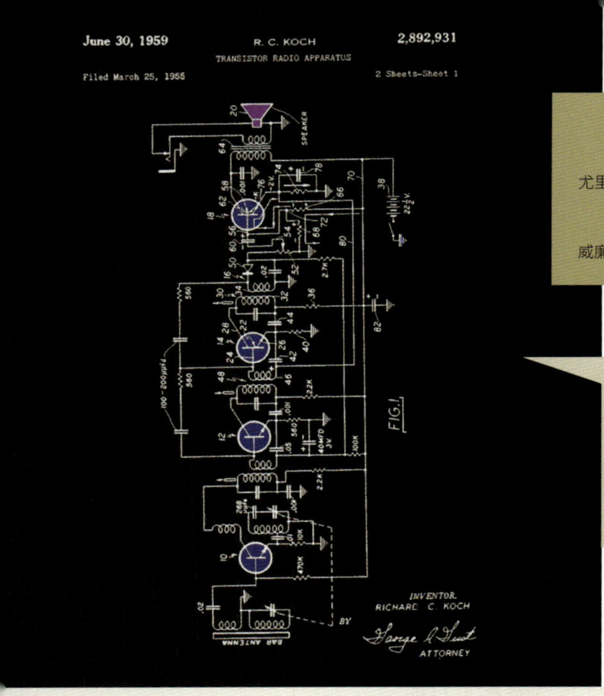

186

晶体管

尤里乌斯·埃德加·利林菲尔德（Julius Edgar Lilienfeld，1882—1963）
约翰·巴丁（John Bardeen，1908—1991）
沃尔特·豪泽·布莱顿（Walter Houser Brattain，1902—1987）
威廉·布拉德福德·肖克利（William Bradford Shockley，1910—1989）

1954 年 10 月问世的 Regency TR-1 收音机是第一台批量生产的应用晶体管收音机。这里显示的是理查德·科赫申报的晶体管无线电专利中的一张图片。科赫受雇于制造 TR-1 的公司。

ENIAC（1946 年），集成电路（1958 年），量子计算机（1981 年）

1947 年

一千年后，当我们的后人回顾历史，他们会将 1947 年 12 月 16 日作为信息时代的标志，在这天贝尔电话实验室的物理学家约翰·巴丁和沃尔特·布莱顿将两个电极连接到第三电极（一个接电的金属板）——经过特殊处理的锗片。当一个小电流通过上面的一个电极引入时，另一个更强的电流流过另外两个电极。这样晶体管诞生了。

虽然这一发现具有重大意义，巴丁的反应却相当平静。那天晚上，他从自家厨房的门走进来，低声对妻子简要地说："我们今天发现了一个重要的现象。"他们的同事、科学家威廉·肖克利理解该设备的巨大潜力，也为半导体知识做出了贡献。后来，肖克利因被排除在贝尔实验室晶体管专利（只有巴丁和布莱顿的名字）之外感到十分愤怒，随后设计了一种更好的晶体管。

晶体管是一种可用于放大或转换电子信号的半导体器件。半导体材料的导电性可以通过引入的电信号来控制。根据晶体管的设计，施加在晶体管两端的电压或电流会改变流经另一端的电流。

物理学家迈克尔·里奥丹（Michael Riordan）和利连·霍德森（Lillian Hoddeson）写道："很难想象还有什么设备比微型集成电路片和它的起源——晶体管对现代生活更重要。每时每刻，世界各地的人们都在享受着他们的巨大福利——手机、自动取款机、手表、计算器、电脑、汽车、收音机、电视机、传真机、复印机、红绿灯以及成千上万的电子设备。毫无疑问，晶体管是 20 世纪最重要的手工艺品，也是电子时代的'神经细胞'。在未来，由石墨烯（碳原子片）和碳纳米管制成的高速晶体管可能会变得实用。"需注意的是，1925 年物理学家尤里乌斯·利林菲尔德是第一个为晶体管早期版本申请专利的人。■

本条目作者 克利福德·皮寇弗

187

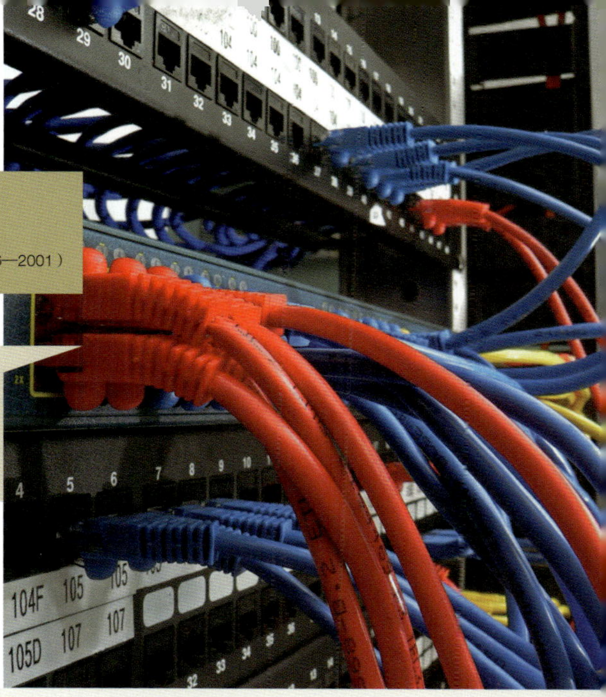

信息论

克劳德·艾尔伍德·香农（Claude Elwood Shannon，1916—2001）

信息论能帮助技术人员了解各种系统的存储、传输和处理信息的能力。信息论在计算机科学到神经生物学等领域有着广泛的应用。

电报系统（1837 年），光纤光学（1841 年），图灵机（1936 年），ENIAC（1946 年）

1948 年

当今世界，青少年们看电视、上网、播放 DVD 及在电话里没完没了地聊天，他们通常都没有意识到这个信息时代的基础，是由一位叫克劳德·香农的美国数学家，在 1948 年发表的《通信的数学原理》一书所奠定的。他的信息论是应用数学中涉及数据量化的一门学科，它有助于科学家们了解各种系统存储、传输和处理信息的能力。

信息论还涉及数据压缩，以及如何减少信号噪声和错误率，以使尽可能多的数据能够可靠地存储和在信道上传输。信息的度量称为信息熵，通常用存储或传输所需的平均位数来表示。信息理论背后的大部分数学知识是由两位物理学家路德维希·波尔兹曼和 J. 威拉德·吉布斯（J. Willard Gibbs）在热力学领域建立的。图灵在第二次世界大战期间破解德国恩尼格玛密码时也使用了类似的想法。

信息论的影响遍及多个领域，从数学、计算机科学到神经生物学、语言学和黑洞研究。信息论有许多实际应用，如破解密码，还能恢复由于划痕等原因在 DVD 电影光盘读取中产生的错误。1953 年，《财富》杂志的一篇文章说：“可以毫不夸张地说，人类开创的和平进程或是在战争中得以幸存，都更多地取决于信息论富有成效的应用，而不是它的物理原理。就像爱因斯坦著名的质能方程一样，既可以用来制造核弹，也可以用来建设核电厂。”

克劳德·香农在与阿尔茨海默病长期抗争后于 2001 年去世，享年 84 岁。在他的一生中，曾经是一个优秀的杂技演员，独轮车高手和优秀的棋手。可叹的是，由于晚年生活在病痛折磨之中，他无法好好观察他帮忙创造的信息时代。■

本条目作者 克利福德·皮寇弗

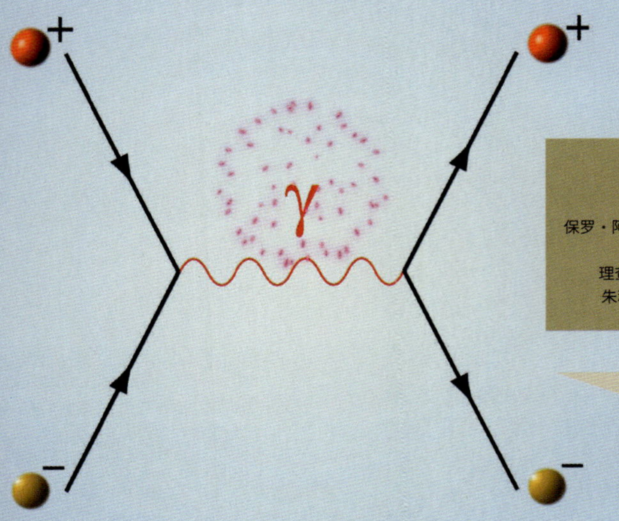

量子电动力学

保罗·阿德里安·莫里斯·狄拉克（Paul Adrien Maurice Dirac，1902—1984）
朝永振一郎（Sin-Itiro Tomonaga，1906—1979）
理查德·菲利普斯·费曼（Richard Phillips Feynman，1918—1988）
朱利安·西摩·施温格（Julian Seymour Schwinger，1918—1994）

修正的费曼图描绘了一个电子和一个正电子的湮灭，并产生一个光子，这个光子又衰变成一个新的正负电子对。

电子（1897 年），光电效应（1905 年），标准模型（1961 年），夸克（1964 年），万物理论（1984 年）

1948 年

物理学家布莱恩·格林（Brian Greene）写道："量子电动力学（Quantum Electrodynamics，QED）可以说是有史以来最精确的自然现象理论。通过量子电动力学，物理学家已经能够固化光子作为'最小可能的光束'，并在一个数学上完备、可预测和令人信服的框架内揭示它们与像电子一类的带电粒子的相互作用。"量子电动力学在数学上描述了光与物质的相互作用，以及它与带电粒子之间的相互作用。

1928 年，英国物理学家保罗·狄拉克为量子电动力学奠定了基础。20 世纪 40 年代后期，物理学家理查德·P. 费曼、朱利安·施温格和朝永振一郎对量子电动力学理论进行了改进和发展。量子电动力学的基本观点是带电粒子（如电子）通过发射和吸收光子相互作用的理论，并且确定光子是传递电磁力的粒子。有趣的是，这些光子是"虚拟的"，不能被探测到，但它们相互作用的粒子通过吸收或释放光子的能量，为改变速度和行进方向提供相互作用的"力"。通过使用弯弯扭扭的费曼图，可以图形化地表示和理解这种相互作用。这些图片还能帮助物理学家计算特定相互作用发生的概率。

根据量子电动力学理论，在相互作用中交换的虚光子数量越多（例如一个更复杂的相互作用），该过程发生的概率就越小。QED 预测的准确性令人震惊。例如，用 QED 计算电子所携带的磁场强度的预测值与实验值非常接近，如果以这种精度测量从纽约到洛杉矶的距离的话，可以精确到人的头发的直径。

量子电动力学是后续理论的出发点，例如量子色动力学始于 20 世纪 60 年代初，涉及通过交换一种叫胶子的粒子将夸克结合在一起的强相互作用力。夸克可以结合形成其他亚原子粒子，如质子和中子。■

本条目作者 克利福德·皮寇弗

随机对照试验

奥斯汀·布拉德福德·希尔（Austin Bradford Hill，1897—1991）

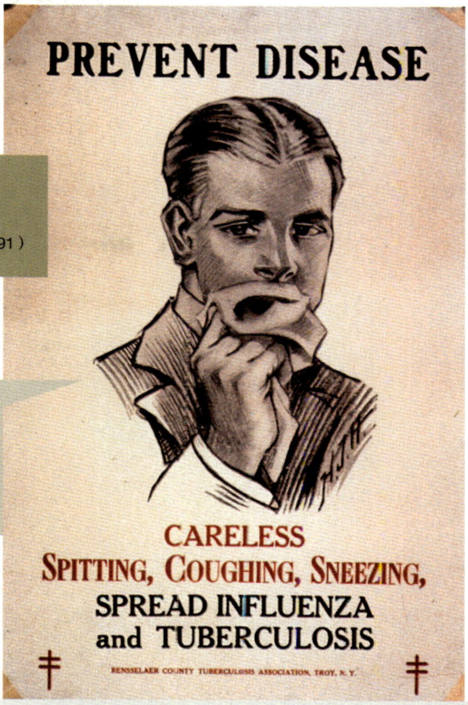

旨在阻止肺结核传播的公共卫生宣传海报。1948 年，布拉德福德·希尔发表了使用随机对照试验来验证链霉素治疗肺结核疗效的研究。

亚里士多德的《工具论》（约公元前 350 年），科学方法（1620 年），安慰剂效应（1955 年）

1948 年

设计出可以检测某种疗法效果的测试方法很困难，这很让人意外，其中的原因有很多。比如，医生和受试者在解释结果时可能带有偏见，也不客观。一种药物疗效可能是很微妙的，而患者之所以感觉好转可能仅仅是因为安慰剂效应（即患者在服用了如糖丸等没有疗效的安慰剂后，由于自己认为有效而引起身体状况改善）。

现在想要验证某种潜在疗法，最可靠的办法就是随机对照试验。这种方法的核心就是随机，这样所有患者都有相同的概率接受任意一种待研究的疗法。比如说，把患者随机分成两组，一组吃 X 这种药，而另一组吃 Y 这种药。随机对照试验应当是双盲的，也就是研究者和患者自己都不知道哪些患者是试验组（吃某种新药），哪些是对照组（接受标准治疗方法）。出于伦理，在进行随机对照试验时，研究者和医生确实不知道哪种疗法更好。

随机对照试验早期最著名的临床研究来自英格兰统计学家布拉德福德·希尔，他于 1948 年在《英国医学杂志》（*British Medical Journal*）发表了论文《使用链霉素治疗肺结核》（*Streptomycin Treatment of Pulmonary Tuberculosis*）。在该研究中，患者随机收到一个封着的信封，里面有一张纸片。有的纸片上写着一个 S（代表患者服用链霉素这种抗生素并卧床休息），有的纸片上写着 C（代表这是对照组，只卧床休息）。结果清晰表明链霉素是有效的。

临床流行病学家默里·恩基（Murray Enkin）写道，随机对照试验“被认为是开启医学新时代的里程碑是当之无愧的。数十万次这样的试验构成了我们如今所说的‘循证医学’的根基。随机对照试验被誉为从根本上改变了临床决策的方法”。■

本条目作者 克利福德·皮寇弗

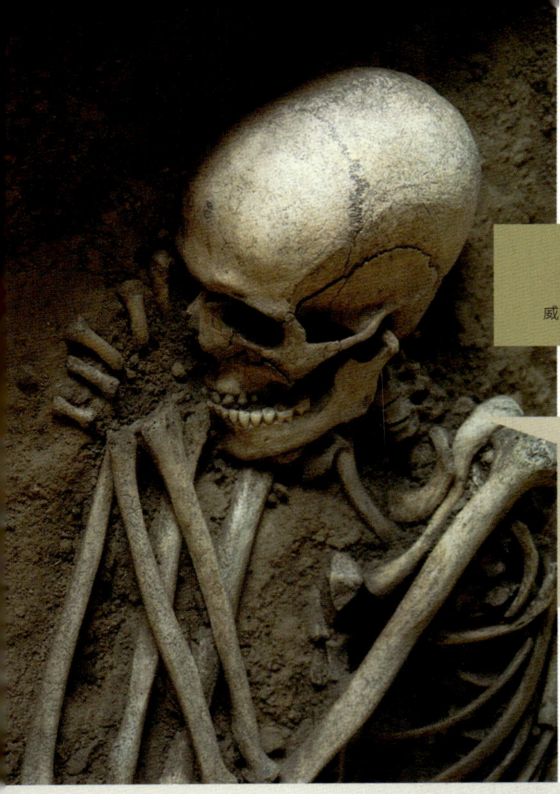

放射性碳测年法

威拉德·弗兰克·利比（Willard Frank Libby，1908—1980）

碳是非常普遍存在的元素，所以许多种类的材料都有可能用于放射性碳测年，包括在考古挖掘中发现的古代骨骼，以及木炭、皮革、木材、花粉、鹿角等。

奥尔梅克罗盘（约公元前 1000 年），放射性（1896 年），原子钟（1955 年）

1949 年

作家比尔·布赖森（Bill Bryson）这样写道："如果你有兴趣了解某些东西的年代，那么 20 世纪 40 年代的芝加哥大学就是你应该去的地方。当时，威拉德·利比在这里发明了放射性碳测年法，使科学家们能够精确地测出骨头和其他有机遗骸的年龄，这在之前是做不到的……"

放射性碳测年法涉及对含碳样本中放射性元素碳-14（^{14}C）丰度的测量。该方法基于以下事实：当宇宙射线撞击大气中的氮原子时，会产生 ^{14}C 并在随后被植物吸收，而这些植物又会被动物吃下去。在动物还活着的时候，其体内的 ^{14}C 丰度与大气中的大致相当。^{14}C 按已知的指数速率持续衰变，转化成氮-14，而动物一旦死亡，就不再从环境中摄入 ^{14}C，动物的遗骸则会缓慢地损失 ^{14}C。如果一份样本的年龄不超过 6 万年，通过检测其中的 ^{14}C 含量，科学家就可以估算出它的年龄。更老的样本通常含有的 ^{14}C 太少，因而无法准确测量。^{14}C 的半衰期约为 5730 年，这意味着，每过 5730 年，样品中的 ^{14}C 含量就会减半。由于大气中 ^{14}C 的含量随时间推移有轻微变化，所以人们要进行少许校准以提高测精度。此外，由于原子弹试验的影响，大气中 ^{14}C 的含量在 20 世纪 50 年代有所增加。加速器质谱法可用于检测毫克级样本的 ^{14}C 丰度。

在放射性碳测年法发明之前，人们很难获得埃及第一王朝（大约在公元前 3000 年）以前的可靠年代。这让考古学家们十分沮丧，他们迫切地想要知道一些未解之谜，比如，克罗马努人是何时在法国拉斯科洞穴中绘画的，或者最后一个冰期最终结束于何时。■

本条目作者 克利福德·皮寇弗

191

时间旅行

阿尔伯特·爱因斯坦（Albert Einstein，1879—1955）
库尔特·哥德尔（Kurt Gödel，1906—1978）
基普·斯蒂芬·索恩（Kip Stephen Thorne，1940—　）

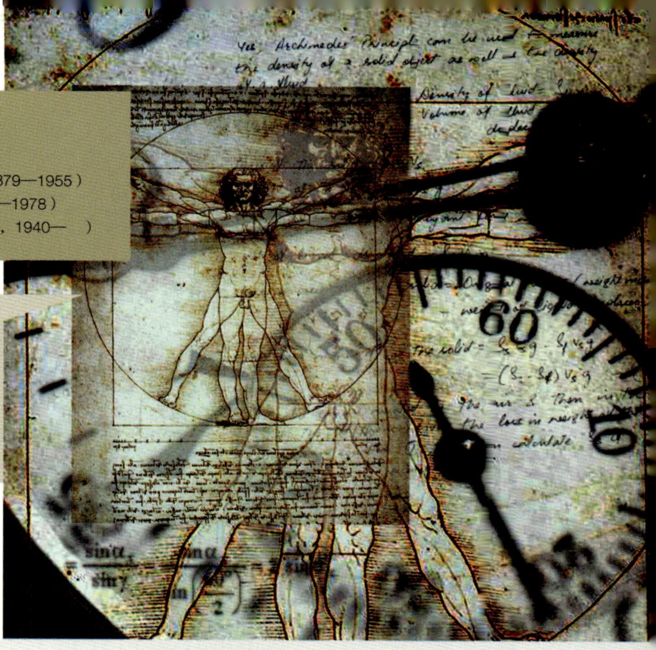

如果时间也如空间一样，也许在某种意义上，过去是否仍然存在于“那里”，就像你离家之后你的家仍然存在一样？如果可以回到过去，你会去拜访哪一位天才呢？

狭义相对论（1905 年），广义相对论（1915 年），原子钟（1955 年）

1949 年

时间是什么？时间旅行有可能发生吗？几个世纪以来，这些问题一直吸引着哲学家和科学家们的兴趣。今天，我们确信时间旅行是有可能发生的。举例来说，科学家们已经证实，高速运动的物体比实验室参考系下的静止物体“衰老”得要慢。如果能搭乘接近光速的火箭在外太空来一趟往返旅行，你就可以穿越数千年抵达未来的地球。科学家们已经在很多方面证实了这种时间放慢或“延缓”效应。例如，在 20 世纪 70 年代，科学家们将原子钟放在飞机上试验，证明了与地球上的时钟相比，这些时钟的时间有轻微的变慢。此外在质量非常巨大的区域附近，时间也会出现明显的放慢。

回到过去可能比进入未来更加困难，但从理论上来说，我们有多种方式可以构建回到过去的时间机器，而且似乎并不违反已知的任何物理定律。大多数回到过去的方法依赖于超高的引力或虫洞（假想的穿越时空的“捷径”）。对艾萨克·牛顿来说，时间就像一条笔直流淌的河流，没有任何力量可以让它偏转。爱因斯坦认为这条河流可以弯曲，但永远无法绕回到流过的河道，这似乎暗喻了逆向时间旅行不可能发生。而 1949 年，数学家库尔特·哥德尔则走得更远，他认为这条河流可以绕回原来的河道。特别是，他在爱因斯坦方程中找到了一个令人不安的解，使得在一个旋转的宇宙中进行逆向时间旅行成为可能。历史上第一次，逆向时间旅行被赋予了数学基础！

纵观历史，物理学家们发现，如果某一现象没有被明确禁止，我们往往最终会找出它的存在。在今天的顶尖科学实验室中，时间旅行机器的设计方案层出不穷，其中有一些疯狂的概念，如索恩虫洞时间机器（Thorne wormhole time machine）、涉及宇宙弦的戈特环（Gott loop）、戈特壳（Gott shell）、蒂普勒和范-施托库姆圆柱（Tipler and van Stockum cylinder）、克尔环（Kerr ring）等。在接下来的数百年内，我们的后代对时空的探索也许将达到我们难以企及的高度。■

本条目作者　克利福德·皮寇弗

IBM 的超级计算机—— 深蓝。

弈棋机

艾伦·图灵（Alan Turing，1912—1954）
克劳德·埃尔伍德·香农（Claude Elwood Shannon，1916—2001）

计算尺（1621 年），巴贝奇的机械计算机（1822 年），ENIAC（1946 年），晶体管（1947 年）

1950 年

1950 年，美国数学家香农写了一篇关于如何编写计算机下国际象棋的程序的论文。1951 年，英国数学家、计算机科学家图灵成为第一个编写出完整游戏程序的人。自那时起，软件工程师和硬件工程师分别提高了计算机软硬件的性能。1997 年，由 IBM 公司开发的专用计算机“深蓝”（Deep Blue）首次击败了人类最优秀的国际象棋棋手。从那时起，人类再也没有击败计算机的机会了，因为弈棋机的软硬件性能每年都在不断提高。

工程师怎样制造一台会下棋的计算机呢？他们采用机器智能（machine intelligence）。在国际象棋这个例子中，机器智能与人类智能（human intelligence）是非常不同的，它是一种使用“蛮力”解决国际象棋问题的途径。

想象一个棋盘，上面有一些棋子，工程师创造了一种方式对这些棋子的布局进行“计分”。计分系统的项目可能包括双方棋子的数量、棋子的位置、国王是否安全等。现在我们来考虑一个非常简单的下棋程序，你执黑，计算机执白，你刚刚走了一步。计算机可以尝试白棋的每一种走法，然后算出这些走法的分数，之后它将选择一种得分最高的走法。这一算法也许不会玩得很好，但它确实可以下棋了。

如果计算机更进一步呢？它在尝试所有白棋的走法后，再尝试所有黑棋的应对方法，并计算这些走法的分数。计算量显著提高了，但现在计算机可以下得更好了。

如果计算机看的步数更多呢？每多看一步，计算量就会暴增一次，计算机也会下得更好。当 1996 年深蓝取胜时，它每秒钟可以计算 2 亿种局面的分数。深蓝已经储存了所有的常规开局和定式，可以判断某些路径是无效的，因而极大地缩减了计算量。在 2017 年，程序 Apha-Zero 使用机器学习方法，自己在计算机上玩四个小时之后，击败了当时世界上最好的国际象棋计算机程序！■

本条目作者 马歇尔·布莱恩

193

费米悖论

恩里科·费米（Enrico Fermi，1901—1954）
弗兰克·德雷克（Frank Drake，1930—　）

鉴于我们的宇宙古老而又浩瀚，物理学家恩里科·费米在 1950 年发问："为什么还没有外星文明与我们接触？"

时间旅行（1949 年），米勒—尤列实验（1952 年），第一批宇航员（1961 年）

1950 年

文艺复兴时期，重现的古代文献和新知识照亮了中世纪的欧洲，智慧升华、奇迹、创造力、探索和实验等随处可见。那么设想一下，在接触外星种族之后，又会带来什么呢？丰富的外星科技和社会学信息将会推动另一场更加深远的复兴。我们的宇宙古老而又浩瀚，据估计，仅银河系就有 2500 亿颗恒星。鉴于此，物理学家费米在 1950 年问道："为什么还没有外星文明与我们接触？"当然，这个问题有许多可能的答案。一种可能是高级外星生命可能存在，但我们不知道他们的存在。也有可能智能外星人在宇宙中是如此罕见，以至于我们可能永远不会和他们联系上。正如今天所知，费米悖论已经产生了许多学术著作，试图从物理学、天文学到生物学的各个领域来解答这个问题。

1960 年，天文学家德雷克提出了一个公式，用来估算银河系中可能与我们接触的外星文明数量：

$$N=R^*\times f_p\times n_e\times f_l\times f_i\times f_c\times L$$

其中，N 是银河系中有可能与我们交流的外星文明数量。举例来说，外星技术应能够发射可探测的无线电波。R^* 是银河系中每年形成恒星的平均速率。f_p 是拥有行星的恒星所占比例（人类已经探测到数百个系外行星）。n_e 是每颗拥有行星的恒星中可能支撑生命存在的类地行星的平均数量。f_l 是这 n_e 颗行星中实际出现生命的行星所占比例。f_i 是 f_l 中产生智慧生命的比例。变量 f_c 代表开发出通信技术的文明所占比例，它们能够向外太空发送可探测的信号来表明自身的存在。L 是这类文明向太空发送可供我们探测的信号的时间长度。这些参数大多难以确定，所以德雷克方程更大程度上是用来体现费米悖论的错综复杂之处，而不是解决它。■

本条目作者　克利福德·皮寇弗

海拉细胞分裂时的扫描电镜图。

海拉细胞

乔治·奥托·盖伊（George Otto Gey，1899—1970）
海瑞塔·拉克斯（Henrietta Lacks，1920—1951）

癌症病因（1761 年），细胞分裂（1855 年），病毒的发现（1892 年），遗传的染色体理论（1902 年）

1951 年

医学研究者使用实验室培养的人源细胞来研究细胞功能，或者研发疾病疗法。这样的细胞可以冷冻并在不同的研究者之间分享。不过，大多数细胞在分裂有限次后就会死亡。

但在 1951 年出现了重大突破，美国生物学家乔治·盖伊培养了一些从宫颈癌患者处获得的细胞，得到了首批永生的人类细胞。这些细胞以其捐献者海瑞塔·拉克斯命名，被称作海拉（HeLa）细胞，不过拉克斯本人并不知情。任何科学家只要索要，盖伊都会免费给予这些细胞。至今在这些细胞上进行的研究已经发表了 6 万多篇科学论文，获得了 1.1 万个专利。

作家丽贝卡·斯克鲁特（Rebecca Skloot）写道："如果把所有出现过的海拉细胞放一起称量一下，它们的质量可达 5000 万吨——相当于 100 座帝国大厦的质量。海拉细胞在研发脊髓灰质炎疫苗时发挥了重要作用；还帮助人们解开了癌症的秘密，发现了病毒，了解了原子弹的影响；推动了很多重要的医学进步，如体外受精、克隆、基因图谱；这种细胞的买卖超过数十亿次。"

海拉细胞中有一种活性端粒酶，可以不断修复染色体的末端，而正常情况下，染色体的末端在多次细胞分裂后就会因受损严重而无法继续维持细胞的繁殖。海拉细胞的基因组成与众不同，因为它们中含有来自人体乳头瘤病毒 18 的基因，还有多条人体染色体的副本。由于这种细胞繁殖力旺盛，甚至能通过空气中的微粒进行传播，它们已经污染了很多实验室的其他细胞培养物。

拉克斯 31 岁时死于癌症扩散，而她的家人数十年后才知道她以某种方式得以"永生"。海拉细胞已经进入太空以测试低重力的影响，也被用于诸如艾滋病和测试有毒物质等各种研究中。■

本条目作者 克利福德·皮寇弗

195

元胞自动机

约翰 · 冯 · 诺依曼（John von Neumann，1903—1957）
斯坦尼斯拉夫 · 马尔辛 · 乌拉姆（Stanisław Marcin Ulam，1909—1984）
约翰 · 霍顿 · 康威（John Horton Conway，1937—2020）

这种锥壳蜗牛的外壳上就存在元胞自动机模式，这是因为一个细胞可以激活或抑制邻近的色素细胞。这种模式类似于一维元胞自动机的输出，被称为“规则 30 元胞自动机”。

图灵机（1936 年），信息论（1948 年），混沌与蝴蝶效应（1963 年），分形（1975 年）

1952 年

元胞自动机是一类简单的数学系统，可以对具有复杂行为的各种物理过程进行建模。其应用包括植物群落扩散、藤壶等动物的繁殖、化学反应的振荡以及森林火灾的蔓延等。

经典的元胞自动机包括一个细胞网格，其中的单元格只存在两种状态，占用或未占用。一个单元格是否占用是通过简单数学分析它的相邻单元被占用的状况来确定的。数学家只需定义规则，设置棋盘，然后放手让游戏规则在棋盘世界上自动发挥作用。虽然控制元胞自动机的规则很简单，但它们产生的图形模式却非常复杂，有时看起来几乎是随机的，就像混乱的湍流或某种密码系统的输出图案。

20 世纪 40 年代斯坦尼斯拉夫 · 乌拉姆开始了早期的相关研究，当时他用一个简单的晶格来模拟晶体的生长。乌拉姆建议数学家冯 · 诺依曼采用类似的方法来模拟自我复制系统，譬如可以制造其他机器人的机器人。1952 年左右，冯 · 诺依曼创造了第一个二维元胞自动机，每个单元有 29 个状态。冯 · 诺依曼在数学上证明了，一个特定的模式可以在给定的细胞宇宙中复制无穷无尽的副本。

最著名的二维元胞自动机是约翰 · 康威发明的“生命游戏”，这款游戏由马丁 · 加德纳（Martin Gardner）通过《科学美国人》推广，流行甚广。尽管它的规则很简单，但是却产生了多种多样的行为模式，包括“滑翔者”。也就是说，一种细胞的阵列可以在变化中整体移动跨越空间，甚至可以相互作用，执行计算，产生新的图案模式。2002 年，斯蒂芬 · 沃尔夫拉姆（Stephen Wolfram）发表了《一种新科学》，强调元胞自动机在几乎所有科学学科中都有意义的观点。■

本条目作者 克利福德 · 皮寇弗

米勒-尤列实验

哈罗德・C. 尤列（Harold C. Urey，1893—1981）
斯坦利・米勒（Stanley Miller，1930—2007）

196

图为美国国家航空航天局（NASA）里再现的米勒-尤列实验装置的原貌，从图中可以看到玻璃容器中已经形成了深色物质。这种有机分子的“原汤”在宇宙中似乎有很多机会可以生成。

驳斥自然发生说（1668 年），达尔文的自然选择理论（1859 年），费米悖论（1950 年）

1952 年

千百年来，人们一直在苦苦探寻生命的起源。生物化学过程在萌芽之时一定存在某种初始阶段，当时一定存在某种相当简单的化学反应。那么，这一初始阶段到底是怎样的状况？随后又是怎么发展的？这一过程可否在其他星球再次发生？即使发生，相似度又有多少？会演变成我们现在熟知的这个世界么？面对这一系列的问题，现如今还没人能给出准确答案。

1952 年，美国化学家斯坦利・米勒和哈罗德・尤列在此领域迈出了坚实的一步。他们试图模拟生命起源之前的大气环境、温度和等效的闪电等外部因素，观察在这种环境下会有什么样的物质产生，具体实验方案是搭建一个有水、甲烷、氨气和氢气的密闭系统，首先将水加热产生水蒸气，再放电产生电火花以模拟闪电，然后将系统冷却，冷凝物重新形成水层。然后将这一过程反复循环，结果在实验的第一天就产生了某种带颜色的物质。两周后，超过 10% 的甲烷转换成了更加复杂的物质，分析发现生成物中至少包含了构成蛋白质必需的 20 种氨基酸中的 11 种，还包含一些简单的碳水化合物及各式各样的其他分子，这简直太不可思议了。现代的仪器分析检测显示，实验生成的产物中实际包含了所有必需的氨基酸，比早先报道的要多，其原因是当时的仪器没能检测出一些含量较低的氨基酸。

此后，人们又开展了很多类似实验，模拟各种可能的早期大气环境及外界条件，几乎所有的实验都产生了大量的简单有机化合物，包括很多我们现今称为“生命基石”的基本物质，其中也不乏氰化氢和甲醛等具有反应活性的分子，它们可以继续反应生成更为复杂的物质。后来在对取自默奇森陨石（Murchison meteorite）上的样品进行检测后发现，样品的主要成分与实验中产生的物质惊人的相似，而如今光谱学研究结果也表明在彗星（Comet）和星际星云（Interstellar nebulae）等其他星体上存在着类似的物质。整个宇宙似乎是浸泡在由生物小分子构成的海洋中。■

本条目作者　德里克・B. 罗威

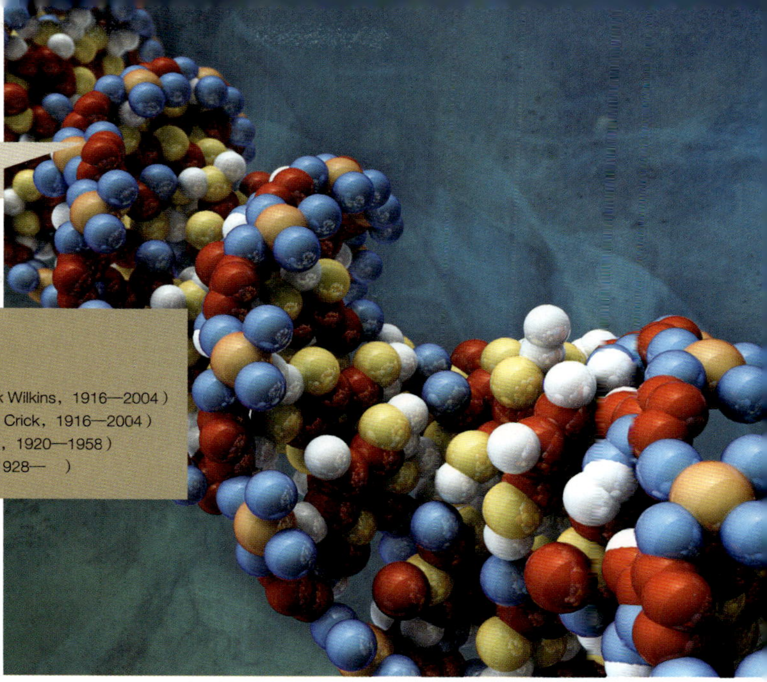

DNA 片段的分子模型。

DNA 的结构

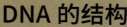

莫里斯·休·弗雷德里克·威尔金斯（Maurice Hugh Frederick Wilkins，1916—2004）
弗朗西斯·哈利·康普顿·克里克（Francis Harry Compton Crick，1916—2004）
罗莎琳德·埃尔西·富兰克林（Rosalind Elsie Franklin，1920—1958）
詹姆斯·杜威·沃森（James Dewey Watson，1928— ）

孟德尔遗传学（1865 年），遗传的染色体理论（1902 年），表观遗传学（1983 年），聚合酶链式反应（1983 年），人类基因组计划（2003 年），基因治疗（2016 年）

1953 年

英国记者马特·里德利（Matt Ridley）写道："DNA 的双螺旋结构让我们能不断更新对身体和精神、过去和未来、犯罪和疾病的了解。" DNA（脱氧核糖核酸）分子可以被认为是包含遗传信息的"蓝图"。从受精卵开始，它就控制了蛋白质的合成以及复杂的细胞发育。一栋建筑物的设计蓝图如果出了错，那就可能导致倒塌或漏水。类似地，如果 DNA 上出了错（比如诱变剂导致的序列变化），就会引发疾病。因此，理解 DNA 中的信息能帮助人们找到治疗疾病的方法，比如开发新药。

DNA 分子很像一个扭曲的梯子，其中不同的梯级代表着碱基，碱基中包含着一段制造蛋白质的密码。DNA 被组装在称为染色体的结构中，人类的每个精子或者卵细胞中都含有 23 条染色体，其中包括约 30 亿个碱基对。一般来说，一个基因就是 DNA 上的一段序列，可以特异地表达成某个特定的蛋白质。

1953 年，分子生物学家詹姆斯·沃森和弗朗西斯·克里克根据莫里斯·威尔金斯和罗莎琳德·富兰克林等科学家的 X 射线及其他数据，使用分子建模的方法揭开了 DNA 双螺旋结构。如今，通过 DNA 重组技术，可以插入新的 DNA 序列来制造出转基因生物，从而使其生成人们想要的产物，比如胰岛素。法医也可以通过研究犯罪现场遗留的 DNA 来确定犯罪嫌疑人。

1961 年 12 月，《纽约时报》报道了人类在理解 DNA 遗传密码方面取得的重大突破，称"生物学已经进入了新的领域，这场生物革命的深远意义比原子弹或氢弹要重要得多"。■

本条目作者 克利福德·皮寇弗

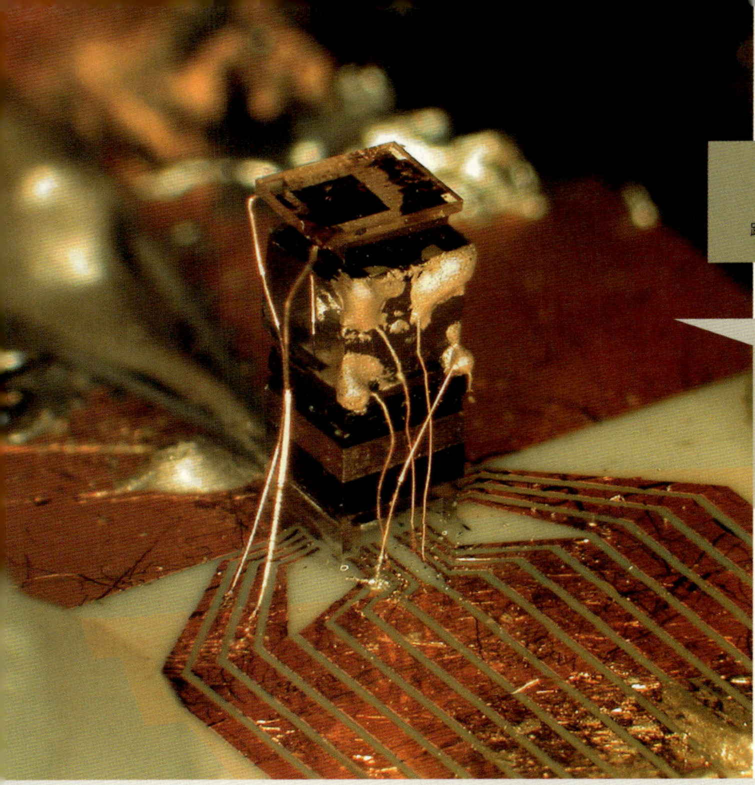

原子钟

路易斯·埃森（Louis Essen，1908—1997）

2004 年，美国国家标准及技术协会（NIST）的科学家们展示了一种微型原子钟，其内的运行部件约有一粒米大小。这台时钟包括一个激光器和一个含有铯原子蒸气的腔体。

日晷（约公元前 3000 年），时间旅行（1949 年），放射性碳测年法（1949 年）

1955 年

几个世纪以来，时钟变得越来越精准。早期的机械钟，如 14 世纪的多佛城堡钟，每天的误差达到数分钟。当摆钟在 17 世纪开始普及时，时钟也愈发精确起来，足以记录分钟和小时。到了 20 世纪，振动石英晶体的计时精度达到每天误差仅几分之一秒。20 世纪 80 年代的铯原子钟每 3000 年才相差不到 1 秒，而在 2009 年，一台被称为 NIST-F1 的铯原子喷泉钟精确到 6000 万年仅误差 1 秒！

原子钟极为精准，因为它们所计数的周期性事件涉及原子的两个不同能态。同一种原子（核子数相同）的性质不随地点的变化而变化。因此，时钟可以独立地建造和运行，并用来测量事件之间的相同时间间隔。铯原子钟是一种常见的原子钟，人们发现一个微波振动场可以使铯原子从一个能态跃迁到另一个能态，铯原子就会以其特征振动频率（9 192 631 770 Hz，单位 Hz 即每秒的周期数）发出荧光，该频率可用来定义秒。世界各地诸多铯原子钟的测量值合并后取平均就可以定义出一个国际时标。

原子钟的一项重要用途就在全球定位系统（GPS）上。这种卫星搭载的系统使用户得以确定他们所在的地面位置。为了保证精度，卫星必须发出精确定时的无线电脉冲，以便于接收装置测定自身的位置。

1955 年，基于铯原子的能量跃迁，英国物理学家路易斯·埃森制造了第一台精确的原子钟。为了提高精度并降低成本，世界各地的实验室都在不断研发基于其他原子和方法的时钟。■

本条目作者 克利福德·皮寇弗

199

避孕药

玛格丽特·希金斯·桑格·斯利（Margaret Higgins Sanger Slee，1879—1966）
教皇保罗六世（Pope Paul VI，1897—1978）
格雷戈尔·平卡斯（Gregory Pincus，1903—1967）
弗兰克·本杰明·科尔顿（Frank Benjamin Colton，1923—2003）
卡尔·杰拉西（Carl Djerassi，1923—2015）

这幅光怪陆离的图像描绘了“避孕药发明后的天堂”，女性生活开始了一个新时代。20 世纪 60 年代，很多女性在避孕上有了更大的自主权，这也推动了性革命。

精子的发现（1678 年），细胞分裂（1855 年），遗传的染色体理论（1902 年）

1955 年

口服避孕药是 20 世纪对社会影响最大的医学进展之一。有了这种简便有效的避孕手段后，更多女性获得了大学文凭并进入职场。20 世纪 30 年代，研究者已经确定高浓度的孕酮（一种通常在怀孕期出现的激素）会使身体误以为处在怀孕状态，因此可以抑制每月的排卵。美国化学家卡尔·杰拉西和弗兰克·科尔顿在 20 世纪 50 年代分别独立合成了类似孕酮的化学物质。美国生物学家格雷戈尔·平卡斯证实，注射孕酮会阻止哺乳动物卵巢排卵。

玛格丽特·桑格以倡导节育而出名，她帮助平卡斯获得了研发人类避孕药所需的资金。平卡斯选择了科尔顿的配方，他和同事于 1955 年宣布避孕药在临床试验中有效。除了抑制排卵，这种药物还会改变宫颈黏液（使精子很难进入子宫）和子宫内膜（抑制受精卵着床），从而增强避孕效果。美国监管部门于 1960 年批准了这种避孕药，瑟尔（Searle）制药公司将其取名为 Enovid。

最早的避孕药配方中含有雌激素，会产生一些副作用。然而，现代配方中激素的含量已经大大降低了，避孕药还被证实可以降低患卵巢癌、子宫内膜癌和结肠癌的危险。一般来说，吸烟的女性服用避孕药后可能会增加心脏病或中风的危险。现在，避孕药中所含激素类型不尽相同（包括只含有孕激素的避孕药），含量也各有不同，有的激素含量固定不变，有的则每周的用量不同。

1968 年，教皇保罗六世谴责使用包括避孕药等方式来人工避孕。尽管避孕药在美国很快流行开来，但在康涅狄格州，1972 年前向未婚女性销售避孕药是违法的。■

本条目作者 克利福德·皮克弗

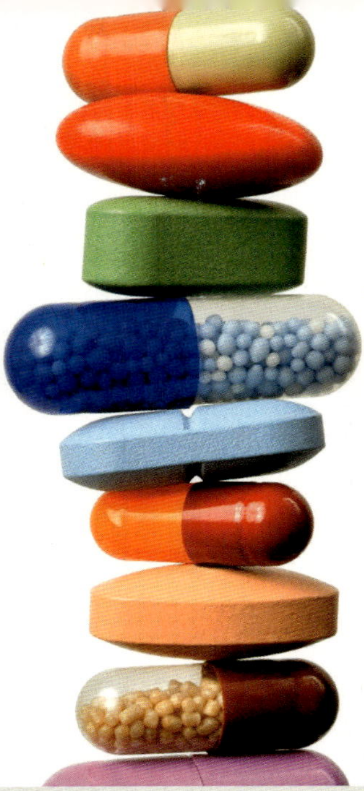

安慰剂效应

亨利・诺尔斯・比彻（Henry Knowles Beecher，1904—1976）

由于个人的主观期望会影响安慰剂效应，因此药丸的颜色、大小和形状都会对最后的效果产生影响。红色的药丸作为兴奋剂效果更好，“冷色”的药丸则适用作为镇静剂。而胶囊状的药丸被认为尤其有效。

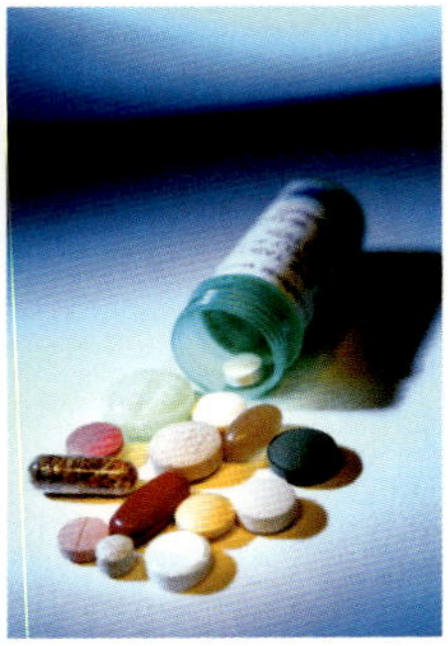

科学方法（1620 年），心理学原理（1890 年），精神分析（1899 年），经典条件反射（1903 年），随机对照试验（1948 年），心智理论（1978 年）

1955 年

医学专家亚瑟（Arthur）和伊莱恩・夏皮罗（Elaine Shapiro）写道：“纵览自古以来的疗法，我们能够得到这样的结论，迄今为止，医学史本质上就是安慰剂效应的历史。例如，在 17 世纪出版的《伦敦药典》（*London Pharmacopoeia*）前三版中，收录了松萝（从暴力致死的死者头骨长出的苔藓）和维戈药膏（由毒蛇的肉、活青蛙和虫子制成）之类毫无用处的药物。”

现在，安慰疗法这个术语通常指某种没有疗效的药物（比如糖丸）或者假手术（比如只是割开皮肤但并不进行深入治疗），由于患者主观认为接受这种医疗干预有效，因此觉得病情改善了，有时也确实改善了。安慰剂效应的存在表明患者主观期望的重要性，还说明大脑会影响身体健康，尤其是对疼痛感等主观感受有影响。

1955 年，美国医生亨利・比彻记录了一个著名的安慰剂效应案例。由于吗啡这种止痛药供不应求，第二次世界大战期间有的医生给一些士兵注射的其实是生理盐水，但这些士兵仍觉得不怎么疼了。安慰剂效应的一个作用机制可能涉及内源性阿片物质（大脑产生的一种天然止痛剂）和神经递质多巴胺的活动。

在某项研究中，同时给小鼠饲喂抑制免疫系统的药物和一种甜味剂，一段时间后小鼠就对这两种物质建立了条件反射，只饲喂甜味剂时也会出现免疫抑制。因此，人类安慰剂也可能是因为类似的条件反射。被当作兴奋剂的安慰剂注射入人体后会增加血压，而酒精安慰剂会引起醉酒的感觉。安慰剂药丸的颜色和大小对患者感受到的效果影响很大。在不同的社会和国家，安慰剂效应的效果也有所差异。而反安慰剂反应指的是对安慰剂的负面反应，比如当患者认为吃下这种安慰剂可能会有副作用时，他就会感到疼痛。■

本条目作者 克利福德・皮寇弗

201

核糖体

阿尔伯特·克劳德（Albert Claude，1898—1983）
乔治·帕拉德（George Palade，1912—2008）

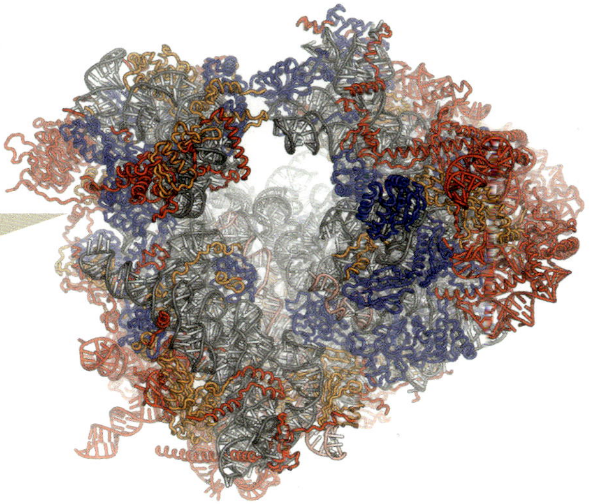

核糖体的主要功能是制造蛋白质。图中呈现的是真核细胞核糖体的模型，其结构不同于原核生物的核糖体。

细胞核（1831 年），酶（1878 年），青霉素（1928 年），DNA 的结构（1953 年），破解蛋白质生物合成的遗传密码（1961 年）

1955 年

细胞分级分离法和电子显微镜的组合为生物学打开了崭新的疆域，使人们可以观察细胞的内部成分并确定它们的生物功能。1930 年，比利时生物学家阿尔伯特·克劳德在洛克菲勒学院设计了细胞分级分离法。在这种方法中，细胞被充分研磨以释放内含物，而后用离心机以不同的离心速度，根据其内含物的不同重量将它们分离。1955 年，克劳德的学生乔治·帕拉德改善了他的细胞分级分离法。帕拉德是一位出生于罗马尼亚的美国人，他使用电子显微镜研究这些细胞成分。帕拉德是第一位识别并描述这些“小颗粒”的人，这些“小颗粒”于 1958 年被命名为“核糖体”，是细胞内合成蛋白质的场所。克劳德和帕拉德共同获得了 1974 年的诺贝尔生理学或医学奖，后者常常被称为现代细胞生物学之父，同时也是史上最具影响力的细胞生物学家。

所有活体生物的每个细胞内都有核糖体，在遗传密码指导下，作为合成工厂制造蛋白质。能够高效合成蛋白质的细胞（比如胰腺细胞）中有数百万核糖体。DNA 将制造特定蛋白质的指令传达给信使 RNA（mRNA），而后转运 RNA（tRNA）将氨基酸送抵核糖体，进而被有序地拼接，渐渐形成蛋白质链。

在真核细胞（动物、植物、真菌）以及原核细胞（细菌）中发现的核糖体都有着相似的结构和功能。在真核细胞里，核糖体附着于糙面内质网的薄膜上，而在原核细胞中，核糖体游离于胞液，即细胞质的液状成分之中。核糖体存在于所有生物体内，这意味着它在生物进化初期就已经出现。帕拉德确定核糖体是由一大一小的两个亚基构成，而原核生物和真核生物的核糖体密度（每单位体积的质量）有些细微差别。这一点在细胞感染的治疗过程中有重要的实用意义。包括红霉素和四环素在内的某些抗生素，能有选择地抑制细菌内部的蛋白质合成，却不影响患者的细胞。■

本条目作者 迈克尔·C. 杰拉尔德和格洛丽亚·E. 杰拉尔德

平行宇宙

休·埃弗里特三世（Hugh Everett III，1930—1982）
马克斯·泰格马克（Max Tegmark，1967— ）

量子力学的某些诠释认为，每当宇宙在量子层级面临道路选择时，它实际上有各种可能性。多重宇宙意味着我们可观测到的宇宙是包括其他多种宇宙在内的现实世界的一部分。

光的波动性（1801 年），薛定谔的猫（1935 年），宇宙暴胀（1980 年），量子计算机（1981 年）

1956 年

现在一些著名的物理学家提出，平行宇宙是存在的。我们可以把这些平行宇宙想象成分层的蛋糕、奶昔里的泡泡或者具有无限分枝树上的枝芽。在关于平行宇宙的一些理论中，我们甚至可以通过一个宇宙泄漏到毗邻宇宙的引力而探测到它们。例如，仅仅几毫米之外的平行宇宙中不可见物体的引力就有可能扭曲本宇宙中来自遥远恒星的光。多重宇宙的概念并不像听起来那么牵强。美国研究人员戴维·劳布（David Raub）对 72 位顶尖物理学家进行了一次问卷调查，并于 1998 年发表，结果显示 58% 的物理学家（包括斯蒂芬·霍金）都相信某些形式的多重宇宙理论。

平行宇宙理论有很多种版本。举例来说，1956 年休·埃弗里特三世在他的博士论文《宇宙波函数理论》（*The Theory of The Universal Wavefunction*）中概括了这样一种理论，宇宙不断地“分支”出无数个平行世界。该理论被称为量子力学的多世界诠释，并假定每当宇宙在量子层级面临道路选择时，它实际上有各种可能性。如果该理论正确的话，那么在某种意义上，各种奇怪的世界都有可能“存在”。比如，在一些世界里，希特勒赢得了第二次世界大战。有时，“多重宇宙”一词被用来表达这样一种观点，即我们能轻易地观测到的宇宙只是组成多重宇宙（可能存在的多种宇宙的集合）的现实的一部分，即可能存在的宇宙之一。

如果我们的宇宙是无限的，那么就有可能存在我们可见宇宙的复制品，以及地球和你我的精确复制品。根据物理学家马克斯·泰格马克的说法，平均而言，我们可见宇宙的这些复制品中最近的距离为 10 ～ 10^{100} 米。你不仅有无数个复制品，还有无数个变体。混沌宇宙的暴胀理论也暗示了不同宇宙的创生，或许有无数个你的复制品存在，但也许更美丽或更丑陋。■

本条目作者 克利福德·皮寇弗

抗抑郁药物

罗兰·库恩（Roland Kuhn，1912—2005）

多种西番莲属植物被发现含有 β-卡波林哈马拉生物碱，这是一种单胺氧化酶抑制剂，具有抗抑郁作用。

神经元学说（1891 年），大脑功能定位（1861 年），精神分析（1899 年），认知行为疗法（1963 年）

1957 年

1952 年，一种正在开发用于肺结核患者的药物——异丙烟肼（iproniazid），被发现能有效地治疗抑郁症。1958 年该药获准使用，但三年后因其会导致严重的肝损伤而被撤回。1955 年，丙咪嗪（imipramine）在瑞士的一家精神病医院被用来治疗精神分裂症患者，但结果并不乐观。而当精神病学家罗兰·库恩将该药物用在四十位抑郁症患者身上时，效果却很显著。患者变得活跃起来，说话声音变大了，能够进行有效交流，而且忧郁的抱怨几乎消失。他在 1957 年发表了该结果。

丙咪嗪以盐酸丙咪嗪（Tofranil）的品牌名称进入市场，并成为三环类抗抑郁药物家族（因其三环化学结构而得名）的第一个成员。三环类抗抑郁药通过阻滞神经递质去甲肾上腺素（若用量较少，则阻滞 5-羟色胺）的再吸收来发挥作用，因此该类药物主要作用于大脑。但它也会出现副作用，如口干、便秘、体重增加和性功能障碍等。

发现丙咪嗪后不久，又发现了另一种通过抑制起作用的抗抑郁药物。这种称为单胺氧化酶抑制剂（MAOI）的药物可抑制单胺氧化酶的活动，这种酶能分解诸如 5-羟色按和去甲肾上腺素等神经递质。单胺氧化酶抑制剂的副作用比其他三环抗抑郁药更危险，所以目前很少有医生使用这种处方药。

1987 年，商品名为“百忧解”的第二代抗抑郁药由美国食品和药品监督管理局批准使用。百忧解和其他类似药物是选择性 5-羟色胺再吸收抑制剂。正如它们的名字所暗示的，这些药物可抑制 5-羟色胺在神经突触的再吸收。它的治疗效果是显著的：在上市后三年内，百忧解在精神病医生所开处方药中居于首位，到 1994 年，成为全世界第二大畅销药物。它避免了其他抗抑郁药物所带来的许多副作用。实际上，成千上万没有患精神疾病的人使用该药物来改善他们的个性、减肥或提高他们的注意力持续时间。■

本条目作者 韦德·E. 皮克伦

人造卫星

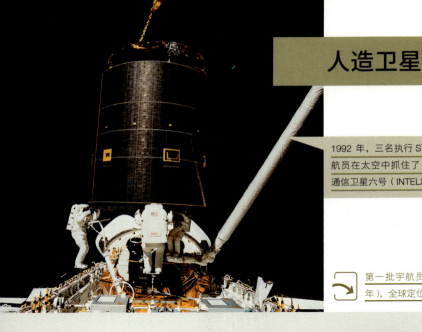

1992 年，三名执行 STS-49 任务的宇航员在太空中抓住了 4.5 吨重的国际通信卫星六号（INTELSAT VI）。

第一批宇航员（1961 年），哈勃空间望远镜（1990 年），全球定位系统（GPS）（1994 年）

1957 年

一颗典型的人造卫星，比如给地球拍摄照片的照相卫星，并不是太复杂。它配备了一台连接在望远镜上的高分辨率数码相机，靠太阳能电池板和电池提供电力，配备的无线电通信设备和天线用来与地球通信。没有什么东西是令人惊奇的，无论是相机本身、能源还是无线电装置，你都可以在任何一个远程照相系统中找到相同的设备。

那么，为什么一颗人造卫星要花费数百万美元呢？很大程度上是由于卫星要在空间飞行这一特殊原因，工程师要在无法介入的、恶劣的空间环境中保持卫星的正常运行。1957 年苏联科学家发射第一颗人造卫星——斯普特尼克 1 号（Sputnik 1）——的时候首次遇到了这些挑战。从那时起，人造卫星变得越来越复杂。

以现代人造卫星中的计算机为例。在太空中不能使用普通的计算机，所有设备都必须进行防辐射保护，以防止宇宙射线、太阳粒子和其他辐射源破坏电路。计算机要配置三重冗余，并配备表决系统判断其中之一是否有损坏。

人造卫星要随时保持正确的指向，通常依靠太阳跟踪器（sun tracker）、恒星跟踪器（star tracker）和反作用轮（reaction wheel）来完成。反作用轮可以通过加速或减速来改变人造卫星的朝向。人造卫星还配有推进器和大量燃料（例如 150 千克），可供卫星姿态维持使用十年以上。

人造卫星也不能用标准的蓄电池，必须是抗辐射的、高效率的蓄电池。工程师制作了特殊的镍氢电池组，可以充放电数万次，使用十年以上。

最后要做的事情，就是大量的可靠性测试、认证、备份等，包括在无菌环境下装配、在高真空下测试和振动试验等。人造卫星要在太空中工作许多年，出了问题也没有办法修复。所有这些工作连同这些特殊的部件使得任何一颗人造卫星都价格不菲。■

本条目作者 马歇尔·布莱恩

分子生物学的中心法则

弗朗西斯·克里克（Francis Crick，1916—2004）
詹姆斯·D. 沃森（James D.Watson，1928— ）
霍华德·特明（Howard Temin，1934—1994）
戴维·巴尔的摩（David Baltimore，1938— ）

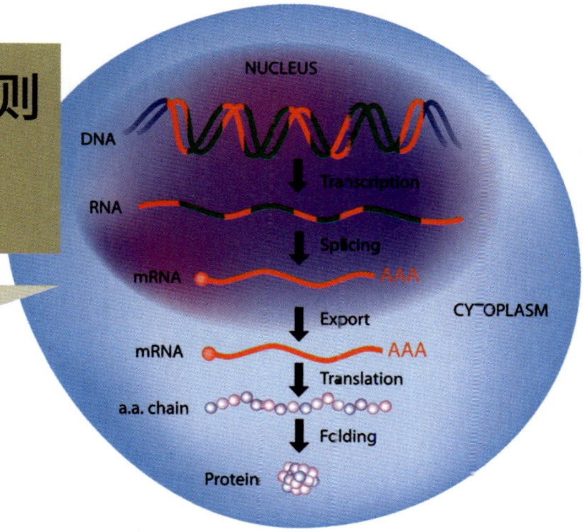

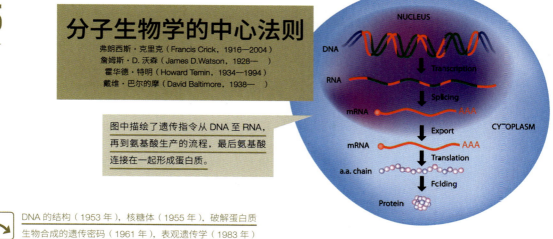

图中描绘了遗传指令从 DNA 至 RNA，再到氨基酸生产的流程，最后氨基酸连接在一起形成蛋白质。

DNA 的结构（1953 年），核糖体（1955 年），破解蛋白质生物合成的遗传密码（1961 年），表观遗传学（1983 年）

1958 年

1958 年，在沃森和克里克发现脱氧核糖核酸（DNA）的分子结构——双螺旋结构的五年后，克里克提出了分子生物学的中心法则，并于 1970 年发表在《自然》杂志上。该中心法则的基本内容称遗传信息只能单向流动，从 DNA（转录）到 RNA，再从 RNA（翻译）到蛋白质。

信息从 DNA 片段上被“转录”到一片新组合的信使 RNA（mRNA）上，mRNA 以 DNA 双链的其中一条为模板，形成其副本。接着，mRNA 从细胞核移动到细胞质中，与核糖体结合。核糖体以密码子的形式翻译指令，密码子是一个表达指令的三核苷酸序列，它指导氨基酸添加到逐渐增长的肽链上。最后的步骤是将 DNA 忠实地复制至子细胞中，这个过程发生在有丝分裂中。

中心法则最初的设想是，核苷酸序列不会逆向从 RNA 到 DNA。而 1970 年，威斯康星大学麦迪逊分校的霍华德·特明和麻省理工学院的戴维·巴尔的摩分别独立发现了逆转录酶，这一发现颠覆了中心法则的假定。为此，特明和巴尔的摩共同获得了 1975 年的诺贝尔奖。随后，人们发现逆转录酶存在于逆转录酶病毒中，比如人类免疫缺陷病毒（即艾滋病毒，HIV），而且它可以将 RNA 反转录成 DNA。另外，并不是所有 DNA 都参与编码蛋白质，这也和中心法则相悖。人类大约 98% 的 DNA 是非编码 DNA（亦被戏称为“垃圾 DNA”），其生物功能尚未确定。

由此也引出了语义学问题。1988 年克里克在其自传《狂热的追求——科学发现之我见》中评论说“法则”一词是轻率的。他当时没有选用“假设”这个词，现在仔细想来“假设”比“法则”更加恰当。法则是一种不能被质疑的信仰——它并不符合这里提到的状况。■

本条目作者 迈克尔·C. 杰拉尔德和格洛丽亚·E. 杰拉尔德

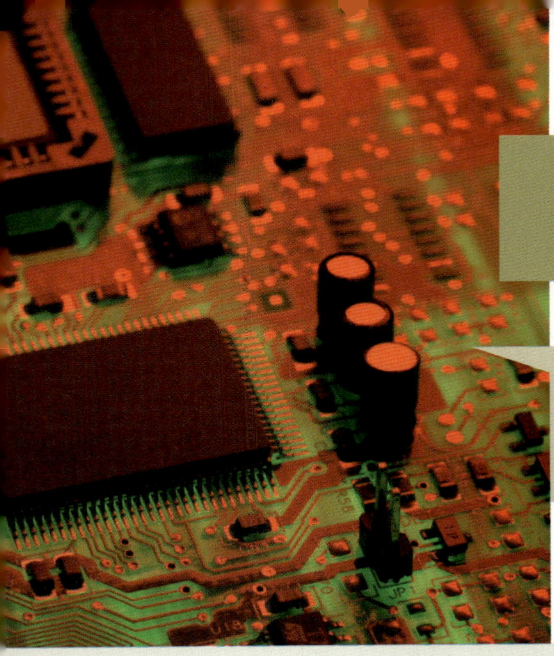

集成电路

杰克·圣克莱尔·基尔比（Jack St. Clair Kilby，1923—2005）
罗伯特·诺顿·诺伊斯（Robert Norton Noyce，1927—1990）

微芯片的外封装（如图中靠左的大矩形块）内部是容纳了晶体管等微型元件的集成电路。外壳不仅保护了很小的集成电路，也将芯片与电路板连接起来。

ENIAC（1946年），晶体管（1947年），量子计算机（1981年）

1958年

技术历史学家玛丽·贝利斯（Mary Bellis）写道：“集成电路似乎注定要被发明出来。两位互不知情的发明者几乎在同一时间独立发明了几乎相同的集成电路（Integrated Crcuit，IC）。”

在电子学中，IC或微芯片是一种依赖于半导体器件的微型电子电路。今天，从咖啡机到喷气式战斗机，无数电子设备中都有它的身影。其中，半导体材料的导电性可以引入电场来控制。随着单片IC（由单晶构成）的发明，过去分离的晶体管、电阻、电容以及所有导线如今都可以放置在一块由半导体材料制成的单晶（或芯片）上。相较于手工装配电阻和晶体管等独立元件而成的分立电路，IC可以利用光刻工艺实现更高的制造效率，其具体流程为：掩模上的几何图形被选择性地转移到硅片等材料表面。此外，IC的运行速度也更快，因为它的元件较小，封装也较紧凑。

1958年，物理学家杰克·基尔比首先发明了IC。六个月后，物理学家罗伯特·诺伊斯也独立发明了IC。不同的是，诺伊斯用硅作为半导体材料，而基尔比用的是锗。今天，邮票大小的芯片可以容纳超过10亿只晶体管。IC在性能和密度上的进展及其成本降低的速度极为迅速，以至于技术专家戈登·摩尔（Gordon Moore）评论道：“如果汽车工业的发展速度能够比得上半导体工业，那么今天劳斯莱斯用一加仑汽油就可以跑50万英里，而且扔掉它比放在停车场要划算多了。”

基尔比发明IC时，才刚入职成为得州仪器公司的员工，当时是7月下旬的休假期间，公司里空荡荡的。但到了9月，基尔比已经制作了一个能够运作的模型，第二年2月6日，得州仪器就为此申请了专利。■

本条目作者 克利福德·皮寇弗

抗体的结构

保罗·埃尔利希(Paul Ehrlich，1854—1915)
罗德尼·罗伯特·波特(Rodney Robert Porter，1917—1985)
杰拉尔德·莫里斯·埃德尔曼(Gerald Maurice Edelman，1929—2014)

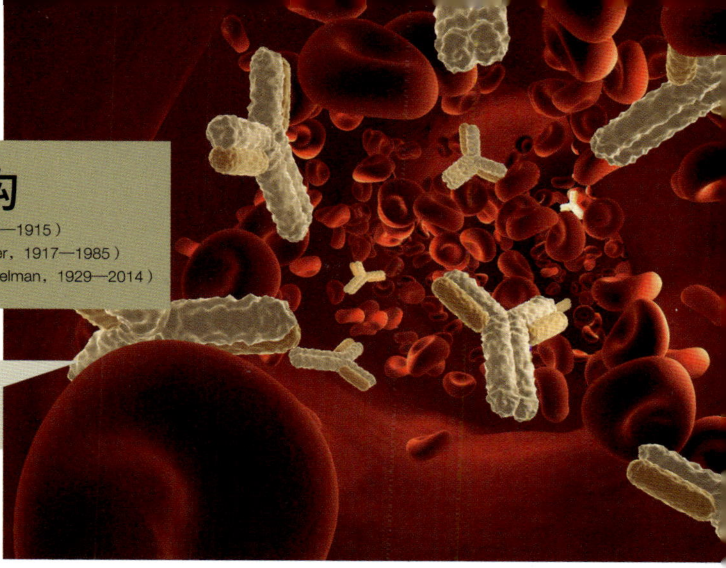

这幅艺术渲染图描绘了Y形抗体在血液中流动。

牛痘接种(1798年)，病原菌学说(1862年)，病毒的发现(1892年)

1959年

根据19世纪中叶提出的病原菌学说，很多疾病是由微生物导致的，因此人们想弄明白身体是如何抵御这些外来入侵者的。我们现在知道抗体(也被称为免疫球蛋白)本质上是起防御作用的蛋白质，抗体在我们体内四处巡视，能够鉴别和中和外来物质(即抗原)，这些抗原包括细菌、病毒、寄生虫、移植的器官和生物毒液等。抗体是由浆细胞(白细胞的一种)产生，每个抗体都包含由氨基酸组成的两条重链和两条轻链。这四条链结合在一起形成了形如字母Y的抗体。Y形上方分叉的两个顶端可变区域能与抗原结合，从而把这些抗原标记出来，以便免疫系统的其他部分能将其消灭。顶端的结构发生些许改变就能产生数百万种不同的抗体。抗体也可以通过与抗原结合直接中和抗原，从而阻止这些病原体进入或者伤害细胞。

血液中的抗体在体液免疫系统中也发挥着作用。这与体内另一种参与免疫反应的巨噬细胞有关，巨噬细胞就像单细胞生物一样，可以包裹并消灭比自身小的颗粒。当抗体与入侵者结合后，就相当于给敌人做了标记，巨噬细胞就可以来消灭这些被标记的入侵者了。

检测抗体的测试可以帮助医生推测或者排除某些特定的疾病，如莱姆病。自身免疫失调则是由于抗体错误地标识了自身健康细胞导致的。有时，可以通过给动物注射抗原后分离血清中的抗体来制作抗血清，这些抗血清可供人类使用。

保罗·埃尔利希大约在1891年创造了“抗体”这个词，他还提出了相应的机制，即细胞上的受体与有毒物质像锁和钥匙一样紧密结合后，就会激发抗体产生。英格兰生化学家罗德尼·波特和美国生物学家杰拉尔德·埃德尔曼在1959年前后，各自独立地阐明了抗体的Y形结构，并确定了重链和轻链，他们因此荣获了1972年诺贝尔生理学或医学奖。■

本条目作者 克利福德·皮寇弗

激光

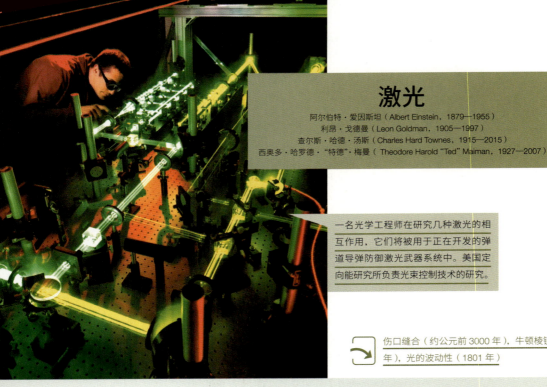

阿尔伯特·爱因斯坦（Albert Einstein，1879—1955）
利昂·戈德曼（Leon Goldman，1905—1997）
查尔斯·哈德·汤斯（Charles Hard Townes，1915—2015）
西奥多·哈罗德·“特德”·梅曼（Theodore Harold “Ted” Maiman，1927—2007）

一名光学工程师在研究几种激光的相互作用，它们将被用于正在开发的弹道导弹防御激光武器系统中。美国定向能研究所负责光束控制技术的研究。

伤口缝合（约公元前 3000 年），牛顿棱镜（1672 年），光的波动性（1801 年）

1960 年

激光专家杰夫·赫克特（Jeff Hecht）写道：“从医学和消费电子产品到电信和军事技术，在大范围的实际应用中，激光技术已经变得非常重要——有 18 位诺贝尔奖得主的获奖研究与激光有关。”

“激光”一词是“受激辐射光放大”的缩写。激光利用的受激辐射是一种亚原子过程，它由阿尔伯特·爱因斯坦于 1917 年首次提出。在受激辐射中，一个特定能量的光子使电子跃迁到较低的能级，从而产生另一个光子。第二个光子与第一个光子是相干的，它们具有相同的相位、频率、偏振和传播方向。如果这些光子经反射多次穿过相同的原子，就会实现放大，并发出强辐射光束。激光可以产生于各种的电磁辐射波段。

1953 年，物理学家查尔斯·汤斯和他的学生们制造出第一台微波激光器（微波激射器），但它无法持续地发射光束。1960 年，西奥多·梅曼发明了第一台脉冲工作模式的实用激光器。1961 年，皮肤科医生利昂·戈德曼第一次使用激光治疗黑色素瘤（一种皮肤癌），类似的方法后来被用于去除胎记和刺青，只留下较小疤痕。由于激光手术的速度和精度，激光已被应用于眼科、牙科和许多其他领域。在 LASIK 眼科手术中，激光束用来改变眼睛角膜的形状，以纠正近视和远视。在前列腺手术中，激光可以用来切除肿瘤。绿色激光束可用于外科止血，当血红蛋白吸收光线后会发生凝固以阻止血管出血。外科使用的热激光束还可以沿组织移动，用来完成烧灼、封闭或切开血管的操作。■

本条目作者 克利福德·皮寇弗

209

破解蛋白质生物合成的遗传密码

乔治·伽莫夫（George Gamow，1904—1968）
弗朗西斯·克里克（Francis Crick，1916—2004）
罗莎琳·富兰克林（Rosalind Franklin，1920—1958）
罗伯特·W. 霍利（Robert W.Holley，1922—1993）
哈尔·葛宾·科拉纳（Har Gobind Khorana，1922—2011）
马歇尔·沃伦·尼伦伯格（Marshall Warren Nirenberg，1927—2010）
詹姆斯·D. 沃森（James D.Watson，1928—　）
J. 海因里希·马特伊（J.Heinrich Matthaei，1929—　）

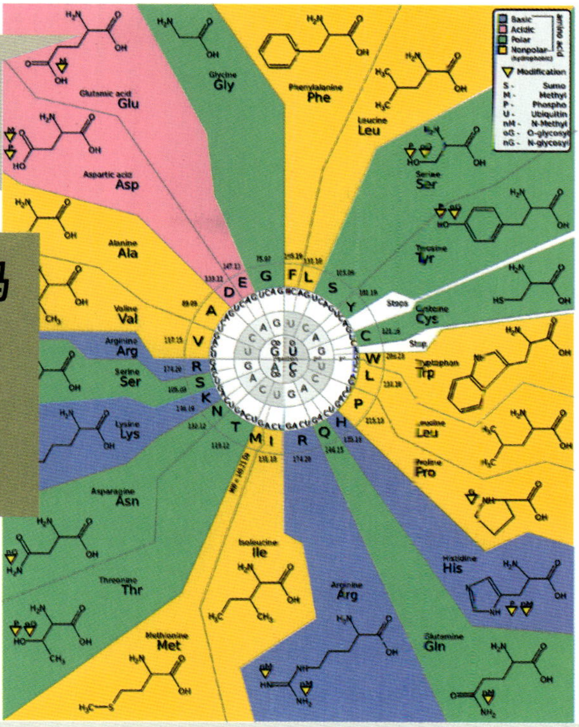

这张图描绘了密码子和氨基酸编码的关系，密码子指的是一组由腺嘌呤、胸腺嘧啶、胞嘧啶和鸟嘌呤或尿嘧啶构成的三个连续核苷酸序列。

DNA 的结构（1953 年），核糖体（1955 年），分子生物学的中心法则（1958 年），人类基因组计划（2003 年）

1961 年

1953 年，沃森、克里克和富兰克林确定了 DNA 的结构，这种双螺旋链状结构由四种碱基组成：腺嘌呤（A）、胸腺嘧啶（T）、胞嘧啶（C）和鸟嘌呤（G）；在 RNA 中，尿嘧啶（U）代替了胸腺嘧啶。但是 DNA 分子所携带的遗传信息是如何传递到蛋白质生物合成过程中的呢？

俄国物理学家乔治·伽莫夫假定，三个连续排列的四种核苷酸（密码子）可以定义 64 种氨基酸，完全可以满足制造蛋白质所需的所有 20 种氨基酸的编码。1961 年，马歇尔·尼伦伯格和 J. 海因里希·马太在美国国立卫生研究院一起工作，力图确定当单独一种的核苷酸被加入一份反应混合液后，将形成哪种氨基酸。他们发现密码子 UUU 能形成苯丙氨酸，这就破解了遗传密码的第一个字母。没过多久，CCC 被发现能生成脯氨酸。威斯康星大学麦迪逊分校的哈尔·葛宾·科拉纳生成了更加复杂的序列，它由重复的双核苷酸序列构成，他们首先测试的是 UCUCUC，译解的产物是丝氨酸—亮氨酸—丝氨酸—亮氨酸……；之后，其余的密码子也一一被确定。

1964 年，康奈尔大学的罗伯特·霍利发现并确定了转录 RNA（tRNA）的化学结构，从而揭开了信使 RNA（mRNA）和核糖体之间的联系。制造一个蛋白质所需的信息首先是附着到 tRNA 上，然后在核糖体中根据 mRNA 进行翻译。每个 tRNA 只会识别 mRNA 上的一个密码子，而且每个 tRNA 只会携带 20 种氨基酸的其中一种。蛋白质是由氨基酸一个个拼接而成的。尼伦伯格、科拉纳和霍利因此共同获得了 1968 年诺贝尔生理学或医学奖。

除去变异的情况外，所有生物使用的蛋白质合成的遗传密码都非常相似。根据进化理论，遗传密码在生命发展史的极早期就已经确定了。■

本条目作者　迈克尔·C. 杰拉尔德和格洛丽亚·E. 杰拉尔德

第一批宇航员

尤里·加加林（Yuri Gagarin，1934—1968）
阿兰·谢泼德（Alan Shepard，1923—1998）

1961 年 4 月 12 日早晨，宇航员尤里·加加林准备登上东方 1 号飞船。坐在他身后的是他的替补宇航员戈尔曼·季托夫（German Titov）。季托夫后来于 1961 年 8 月乘坐东方 2 号成为第二个进入地球轨道的太空人。

莱特兄弟的飞机（1903 年），土星五号火箭（1967 年），第一次登月（1969 年）

1961 年

1957 年，苏联成功发射伴侣 1 号人造卫星标志着太空时代的开始，也标志着与美国之间史诗般的地缘政治竞赛在技术、军事、道德优越感等层面展开。紧接着苏联又将第一只动物——乘坐伴侣 2 号的一只名叫莱卡的小狗——送入太空，同时美国也在发射猴子和猩猩，但两国政府都知道，要赢得下一场太空竞赛的胜利，只能将人送入太空。

苏联载人飞船计划名叫“东方号”，如同伴侣号计划一样，它是由现有的洲际弹道导弹火箭系统改造成而来，只容纳一位乘员。苏联秘密筛选了大约 20 位空军飞行员成为光荣的第一批宇航员，首选者是尤里·加加林上尉。与此同时，美国载人飞船计划称为“水星计划”，采用改进的红石火箭作为航天舱，也只能容纳一位乘客。来自空军、海军、海军陆战队的 7 名试飞员最终入选成为航天员，甚至在飞行之前他们就成了当时的名人。海军试飞员阿兰·谢泼德最终被选择执行第一次水星计划。

早期没有载人的东方号和水星计划都有过失败的纪录。在政府领导人批准载人飞行之前，两国都必须测试验证他们的火箭可以完成这项任务。两个计划并驾齐驱，在 1961 年初都将人送入了太空。1961 年 4 月 12 日，尤里·加加林乘坐东方 1 号进入地球轨道，成为第一位太空人，苏联再次赢得了这场国际太空竞赛。三周之后，谢泼德成为人类第二位，美国第一位太空人，他乘坐自由 7 号航天舱成功完成亚轨道飞行。

苏联再次取得领先地位，但美国在谢泼德之后紧锣密鼓地赶超。美国总统肯尼迪在国会发表演说，要求美国宇航局在十年（20 世纪 60 年代）内将人送上月球。■

本条目作者 吉姆·贝尔

绿色革命

诺曼·博洛格（Norman Borlaug，1914—2009）

作为绿色革命的工程学创新不胜枚举，其中包括水稻新品种，它意味着在饥荒地区创造了更高的粮食产量。

农业（约公元前 1 万年），动物驯养（约公元前 1 万年），水稻栽培（约公元前 7000 年），光合作用（1947 年）

1961 年

1950—1987 年，世界人口从 25 亿翻倍增长到 50 亿，这是一个令人震惊的增长。人类已经感受到食品供应不足的压力。例如 1943 年，印度就有 400 万人（占其国家总人口的 6%）死于饥荒。

人口激增带来了一个问题：以当时的生产力水平，世界还没有办法生产出足够养活所有人的食物。于是，1961 年开始了一场绿色革命，一个防止大规模饥荒的过程，由生物学家、工程师合作向世界各地系统地传播先进的农业技术，它拯救了十亿或者更多人的生命。它由美国生物学家、人道主义者诺曼·博洛格为发起人，后来他也成为这场运动的发言人。

增加食物产量的生物学层面的一个重要的方式是——育种，以及后来的基因工程，选育出更好的小麦、大米品种。生物学家使用了工程师解决问题的方法——他们努力培育可以更高效地利用氮的植物品种，而且将氮主要转化为谷粒而不是用于生长茎秆。生物学家选育茎秆短粗的作物，这样的作物不易倒伏。他们还致力于缩短作物的生长期。他们将矮株和其他有用的特性整合在一起来创造高产。

这些新品系的作物需要灌溉和施肥。工程师采用灌溉工程项目和增加化肥产量的新方法来满足这些需求。然后他们又进了一步：在气候炎热的地区，一年可以种两季粮食，但前提是有足够的水才能够支持第二季作物的种植。雨季可以提供一季作物的用水，像印度这样的国家需要一种为第二季作物种植储存水的方式。所以工程师在印度建造了上千座新的水坝，在季风带来降雨的时候储水。现在，印度的农作物产量与过去相比翻了一番。

这些新技术的进展影响巨大，世界粮食生产翻了一番，然后又翻了一番。即使人口一直在不断地增长，但食物的供应增加得更快。科学与工程学联手创造了一场农业革命。■

本条目作者 马歇尔·布莱恩

标准模型

默里·盖尔曼（Murray Gell-Mann，1929—2019）
谢尔登·李·格拉肖（Sheldon Lee Glashow，1932— ）
乔治·茨威格（George Zweig，1937— ）

Cosmotron 质子同步加速器。这是世界上第一台加速粒子能量达十亿电子伏特（GeV）的加速器。Cosmotron 同步加速器于 1953 年实现了 3.3 GeV 的设计能量，被用于研究亚原子粒子。

弦论（1919 年），中子（1932 年），夸克（1964 年），万物理论（1984 年），大型强子对撞机（2009 年）

1961 年

作家斯蒂芬·巴特斯比（Stephen Battersby）写道："到 20 世纪 30 年代，物理学家们已经知道，所有物质都是由电子、中子和质子等三种粒子构成的，然而好景不长，一系列不需要的多余粒子开始出现，包括中微子、正电子和反质子、π 介子和 μ 介子、K 介子以及 λ 粒子和 Σ 粒子。因此，到了 20 世纪 60 年代中期，人们已经发现约 100 个可能的基本粒子，真如一团乱麻。"

通过理论和实验相结合，一种被称为"标准模型（Standard Model）"的数学模型解释了物理学家迄今所观测到的大多数粒子物理现象。根据该模型，基本粒子被分为两类：玻色子（传递力的粒子）和费米子。费米子包括各种夸克（质子和中子都由 3 个夸克组成）和轻子（如电子和 1956 年发现的中微子）。中微子极难探测，因为其质量极小（但不等于零），且可以几乎不受干扰地穿过普通物质。今天，通过在粒子加速器中撞碎原子并观测由此产生的碎片，我们得以了解这些亚原子粒子。

据标准模型所述，力是由物质粒子（费米子）交换包括光子和胶子在内的媒介粒子（玻色子）所引发的。希格斯粒子是标准模型预言中的基本粒子，该粒子解释了为什么其他基本粒子拥有质量。引力被认为是由无质量的引力子交换所产生的，但这些粒子仍未被实验探测到。事实上，标准模型是不完整的，因为它不包括引力。一些物理学家正试图在标准模型中加入引力，来创建一个大一统理论（Grand Unified Theory）。

1964 年，物理学家默里·盖尔曼和乔治·茨威格提出了夸克的概念，而就在此前的 1961 年，盖尔曼制定了粒子分类体系"八重法（Eightfold Way）"。在 1960 年，物理学家谢尔登·格拉肖的统一理论迈出了通向标准模型的第一步。■

本条目作者 克利福德·皮寇弗

混沌与蝴蝶效应

雅克·所罗门·阿达玛（Jacques Salomon Hadamard，1865—1963）
朱尔斯·亨利·庞加莱（Jules Henri Poincaré，1854—1912）
爱德华·诺顿·洛伦兹（Edward Norton Lorenz，1917—2008）

罗杰·A. 约翰斯顿（Roger A. Johnston）创作的混沌数学图案。虽然混沌行为似乎是“随机的”和不可预测的，但它通常遵循从可以研究的方程中导出的数学规则。初始条件的微小变化可能导致非常不同的结果。

哥德尔定理（1931 年），元胞自动机（1952 年），分形（1975 年）

1963 年

对古代人类来说，混沌代表着未知的幽灵世界，充满着凶险邪恶的噩梦景象，反映了人类对无法掌控的事物的恐惧，并在想象中给这种未知的恐惧赋予了种种可怕的形状。而在今天，混沌理论则是一个激动人心的不断发展的领域，涉及对初始条件敏感依赖的众多现象的研究学科。尽管混沌的行为经常被表现出“随机”而不可预测，但它往往遵循着来自数学方程的严格规则，是可以生成并且进行研究的。计算机图形是研究混沌的重要工具之一。从随机闪烁灯光的混沌玩具到虚无缥缈的香烟烟雾，混沌行为通常是随机而无序的。其他的例子包括天气模式、某些神经活动和心脏跳动、股票市场波动以及某些计算机组成的网络。混沌理论也经常被广泛地应用于各种视觉艺术之中。

在科学上，也存在各种著名混沌系统的例子，如流体中的热对流、超音速飞机的面板震颤、振荡的化学反应、流体动力学、人口增长理论、粒子撞击周期振动的表面、各种悬臂和转子的运动轨迹、非线性电路和光束的弯曲等。

混沌理论的早期根源始于 1900 年左右，当时阿达玛和庞加莱等数学家研究了多体问题复杂的运动轨迹。20 世纪 60 年代初，麻省理工学院的气象学家爱德华·洛伦兹使用一个方程组来模拟大气中的对流。尽管公式十分简单，但他还是很快发现产生混沌的标志之一，也就是说，初始条件极其微小的变化会导致不可预测的完全不同的结果。洛伦兹在其 1963 年的论文中解释说，世界某地的一只蝴蝶扇动翅膀，可能会影响到数千英里以外地区的天气。今天，我们把这种对初始条件的敏感性称为蝴蝶效应。■

本条目作者 克利福德·皮寇弗

214

认知行为疗法

埃皮克泰图斯（Epictetus，55—135）
阿尔伯特·埃利斯（Albert Ellis，1913—2007）
亚伦·特姆金·贝克（Aaron Temkin Beck，1921— ）

蜘蛛恐惧症可以使用认知行为疗法，让患者在受控条件下逐步接触蜘蛛，通常可以得到治疗。功能性核磁共振成像技术表明，认知行为疗法能在很多有用的方面影响大脑。

心理学原理（1890年），精神分析（1899年），经典条件反射（1903年），抗抑郁药物（1957年），心智理论（1978年）

1963年

认知行为疗法强调错误在思维中的作用，并认为它会产生消极情绪，这种看法有其古老的思想源泉。古希腊斯多葛派哲学家埃皮克泰图斯在《手册》（*Enchiridion*）一书中写道："扰乱人心的并非事物本身，而是人们对事物的看法。"在认知行为疗法中，心理治疗师帮助患者从新的角度思考环境，从而改变他们的反应和感受。如果患者能够辨认出错误或者不理性的想法，那么就可以质疑这些想法。由此产生行为上的改善可以进一步教育患者并增强更加有益的思维方式。患者通常被要求写日记来记录发生的事情以及自己对这些事情的感受和看法。

20世纪50年代，美国精神分析学家阿尔伯特·埃利斯对认知行为疗法的发展产生了影响，这部分是因为埃利斯不喜欢传统的精神分析，他认为这种传统方法看起来是一种低效而间接的方法。他希望治疗师能够深度介入帮助患者改变错误的思考模式。20世纪60年代，美国精神病学家、精神分析学家亚伦·贝克成为现代认知行为疗法的主要倡导者。

认知行为疗法在抑郁症、失眠、焦虑、强迫症、创伤后应激障碍、饮食失调、慢性疼痛、精神分裂症等很多病例中都被证实是有效的。在接受治疗时，患者有时会被要求对一个可以验证真伪的假设重新构造一个想法。这种方法可以使患者从过去的"执念"中退出，从而更加客观地审视自己的"执念"，并最终改变他们的看法。比如，一位抑郁症患者可能会在一次面试失败后就得出结论，认为自己永远也找不到工作。而对于恐怖症和强迫症患者来说，有时可以让他们逐步接触他们害怕的事情来减轻症状。抑郁症患者可能会被安排一些令人愉悦的小型活动（比如和朋友一起喝咖啡）。这不仅可以改变行为，还可以用于检测诸如"没人喜欢和我待在一起"这样的看法或假设。认知行为疗法还能与药物联用，用以治疗非常严重的心理障碍。■

本条目作者 克利福德·皮寇弗

大脑偏侧性

怀尔德·彭菲尔德（Wilder Penfield，1891—1976）
赫伯特·贾斯珀（Herbert Jasper，1906—1999）
罗杰·沃尔科特·斯佩里（Roger Wolcott Sperry，1913—1994）
迈克尔·加扎尼加（Michael Gazzaniga，1939—　）

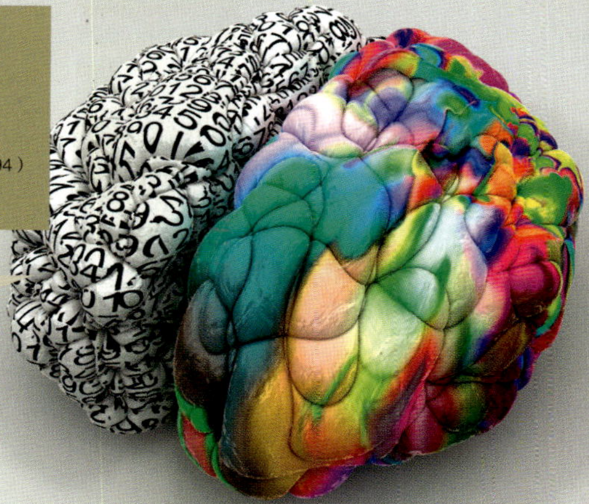

据说，左脑控制的是分析与结构化思维，右脑则会影响创造力。关于左右脑区别的观点很流行，但是神经系统科学家对此不以为然。

大脑功能定位（1861 年），神经元学说（1891 年），精神分析（1899 年）

1964 年

20 世纪 40 年代，著名的加拿大神经外科医生怀尔德·彭菲尔德正在麦吉尔大学的蒙特利尔神经学研究所中治疗癫痫重症患者，他用的方法是通过外科手术去破坏患者大脑中某些特定的区域，而这些区域被视为癫痫发作的源头。在手术之前，他用非常轻微的电流刺激运动皮层和感觉皮层的独立区域，他的同事，神经病学家赫伯特·贾斯珀则负责将对刺激有反应的身体部位记录下来。两人共同创建了一张“小人”示意图，标明了大脑运动皮层和感觉皮层影响身体的具体部位。

20 世纪 60 年代，加州理工大学的研究为大脑偏侧性（功能不对称性）提供了更深入的理解。左侧大脑半球和右侧大脑半球在外观上几乎完全相同，但是在执行的功能上却极其不同。两个半球彼此交流的媒介是通常称为胼胝体的粗大神经纤维束。自 20 世纪 40 年代起，为了治疗严重的癫痫症，医生往往会切断这条神经束的大部分，导致出现了脑分裂患者。现在，这种手术已渐渐绝迹。后来精神生物学家罗杰·斯佩里及其研究生迈克尔·加扎尼加对脑分裂患者及猴子进行了实验，测试了其独立的两半大脑的功能。在 1964 年左右，他们发现每个脑半球都能够进行学习，但是各个半球对另一半球的学习或经历一无所知。

人们从这些研究中得出结论，认为左脑和右脑各自执行不同的专门功能。左脑主要关注分析、说话，以及语言处理任务；右脑则掌握感官、创造力、情感与面部识别。斯佩里因其对脑分裂的研究获得了 1981 年的诺贝尔生理学或医学奖。

有人将人类个体归类为左脑思考者或右脑思考者。据称，左脑思考者更有逻辑、更注重事实、习惯线性思考，并且关注结构和推理；被归为右脑思考者的人更注重感觉、任凭直觉行事、更有创造力，且更富音乐感。这个话题可以在鸡尾酒会上引发别有趣味的讨论，但是并没有令人信服的解剖学或生理学证据来支持给人贴上这种标签，大多数科学家仍将这种划分视为无稽之谈。■

本条目作者 迈克尔·C. 杰拉尔德和格洛丽亚·E. 杰拉尔德

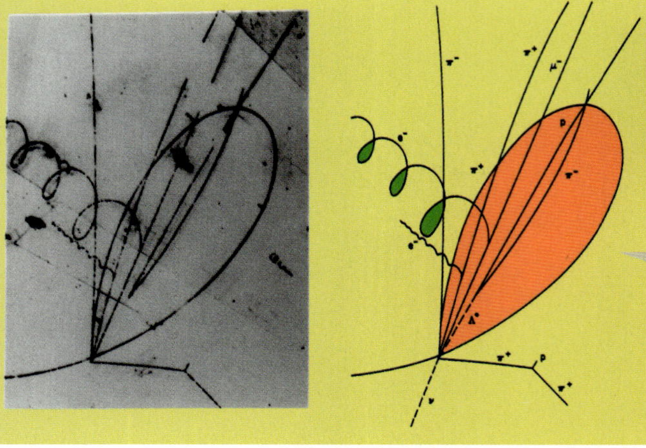

夸克

默里·盖尔曼（Murray Gell-Mann，1929—2019）
乔治·茨威格（George Zweig，1937—　）

216

科学家们用美国布鲁克海文国家实验室气泡室中的粒子轨迹照片（左图）作为粲重子（一种三夸克粒子）存在的证据。一个中微子从下方进入图片（见右图中的虚线），并与一个质子碰撞，另外产生的粒子留下了轨迹。

电子（1897 年），中子（1932 年），量子电动力学（1948 年），标准模型（1961 年）

1964 年

欢迎来到粒子动物园。20 世纪 60 年代，理论物理学家们意识到，如果质子和中子等各种基本粒子实际上并不是真正的基本粒子，而是由被称为夸克的更小的粒子组成，那么就可以理解它们之间关系的模式了。

夸克共有六种类型或“味”，分别被称为上夸克、下夸克、粲夸克、奇夸克、顶夸克和底夸克。其中只有上、下夸克是稳定的，也是宇宙中最常见的；其他四种较重的夸克则是在高能碰撞中产生的（请注意，包括电子在内的另一类被称为轻子的粒子并不是由夸克组成的）。

1964 年，物理学家默里·盖尔曼和乔治·茨威格各自独立地提出了夸克的概念，到 1995 年，粒子加速器实验已经获得了全部六种夸克存在的证据。夸克带有分数电荷，例如上夸克的电荷是 +2/3，下夸克的电荷是 -1/3。不带电荷的中子由两个下夸克和一个上夸克组成，而带正电荷的质子则由两个上夸克和一个下夸克组成。夸克由一种强短程力紧紧地束缚在一起，该力被称为色力（color force），传递色力的媒介是胶子；描述这些强相互作用的理论被称为量子色动力学。盖尔曼引用了《芬尼根守灵夜》（*Finnegans Wake*）中一行没头没脑的文字“向麦克老大三呼夸克！”后，创造了“夸克”一词来表示这些粒子。

就在大爆炸之后，宇宙中充满了夸克—胶子等离子体，这是因为温度太高而使得强子（也就是像质子和中子那样的粒子）无法形成。作家朱迪·琼斯（Judy Jones）和威廉·威尔逊（William Wilson）写道：“夸克对人类知识造成了有效的冲击，它们隐含了自然的三角关系，一方面是无穷小的粒子，另一方面又是构建宇宙的基石，夸克同时代表了科学最雄心勃勃的和最腼腆的两种面孔。”■

本条目作者　克利福德·皮寇弗

217

宇宙微波背景辐射

阿尔诺·艾伦·彭齐亚斯（Arno Allan Penzias，1933— ）
罗伯特·伍德罗·威尔逊（Robert Woodrow Wilson，1936— ）

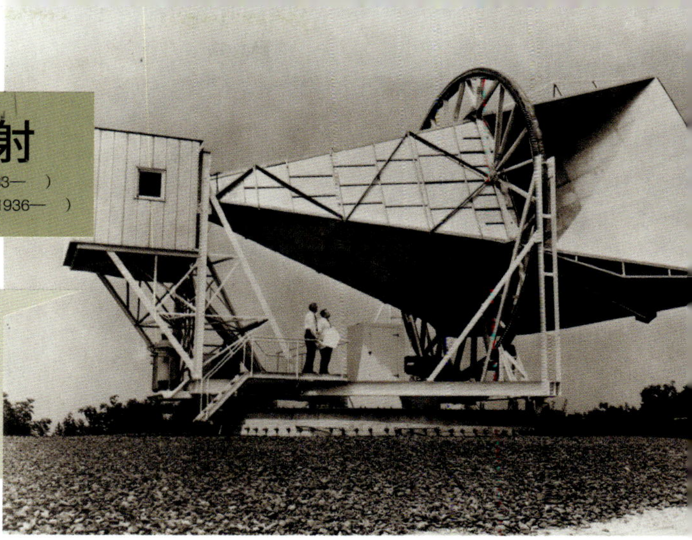

这架喇叭反射天线位于美国新泽西州霍姆德尔的贝尔电话实验室，于1959年为通信卫星相关的开创性研究而建造；彭齐亚斯和威尔逊利用它发现了宇宙微波背景。

望远镜（1608 年），电磁波谱（1864 年），X 射线（1895 年），哈勃宇宙膨胀定律（1929 年），宇宙暴胀（1980 年）

1965 年

宇宙微波背景辐射（Cosmic Microwave Background，CMB）是一种充斥整个宇宙的电磁辐射。它是大爆炸遗留的辐射，我们的宇宙就形成于 137 亿年前这场炫目的“爆炸”中。随着宇宙的冷却和膨胀，高能光子（例如电磁波谱中的 γ 射线和 X 射线波段）的波长变长，从而红移到能量较低的微波波段。

大约在 1948 年，宇宙学家乔治·伽莫夫和他的同事们提出，这种微波背景辐射有可能被探测到。而到了 1965 年，位于美国新泽西州的贝尔电话实验室的物理学家阿尔诺·彭齐亚斯和罗伯特·威尔逊测量到一种神秘的过剩微波噪声，它与温度约为 -454 ºF（约 3 K）的热辐射场有关。在检查排除了包括大型户外探测器中的鸽粪等各种可能的背景“噪声源”干扰之后，他们断定自己正在观测宇宙中最古老的辐射，这也为大爆炸模型提供了证据。请注意，这些携带能量的光子需要花时间从宇宙中遥远的地方来到地球，因此每当我们探测外太空时，也是在回望过去。

1989 年发射的宇宙背景辐射探测器对 CMB 做了更精确的测量，确定其温度为 -454.47 ºF（2.735 K）。研究人员还利用 COBE 测量到背景辐射强度的微小涨落，这些涨落对应着宇宙中星系等结构的诞生。

科学的发现需要运气。作家比尔·布赖森（Bill Bryson）写道：“尽管彭齐亚斯和威尔逊并非在寻找宇宙背景辐射，甚至发现它的时候并不知道它是什么，也没有在任何论文中描述或解释它的性质，但他们仍然获得了 1978 年的诺贝尔物理学奖。”如果你将一台模拟电视机连上天线，调到没有任何节目的空频道上，那么“你看到的跳动的雪花点中有大约 1% 是来自这种大爆炸的古老遗留辐射。所以下次当电视屏幕上什么都没有，只剩下雪花点的时候，请别抱怨，你正在观看宇宙的诞生！”■

本条目作者 克利福德·皮寇弗

动态随机存取存储器

罗伯特·登纳德（Robert Dennard，1932— ）

计算机上使用的同步动态随机存取存储器（SDRAM）。

计算尺（1621 年），巴贝奇的机械计算机（1822 年），ENIAC（1946 年），晶体管（1947 年）

1966 年

每台计算机都需要随机存取存储器（Random Access Memory，RAM）。计算机的中央处理器（Central Processing Unit，CPU）需要一片区域来储存程序和数据，以便其能够以 CPU 相同的速度来快速读取。CPU 执行的每个指令都要从 RAM 中获取，CPU 也会在 RAM 中读写数据。

如果你是一位在 20 世纪 60 年代末为计算机选择内存的工程师，摆在你面前的有两种选项。一种是磁芯存储器，由穿入导线的微小铁氧体环编结成网状结构。磁芯存储器有很多问题，昂贵、沉重、体积庞大。另一种是静态随机存取存储器，由标准晶体管电路制成。每个存储一个位（bit）就需要好几个晶体管，考虑到当时集成电路的水平，不可能在芯片上集成太多的内存。

但到了 1966 年，为了减少晶体管的数量并提高芯片上存储单元的数量，供职于 IBM 的美国电气工程师罗伯特·登纳德尝试了不同的方法。他使用电容器储存 1 个 bit 的数据，从而产生了关于动态随机存取存储器的想法。电容器充电的状态代表“1”，放电的状态代表“0”。表面看起来这一想法十分荒谬，因为电容器会漏电。如果你将“1”存储在由电容器制成的存储器中并且什么也不做，在不到十分之一秒的时间内电容器就会因为漏电而忘记它所存储的“1”。

但这种方式的优点在于它极大地减少了晶体管的数量，从而提高了芯片中存储单元的数量。为了解决漏电问题，所有的电容器都会被定期地（例如几毫秒）重新读写——将代表“1”的那些漏电的电容器重新充电。这种方式被称为动态随机存取存储器（Dynamic Random Access Memory，DRAM），因为它要动态地进行刷新以保证已充电的电容器处于充电状态。DRAM 首次出现于 1970 年。

动态随机存储单元比静态随机存储单元小得多，从而降低了存储器的费用。如今，每台台式计算机、笔记本电脑、平板电脑、智能手机都在使用动态随机存取存储器。工程师的一些想法最初看起来也许是荒谬的，但最终依靠这些想法使生产成本得以降低，动态随机存取存储器就是其中的一例。■

本条目作者 马歇尔·布莱恩

219

内共生学说

康斯坦丁·梅勒什可夫斯基（Konstantin Mereschkowski，1855—1921）
林恩·马古利斯（Lynn Margulis，1938—2011）

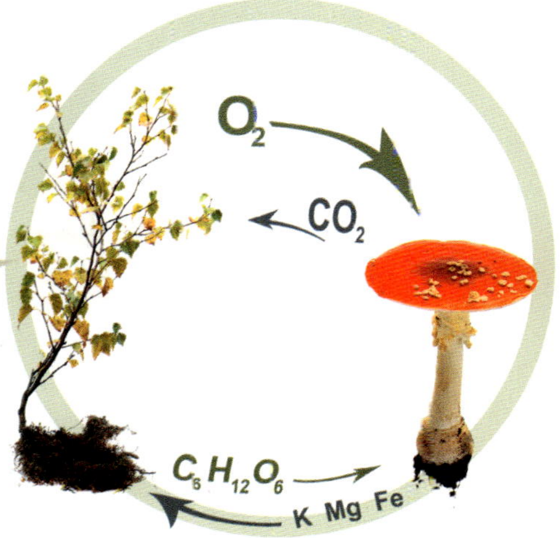

这张图描述了毒蝇鹅膏菌（*Amanita muscaria*）和桦树间的共生关系。伞菌从树木那里获得糖分（$C_6H_{12}O_6$）和氧气，并为树木提供矿物质与二氧化碳。

达尔文的自然选择理论（1859 年），细胞呼吸（1937 年），光合作用（1947 年）

1967 年

内共生学说能帮助我们理解进化过程，因为它解释了真核细胞内细胞器的来源，真核细胞包括植物、动物、真菌和原生生物。共生现象发生于生物组织的各种层面上，可以是涉及两种协助互惠，以获得竞争优势的有机体，比如花朵的昆虫授粉，又或是肠道细菌帮助宿主消化食物。在真核细胞内，线粒体和叶绿体都是参与产生执行细胞功能所需能量的细胞器。线粒体是细胞呼吸的场所，它利用氧气分解有机分子以形成 ATP（三磷酸腺苷），而植物中的叶绿体则是光合作用的场所，它使用源于阳光的能量，用二氧化碳和水合成葡萄糖。

一次添加一种细胞器。根据内共生学说，一种包含线粒体的小型细菌（α－变形菌）被原始真核细胞（原生生物）所吞噬，在接下来却产生了共生关系：细菌（现称为共生体）提供它高度进化的能量产生器——线粒体，而真核细胞则为其提供保护与营养。类似的过程也发生在植物身上，植物真核细胞通过类似过程吞噬一个光合蓝藻，后者在真核细胞中活了下来，最后演化成叶绿体。在这种初级内共生类型中，一个生物体被另一个生物体吞噬。而当这种初级内共生的、合成的生物又可以被另一个真核细胞吞噬，从而形成了次级内共生。这样生物就可以吸纳更多细胞器，并扩充了它们可生存的环境类型。

1905 年，俄国植物学家康斯坦丁·梅勒什可夫斯基率先提出了叶绿体的内共生学说（他抵制达尔文进化论，并积极提倡优生学）。1920 年，这一理念被延伸至线粒体。内共生学说在很长一段时间内一直没有获得科学界的关注。直至 1967 年，林恩·马古利斯再度提出这一学说。她是艾摩斯特市马萨诸塞大学的生物学教授，也是已故著名天文学家卡尔·萨根的前妻。她的论文在发表前遭到 15 家期刊的拒绝，但现在已被公认为是内共生理论的里程碑之作。■

本条目作者 迈克尔·C. 杰拉尔德和格洛丽亚·E. 杰拉尔德

心脏移植

詹姆斯・D. 哈代（James D. Hardy，1918—2003）
克里斯蒂安・尼斯林・巴纳德（Christiaan Neethling Barnard，1922—2001）
罗伯特・考夫勒・贾维克（Robert Koffler Jarvik，1946—　）

名为《移植、重生和现代医学》（*Transplants, Resurrection, and Modern Medicine*）的艺术品。富有创造力的画家描绘了人类的心脏从树上长出来，象征着患者接受心脏移植后获得重生，同时也象征着现代心脏移植所创造的奇迹。

巴累的“合理手术”（1545 年），血液循环系统（1628 年），输血（1829 年），人工心脏（1982 年）

1967 年

记者劳拉・菲茨帕特里克（Laura Fitzpatrick）写道：“在有历史记录的大部分时间内，很多医生都把人类的心脏视作灵魂的栖所，它神秘莫测且不停跳动，太过精细，是人类不能触碰的地方。”不过，1953 年发明了人工心肺机后（一种装置，在手术中用于使血液暂时绕过心脏和肺，同时保证血液中氧气含量充足），心脏移植就成为可能。该过程用于将已经过世的捐献者提供的健康心脏替换患者受损的心脏。

1964 年，美国外科医生詹姆斯・哈代实施了首例心脏移植。由于没有可用的人类心脏，他最终把黑猩猩的心脏移植进一位濒死的男性患者胸腔内。移植的心脏能在患者体内跳动，但是黑猩猩的心脏个头太小了，没办法维持生命，最终这名患者在 90 分钟后死亡。1967 年，世界上首例人类心脏移植手术成功。南非外科医生克里斯蒂安・巴纳德取下了一位在车祸中身亡的年轻女性的心脏，之后把它移植给了 54 岁的患有心脏病的路易斯・沃什坎斯基（Louis Washkansky）。术后一天患者就清醒过来了，并且还能讲话。在手术后 18 天，他死于因服用抑制排斥外来组织的免疫抑制剂所导致的肺炎。

直到 1972 年发现环孢霉素后，器官移植的成功率才大幅上升。环孢霉素来自真菌，能在抑制器官排斥的同时又不会影响身体免疫系统的大部分功能，以对抗一般的感染。自此，器官移植后患者的存活率大为提高。举个极端的例子，美国的托尼・休斯曼（Tony Huesman）在心脏移植后活了 31 年。现在，心脏、肾脏、肝、肺、胰腺和肠道都可以移植。1982 年，美国研究者罗伯特・贾维克首次给患者移植了永久性人工心脏。■

本条目作者　克利福德・皮寇弗

土星五号火箭

在美国佛罗里达州肯尼迪航天中心发射的阿波罗 4 号（航天器 017/ 土星 501）。

莱特兄弟的飞机（1903 年），第一批宇航员（1961 年），第一次登月（1969 年）

1967 年

土星五号火箭巨大的咆哮声是对工程学的赞美。从它“夸张”的尺寸，到它“野蛮”的推力，再到它帮助完成的任务，土星五号是人类制造过的最为惊人的火箭。它保持着若干项纪录，包括将 26 万磅（118 吨）有效载荷发射到低地球轨道的能力。

在当时的技术条件下，工程师是如何制造出这个庞然大物的呢？建造火箭的时候大多数工程师还在使用计算尺，而这枚火箭当时还只是一个概念而已。他们是如何如此快速地完成建造的呢？要知道直到 1957 年，美国还没有成功向地球轨道发射过任何航天器。但到了 1967 年，土星五号就已经可以轻松地进入地球轨道了。

关键点之一是 F-1 发动机。在美国航空航天局成立之前，工程师就已经开始为空军项目研发 F-1 发动机。这是一个幸运的巧合，因为它意味着在实际使用之前，发动机就已经经受过测试并可以平稳地运行。F-1 是有史以来人类制造过的最大的单体发动机，单台推力达到了 150 万磅（6.8 兆牛顿）。火箭的第一级装有五台 F-1 发动机，总推力达到了 760 万磅。拥有如此强大的推力是非常必要的，因为装满燃料和载荷后，火箭的总重量就达到了 650 万磅（3000 吨）。在发射时，每台发动机在不到三分钟的时间内就会消耗掉将近 100 万磅（450 吨）的煤油和液氧。

第一级火箭分离后，余下的部分已经减轻了 500 万磅（2300 吨）。第二级和第三级火箭使用液氢和液氧作为燃料将有效载荷送入轨道。

在第三级火箭顶部装有一个重要的称为控制设备单元（Instrument Unit）的环形装置，直径差不多 22 英尺（6.71 米），3 英尺（0.91 米）高，重达两吨。控制设备单元包括计算机、无线电系统、监控设备、雷达、电池和其他系统，这些仪器共同控制着第三级火箭的飞行和与地面的通信。当时微处理器还不存在，因此核心的控制设备是由传统方法制造的三重备份的 IBM 微型计算机。

工程师们制造出这个一次性的巨兽是为了将人类送上月球，后来它也被用于发射太空实验室。土星五号火箭是一项真正的工程学奇迹。■

本条目作者 马歇尔·布莱恩

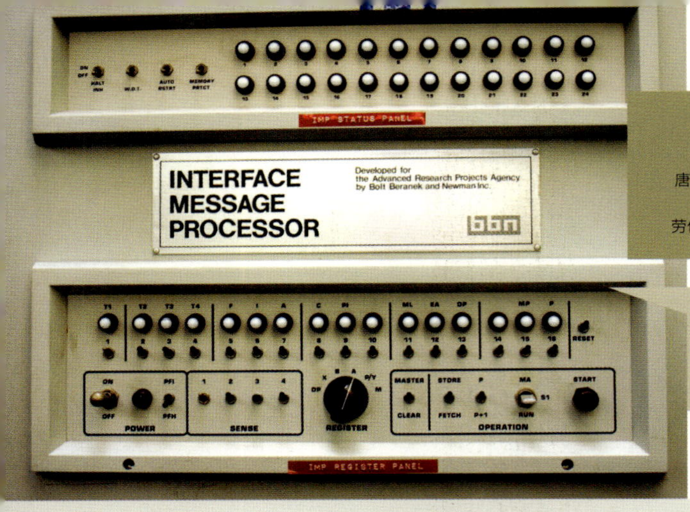

222

阿帕网

唐纳德·戴维斯（Donald Davies，1924—2000）
保罗·巴兰（Paul Baran，1926—2011）
劳伦斯·罗伯茨（Lawrence Roberts，1937— ）

第一代接口信息处理器的面板，这台工作在加州大学洛杉矶分校（UCLA）贝尔特3420实验室中的处理机，完成了第一批网络信息传输。

电话（1876年），ENIAC（1946年），晶体管（1947年），万维网（1990年）

1969年

20世纪50年代，世界上只有几百台计算机。但到了60年代，计算机的销售量便数以千计。由数字设备公司（DEC）制造的PDP-8出现于1965年，它标志着小型计算机的诞生。

接入计算机的时候你需要一台终端和一条专有的通信线路。如果要使用两台计算机的话，你就需要两台终端和两条通信线路。因此人们开始考虑将计算机连接到某种网络上，以此实现接入多台计算机的目的。电子工程师发明了能够将声音信号转化为数字信号，并且实现数据传输的硬件。1961年发明的T1线路，每秒可以传输1.5兆比特的数据——带宽足够接入24台电话。一旦电话线路可以传输数据，就会发生两件事情：计算机会被连接在一起，利用计算机和它们之间的连接可以实现不同种类的服务。把所有这一切有机地结合到一起，因特网（Internet）就诞生了。

1969年，四台计算机连接到了一起形成了最初的阿帕网（ARPANET, 高级研究项目机构网络的缩写），这一概念和创意来自美国工程师保罗·巴兰、威尔士科学家唐纳德·戴维斯和林肯实验室（Lincoln Laboratory）的劳伦斯·罗伯茨。第一个类似因特网的计算机交互连接网络就此诞生。在此之后，这个小型的网络不断发展壮大。截至1984年，接入计算机的主机达到了1000台。到了1987年，这一数字变成了10000台。

早期网络最关键的两个技术是网络控制程序（Network Control Program，NCP）和接口信息处理器（Interface Message Processor，IMP），二者结合形成了著名的计算机包交换网络（packet-switched network）。当一台主机想要向其他计算机传输信息的时候，它会将信息分解为数据包，然后将数据包和目标地址交给接口信息处理器，它会和其他的接口信息处理器将数据包传送给目标计算机。这两台计算机并不清楚数据包是怎样在网络中传递的，它们也不必关心这个。当数据包到达目的地之后，会被重新组合。

网络控制程序（NCP）最终被传输控制协议/网际协议（Transmission Control Protocol/Internet Protocol，TCP/IP）所取代，接口信息处理器也被路由器（router）所取代。这时，我们所熟悉的因特网就出现了。■

本条目作者 马歇尔·布莱恩

223

第一次登月

尼尔·A. 阿姆斯特朗（Neil A.Armstrong，1930—2012）
埃德温·G. 巴兹·奥尔德林（Edwin G. “Buzz” Aldrin，1930— ）
迈克尔·A. 柯林斯（Michael A.Collins，1930— ）

左图：奥尔德林在细粉状的月亮土壤上留下的脚印。右图：阿波罗 11 号宇航员奥尔德林在静海的着陆点从登月舱小鹰号（Eagle）上卸下科学设备（照片由阿姆斯特朗拍摄）。

莱特兄弟的飞机（1903 年），第一批宇航员（1961 年），土星五号火箭（1967 年）

1969 年

在尤里·加加林成为第一位太空人之后，美国和苏联之间的太空竞赛迅速聚焦下一个里程碑：将宇航员送上月球并安全返回地球。苏联东方号重新确定了登陆月球和返回所需的大型火箭和着陆系统。美国面临的挑战是打败苏联，实现已遇刺的肯尼迪总统在 1961 年的遗愿——“在这个十年结束之前登月”。

美国在 1961—1969 年取得了一系列的进展，起初是容纳一名宇航员的水星号飞船，紧接着是容纳两人的双子座地球轨道舱并完成了飞船交会对接，然后是容纳三人飞向月球的阿波罗计划。1968 年，阿波罗 8 号实现了重要突破，首次把宇航员送入了月球轨道，并亲眼观看到整个地球和月亮的背面。1969 年，阿波罗 10 号在飞行中重复了这些技术，完成了登陆月球的最后一次彩排。该飞船搭载宇航员在到达了离月亮表面以上 16 千米的高度，并成功返回地球。同时，苏联继续推进他们自己的秘密登陆月球计划。但是，1969 年几次无人发射的重大失败严重推后了他们的计划，胜利的大门朝美国打开。

在 1969 年 7 月 20 日胜利终于到来了，整个世界都在观看搭乘阿波罗 11 号的宇航员阿姆斯特朗和奥尔德林在月亮上着陆、行走、工作，他们成为登陆月球的第一批人类。阿姆斯特朗和奥尔德林着陆在静海（Mare Tranquillitatis）环形山盆地（取回的样本显示这里的地质年龄为 36 亿～39 亿年）的古老的火山岩上，并且花了大约 2 个半小时收集样品和探索地形。不到一天之后，他们从月球表面起飞，重新与指令舱驾驶员迈克尔·柯林斯在月球轨道汇合，以世界英雄的身份一起踏上重返地球的 3 天旅程。■

本条目作者 吉姆·贝尔

基因工程

保罗·伯格（Paul Berg，1926—　）

荧光鱼是第一种作为宠物设计的转基因生物，2003 年 12 月首次在美国上市。

孟德尔遗传学（1865 年），遗传的染色体理论（1902 年），海拉细胞（1951 年），DNA 的结构（1953 年），表观遗传学（1983 年）

1972 年

提到工程学，我们通常想到的是制造新物体：一栋新大楼、一件新设备、一套新装置。但基因工程是完全不同的：在这里我们面对的是一个现有的、相当复杂的、我们甚至不完全理解的对象——基因组（genome）——我们对它进行修饰改造。基因工程师在基因组中添加新的基因试图创造出生物的新性状。

基因工程的前身是选择育种。育种者选择想要保留和加强的性状，比如通过选择育种繁殖，我们已经培育出了各种品种的狗。

1972 年，美国生物学家保罗·伯格首次实现了 DNA 分子重组，这标志着基因工程的诞生。和选择育种相比，基因工程是一种全然不同的技术：工程师用自然条件下无法实现的手段将新的基因注入基因组中。例如，伯格将两种病毒结合在一起。其他较新的应用包括将水母的能够产生绿色荧光蛋白的基因注入鱼或老鼠的基因组中，制造出了荧光鱼和荧光鼠；将一种使植物能够耐受除草剂的基因注入大豆基因组中，这样大豆就不会被除草剂杀死。

还有很多怪异的例子，其中一个是将产生蜘蛛丝的基因导入了山羊基因组中，在这之后蛛丝蛋白出现在了母羊的奶水中。这样做的目的是提取蛛丝蛋白，用来制造高强度高韧性的材料。

将一种生物基因注入另一种生物基因组中的方法有很多种，基因枪是其中很流行的一种。基因枪的原理十分简单。令人惊奇的是，如此简单的技术居然是有效的。处于溶液状态的转入基因被包裹于钨或者金的微粒内，散弹枪式的发射装置将金属微粒射入盛满了靶细胞的培养皿。一些靶细胞会被刺破，但没有被杀死，这样它们就获得了新的基因。

通过将一种生物的基因注入另一种生物的基因组内，基因工程学家可以制造出新的有机体。这方面获益最大的一个例子就是利用大肠杆菌产生了人体胰岛素。20 世纪 80 年代通过基因工程研制出的胰岛素如今已被数百万人所使用。■

本条目作者 马歇尔·布莱恩

费根鲍姆常数

米切尔·杰伊·费根鲍姆（Mitchell Jay Feigenbaum，1944—　）

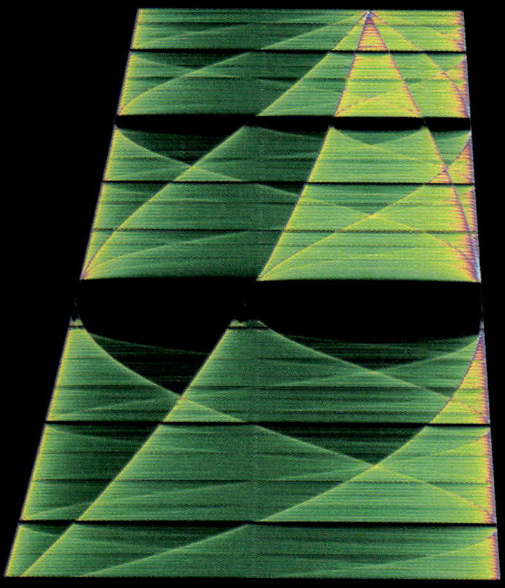

史蒂文·惠特尼（Steven Whitney）绘制的分岔图（顺时针旋转 90°）。这个图揭示了因为参数 r 的微小变化，简单的公式就会发生难以置信的复杂行为。在混沌中可以看到轻薄细小的分叉曲线。

元胞自动机（1952 年），混沌与蝴蝶效应（1963 年），分形（1975 年）

1975 年

有些简单的公式，例如描述动物种群的增减或某些电子电路的行为公式，可以产生惊人的多样性和混沌行为。一个特别令人感兴趣的公式是逻辑斯谛映射（logistic map），它可以模拟人口增长。比利时数学家皮埃尔·弗朗索瓦·维鲁斯特（Pierre François Verhulst，1804—1849）在研究种群变化模型时做过一些早期工作，1976 年由生物学家罗伯特·梅伊（Robert May）在他工作的基础上提出了逻辑斯谛映射，该公式可写成 $x_{n+1} = r x_n(1-x_n)$。这里 x 表示时刻 n 的种群规模，变量 x 是受限于生态系统容量的最大种群规模，定义其值为 0～1。它依赖于 r 值，r 值是控制种群增长的饥荒程度，不同的 r 值会导致各种不同的行为。例如，随着 r 的增加，种群规模可能会收敛到一个值，也可能发生分叉，使它在两个值之间振荡，然后再分叉在 4 个值之间振荡，然后是 8 个值……，并最终进入混沌状态，即使初始种群发生轻微的变化也会产生不可预测的结果。

两个连续分岔的间隔之间距离之比接近费根鲍姆常数：4.669 201 609 1…，这是 1975 年美国数学物理学家费根鲍姆发现的一个数字。有趣的是，费根鲍姆最初以为这只是逻辑斯谛映射中特有的一个普通常数，但他很快发现这个常数适用于所有这类一维映射。这意味着在许多物理系统中大量存在的混沌系统将以相同的比率发生分叉，因此他的常数可以用来预测系统何时会出现混沌。因为它们在进入混沌状态之前，这种分叉行为会一直存在。

费根鲍姆意识到他的“普适常数”非常重要，他说：“当天晚上我打电话给我的父母，告诉他们我发现了一些真正了不起的东西，当我彻底弄明白之后，我就要出名了。”■

本条目作者　克利福德·皮克弗

分形

贝诺·B. 曼德布洛特（Benoît B. Mandelbrot，1924—2010）

由乔斯·莱斯描绘的分形结构图形，分形往往表现出自相似性，这表明各种结构特征在不同的尺度上重复出现。

笛卡尔的《几何学》（1637 年），帕斯卡三角形（1654 年），混沌与蝴蝶效应（1963 年）

1975 年

在今天，分形无处不在。从设计奇妙的电脑艺术海报，到最严肃的物理学期刊上的插图，都充斥着计算机生成的分形图案。更令人惊讶的是科学家、艺术家和设计师们对分形的兴趣不断增加。分形一词是由数学家曼德布洛特于 1975 年发明的，用来描述一组复杂的曲线，其中许多曲线在能够进行快速海量计算的计算机出现之前从未展现过。分形通常表现出“自相似性”，这意味着物体的各种精确（或不那么精确）复制可以在较小尺寸的原始对象中找到。这一细节在无限次的放大中持续存在，就像无休止嵌套的俄罗斯套娃一样。其中一些形状只存在于抽象的几何空间中，但也有的图案很像复杂自然物体的模型，如海岸线和血管的分支。这些由计算机生成的眼花缭乱的图像令人陶醉。在 20 世纪，它在激发学生对数学兴趣中所起的作用超过了任何其他数学发现。

物理学家对分形很感兴趣，因为他们有时可以用分形来描述现实世界现象的混沌行为（混沌行为常常产生分形图案），如行星的运动、流体的流动、药物的扩散、行业间关系的复杂行为和飞机机翼的振动等。在过去，当物理学家或数学家看到复杂的结果时，他们往往倾向于去寻找复杂的原因。现在则相反，许多分形图形揭示出了哪怕是最简单公式也往往具有惊人复杂的行为。

早期的分形探索者包括卡尔·魏尔斯特拉斯（Karl Weierstrass），他在 1872 年研究了处处连续但处处不可微的函数，还有在 1904 年研究科赫雪花的海格里·冯·科赫（Helge von Koch）等人。在 19 世纪和 20 世纪初，几位数学家研究过复平面上的分形，但在没有计算机帮助的情况下，他们不能充分展现或观察这些形状。■

本条目作者 克利福德·皮寇弗

227

公钥密码学

罗纳德·洛林·李维斯特（Ronald Lorin Rivest，1947—　）
阿迪·夏米尔（Adi Shamir，1952—　）
罗纳德·马克斯·阿德曼（Leonard Max Adleman，1945—　）
贝利·惠特菲尔德·迪菲（Bailey Whitfield Diffie，1944—　）
马丁·埃德华·海尔曼（Martin Edward Hellman，1945—　）
拉尔夫·C. 默克尔（Ralph C. Merkle，1952—　）

恩尼格玛机，在现代密码学时代之前用于对消息进行编码和解码。纳粹使用恩尼格玛机产生密码，但它有几个弱点，例如当密码本被截获时，敌方很容易破解密码。

埃拉托色尼的筛法（约公元前 240 年）、质数定理的证明（1896 年）、ENIAC (1946 年)

1977 年

纵观历史，密码学家一直试图发明一种方法来发送秘密信息，而不使用危险而累赘的密码本。密码本包含了加密和解密的密钥，这些密钥很容易落入敌人的手中。例如，在第一次世界大战（1914—1918 年）中，德国人丢失了四本密码本，被英国情报部门截获。英国称为 40 号房间的破译部门破译了德国的通信密码，使协约国占据了关键的战略优势。

为了解决密钥管理问题，1976 年，加利福尼亚斯坦福大学的迪菲、海尔曼和默克尔研究了公钥密码学，这是一种使用一对密钥（公钥和私钥）分发编码信息的数学方法。私钥是保密的，而值得注意的是，公钥可以广泛分发而不会造成任何安全损失。这两种密钥在数学上是相关的，但私钥不能通过任何实际上可行的方法从公钥中导出。使用公钥加密的信息只能使用相应的私钥解密。

为了更好地理解公钥加密，设想在家前门有一个信箱的投入口。公用钥匙就像房子的地址，街上的任何人都可以把东西塞进信箱。然而，只有拥有房门钥匙的人才能取出邮件并阅读它。

1977 年，麻省理工学院的科学家李维斯特、夏米尔和阿德曼建议可以使用大质数来保护这些信息。两个大质数相乘对于计算机来说很容易，但如果只给出乘积而要分解出两个原始大质数的逆向过程则是非常困难的。应当指出，计算机科学家早就为英国情报部门开发了公钥加密技术，然而，因为国家安全问题，这项工作保密至今。■

本条目作者　克利福德·皮寇弗

心智理论

大卫·普里马克（David Premack，1925—2015）

正常的儿童四五岁时就知道，一个人的行为与他们的感觉和想法相联系，这是共情能力和社交能力发展至关重要的一步。

心理学原理（1890 年），精神分析（1899 年），经典条件反射（1903 年），安慰剂效应（1955 年），认知行为疗法（1963 年）

1978 年

能够感受别人的感觉或想法，然后相应地应对，这是社会发展最重要的成就之一。现代发展科学已经在深入研究这种能力，对婴儿、儿童、黑猩猩甚至啮齿动物进行了大约三十年的研究。发展心理学家们把这种能力称为心智理论。这一理论在几大主要宗教中都提到过。但在心理学领域，直到 1978 年，大卫·普里马克和盖伊·伍德鲁夫（Guy Woodruff）才提出第一个表述完整的心智理论。

一般来说，心智理论是指儿童能够理解他人也有自己的思想、信仰、目标和情绪。如果没有心智理论，儿童将无法获取社会线索或他人的意图。这种情况在患有自闭症的儿童身上非常常见。心智理论是一个逐渐发展的过程，正常发育的儿童通常在四五岁就能得到完整的发展。科学家已经发现了心智理论发展的重要前兆，比如，七到九个月的婴儿就已经学会通过简单的动作（如指向或伸手）来吸引他人的注意。快到一岁的时候，婴儿开始理解人们都有意图。但直到四五岁，儿童们才真正明白他人的感受或思考和他们所做的事情是有联系的。

神经科学家利用脑成像技术发现，这个年龄正是大脑的前额叶皮层迅速成熟的时间段。对于自闭症儿童来说，情况并非如此。当然，现在也有一些干预措施，可以帮助改善自闭症儿童大脑的反应。

心智理论在表现出同理心和关心他人方面是至关重要的，它使我们有能力进行社交活动。心智理论的研究极大地促进了我们对包括情感、认知等儿童社会性发展的理解。这个理论促进了人们对镜像神经元理论的理解。■

本条目作者 韦德·E. 皮克伦

引力透镜

1999 年，哈勃空间望远镜拍摄到阿贝尔 2218 星系团中的细小弧形，是经过引力透镜弯曲的星系。这些所谓的爱因斯坦环是遥远的星系经过前景大质量星系而弯折的结果。

牛顿运动定律和万有引力定律（1687 年），黑洞（1783 年），广义相对论（1915 年）

1979 年

物理学家阿尔伯特·爱因斯坦在 20 世纪初提出的广义相对论中最基本的要点之一是，空间和时间在大质量物体附近会弯曲。爱因斯坦和其他研究者预言，因为时空由率，来自遥远天体的光将会在大质量前景天体的引力场作用下发生偏折。1919 年英国天体物理学家亚瑟·斯坦利·爱丁顿验证了这一预言。爱丁顿观测到日食时太阳附近的恒星稍微偏离了原来的位置。20 世纪 30 年代，爱因斯坦继续研究这种效应，他和包括瑞士裔美国天文学家弗里茨·兹威斯基在内的其他学者进一步推断，更大质量的天体，比如星系和星系团，可以偏折和放大来自遥远天体的光，效果如同一个透镜偏折和放大了正常星光。

天文学家花了几十年寻找引力透镜的观测证据。1979 年，亚利桑那州基特峰的美国国家天文台天文学家发现了第一个实例。天文学家发现了天空中的两个类星体（一种活跃的星系核）距离很近，研究证明它们实际上是同一个类星体，被前景星系的强大引力场偏拆分裂为两部分。

自此之后，更多的引力透镜被发现。引力透镜的效果以三种方式体现：强引力透镜形成分离的多个通常呈弧形的像；弱引力透镜会观测到恒星或星系的位置发生微小位移；微引力透镜事件可以通过遥远的恒星（甚至行星）被前景的大质量恒星或星系的引力透镜效果影响，发生暂时性的亮度加大现象。

引力透镜最初因为偶然发现而开始被研究。但是最近，大量的天文巡天项目有意地着重于搜索引力透镜事件。这些发现可以帮助我们测量那些不经过引力透镜放大效果就看不到的遥远星系，同时可以测量透镜星系和星系团的基本属性，尤其是质量。■

本条目作者 吉姆·贝尔

230

宇宙暴胀

艾伦·哈维·古思（Alan Harvey Guth，1947—　）

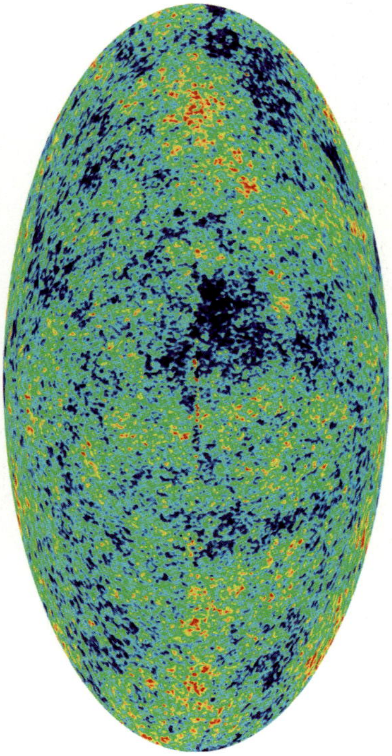

这是威尔金森微波各向异性探测器获得的宇宙地图，它显示了 130 多亿年前宇宙早期产生的背景辐射相对均匀的分布。暴胀理论认为，这里看到的不规则结构是形成星系的种子。

哈勃宇宙膨胀定律（1929 年），平行宇宙（1956 年），宇宙微波背景辐射（1965 年），暗能量（1998 年）

1980 年

宇宙大爆炸理论指出，137 亿年前，我们的宇宙处于极度致密和炽热的状态，而自那时起，空间就一直在膨胀。然而，这个理论是不完备的，因为它无法解释宇宙中的几个观测到的特征。1980 年，物理学家艾伦·古思提出，在大爆炸后 10^{-35} 秒（1000 亿亿亿亿分之一秒），宇宙仅仅用 10^{-32} 秒就从比质子还小的尺度膨胀（或暴胀）到葡萄柚大小，其尺度增加了 50 个数量级。今天，我们观测到的宇宙背景辐射温度似乎相当均匀，尽管可见宇宙的各个遥远区域相距甚远而看起来没有联系，除非我们引入暴胀这一假设来解释这些起初很靠近（并且已经达到相同的温度）的区域之后是如何以超过光速而分开的。

此外，暴胀解释了为什么宇宙从整体上看起来相当“平坦”，其实也就是说，除了靠近高引力天体会产生偏差外，平行光为什么一直平行。宇宙早期的任何曲率都会被抹平，就像球面被拉伸直到变平一样。暴胀结束于大爆炸后 10^{-30} 秒，之后宇宙继续以更为缓慢的速度膨胀。

微观暴胀领域的量子被放大到宇宙尺度，成为宇宙中更大结构的种子。科学记者乔治·马瑟（George Musser）写道：“暴胀的过程总是让宇宙学家感到惊奇。这意味着像星系这样的巨型天体起源于极小的随机涨落。似乎望远镜变成了显微镜，让物理学家可以通过仰望天空看到自然的本源。”艾伦·古思则写下了这样的语句：暴胀理论使我们能够“思考一些有趣的问题，比如是否有其他大爆炸在遥远的地方持续地发生着，以及一个超级先进的文明原则上是否有可能重现大爆炸”。■

本条目作者　克利福德·皮寇弗

231

量子计算机

理查德·菲利普斯·费曼（Richard Phillips Feynman，1918—1988）
大卫·埃利泽·多伊奇（David Elieser Deutsch，1953—　）

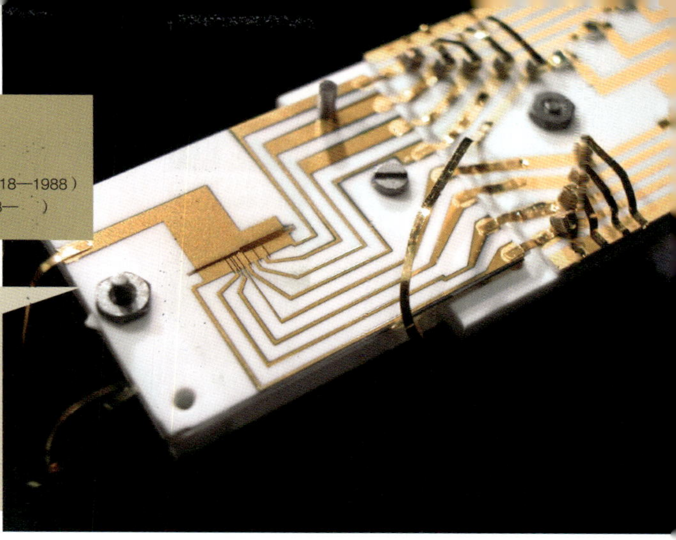

2009 年，美国国家标准与技术研究院（National Institute of Standards and Technology）的物理学家们在这张照片中间左边的离子阱中演示了可靠的量子信息处理。离子被困在暗缝中的阱里。通过改变施加在每个金电极上的电压，科学家们可以在阱的六个区域之间移动离子。

互补性原理（1927 年），EPR 佯谬（1935 年），平行宇宙（1956 年），集成电路（1958 年）

1981 年

物理学家理查德·费曼是最早考虑量子计算机可能性的科学家之一。他在 1981 年时想要知道，计算机究竟能变多小。他知道，当计算机最终达到原子集合大小的时候，它将遵循量子力学的奇怪定律。物理学家大卫·多伊奇在 1985 年设想了这样一台计算机的实际工作方式，而且他意识到，传统计算机几乎要花费无限时间的计算，可以在量子计算机上快速完成。

量子计算机使用量子比特（量子比特本质上是 0 和 1 的叠加态），而不是通常使用的二进制代码（即用确定的 0 或 1 来表示信息）。量子比特是由粒子的量子态（例如，单个电子的自旋态）表示的。这种叠加态可以让量子计算机在同一时间有效地测试每一种可能的量子比特组合。一个 1000 量子比特的系统可以在眨眼间测试 2^{1000} 个可能的解，因此大大超过了传统的计算机。要了解 2^{1000}(大约是 10^{301}) 的大小，请注意在可见的宇宙中只有大约 10^{80} 个原子。

物理学家迈克尔·尼尔森（Michael Nielsen）和艾萨克·庄（Isaac Chuang）写道：“人们很容易把量子计算看作是计算机演化过程中的又一个技术潮流而已，它也将随着时间的推移而过时……这是错误的，因为量子计算是信息处理的抽象模式，在技术上可能有很多不同的实现方式。”

当然，要创造一台实用的量子计算机仍然存在许多挑战。来自计算机周围环境的最轻微的交互或干扰都可能扰乱它的运算。作家布赖恩·克莱格（Brian Clegg）写道：“这些量子工程师……首先必须将信息输入系统，然后开启计算机的运算，最后得到结果。这些步骤都不是轻易能完成的……这就好像你在双手被绑于背后的情况下试图在黑暗中玩一个复杂的拼图游戏。” ■

本条目作者　克利福德·皮寇弗

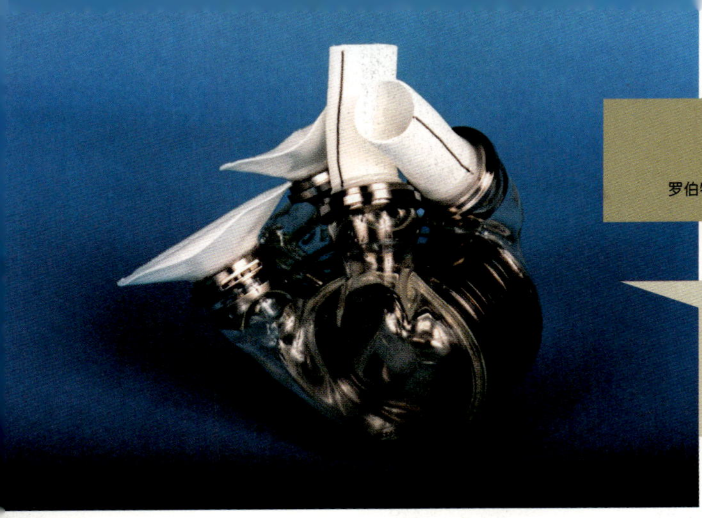

人工心脏

罗伯特·贾维克（Robert Jarvik，1946— ）

CardioWest TAH-t，全球唯一被美国食品和药品监督管理局、加拿大卫生部和欧洲理事会共同认可的完全型人工心脏。

血液循环系统（1628 年），输血（1829 年），心脏移植（1967 年）

1982 年

一颗健康的心脏在人的一生中会一直跳动，在七八十年间向全身抽送 500 万加仑（1900 万升）以上的血液。但当心脏出现问题并需要被替换时，移植非常稀缺的活体人类心脏会产生一系列问题，因此工程师开始着手设计和制造人工的机械心脏。然而，模拟心脏跳动是一件非常困难的事情。

在制造人工心脏的过程中，医生和工程师需要解决的问题有四个：（1）制造材料的化学组成和性质要合适，以避免引起患者的免疫排斥和凝血反应；（2）找到一种不损伤血细胞的抽送血液的机制；（3）寻找为装置提供动力的方法；（4）人工心脏需要小到可以放入胸腔内。

由美国科学家罗伯特·贾维克和他的团队于 1982 年制造的贾维克 7 号（Jarvik-7）人工心脏，是第一个满足上述要求的人工心脏。它像人的心脏一样有两个心室，使用的材料避免了排斥反应。材料足够光滑，与血管无缝连接，从而避免了凝血。每个心室中有一个像气球一样的隔膜，隔膜膨胀时血液被挤入单向阀中。这是贾维克 7 号抽送血液的机制，这一过程不会损伤血细胞。唯一的不足之处是空气压缩机，它位于体外，并通过腹壁上的软管将空气脉冲送入人工心脏中。贾维克 7 号的基本设计是成功的，辛卡迪亚心脏（Syncardia heart）是对其进行一系列改良的成果，已经有超过 1000 位患者使用了这种人工心脏。其中一位患者在接受器官移植之前，使用人工心脏活了将近四年。阿比奥科（Abiocor）心脏使用了一种不同的方式——将电池和感应充电系统（inductive charging system）全部植入体内，它也有隔膜，但里面填充的是流体而不是空气。流体靠装在心脏内的电动马达驱动。

人工心脏目前有两种不同的技术手段：一种是完全植入。如果装置出现问题，也许就意味着患者死亡；另一种装置的许多部分都在体外，易于维护和修理，但却有管子从外面伸入体内。■

本条目作者 马歇尔·布莱恩

233

表观遗传学

伯特·福格尔斯泰因（Bert Vogelstein，1949—　）

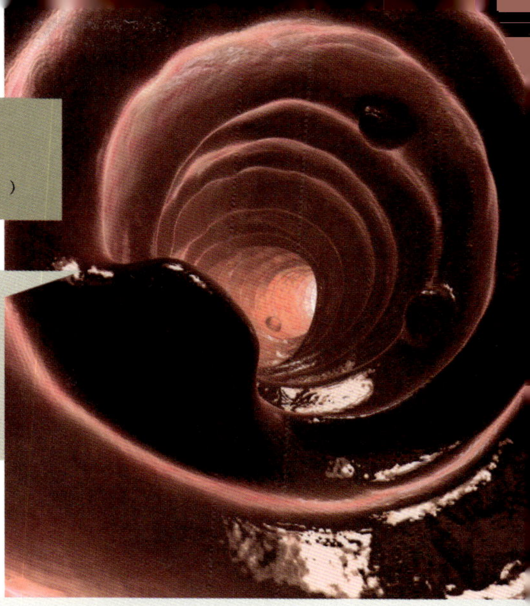

直肠癌中会出现 DNA 的甲基化缺失，正如此图中的息肉。由于甲基化的基因通常处于关闭状态，而甲基化的缺失可能会导致与癌症有关的基因被异常地激活。

癌症病因（1761 年），遗传的染色体理论（1902 年），DNA 的结构（1953 年），人类基因组计划（2003 年），基因治疗（2016 年）

1983 年

正如钢琴家能理解乐谱上的音符，从而控制音量和节奏一样，表观遗传也能影响细胞中 DNA 遗传序列的表达。表观遗传学通常研究的是，在 DNA 序列没有发生改变的情况下，细胞或生物体所出现的可以遗传的特征。

控制 DNA 表达的一种方式是在 DNA 某个碱基上添加一个甲基（由一个碳原子和三个连接在该碳原子上的氢原子构成的基团），这可以降低该区域 DNA 的活性，从而抑制特定蛋白质的生成。连接在 DNA 分子上的组蛋白也能改变基因表达。

20 世纪 80 年代，瑞典研究者拉尔斯·奥洛夫·比格伦（Lars Olov Bygren）发现瑞典北博滕省有一些男孩子，他们曾经在某个季节暴饮暴食，导致他们的儿子和孙子的寿命要短很多。一种假设是这是表观遗传因素发挥了作用。其他研究表明，压力、饮食、吸烟和产前营养等环境因素也会在我们的基因中留下痕迹，从而传给下一代。基于这个论点，我们爷爷奶奶呼吸什么空气、吃什么东西会在几十年后影响我们的健康。

1983 年，美国医学研究者伯特·福格尔斯泰因和安德鲁·P. 范伯格（Andrew P. Feinberg）记录到了首例表观遗传机制导致的人类疾病。具体来说，他们观察到大肠癌患者体内的 DNA 普遍缺少甲基。由于带甲基的基因通常处于关闭状态，缺少甲基可能会非正常地激活癌症基因。此外，DNA 中甲基太多也会妨碍起防御作用的肿瘤抑制基因的表达。目前正在研发影响表观遗传标记的药物，这些标记能在使坏基因休眠的同时会激活好基因。

表观遗传学中的基本概念并不新奇。毕竟，大脑细胞和肝脏细胞的 DNA 序列完全相同，但正是表观遗传激活了其中不同的基因。表观遗传学或许能够解释为什么在同卵双胞胎中，有一个患上哮喘或者躁郁症，而另一个却依然健康。■

本条目作者　克利福德·皮寇弗

聚合酶链式反应

凯利·班克斯·穆利斯（Kary Banks Mullis，1944— ）

PCR 曾被用于扩增这件一万四千年前的剑齿虎骨骼化石的 DNA。这样的研究可以帮助科学家将这些已经灭绝的动物和现存的各种猫科动物进行对比，以便更好地理解猫科动物的演化。

遗传的染色体理论（1902 年），DNA 的结构（1953 年）

1983 年

1983 年，当生化学家凯利·穆利斯开车行驶在美国加利福尼亚州的一段高速公路上时，突然想到了一种能在几小时内复制一小段遗传物质数十亿次的方法——这种方法迄今已在医学上得到广泛应用。尽管穆利斯想到的这种聚合酶链式反应（PCR）已经发展成了一个产值数十亿美元的产业，但是老板当时只给了他一万美元奖金。或许十年后他获得的诺贝尔化学奖算是个不错的补偿。

科学家研究特定 DNA 遗传序列的时候往往需要大量该序列的样本。而 PCR 这种突破性技术在 Taq 聚合酶的帮助下，即便溶液中只有一个 DNA 分子也能产生出大量所需样本。Taq 聚合酶可以复制 DNA，并且即便在加热环境中也能保持活性。这种酶最早是从生活在美国黄石国家公园的某个温泉中的细菌中分离得到的。复制 DNA 还需要引物，即可以和位于样本 DNA 中待研究序列前面、后面某个位置相结合的 DNA 短片段。在加热—冷却循环中，聚合酶开始快速复制样本 DNA 中位于引物之间的要研究的序列。在反复加热和冷却的循环过程中，DNA 双链按复制过程所需的那样打开双链或者重新结合成双链。PCR 技术还可以用于检测食物源致病源、诊断基因疾病、检测艾滋病患者体内 HIV 病毒的浓度、确定孩子的父母、根据遗留在犯罪现场的痕量 DNA 来找出罪犯，以及研究化石中的 DNA 等。PCR 技术在推动人类基因组项目中也发挥了重要作用。

医学记者塔比莎·波莱格（Tabitha Powlege）写道："PCR 于基因物质就如同印刷机之于文字——使得复制变得容易、廉价且容易获得。"《纽约时报》称穆利斯的发明"把生物学划分成了两个时代：PCR 出现前的生物学和 PCR 出现后的生物学"。■

本条目作者 克利福德·皮寇弗

端粒酶

伊丽莎白·海伦·布莱克本（Elizabeth Helen Blackburn，1948— ）
卡罗尔·格雷德（Carol Greider，1961— ）

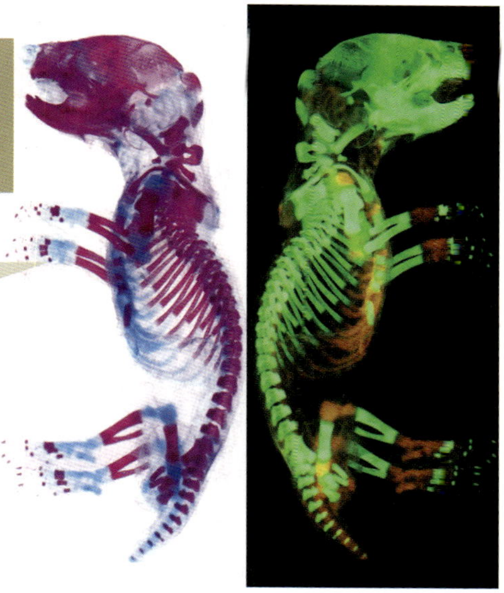

通过技术手段除去端粒酶的小鼠会早衰，但补充这种酶之后又会恢复健康。研究者可以通过着色剂来研究小鼠骨头和软骨的发育及退化。

癌症病因（1761 年），细胞分裂（1855 年），遗传的染色体理论（1902 年），海拉细胞（1951 年），DNA 的结构（1953 年）

1984 年

我们细胞中的每个染色体都是由一个很长、螺旋状的 DNA 分子绕着一个蛋白质骨架形成的。每个染色体末端都有一个特殊的保护帽，称为端粒，其中包括一段特定的碱基序列（TTAGGG）。虽然在细胞分裂时，酶并不能完整地复制染色体特别靠近末端部分的 DNA，可能发生末端的丢失，但端粒的存在补偿了这种可能发生的复制错误，这是因为染色体末端的 DNA 只是将 TTAGGG 这段序列不断重复一千多次而已。然而，细胞每分裂一次，就会损失一部分端粒，而一旦端粒变得太短，染色体在这些“老”细胞中就无法再复制了。在培养皿中的很多人类体细胞在分裂 50 次左右之后就会进入这样的衰老状态（无法再分裂）。

1984 年，生物学家卡罗尔·格雷德和伊丽莎白·布莱克本在研究四膜虫这种很小的原生动物时发现了端粒酶，这种酶中含有 RNA，可以向染色体末端添加 TTAGGG 序列，从而抵消染色体复制时的损耗并增加端粒长度。端粒酶在大多数体细胞（非生殖细胞）中的活性都很低，不过在胎儿的细胞、成人的生殖细胞（能形成精子和卵细胞）、免疫系统中的细胞和肿瘤细胞中却存在活性，这些细胞都能定期分裂。这些发现表明，端粒酶的活性或许与衰老和癌症有关。因此，科学家们目前进行了很多实验，想要验证激活或抑制端粒酶是否能够延长寿命（使得细胞能不断分裂）或抑制癌症（把一直分裂的肿瘤细胞变回正常细胞）。一些人类早衰疾病也和端粒较短有关，在很多人类肿瘤中都发现端粒酶被激活了。由于生活在淡水中的单细胞生物四膜虫激活了端粒酶，因此这种生物可以一直复制下去，也就是说它获得了永生。

格雷德和布莱克本写道：“在 20 世纪 80 年代早期，科学家并没想到通过研究四膜虫如何维护染色体来发现可能的抗癌疗法。在研究大自然时，人们永远无法预测在何时、何地能发现全新的方法。”■

本条目作者 克利福德·皮寇弗

粒子加速器提供亚原子粒子的信息，帮助物理学家发展万物理论。这里展示的是 Cockroft—Walton 倍压加速器，曾在美国布鲁克海文国家实验室使用，在质子注入线性加速器和同步加速器之前，为其提供初始加速度。

万物理论

迈克尔·鲍里斯·格林（Michael Boris Green，1946— ）
约翰·亨利·施瓦茨（John Henry Schwarz，1941— ）

麦克斯韦方程组（1861 年），弦论（1919 年），标准模型（1961 年），量子电动力学（1948 年）

1984 年

物理学家利昂·莱德曼（Leon Lederman）写道：“我的抱负是活着看到所有的物理简化为一个优雅而简单公式，很容易将它印在 T 恤的正面。”物理学家布莱恩·格林也说：“在物理学的历史上，我们最希望的是有一个框架，能够解释构成宇宙的每一个基本特性，基本粒子的性质和它们之间相互作用力的性质。”

万物理论（Theory of Everything，TOE）应能从概念上统一自然界的四种基本作用力，这四种力按强弱排列是：（1）强核力——它把原子核结合在一起，把夸克结合成基本粒子，并使恒星发光；（2）电磁力——发生在电荷和磁极之间；（3）弱核力——控制元素的放射性衰变；（4）引力——将地球束缚到太阳周围。1967 年左右，物理学家们展示了如何将电磁力和弱力统一为电弱力。

尽管存在争议，一个可能的 TOE 的候选者是 M 理论，它假设宇宙有十个空间维度和一个时间维度。额外维度的概念也可能有助于解决各种力的强度等级问题，即为什么引力比其他力弱得多。一种解释是，引力会泄漏渗入普通三维空间之外的维度。如果人类找到了 TOE，用简短的方程总结了四种力，将有助于物理学家确定发明时间机器是否可能，在黑洞的中心正在发生着什么事件，而且按照天体物理学家斯蒂芬·霍金的说法，它让我们能够“阅读上帝的思想”。

这个条目看似任意地被标注为 1984 年，其实这是物理学家迈克尔·格林和约翰·施瓦茨在超弦理论上取得重大突破的日子。M 理论是弦论的延伸和扩展，在 20 世纪 90 年代发展起来。■

本条目作者 克利福德·皮寇弗

237

线粒体夏娃

阿伦·威尔逊（Allan Wilson，1934—1991）
丽贝卡·L. 卡恩（Rebecca L.Cann，1951—　）
马克·斯通金（Mark Stoneking，1956—　）

图为《亚当与夏娃》，1536 年由德国文艺复兴画家小卢卡斯·克拉纳赫（Lucas Cranach the Younger，1515—1586）所作。

达尔文的自然选择理论（1859 年），细胞呼吸（1937 年），内共生学说（1967 年）

1987 年

1987 年，权威杂志《自然》上发表了一篇论文，称“所有的线粒体 DNA 都来自一个女人”，而她生活在大约 20 万年前的非洲。这篇论文的作者是伯克利市加利福尼亚大学的丽贝卡·L. 卡恩和马克·斯通金，以及他们的博士导师阿伦·威尔逊。这篇论文从各方面激起了人们强烈的兴趣和激烈的争议，这种争议一直延续至今。

作者将他们分析的样本称为“线粒体 DNA”，而媒体戏称之为“线粒体夏娃”，这个称呼更加令人难忘，但也容易使人误解。这个夏娃并不是活在当时的唯一一位女人，她和《创世纪》中的夏娃也不是一个人。根据《圣经》的文字记载推算，人类的历史应该是数千年，而不是 20 万年。另外，许多进化论者相信，人类是在世界上的不同地区同时进化的，他们并不赞成“走出非洲”的理论，而根据“走出非洲”理论，解剖学意义上的现代人源自非洲，而后迁移至世界各地。

卡恩和她的同事分析了线粒体 DNA（mtDNA）而不是核 DNA（nDNA）。核 DNA 负责向后代传递我们眼睛的颜色、人种特征，以及对某些疾病的易感性；mtDNA 只能编码线粒体蛋白质及完成线粒体的其他功能。nDNA 存在于机体的所有细胞内，结合了母亲与父亲的 DNA（重组）；而 mtDNA 几乎只源于母系，来自精子的 mtDNA 即使有，也只有极少部分。亲缘关系相近的个体拥有几乎完全一样的 mtDNA，而 mtDNA 数千年里只出现过偶然的突变。人们认为，突变的数量越少，我们离共同祖先的时间距离就越短。

线粒体夏娃的支持者并不认为这个夏娃是世上第一个女人，或当时唯一的女人。他们解释说：估计当时出现了某些灾难事件，令当时地球人口大幅度地减少到 1 万～2 万人，而只有这位夏娃的女性后裔系谱没有中断。据称，这位夏娃是所有现代人最晚且最近的共同祖先。■

本条目作者　迈克尔·C. 杰拉尔德和格洛丽亚·E. 杰拉尔德

生物域

卡尔·林奈（Carl Linnaeus，1707—1778）
恩斯特·海克尔（Ernst Haeckel，1834—1919）
C.B. 范·尼尔（C.B.van Niel，1897—1985）
罗杰·Y. 斯塔尼尔（Roger Y.Stanier，1916—1982）
卡尔·乌斯（Carl Woese，1928—2012）
乔治·E. 福克斯（George E.Fox，1945—　）

大棱镜温泉是世界第三大温泉，位于美国怀俄明州的黄石国家公园，图中展示了它的彩虹色。这种色彩源自泉中的嗜热菌（古生菌中的极端微生物），它们各自偏爱的温度从中心区的 87℃至边缘的 64℃不等。

林奈的生物分类法（1735 年），达尔文的自然选择理论（1859 年），内共生学说（1967 年）

1990 年

17 世纪，各种新的动植物种类出现在欧洲，掀起了人们对分类学的热情。卡尔·林奈是分类学（也称系统分类学）的先驱之一。1735 年，他设计了一个生物命名的分级系统，最高层级囊括了所有较低的层级，称为“界”，他定义的两个界分别是动物界与植物界。而后，人们渐渐意识到单细胞生物体被这一分类排除在外。1866 年，恩斯特·海克尔提出增加第三个界为原生生物界。

20 世纪 60 年代，罗杰·Y. 斯塔尼尔和 C.B. 范·尼尔设计了一个四界分类系统，其依据是原核生物和真核生物细胞的区别——真核细胞的细胞核外有一层核膜包裹。另外，他们提出了一个更高级且更具包容性的层级，名为“超域”或“总界”。原核生物超域包括原核生物界（细菌），真核生物超域包括植物界、动物界以及原生生物界。

到了 20 世纪 70 年代，所有的分类依据都是生物体的外在表象，即它们的解剖结构、形态、胚胎以及细胞结构。1977 年，伊利诺伊大学厄本那香槟分校的卡尔·乌斯和乔治·E. 福克斯根据生物体基因在分子水平上的不同将其分类。他们特别对比了核糖体 RNA 亚基的核苷酸序列，rRNA 分子曾经历过进化的变迁。1990 年，他们提出了细胞生命的三域概念：古细菌域，这是一个迥然不同的原核生物群体，是地球上发现的最古老的生物之一，能适应极端环境（极端微生物）；细菌域；真核生物域，该域又细分为真菌界（酵母、霉菌等）、植物界（开花植物、蕨类）和动物界（脊椎动物、无脊椎动物）。之后，他们的原生生物界又被细分为更独立的各界。分类学史的最终章还未书写出来，目前提出的各种系统分类包括 2～8 个界。■

本条目作者　迈克尔·C. 杰拉尔德和格洛丽亚·E. 杰拉尔德

哈勃空间望远镜

小莱曼·斯特朗·斯皮策（Lyman Strong Spitzer，Jr，1914—1997）

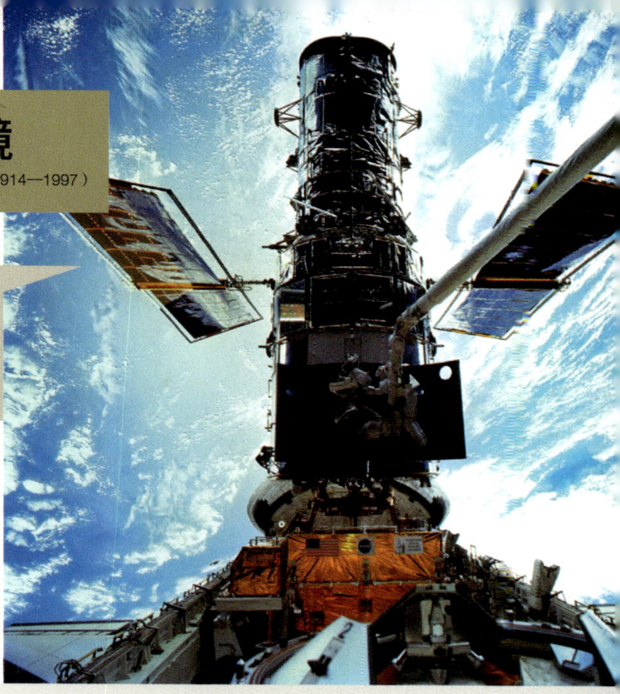

宇航员史蒂文·L. 史密斯（Steven L. Smith）和约翰·M. 格伦斯菲尔德（John M. Grunsfeld）在更换哈勃空间望远镜内部的陀螺仪，照片中的两个小小的身影就是他们（1999 年）。

望远镜（1608 年），哈勃宇宙膨胀定律（1929 年），人造卫星（1957 年），暗能量（1998 年）

1990 年

空间望远镜研究所的人写道：“自天文学出现伊始，亦是自伽利略时代以来，天文学家就有一个共同的目标：看得更多，看得更远，看得更深。1990 年哈勃空间望远镜的发射升空加速了人类跨出这一旅程中最伟大的一步。”由于地基望远镜的观测受地球大气的影响而发生畸变，使得恒星看起来像是在闪烁，而且大气也部分吸收了一定范围的电磁辐射。而哈勃空间望远镜是在大气层之外的轨道上运行，所以它能够拍摄到更高质量的图像。

来自太空的光从望远镜的凹面主镜（直径 7.8 英尺，约 2.4 米）反射到一块较小的镜子上，然后这块小镜子将光聚焦到主镜中心的一个孔内。再然后，这些光就传向记录可见光、紫外光和红外光的多种科学仪器。HST 由 NASA 使用航天飞机进行部署，其大小与一辆灰狗巴士相当，由太阳能电池阵列驱动，利用陀螺仪来稳定轨道并指向太空中的目标。

HST 大量的观测带来了天体物理学的突破。HST 使科学家们能够仔细测量我们到造父变星的距离，使我们能够以前所未有的精度来确定宇宙的年龄。HST 揭示了新行星可能诞生地的原行星盘，揭示了星系在不同阶段的演化，发现了遥远星系中 γ 射线暴的光学对应体，证实了类星体的存在，确认了围绕其他恒星的系外行星，并且似乎发现了正在导致宇宙加速膨胀的暗能量的存在。HST 的数据证实了星系中心普遍存在巨大的黑洞，而且这些黑洞的质量与星系的其他特性相关。

1946 年，美国天体物理学家小莱曼·斯皮策论证并推动了建立空间天文台的想法。他的梦想在他有生之年实现了。■

本条目作者 克利福德·皮寇弗

万维网

罗伯特·卡里奥（Robert Cailliau，1947— ）
蒂姆·伯纳斯-李（Tim Berners-Lee，1955— ）

在万维网中，网页等资源是由URL（统一资源定位器）识别的，今天它继续以前所未有的方式改变着我们的社会。

电话（1876年），ENIAC（1946年），阿帕网（1969年）

1990年

因特网出现于20世纪80年代中期，从那时起人们就一直在使用它。到1987年，连接到因特网主机的数量大约有10 000台。然而，那时的因特网用户几乎都隶属于能够提供主机的大学、公司或研究机构，公众还没有办法使用因特网。

当时，人们使用多种因特网工具相互传递信息，电子邮件（E-mail）和文件传输协议（FTP）是最常见的两种。一个人可以将文件上传到FTP服务器，然后发邮件通知其他人下载。人们可以通过远程登录（Telnet）连接到距离很远的计算机上。因特网很管用，就是技术性太强了，使用时还有点烦琐。

到了1990年，一切都开始发生改变。当英国计算机科学家蒂姆·伯纳斯-李和比利时计算机科学家罗伯特·卡里奥为“万维网”（World Wide Web）提出了“超文本计划”（hypertext project），万维网由此诞生，使得作为信息传递工具的因特网变得异常好用。一方面万维网是如此简单，另一方面它又是如此强大。因此，万维网改变了许多事情，包括商品的售卖方式、报纸和信息的递送方式、人们受教育的方式和人们交流的方式。同时，它创造了完全公平的竞争环境，任何人都可以瞬间向数以百万计的人发布信息了。

支撑万维网运行的四大核心理念：（1）网络服务器——支持用户访问网页；（2）网页浏览器——从服务器中收集和整理网页，使用户可以浏览网页；（3）超文本标记语言（HTML）——允许用户生成网页；（4）超文本传输协议（HTTP）——允许信息在服务器和浏览器之间传递。万维网的构建只需一台服务器，一个具有超文本标记语言的网页，外加一个浏览器。万维网如燎原之火一般传播开来，原因就在于工程师使接入因特网变得非常非常简单。■

本条目作者 马歇尔·布莱恩

241

全球定位系统（GPS）

伊凡・A. 格廷（Ivan A.Getting，1912—2003）
罗格・L. 伊斯顿（Roger L.Easton，1912—2014）
布拉德福德・帕金森（Bradford Parkinson，1935— ）

白色的 iPhone 5 手机，其屏幕上是谷歌地图的应用程序。

原子钟（1955 年），人造卫星（1957 年），土星五号火箭（1967 年）

1994 年

从事全球定位系统（Global Positioning System，GPS）研究工作的工程师们正在做着一些不可思议的事情，他们正在创造一种地球上任何人都能够获得的"新感官"。人类具备一些常规的感官：视觉、听觉、嗅觉、味觉和触觉。但我们并没有感知方向的能力，特别是在黑夜、辽阔的海洋和坏天气的时候（多云、大雾和降雨会使地标变得模糊不清）。

GPS 的工程师想要改变这一切。这个团队包括伊凡・A. 格廷、罗格・L. 伊斯顿和布拉德福德・帕金森，他们都供职于美国国防部（Department of Defense）。截至 1994 年，他们制造出了一套能够覆盖全球、反应迅速并且十分精确的定位系统。使用这套定位系统，任何人在任何时间、任何地点，都可以确定他们在地球上的位置，定位精度约为 30 英尺（约 9.14 米）。

该系统中最为标新立异的部分之一是价值约 120 亿美元的 24 颗卫星，资金来自美国军方，卫星于 1989—1994 年陆续上天。另一个大胆创新的部分是定位技术。每个 GPS 系统中的卫星都配备了两个可以自动运行多年的原子钟，这些原子钟是非常精密的设备。在此基础上，工程师开发了定位技术。一个 GPS 接收器需要同时联系上至少四颗卫星精确的轨道位置信息，并确定它们到接收器的距离。根据与卫星的距离和位置信息，接收器可以通过三角测量的方法计算出其所在地的位置和海拔高度。根据卫星上的原子钟，还可以精确地确定时间，而不用自身也携带一个原子钟。

当廉价的民用 GPS 接收器和廉价的、袖珍的手机结合起来时，使我们就像生活在未来一样。这样一对令人惊叹的组合体，每个人都值得拥有。■

本条目作者 马歇尔・布莱恩

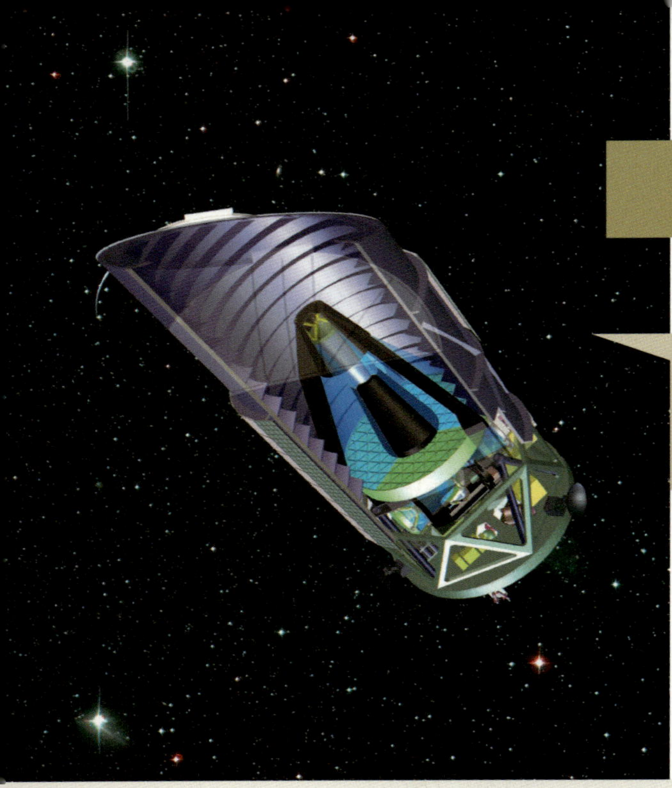

暗能量

SNAP（即“超新星加速探测器”，是NASA和美国能源部的合作项目）是一个规划中的空间天文台，用于测量宇宙膨胀并弄清楚暗能量的灭绝。

哈勃宇宙膨胀定律（1929年），暗物质（1933年），宇宙微波背景辐射（1965年），宇宙暴胀（1980年）

1998年

科学记者丹尼斯·奥弗比（Dennis Overbye）写道：“50亿年前，宇宙发生了一件奇怪的事情，就好像上帝打开了一台反引力机器，然后宇宙的膨胀速度加快了，星系开始以更快的速度彼此远离。”这一切的原因似乎是暗能量，一种可能弥漫于整个空间之中的能量形式，就是它导致宇宙加速膨胀。宇宙中有非常多的暗能量，占到宇宙总质能的近四分之三。根据天体物理学家尼尔·德·格拉斯·泰森（Neil de Grasse Tyson）和天文学家唐纳德·戈德史密斯（Donald Goldsmith）的说法，“如果宇宙学家能够解释暗能量的来源，他们就可以宣称自己揭开了宇宙一个最基本的秘密。”

1998年，科学家们在天体物理观测期间发现某些遥远超新星正加速远离我们，认为这就是暗能量存在的证据。同年，美国宇宙学家迈克尔·特纳（Michael Turner）创造了暗能量一词。

如果宇宙持续加速下去，除了我们所在的本超星系团之外，将再也看不到其他星系，因为它们的退行速度将超过光速。甚至根据某些假说，暗能量可能终将在一场大撕裂中毁灭宇宙。然而，即便没有大撕裂，我们的宇宙也可能成为一处孤寂之地。泰森写道：“暗能量最终将渐渐削弱后人理解宇宙的能力。除非遍布这个星系的当代天体物理学家能够留下不同寻常的记录……否则，未来的天体物理学家将对河外星系一无所知……暗能量将使他们无法打开宇宙这部巨著的所有章节……今天，我们是否也错过了一些宇宙曾有过的基本环节，因此现在我们探索的根本就是一个永远也找不到答案的问题呢？”■

本条目作者 克利福德·皮寇弗

国际空间站

国际空间站轨道位于地球表面上空305千米的高度。这个合作建造的研究前哨于1998年开始组装，这张2009年由发现号航天飞机宇航员拍摄的照片展现了空间站的太阳能电池板、桁架和压力舱。

第一批宇航员（1961年），第一次登月（1969年），勇气号与机遇号在火星（2004年）

20世纪初的火箭先驱者康斯坦丁·齐奥尔科夫斯基（Konstantin Tsiolkovsky）和罗伯特·戈达德（Robert Goddard）是最早提出轨道站和太空居住地技术细节的代表人物。但是几乎一个世纪以来，人类在地球轨道上建立前哨基地的思想只能在科幻书籍、杂志、电视节目和电影中实现。20世纪70年代，苏联发射了九个礼炮号长期空间研究舱的第一个，随后于20世纪80年代在太空组装了第一个长期运行的、可以容纳多名宇航员的和平号空间站。

美国宇航局原计划在20世纪80年代发射自由号空间站的计划，由于成本超支和技术延误始终没有付诸实施。1991年苏联解体，和平号空间站也出现了技术问题。高昂的发射和运行成本促使美国宇航局、俄罗斯和其他掌握空间技术的国家于1993年开始集中资源合作建造一个联合的国际空间站。

新一代国际空间站的第一批组件是俄罗斯提供的电源、推进器和曙光号功能货舱，它们于1998年11月利用俄罗斯质子号火箭发射进入地球低轨道（地面以上370千米处）。第二批组件包括美国提供的对接接口、空气锁和团结号试验舱，利用奋进号航天飞机于几周后发射并与曙光号货舱对接。之后通过航天飞机、质子号火箭和进步号火箭在13年中的15次发射，陆续增加了太阳能电池板、生活舱段、实验舱段、空气锁和对接口等。这样，新一代国际空间站在2011年完成组装，其面积与一个橄榄球场相当，总质量超过420吨，成为迄今为止最大型的人造卫星。除了美国和俄罗斯，欧洲、日本和加拿大的空间机构也是关键的合作伙伴。

国际空间站是一个国际性研究实验室，利用其独特的微重力和轨道环境，可以开展与空间有关的医学、工程和天体物理学研究。同时它也作为永久性的空间载人前哨而存在，我们可以通过它了解在太空中如何生活和工作，以及为超越地球低轨道进入深空开展探索旅程而做好准备。■

本条目作者 吉姆·贝尔

人类基因组计划

詹姆斯·杜威·沃森（James Dewey Waston，1928— ）
约翰·克雷格·文特尔（John Craig Venter，1946— ）
弗朗西斯·塞勒斯·柯林斯（Francis Sellers Collins，1950— ）

除了人类基因组计划之外，还有尼安德特人基因组计划，这些测定结果使研究者能够对比现代人和尼安德特人的基因序列。尼安德特人是我们在演化上的近亲，但已在约三万年前灭绝。

遗传的染色体理论（1902 年），DNA 的结构（1953 年），表观遗传学（1983 年），聚合酶链式反应（1983 年）

2003 年

人类基因组计划是一项全球科学家通力合作的项目，旨在确定人类 DNA 中约 30 亿个化学碱基对的遗传序列，并深入了解其中约两万个基因。基因是遗传的基础，其物理形式就是可以编码形成具有特定功能的蛋白质或RNA分子的一段DNA。该计划开始于1990年，最早由美国分子生物学家詹姆斯·沃森领导，之后领导者换成了美国医生、遗传学家弗朗西斯·柯林斯。赛雷拉基因公司（Celera Genomics）创始人、美国生物学家克雷格·文特尔也进行了类似的尝试。DNA 测序不仅有助于更好地理解人类疾病，还有助于阐明人类和其他动物的关系。

2001 年，柯林斯宣布人类基因组的大部分测序已经完成："这是一本历史书，描述了我们这个物种随时间演化的旅程。这还是一本生产手册，详细描述了制造每个细胞的蓝图。此外，它还会彻底改变医学，医务工作者理解它之后会获得全新的预防、治疗和治愈疾病的能力。"更全面的测序结果于 2003 年宣布，而这也被认为是人类文明史上的一个分水岭。

为了测定人类基因序列，基因组首先被切成小片段，随后这些片段被分别插入细菌，以复制许多样本形成产生稳定的资源，或者称作 DNA 克隆文库。把这些片段组装成更大的序列需要依靠复杂的电脑分析。

除了同卵双胞胎以外，不同个体的基因组是有差异的。未来的研究将继续比较不同个体间的序列，以帮助科学家更好地理解基因在疾病及个体差异中发挥的作用。人体只有约 1% 的基因会编码生成蛋白质。人类基因的数量介于葡萄（约 3.04 万个基因）和鸡（约 1.67 万个基因）之间。有趣的是，人类基因组中约一半是由转座子构成的，转座子又被称作跳跃 DNA，可以在不同染色体之间、附近或者同一染色体上来回移动。■

本条目作者 克利福德·皮寇弗

勇气号与机遇号在火星

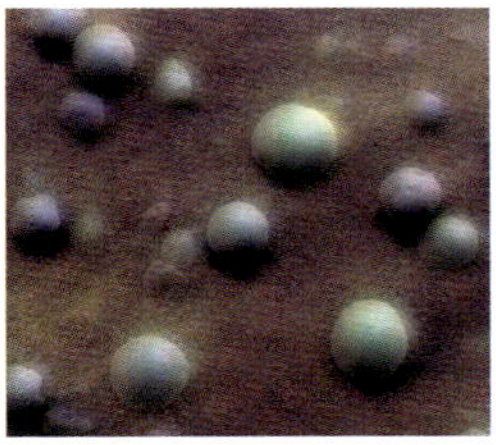

右图：美国宇航局机遇号火星车在耐力环形山内拍摄的计算机合成照片，看起来像一些薄片镶嵌的精细图案。左图：这些岩石是火星上曾经有过水流的证据，其中包含了毫米级大小的富铁小球凝固物。

第一批宇航员（1961 年），第一次登月（1969 年），国际空间站（1998 年）

2004 年

三十年来，科学家们用水手号和维京号等探测火星的轨道器和着陆器研究火星，并获得成功，描绘了火星过去气候主要变化的图景。如我们所了解的那样，今天火星的表面非常寒冷，极为干燥，并不适宜我们所知道的生命生存。但从这些探测器所揭示的情况来看，远古的火星似乎更温暖湿润，更近似地球的环境条件。如果真是这样的话，火星形成后的最初十亿年左右，可能有一个适宜生命生存的环境，就如同在我们的地球一样，生命曾经兴旺繁盛。

尽管如此，行星科学家并不满足于停留在早期火星可能宜居的照片证据，而是要进一步做出定量的地质学、地质化学和矿物学测量，这些测量可以提供决定性的证据。1997 年，火星探路者号的经验表明，在利用自动化机械进行的远程地质学研究中，着陆器的移动性尤其重要，这使人们着手研发能在更大范围活动的火星车任务。由于 1999 年两次火星任务的失败，美国宇航局为降低计划失败的风险，决定用两个火星车取代一个火星车的计划，2003 年它们被命名为勇气号与机遇号。

两辆火星车都于 2004 年初安全着陆，之后开始了它们在火星不同半球上的各自的冒险旅程：勇气号降落在一个名为古谢夫的古老陨石坑中，那里可能曾经有过一个湖泊；机遇号则降落在撞击区域子午线平原，以前的火星全球勘探者号曾在那里传回的数据揭示发现过水成矿物质。在勇气号围绕古谢夫漫游几年之后，科学家们在一个古老的水热系统中发现了含水的矿物质，这一发现提供了古谢夫曾经宜居的决定性证据。在子午线平原，机遇号很快就发现了其他含水的矿物质和地质学线索，同样提供了过去宜居的确凿证据。2010 年初勇气号传回了最后的数据，2012 年中机遇号还在继续工作并还在获取新的发现 *。■

* 2018 年 6 月，机遇号失去联系，停止了工作。——译者注

本条目作者 吉姆·贝尔

克隆人类

很早以前科幻小说中就开始讨论克隆人类的话题，而这在将来可能相对容易实现。一位罗马教廷代表谴责这种克隆人类的早期实验是“最不道德的非法行为之一”。

精子的发现（1678 年），细胞分裂（1855 年），DNA 的结构（1953 年），基因治疗（2016 年）

2008 年

科学教育家雷吉娜·贝利（Regina Bailey）写道：“想象这样一个世界，在这里细胞可以创造出来用来治疗特定疾病，可以发育成完整的器官以供移植使用……人类可以复制自己，或者复制已经逝去的爱人……（生物克隆技术）会将主宰未来数代人。”2008 年，美国科学家塞缪尔·伍德（Samuel Wood）首次克隆自己之后，掀起了一场伦理风暴。

生殖性人类克隆指的是创造出与某个生物个体在基因上完全相同的另一个个体。这可以通过体细胞核移植来实现，该过程是把成年供体体细胞的细胞核插入一个已经移除细胞核的卵细胞中，随后把发育的胚胎移植入子宫。把某个早期胚胎分开也能克隆出新的生命体，每个部分都会发育成独立的个体（就像同卵双胞胎一样）。在治疗性人类克隆中，克隆出的胚胎并不植入子宫，但其细胞会有其他用途，比如发育成供移植的新组织。这种为患者定制的组织不会引发免疫排斥反应。

1996 年，科学家使用成年绵羊体细胞培育出了克隆的绵羊多莉，这种克隆在哺乳动物中尚属首次。2008 年，伍德使用自己的皮肤细胞创造出五个胚胎，这些胚胎或许可以提供胚胎干细胞（可以分化成人体中任何类型的细胞），用来修复损伤、治愈疾病。但出于法律和伦理原因，这五个胚胎随后被销毁了。听到人类克隆的消息后，梵蒂冈罗马教廷的代表谴责称“这是最不道德的非法行为之一”。其他收集干细胞的方法并不需要克隆胚胎。比如，体细胞可以被重新编辑成诱导多能干细胞，此过程不需要胚胎，或许可以用于培养新组织，以代替被退行性疾病损伤的老组织。■

本条目作者 吉姆·贝尔

247

大型强子对撞机

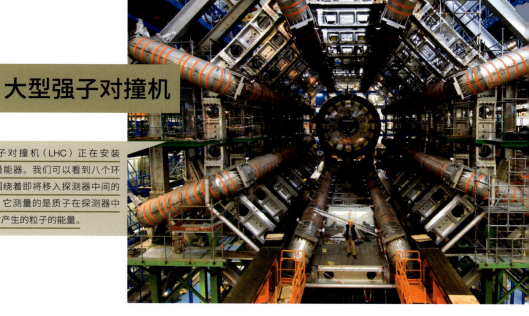

大型强子对撞机（LHC）正在安装ATLAS量能器。我们可以看到八个环形磁铁围绕着即将移入探测器中间的量能器，它测量的是质子在探测器中心碰撞时产生的粒子的能量。

超导电性（1911年），弦论（1919年），标准模型（1961年）

2009年

据英国《卫报》报道说，“粒子物理学是一门不可思议的学科，它所追寻的事物令人难以想象。想要准确描述宇宙的最小碎片，你就必须建造世界上最大的机器。想要再现宇宙创生之初的百万分之一秒，你就必须在惊人的尺度上将能量聚焦。”作家比尔·布赖森写道：“粒子物理学家推测宇宙奥秘的方式是如此地直截了当：用野蛮的暴力将粒子抛掷到一起，然后观察飞溅出来的东西。这个过程就好比是拿两块瑞士手表猛烈相撞，然后检查它们的碎片来推断它们是如何工作的。”

由欧洲核子研究中心建造的大型强子对撞机（Large Hadron Collider，LHC）是世界上最大、能量最高的粒子加速器，其主要目的是将两束质子（一种强子）迎面相撞。粒子束受强力电磁铁的驱动，在LHC的一条连绵不断的圆环形真空管道中旋转，每转一圈粒子就会获得更多的能量。这些电磁铁是超导磁铁，其超导线圈由一个大型液氦冷却系统进行冷却。导线和接头都处于超导状态，因而电阻极小。

LHC位于一条周长27千米、跨越法国和瑞士边境的环形隧道内，物理学家借助它有可能更好地理解希格斯玻色子（也被称为上帝粒子），这种假想粒子能够解释为什么粒子拥有质量。LHC也可以用于寻找超对称理论所预言的粒子；超对称理论认为基本粒子存在更重的伙伴粒子[例如，超电子（selectron）就是预测中电子的伙伴粒子]。此外，LHC也能为三个明显的空间维度之外存在更多的空间维度提供证据。从某种意义上来说，通过两束粒子的碰撞，LHC正在重现大爆炸刚刚发生后的某些条件。物理学家组成的团队利用专门的探测器来分析碰撞产生的粒子。2009年，LHC记录了它的第一次质子和质子的碰撞。■

本条目作者 克利福德·皮寇弗

基因治疗

威廉·弗伦奇·安德森（William French Anderson，1936—　）

血友病是由 X 染色体上单个基因的突变引起的。血友病患者在受伤时会流血不止。这是英国维多利亚女王（1819—1901），她曾将血友病的基因缺陷传给了无数皇室后裔。

表观遗传学（1983 年），聚合酶链式反应（1983 年），克隆人类（2008 年）

2016 年

许多疾病是因我们的基因缺陷造成的，基因是我们遗传的单位，控制着从眼睛颜色到我们对癌症和哮喘的易感性等各种特征。例如镰状细胞性贫血会产生异常的红细胞，这就是基因 DNA 序列的一种单一突变所致。

基因治疗是一门年轻的学科，它通过在人类细胞基因中插入、改变或去除某些序列等操作来治疗疾病。比如一种基因治疗法涉及使用病毒，用病毒将一个有用的人类基因插入一个有缺陷的人类细胞 DNA 序列中（通常是在宿主 DNA 的随机位置）。这个新基因可以制造发挥正常作用的蛋白质，从而治疗相应的疾病。如果精子或卵子细胞被修改，这种变化还会传递给后代，这对人类具有深远的伦理意义。

1990 年，美国批准了第一个基因治疗，接受治疗的是一名四岁的女孩，她患有一种罕见的免疫紊乱，称为腺苷脱氨酶（Adenosine Deaminase，ADA）缺乏症，让她容易感染疾病。美国研究员弗伦奇·安德森和他的同事用她缺乏的基因处理了从她体内提取的白细胞，并将这些白细胞送回了她的身体，希望这些细胞能产生她需要的酶。虽然细胞安全地产生了酶，但这些细胞未能产生出健康的新细胞。基因治疗后来成功地用于治疗 ADA 缺乏，其他形式的严重免疫缺陷（如“泡泡男孩”疾病）、艾滋病（通过基因改变 T 细胞来抵抗艾滋病毒）和帕金森病（减轻症状）。然而，这一过程在某些情况下具有风险。在一项免疫缺陷研究中，有几个接受治疗的孩子患上了白血病，因为病毒将基因插入宿主细胞时可能会破坏正常基因功能而导致白血病。此外，携带基因的病毒（或携带新植入基因的细胞）可能受到宿主免疫系统的攻击，使治疗无效。最糟糕的是，强烈的免疫反应甚至会杀死患者。

最近，CRISPR（病毒插入基因编辑技术）允许研究人员在生物体基因组的确切位置进行更精确的遗传改变。在 2016 年，美国食品和药品监督管理局批准了将 CRISPR 用于癌症治疗第一个人类试验，包括编辑患者在免疫中起重要作用的 T 细胞。■

本条目作者 克利福德·皮寇弗

249

引力波

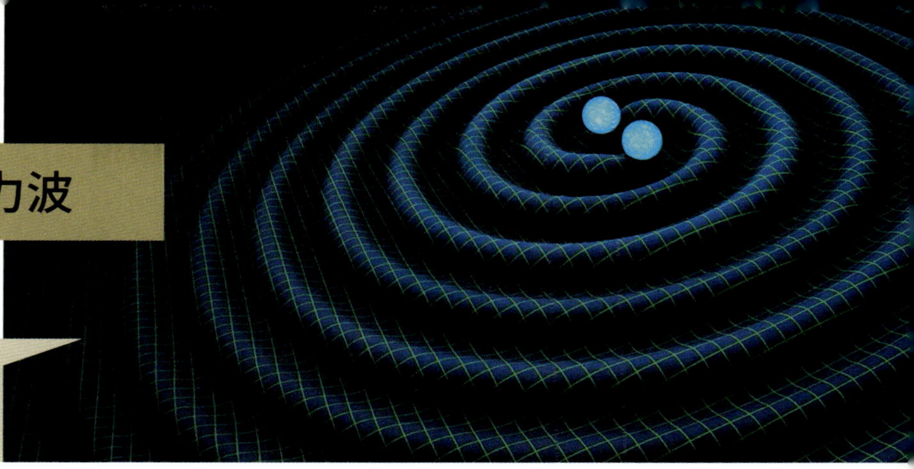

计算机模拟的时空连续体中的引力波涟漪，由两个超大质量的黑洞合并引起。

牛顿运动定律和万有引力定律（1687 年），黑洞（1783 年），狭义相对论（1905 年），宇宙微波背景辐射（1965 年），引力透镜（1979 年）

2016 年

20 世纪早期，爱因斯坦在广义相对论中提出了一种优雅而崭新的宇宙观，我们的三维空间和一维时间密不可分地组成了一个被称为“时空”的连续体。此外，爱因斯坦和其他人意识到，在质量或能量的存在下，时空可以变得扰动或弯曲，因此从理论上讲，这种扭曲产生的波（即引力波）可以像池塘上的波浪一样通过时空传播。

至少，理论上是如此。然而在 20 世纪的剩余时间里，科学家们遇到的问题是，这些预测的引力波大小在时空连续体内实在是太弱小，不可能用现有技术探测。此外，能产生可探测引力波的事件或扰动必然是宇宙中的特大事件，比如巨大恒星产生的超新星爆炸，或两个黑洞的合并等。它们要么十分罕见，要么非常遥远。因此，探测引力波必须等待技术的进步。

随着美国激光干涉仪引力波观测台（Laser Interferometer Gravitational-wave Observatory，LIGO）和欧洲“处女座”（Virgo）引力波探测器两个专门用来搜索引力波的巨大探测器的出现，终于取得了进展。这两个设施都使用激光来搜索参考目标之间距离的微小变化，而这些变化是由引力波引起的。这些设备可以达到很高的灵敏度，类似于能够测量最近的恒星距离达到人类头发粗细的精确度。LIGO 于 2002 年开始运行，而 Virgo 于 2003 年开始运行。自 2007 年以来，这两个设施共同分享了它们的数据和分析，帮助否定或确认彼此的潜在检测成果。

经过十多年的搜索，经过仔细的数据处理和同行审查，终于在 2016 年 2 月宣布了他们的结果，LIGO 和 Virgo 终于确认第一次探测到引力波（来自两个超大质量黑洞的合并），从而证实了爱因斯坦广义相对论的最后一个未经证实的重大预测。自那时起，有了更多的探测，天文学家现在正兴奋地使用引力波作为新的工具来研究宇宙中极端剧烈和高能的现象。■

本条目作者 吉姆·贝尔

证明开普勒猜想

约翰尼斯·开普勒（Johannes Kepler，1571—1630）
托马斯·卡利斯特·黑尔斯（Thomas Callister Hales，1958— ）

被开普勒的著名猜想所吸引，普林斯顿大学科学家保罗·柴金（Paul Chaikin）、萨尔瓦托雷·托卡托（Salvatore Torquato）及其同事对 M&M 品牌的巧克力糖果包装进行了研究。他们发现了这种包装密度约为 68%，比随机包装球体时多了 4%。

黎曼假设（1859 年），质数定理的证明（1896 年），希尔伯特的 23 个问题（1900 年）

2017 年

假如你的目标是在一个大方盒子里填进尽可能多的高尔夫球，并在完成后将盖子盖紧。填球的密度取决于球的体积和盒子体积的比例。为了把最多的球塞进盒子里，你需要发现一种尽可能高密度的填充方法。如果你只是把球随意地扔进盒子里，你大概会得到一个密度约为 65% 的填充结果。如果你很小心，按照六边形的排列在底部创建一个层，然后把第二层球放在底层上面的凹坑中，继续下去，你填充密度将能达到 $\pi/\sqrt{18}$，这大约是 74%。

1611 年，德国著名数学家和天文学家约翰尼斯·开普勒推测，没有其他填法比六角形法的填充密度更高了。特别是，他在科普读物《六角雪花》（*The Six-Cornered Snowflake*）提出了“开普勒猜想”：在立体空间装入相同的球体时，没有其他方法比“面心立方法”或“六角形法”能得到更高的填充密度。19 世纪，高斯证明了在规则填充的情况下，传统的六角形法是三维空间中最有效的堆积法。尽管如此，开普勒猜想依然存在，在不规则填充的情况下，没有人能确定是否能实现密度更大的填充。

1998 年，美国数学家托马斯·黑尔斯提出了开普勒猜想是正确的证据。他的方法让世人耳目一新，黑尔斯的方程用了 150 个变量表达了 50 个球体的各种可能出现的所有排列方案。然后用计算机一一验证，发现没有任何变量组合可以使填充效率高于 74%。

经由 12 名评审专家组成的小组通过后，《数学年刊》（*Annals of Mathematics*）同意公布这一证据。2003 年，评审组报告说，他们“99% 肯定”黑尔斯报告的正确性。最后在 2017 年，由黑尔斯领导的团队在期刊《数学论坛》（*Forum of Mathematics*）上发表了开普勒猜想正式的证明，解决了这个存在了数百年问题。■

本条目作者 克利福德·皮寇弗

注释与延伸阅读

约公元前 1.8 万年，伊尚戈骨骸

Bogoshi, J., Naidoo, K., Webb, J., *Math. Gazette*, 71:294; 1987.

Teresi, D., *Lost Discoveries*, Simon & Schuster, 2002.

约公元前 1.1 万年，小麦：生命的主粮

Kirby, E. J. M., Food and Agricultural Organization of the United Nations—Botany of the Wheat Plant.

约公元前 1 万年，农业

Denison, R. F., *Darwinian Agriculture: How Understanding Evolution Can Improve Agriculture.* Princeton, NJ: Princeton University Press, 2012.

约公元前 1 万年，动物驯养

Manning, A., et al., *Animals and Human Society: Changing Perspectives*. New York: Routledge, 1994.

约公元前 7000 年，水稻栽培

Tsunoda, S. (ed.), *Biology of Rice*. New York: Elsevier Science (1984).

约公元前 5000 年，宇宙学的诞生

According to an official NASA definition, *cosmology* is the study of the structure and changes in the present universe, whereas the study of the origin and evolution of the early universe is technically called *cosmogony*.

约公元前 3300 年，青铜

Ekserdjian, D., ed. *Bronze*. London: Royal Academy of Arts, 2012.

Radivojevíc et al. "Tainted Ores and the Rise of Tin Bronzes in Eurasia." *Antiquity* 87 (2013): 1030.

Sherby, O. D., and J. Wadsworth. "Ancient Blacksmiths, the Iron Age, Damascus Steels, and Modern Metallurgy." U.S. Department of Energy, September 11, 2011, https://e-reports-ext.llnl.gov/pdf/238547.pdf.

约公元前 3000 年，骰子

Hayes, B., *Am. Scient.* 89:300;2001.

约公元前 3000 年，日晷

Kirkup, J. The Evolution of Surgical Instruments, Novato, CA: Norman, 2006.

约公元前 2500 年，古埃及天文学

The author remembers reading an early edition of E.C. Krupp's *Echoes of the Ancient Skies: The Astronomy of Lost Civilizations* (Mineola, NY: Dover Publications, 2003) when he was young and being fascinated by how much the objects and motions of the sky meant to our distant ancestors.

约公元前 1650 年，莱茵德纸草书

Eves, H., *Great Moments in Mathematics (Before 1650)*, The Mathematical Association of America, Washington, D.C., 1983.

Robins, G., Shute, C., *The Rhind Mathematical Papyrus*, Dover Publications, NY, 1990.

约公元前 1300 年，铁的冶炼

Hosford, W. G. *Iron and Steel*. New York: Cambridge University Press, 2012.

Sherby, O. D., and J. Wadsworth. "Ancient Blacksmiths, the Iron Age, Damascus Steels, and Modern Metallurgy." U.S. Department of Energy, September 11, 2011, https://e-reports-ext.llnl.gov/pdf/238547.pdf.

约公元前 1000 年，奥尔梅克罗盘

Carlson, J., *Science,* 189: 753; 1975.

约公元前 600 年，毕达哥拉斯定理和毕氏三角形

Loomis, E., *Pythagorean Proposition*, Washington, D.C.: Natl. Council of Teachers of Math., 1972.

Maor, E., *The Pythagorean Theorem*, Princeton University Press, 2007.

约公元前 600 年，污水处理系统

IN.gov, tinyurl.com/482p73f.

约公元前 350 年，亚里士多德的《工具论》

SparkNotes, tinyurl.com/5qhble.

约公元前 350 年，柏拉图多面体

Platonic solids are convex polyhedrons. A polyhedron is *convex* if for every pair of points that belong to the shape, the shape contains the whole straight line segment connecting the two points. Some astrophysicists have suggested that our entire universe may be in the form of a dodecahedron.

约公元前 300 年，欧几里得的《几何原本》

Boyer, C., Merzbach, U., *A History of Mathematics*, John Wiley & Sons, 1991.

约公元前 240 年，埃拉托色尼测量地球

Hubbard, D., *How to Measure Anything*, Hoboken, NJ, 2007.

约公元前 230 年，滑轮

Haven, K., *100 Greatest Science Inventions of All Time*, Westport, CT: Libraries Unlimited, 2005.

约公元前 125 年，安提基特拉机械

Marchant, J., tinyurl.com/ca8ory.

约 126 年，罗马混凝土

Brandon, C. J., et. al. *Building for Eternity*. Oxford: Oxbow Books, 2014.

Pruitt, S. "The Secret of Ancient Roman Concrete." *History in the Headlines* (blog), June 21, 2013, www.history.com/news/the-secrets-of-ancient-roman-concrete.

约 650 年，零的出现

Arsham, H., tinyurl.com/56zmcv.

约 850 年，火药

Kelly, J. *Gunpowder: Alchemy, Bombards, and Pyrotechnics*. New York: Basic Books, 2004.

Partington, J. R. *A History of Greek Fire and Gunpowder*. Cambridge: W. Heffer, 1960.

1202 年，斐波那契的《计算书》

Today, many authors begin the Fibonacci sequence with a 0, as in 0, 1, 1, 2, 3... . Note that the number of columns in mammalian microtubule is typically a Fibonacci number.

1284 年，眼镜

In 1268, R. Bacon used scientific principles to show that lenses could be used to correct vision.

Magner, L., *A History of the Life Sciences*, NY: Marcel Dekker, 1979.

约 1500 年，早期微积分

The figure is adapted from Ramasubramanian, K., et al., "Modification of the Earlier Indian Planetary Theory by the Kerala Astronomers (c. 1500) and the Implied Heliocentric Picture of Planetary Motion" (*Current Science,* vol. 66, 784–790, 1994).

1509 年，黄金比例

The origin of the term *golden ratio* is disputed but appears to have emerged in the twelfth century. Although the recent history of the golden ratio was triggered by Luca Pacioli's *Divina Proportione* (1509), ancient Greek mathematicians studied the ratio much earlier because it frequently appeared in geometrical studies. Note that the artistic figure for this entry depicts a Fibonacci spiral, based on consecutive terms of a Fibonacci sequence. Because the ratios of consecutive terms in the Fibonacci series approach ø, the two spirals are quite similar in appearance.

1543 年，《人体的构造》

Adler, R., *Medical Firsts*, Hoboken, NJ: John Wiley & Sons, 2004.

Saunders, J., O'Malley, C., *The Illustrations from the Works of Andreas Vesalius of Brussels*, NY: Dover Publications, NY, 1973.

1543 年，日心宇宙学说

O'Connor, J., Robertson, E., tinyurl.com/yhmuks4.

1545 年，巴累的“合理手术”

Keynes, G., *The Apologie and Treatise of Ambroise Paré*, London: Falcon, 1951.

1608 年，望远镜

Lang, K., tinyurl.com/yad22mv.

Brockman, J., ed., *The Greatest Inventions of the Past 2000 Years*, NY: Simon & Schuster, 2000.

1609 年，开普勒行星运动定律

Gingerich, O., *Dictionary of Scientific Biography*, Gillispie, C., ed., NY: Scribner, 1970.

1614 年，对数

Gibson, G., "Napier and the Invention of Logarithms," in *Handbook of the Napier Tercentenary Celebration*, E. M. Horsburgh, ed., Los Angeles: Tomash Publishers, 1982.

Tallack, P., *The Science Book*, Weidenfeld & Nicholson, 2003.

1620 年，科学方法

Beveridge, W. I. B., *The Art of Scientific Investigation*. Caldwell, NJ: Blackburn, 2004.

Wilson, Jr., E. B., *An Introduction to Scientific Research*. Mineola, NY: Dover Publications, 1991.

1621 年，计算尺

F. Cajori writes, "It is by no means clear that Delamain [the student] stole the invention from Oughtred; Delamain was probably an independent inventor."

Cajori, F., *William Oughtred*, Chicago: Open Court, 1916.

Oughtred Society, *oughtred.org*.

Stoll, C., *Sci. Am.* 294:81; 2006.

1628 年，血液循环系统

The hearts of cold-blooded animals, such as eels, were useful to Harvey because their hearts beat more slowly than mammalian hearts and allowed more careful observation. Harvey also showed that the pulse was caused not directly by the motion of the arteries but rather by a passive response from pressures caused by heart contractions. Other researchers also theorized about blood circulation, including M. Servetus, R. Columbus (also Colombo), and A. Cesalpino.

Adler, R., *Medical Firsts*, Hoboken, NJ: John Wiley & Sons, 2004.

1637 年，笛卡尔的《几何学》

Boyer, C., Merzbach, U., *A History of Mathematics*, John Wiley & Sons, 1991.

Grabiner, J., *Math. Mag.* 68:83, 1995.

Gullberg, J., *Mathematics*, W.W. Norton & Company, 1997.

1638 年，重力加速度

Other earlier researchers into the acceleration of falling bodies include Nicole Oresme and Domingo de Soto.

1639 年，射影几何

Other prominent people of the fifteenth and early sixteenth centuries who advanced the mathematical theory of perspective were P. Francesca, L. da Vinci, and A. Dürer.

1654 年，帕斯卡三角形

Gordon, J. et al., *Phys. Rev. Lett.* 56:2280;1986.

1660 年，冯·居里克静电起电机

Brockman, J., ed., *The Greatest Inventions of the Past 2000 Years*. New York: Simon & Schuster, 2000.

Gurstelle, W., *Adventures from the Technology Underground*. New York: Three Rivers Press, 2006.

约 1665 年，发明微积分

In 1671, Newton wrote *On the Methods of Series and Fluxions*. (Fluxion was Newton's term for derivative in the field of calculus.) This work, although circulated in a manuscript to several peers in 1671, did not appear in print until 1736.

1665 年，《显微图谱》

Westfall, R., *Dictionary of Scientific Biography*, Gillispie, C., ed., NY: Scribner, 1970.

1668 年，驳斥自然发生说

Farley, J., *The Spontaneous Generation Controversy from Descartes to Oparin*. Baltimore: The Johns Hopkins Press, 1977.

1672 年，测量太阳系

Haven, K., *100 Greatest Science Inventions of All Time*. Westport, CT: Libraries Unlimited, 2005.

1672 年，牛顿棱镜

Douma, M., http://tinyurl.com/ybu2k7j.

1678 年，精子的发现

Some religious people wondered why God would be so wasteful of the homunculi, with so many preformed humans dying.

1687 年，牛顿——伟大的启迪者

Cropper, W., *Great Physicists*, NY: Oxford University Press, 2001.

Gleick, J., *Isaac Newton*, NY: Vintage, 2004.

Koch, R., Smith, C., New Scientist, 190: 25; 2006.

Hawking, S., *Black Holes and Baby Universes*, NY: Bantam, 1993.

1727 年，欧拉数 e

The mathematical constant *e* is special for many reasons, e.g., $f(x)=e^x$ is its own derivative.

Darling, D., *The Universal Book of Mathematics*, John Wiley & Sons, 2004.

Kasner, E., Newman, J., *Mathematics and the Imagination*, Dover Publications, NY, 2001.

Maor, Eli, *e: The Story of a Number*, Princeton University Press, 1998.

1733 年，正态分布曲线

Galton, F., *Natural Inheritance*, London: Macmillan, 1889.

1735 年，林奈的生物分类法

Blunt, W., et al., *Linnaeus: The Compleat Naturalist*. Princeton, NJ: Princeton University Press, 2002.

1760 年，人工选择（选择育种）

Wood, R. J., et al., *Genetic Prehistory in Selective Breeding: A Prelude to Mendel*. New York: Oxford University Press, 2001.

1761 年，贝叶斯定理

Some historians feel that English mathematician Nicholas Saunderson may have discovered Bayes' theorem before Bayes.

1761 年，癌症病因

Bloom, J., *Texas Monthly* 6:175; 1978.

1761 年，莫尔加尼："病变器官的哭喊"

Simmons, J., *Doctors & Discoveries*, Boston: Houghton Mifflin, 2002.

1783 年，黑洞

Quantum physics suggests that short-lived pairs of particles are created in space, and these pairs flicker in and out of existence in very short time scales. The process by which a black hole emits particles involves the creation of virtual particle pairs right on the edge of the black hole's horizon. The black hole's tidal gravity pulls the pair of virtual photons apart, thereby feeding energy into them. One member of the pair is swallowed by the black hole, and the leftover particle scoots away out into the universe.

1797 年，代数基本定理

Dunham, W., *College Math. J.* 22:282;1991.

1798 年，牛痘接种

Despite his success, Jenner did not know of the cellular mechanism of immunity, which involves white blood cells. Initially, his work was attacked and ridiculed.

Mulcahy, R., *Diseases*, Minneapolis, MN: Oliver Press, 1996.

Riedel, S., *Proc.* Bayl. Univ. Med. Cent. 18:21; 2005.

1800 年，电池

Brain, M., Bryant, C., tinyurl.com/a2vpe.

Guillen, M., *Five Equations that Changed the World*, NY: Hyperion, 1995.

1800 年，高压蒸汽机

Kirby, R., *Engineering in History,* Mineola, NY: Dover Publications, 1990.

1801 年，光的波动性

Tallack, P., ed., *The Science Book*, London: Weidenfeld & Nicolson, 2001.

Moring, G., *The Complete Idiot's Guide to Understanding Einstein*, NY: Alpha, 2004.

1807 年，傅里叶级数

Jeans, J., *Science and Music*, Dover Publications, NY, 1968.

Ravetz, J., Grattan-Guinness, I., "Fourier," in *Dictionary of Scientific Biography*, Gillispie, C., ed., NY: Scribner, 1970.

1812 年，拉普拉斯的《概率的分析理论》

Hawking, S., *God Created the Integers*, Running Press, 2005.

Richeson, A., *Natl. Math. Mag.* 17:73; 1942.

1822 年，巴贝奇的机械计算机

Norman, J., *From Gutenberg to the Internet*, Novato, CA: Historyofscience.com, 2005.

Swade, D., *Sci. Am.* 268:86; 1993.

1824 年，温室效应

Friedman, T., *Hot, Flat, and Crowded*, NY: Farrar, Straus and Giroux, 2008.

Gonzalez, J., Werthman, T., Sherer, T., *The Complete Idiot's Guide to Geography*, NY: Alpha, 2007.

Sagan, C., *Billions and Billions*, NY: Ballantine, 1998.

Tallack, P., ed., *The Science Book*, London: Weidenfeld & Nicolson, 2001.

1827 年，布朗运动

Other early researchers who worked in the area of Brownian motion include T. N. Thiele, L. Bachelier, and J. Ingenhousz.

1828 年，发育的胚层学说

Gilbert, S., *Developmental Biology*. Sunderland, MA: Sinauer Associates, 2013.

McGeady, T. A., et al., *Veterinary Embryology*. Oxford, UK: Blackwell, 2006.

1829 年，输血

Hurt, R., *The History of Cardiothoracic Surgery*, Pearl River, NY: Parthenon, 1996.

1829 年，非欧几里得几何

Tallack, P., *The Science Book*, Weidenfeld & Nicholson, 2003.

1831 年，细胞核

Misteli, T. et al., *The Nucleus*. Cold Spring Harbor, NY: Cold Spring Harbor Laboratory Press, 2010.

1831 年，法拉第电磁感应定律

Darwin, C., *The Voyage of the Beagle* (many editions).

Moorehead, A., *Darwin and the Beagle: Charles Darwin as Naturalist on the HMS Beagle Voyage*. New York: Harper & Row, 1970.

1836 年，化石记录和进化

Switek, B., *Written in Stone: Evolution, the Fossil Record, and Our Place in Nature*. New York: Bellevue Literary Press, 2010.

Taylor, T. N, et al., *Paleobotany: The Biology and Evolution of Fossil Plants.* New York: Academic Press, 2008.

1837 年，氮循环和植物化学

Stevenson, F. J., et al., *Cycles of Soil: Carbon, Nitrogen, Phosphorus, Sulfur, Micronutrients*. New York: John Wiley & Sons, 1999.

1837 年，电报系统

Connected Earth, http://tinyurl.com/lgntn64.

1839 年，银版照相法

Daguerreian Society. "About the Daguerreian Society," daguerre.org/index.php.

Wooters, D., and T. Mulligan, eds. *A History of Photography: The George Eastman House Collection*. London: Taschen, 2005.

1839 年，橡胶

Goodyear Tire & Rubber Company. "The Charles Goodyear Story," www.goodyear.com/corporate/history/history_story.html.

Korman, R. *The Goodyear Story*. San Francisco: Encounter Books, 2002.

1842 年，全身麻醉

In 1842, a student, W. Clarke, used ether to assist in a tooth extraction. The precise molecular effect of anesthesia is still a subject of research, and it appears that anesthetics affect the spinal cord and brain.

1843 年，能量守恒

Angier, N., *The Canon*, NY: Houghton Mifflin, 2007.

Trefil, J., *The Nature of Science*, NY: Houghton Mifflin, 2003.

1847 年，塞麦尔维斯：教会医生洗手的人

The lethal *Streptococcus* bacteria of septicemia could invade the uterus, which was made vulnerable and exposed by childbirth. Semmelweis referred to the cause as cadaverous particles. American physician O. W. Holmes Sr. also argued that puerperal fever spread from patient to patient via physician contact, and he suggested that physicians clean their instruments.

Carter, K., Carter, B., *Childbed Fever*, New Brunswick, NJ: Transaction Publishers, 2005.

1850 年，热力学第二定律

French physicist S. Carnot in 1824 realized that the efficiency of converting heat to mechanical work depended on the difference of temperature between hot and cold objects. Other scientists, such as C. Shannon and R. Landauer, have shown how the Second Law and the notion of entropy also apply to communications and information theory. In 2010, scientists from the University of Twente conducted an experiment by bouncing beads against the vanes of a windmill-like device. One side of each vane was softer than the other, and a net windmill movement occurred. Of course, the machine does not violate the Second Law—most of the beads' energy is lost through heat and sound.

1855 年，贝塞麦炼钢法

Ponting, C., *World History, A New Perspective*, New York: Pimlico, 2000.

1855 年，细胞分裂

R. Remak also discovered that new cells are formed by the division of preexisting cells. F. Raspail coined the phrase *omnis cellula e cellula.*

Simmons, J., *The Scientific 100*, NY: Kensington, 1996.

1856 年，塑料

Dreher, Carl, http://tinyurl.com/k8hsxtk.

1858 年，莫比乌斯带

Pickover, C., *The Möbius Strip*, Thunder's Mouth Press, 2006.

1859 年，达尔文的自然选择理论

Darwin, C., *The Origin of Species by Means of Natural Selection* (many editions)

Quammen, D., *The Reluctant Mr. Darwin: An Intimate Portrait of Charles Darwin and the Making of His Theory of Evolution*. New York: W.W. Norton & Company, 2007.

Ridley, M, *Evolution*. New York: Wiley-Blackwell, 2003.

1859 年，生态相互作用

Howe, H. F., *Ecological Relationships of Plants and Animals*. New York: Oxford University Press, 1988.

Schoonhoven, L. M., et al., *Insect-Plant Biology*. New York: Oxford University Press, 2006.

1859 年，黎曼假设

Derbyshire, J., *Prime Obsession*, NY: Plume, 2004.

1861 年，大脑功能定位

In more than 95 percent of right-handed men, language and speech appear to be mediated by the brain's left hemisphere. D. Ferrier performed tests on brains from various animals to map sensory and motor areas. Other important names in the history of cerebral localization include F. du Petit, J. Jackson, and C. Wernicke.

1861 年，麦克斯韦方程组

Mathematical theories and formulas have predicted phenomena that were only confirmed years after the theory was proposed. For example, Maxwell's Equations predicted radio waves. All four equations in the set of equations are found, with slightly different notation, in his 1861 paper "On Physical Lines of Force." Note that it is possible to extend Maxwell's equations to allow for the possibility of "magnetic charges," or magnetic monopoles, analogous to electric charges, e.g. $\nabla \cdot B=4\pi \rho_m$, where ρ_m is the density of these magnetic charges.

Crease, R., tinyurl.com/dxstsw.

Feynman, R., *The Feynman Lectures on Physics, Reading*, MA: Addison Wesley, 1970.

1862 年，病原菌学说

Pasteur's vaccinations were notable in that he created them from weakened organisms. This was not the case in E. Jenner's use of cowpox to provide cross-immunity to smallpox. Pasteur's work influenced J. Lister and his quest to reduce infections during surgeries through antiseptic methods.

1864 年，电磁波谱

Listerine mouthwash is named after Lister. Around 1862, the physician G. Tichenor used alcohol as an antiseptic for wounds.

Clark, F., *Med. Libr. & Hist. J.* 5:145, 1907.

1874 年，康托尔的超限数

Cantor's most important work relating to transfinite numbers spanned the years from about 1874 to 1883. He fully explored his thoughts on transfinite numbers in his best-known work *Beiträge zur Begründung der transfiniten Mengelehre*, 1895.

Cantor's first proof demonstrating that the set of all real numbers is uncountable, and that no one-to-one correspondence can exist between the real numbers and natural numbers, was formulated in 1873 and published in: J. *Reine Angew. Math.* 77:258; 1874.

Dauben, J., *Georg Cantor*, Harvard University Press, Cambridge, MA, 1979.

1876 年，吉布斯自由能

A nontechnical treatment of this (and thermo-dynamics in general) is a tall order, because sooner or later, it's going to be Math or Nothing.

American Physical Society. "J. Willard Gibbs," www.aps.org/programs/outreach/history/historicsites/gibbs.cfm.

Set Laboratories, Inc. "Thermal Cracking," www.set-laboratories.com/therm/tabid/107/Default.aspx.

Wikipedia, "Josiah Willard Gibbs," in.wikipedia.org/wiki/Josiah_Willard_Gibbs.

1876 年，电话

John, R., *Network Nation,* Cambridge, MA: Harvard University Press, 2010.

1878 年，酶

Berg, J. M., et al., *Biochemistry*. New York: W. H. Freeman, 2010.

Nelson, D. L., et al., *Lehninger Principles of Biochemistry*. New York: W.H. Freeman, 2012.

1878 年，白炽灯

Note that incandescent lights have many advantages, such as being able to operate at low voltages in flashlights.

1878 年，电网

Energy Graph, http://tinyurl.com/mxayh62.

1887, 迈克尔逊-莫雷实验

Trefil, J., *The Nature of Science*, NY: Houghton Mifflin, 2003.

1890 年，蒸汽轮机

Encyclopedia Britannica, http://tinyurl.com/ncrj8q7.

1890 年，心理学原理

Menand, L., *The Metaphysical Club*. New York: Farrar, Straus, and Giroux, 2002.

Richardson, R. D., *William James: In the Maelstrom of American Modernism*. New York: Mariner, 2007.

1891 年，神经元学说

Shepherd, G., *Foundations of the Neuron Doctrine*, NY: Oxford University Press, 1991.

1892 年，病毒的发现

In 1901, W. Reed and colleagues recognized the first human virus, yellow fever virus.

Adler, R., *Medical Firsts*, Hoboken, NJ: John Wiley & Sons, 2004.

1895 年，X 射线

In 2009, physicists turned on the world's first X-ray laser. It was capable of producing pulses of X-rays as brief as 2 millionths of a nanosecond. Prior to Röntgen's work, N. Tesla began his observations of X-rays (at that time still unknown and unnamed).

Haven, K., *100 Greatest Science Inventions of All Time*, Westport, CT: Libraries Unlimited, 2005.

1896 年，质数定理的证明

Weisstein, E. tinyurl.com/5puyan.

Zagier, D., Math. *Intelligencer* 0:7;1977.

1896 年，放射性

Hazen, R., Trefil, J., *Science Matters*, NY: Anchor, 1992.

Battersby, S., in Tallack, P., ed., *The Science Book*, London: Weidenfeld & Nicolson, 2001.

1897 年，电子

AIP, tinyurl.com/42snq.

Sherman, J., *J. J. Thomson and the Discovery of Electrons*, Hockessin, DE: Mitchell Lane, 2005.

1899 年，精神分析

C. Jung, A. Adler, and S. Freud are considered to be among the principal founding fathers of modern psychology. The philosopher K. Popper argued that psychoanalysis is pseudoscience, and some studies suggest that outcomes from psychotherapy are no different from placebo controls. The first occurrence of the word *psychoanalysis* appears in 1896. Freud developed his initial ideas in *Studies of Hysteria*, cowritten with J. Breuer.

Hart, M., *The 100*, NY: Kensington, 1992.

Reef, C., *Sigmund Freud*, NY: Clarion Books, 2001.

Storr, A., *Feet of Clay*, NY: The Free Press, 1996.

1900 年，希尔伯特的 23 个问题

Yandell, B., *Honors Class*, A. K. Peters, Ltd., Wellesley, MA, 2003.

1902 年，遗传的染色体理论

Today we know that the number of a creature's chromosomes is quite varied—humans have 46, chimpanzees 48, horses 64, and gypsy moths 62.

1903 年，莱特兄弟的飞机

National Parks Service, http://tinyurl.com/mkkd4et.

1903 年，经典条件反射

Todes, D., *Pavlov's Physiology Factory: Experiment, Interpretation, Laboratory Enterprise*. Baltimore: Johns Hopkins, 2001.

1905 年，$E = mc^2$

Farmelo, G., *It Must Be Beautiful*, London: Granta, 2002.

Bodanis, D., $E = mc^2$, NY: Walker, 2005.

1905 年，光电效应

Lamb, W., Scully, M., *Jubilee Volume in Honor of Alfred Kastler*, Paris: Presses Universitaires de France, 1969.

Kimble, J., et al., Phys. Rev. Lett. 39: 691; 1977.

1908 年，内燃机

For a video of the engine in action, see http://tinyurl.com/q9f9wla.

1910 年，水的氯化

Darnall Army Medical Center, tinyurl.com/48evjwo.

1910 年，主序星

A fun online applet, "Stellar Evolution and the H-R Diagram," can be used to track the evolution of stars of different mass along and eventually off the main sequence: tinyurl.com/b35942.

1911 年，原子核

Rutherford conducted the gold foil experiment with H. Geiger and E. Marsden in 1909.

Gribbin, J., *Almost Everyone's Guide to Science*, New Haven, CT: Yale University Press, 1999.

1911 年，超导电性

Baker, J., *50 Physics Ideas You Really Need to Know*, London: Quercus, 2007.

How Stuff Works, tinyurl.com/anb2ht.

1912 年，大陆漂移说

Colbert, E. H., *Wandering Lands and Animals: The Story of Continental Drift and Animal Populations*, Mineola, NY: Dover Publications, 1985.

1913 年，玻尔原子模型

In 1925, matrix mechanics (a formulation of quantum mechanics) was created by Max Born, Werner Heisenberg, and Pascual Jordan.

Goswami, A., *The Physicists' View of Nature*, Vol. 2,

NY: Springer, 2002.

Trefil, J., *The Nature of Science*, NY: Houghton Mifflin, 2003.

1919 年，弦论

See notes for Theory of Everything.

Atiyah, M., Nature, 438, 1081; 2005.

1920 年，氢键

Wikipedia, “Hydrogen Bond,” en.wikipedia.org/wiki/Hydrogen_bond.

1920 年，广播电台

Nebeker, F., Dawn of the Electronic Age, Hoboken, NJ: John Wiley & Sons, *2009.*

1921 年，爱因斯坦——伟大的启迪者

Levenson, T., Discover, 25: 48; 2004.

Ferren, B., Discover, 25: 82; 2004.

1924 年，德布罗意公式

Baker, J., *50 Physics Ideas You Really Need to Know*, London: Quercus, 2007.

1925 年，泡利不相容原理

Massimi, M., *Pauli's Exclusion Principle*, NY: Cambridge University Press, 2005.

Watson, A., *The Quantum Quark*, NY: Cambridge University Press, 2005.

1926 年，薛定谔的波动方程

Max Born interpreted c as probability amplitude.

Miller, A., in Farmelo, G., *It Must be Beautiful*, London: Granta, 2002.

Trefil, J., *The Nature of Science*, NY: Houghton Mifflin, 2003.

1927 年，互补性原理

Cole, K., *First You Build a Cloud*, NY: Harvest, 1999.

Gilder, L., *The Age of Entanglement*, NY: Knopf, 2008.

Wheeler, J., *Physics Today*, 16: 30; 1963.

1927 年，食物网

Polis, G. A., et al., *Food Webs*. New York: Springer, 1995.

1927 年，昆虫的舞蹈语言

Stearcy, W. A., et al., *The Evolution of Animal Communication: Reliability and Deception in Signaling Systems*. Princeton, NJ: Princeton University Press, 2005.

1928 年，狄拉克方程

Wilczek, F., in Farmelo, G., *It Must Be Beautiful*, NY: Granata, 2003.

Freeman, D., in Cornwell, J., *Nature's Imagination*, NY: Oxford University Press, 1995.

1928 年，青霉素

Although it was once believed that antibiotics in a natural setting are a means for bacteria or fungi to better compete with bacteria in the soil, American biochemist S. Waksman suggested that these microbial products are a “purely fortuitous phenomenon” and “accidental”.

1929 年，哈勃宇宙膨胀定律

Huchra, J., tinyurl.com/yc2vy38.

1931 年，哥德尔定理

Gödel demonstrated the incompleteness of the theory of *Principia Mathematica*.

Hofstadter, D., *Gödel, Escher, Bach*, NY: Basic Books, 1979.

Wang, H., *Reflections on Kurt Gödel*, MIT Press, 1990.

1932 年，反物质

In 2009, researchers detected positrons in lightning storms.

Baker, J., *50 Physics Ideas You Really Need to Know*,

London: Quercus, 2007.

Kaku, M., *Visions*, NY: Oxford University Press, 1999.

1932 年，中子

During the process of beta decay of the free neutron, the free neutron becomes a proton and emits an electron and an antineutrino in the process.

Cropper, W., *Great Physicists*, NY: Oxford University Press, 2001.

Oliphant, M., Bull. Atomic Scientists, 38: 14; 1982.

1933 年，暗物质

Dark matter is also suggested by astronomical observations of the ways in which galactic clusters cause gravitational lensing of background objects.

McNamara, G., Freeman, K., *In Search of Dark Matter*. NY: Springer, 2006.

1933 年，聚乙烯

Walton, D., and P. Lorimer. *Polymers*. NY: Oxford University Press, 2000.

1933 年，中子星

The neutrons in the neutron star are created during the crushing process when protons and electrons form neutrons.

1935 年，EPR 佯谬

Although we have used spin in this example, other observable quantities, such as photon polarization, can be used to demonstrate the paradox.

1935 年，薛定谔的猫

Moring, G., *The Complete Idiot's Guide to Understanding Einstein*, NY: Alpha, 2004.

1937 年，超流体

Superfluidity has been achieved with two isotopes of helium, one isotope of rubidium, and one isotope of lithium. Helium-3 becomes a superfluid at a different lambda point temperature and for different reasons than helium-4. Both isotopes never turn solid at the lowest temperatures achieved (at ordinary pressures).

1938 年，核磁共振

Ernst, R., Foreword to *NMR in Biological Systems*, Chary, K., Govil, G., eds., NY: Springer, 2008.

1941 年，掺杂硅

Brain, M., http://tinyurl.com/kov5tve.

1942 年，来自原子核的能量

Weisman, A., *The World Without US*, NY: Macmillan, 2007.

1945 年，“小男孩”原子弹

The second atomic bomb, the “Fat Man”, was dropped three days later on Nagasaki. Fat Man made use of plutonium-239 and an implosion device—similar to the Trinity bomb tested in New Mexico. Six days after the Nagasaki bombing, Japan surrendered.

1945 年，铀浓缩

US Nuclear Regulatory Commission, http://tinyurl.com/opubbot.

1947 年，全息图

Gabor's hologram theories predated the availability of laser light sources.

One can create the illusion of movement in a hologram by exposing a holographic film multiple times using an object in different positions. Interestingly, a hologram film can be broken into small pieces, and the original object can still be reconstructed and seen from each small piece. The hologram is a record of the phase and amplitude information of light reflected from the object

Kasper, J., Feller, S., *The Complete Book of Holograms*, Hoboken, NJ: John Wiley & Sons, 1987.

1947 年，光合作用

Baillie-Gerritsen, V. "The Plant Kingdom's Sloth." *Protein Spotlight 38* (September 2003). web.expasy.org/spotlight/back_issues/038/.

1947 年，晶体管

Riordan, M., Hoddeson, L., *Crystal Fire*, NY: W.W. Norton & Company, 1998.

1948 年，信息论

Tallack, P., *The Science Book*, Weidenfield & Nicholson, 2003.

1948 年，量子电动力学

The Lamb shift is a small difference in energy between two states of the hydrogen atom caused by the interaction between the electron and the vacuum. This observed shift led to renormalization theory and a modern theory of QED.

Greene, B., *The Elegant Universe*, NY: W.W. Norton & Company, 2003.

QED, Britannica, tinyurl.com/yaf6uuu.

1948 年，随机对照试验

Comparative effectiveness research can sometimes be useful when performed using electronic medical records of large health networks.

Enkin, M., preface to *Randomized Controlled Trials*, Jadad, A., Enkin, M., Malden, MA: BMJ Books, 2007.

1949 年，放射性碳测年法

Other methods such as potassium-argon dating are employed for dating very old rocks.

Bryson, B., *A Short History of Everything*, NY: Broadway, 2003.

1950 年，弈棋机

Computer chess, a film by Andrew Bujalski, provides some interesting background information: http://tinyurl.com/k4cql25.

1951 年，海拉细胞

Skloot, R., *The Immortal Life of Henrietta Lacks*, NY: Crown, 2010.

Skloot, R., tinyurl.com/y8h5trq.

1952 年，元胞自动机

Von Neumann, J., *Theory of Self-Reproducing Automata*, Urbana: IL: U. Illinois Press, 1966.

Wolfram, S., *A New Kind of Science*, Champaign, IL: Wolfram Media, 2002.

1952 年，米勒-尤列实验

The original Miller-Urey experiment's idea of a primitive atmosphere was probably wrong, but complex biochemicals can be formed under many other conditions. This takes us right into origin-of-life books, which are many and various (and often contain political or religious/antireligious agendas of their own).

1953 年，DNA 的结构

DNA may be used to assess hereditary risk for certain diseases. Gene therapy, in which healthy genes are inserted into human cells, continues to be researched for treatment of diseases. Understanding gene regulation, in which genes become active and inactive, is crucial to our understanding of DNA function.

Ridley, M., jacket flap for *DNA*, Krude, T., ed., NY: Cambridge University Press, 2004.

1955 年，原子钟

In 2010, "optical clocks" that employ atoms (e.g. aluminum-27) that oscillate at the frequencies of light rather than in the microwave range were among the most precise timekeepers.

1955 年，避孕药

The mini-pill was introduced in the early 1970s, and it contained only progestin. It prevented pregnancy solely through changes in the cervix and uterus. Other key scientists in the development of the pill are J. Rock and M. C. Chang.

1955 年，安慰剂效应

Placebo treatments of gastric ulcers have often been as effective as acid-secretion inhibitor drugs, as confirmed by stomach endoscopy. Many recent clinical trials of antidepressant medications have shown that sugar pills can provide the same relief.

Shapiro, A., Shapiro, E., in *The Placebo Effect*, Harrington, A., ed., Cambridge, MA: Harvard University Press, 1999.

1955 年，核糖体

Garrett, R. A., et al., (eds.), *The Ribosome: Structure, Function, Antibiotics, and Cellular Interactions*. Washington, DC: American Society Microbiology 2000.

1957 年，抗抑郁药物

Healy, D., *The Anti-Depressant Era*. Cambridge, MA: Harvard University Press, 1999.

1957 年，人造卫星

Jorden, W., http://tinyurl.com/lc6rm6s.

1958 年，分子生物学的中心法则

Ridley, M., *Francis Crick: Discoverer of the Genetic Code*. New York: Eminent Lives, 2006.

1958 年，集成电路

Bellis, M., tinyurl.com/y93fp7u.

Miller, M., tinyurl.com/nab2ch.

1959 年，抗体的结构

Monoclonal antibodies, derived from a single immune cell, have been found that recognize certain human cancers.

1960 年，激光

Hecht, J., *Understanding Lasers*, Piscataway, NJ: IEEE Press, 2008.

1961 年，破解蛋白质生物合成的遗传密码

Alberts, B., et al., *Molecular Biology of the Cell*. New York: Garland Science, 2007.

1961 年，第一批宇航员

In honor of Yuri Gagarin's status as the first person to travel into space, every April 12 since 2001 has been celebrated as "Yuri's Night" at space-related parties and events around the world. Find out more about the next Yuri's Night at yurisnight.net.

1961 年，绿色革命

Jain, H., *The Green Revolution*, Houston, TX: Studium, 2010.

1961 年，标准模型

S. Glashow's discovery of a way to combine the electromagnetic and weak interactions (the latter of which is also referred to as weak nuclear force) provided one of the earlier steps toward the Standard Model. Other key individuals include S. Weinberg and A. Salam.

While on the subject of subatomic particles, note that in 1935, Hideki Yukawa predicted the existence of the meson (later called the pion) as a carrier of the strong nuclear force that binds atomic nuclei. Gluons are involved in interactions among quarks, and are indirectly involved with the binding of protons and neutrons.

Battersby, S., in Tallack, P., ed., *The Science Book*, London: Weidenfeld & Nicolson, 2001.

1963 年，混沌与蝴蝶效应

Gleick, J., *Chaos*, NY: Penguin, 1988.

Lorenz, E., J. Atmos. *Sci.* 20:130;1963.

1963 年，认知行为疗法

Mathematician J. Nash is famous for claiming that he was able to overcome his schizophrenia to a large degree by a reasoning process in which he was able to persuade himself of the improbability of the conclusions he was making.

By adjusting his thinking about his delusions and the voices he heard, he was able to diminish their hold over him.

1964 年，大脑偏侧性

Schwartz, J. M., et al., *The Mind and the Brain: Neuroplasticity and the Power of Mental Force*. New York: Regan Books, 2003.

1964 年，夸克

Jones, J., Wilson, W., *An Incomplete Education*, NY: Ballantine, 1995.

1965 年，宇宙微波背景辐射

In 1965, R. Dicke, P. J. E. Peebles, P. G. Roll, and D. T. Wilkinson interpreted the results of A. Penzias and R. Wilson and declared the background radiation as a signature of the big bang. The WMAP satellite, launched in 2001, provided additional detail on these fluctuations. The HIGH-altitude BOOMERANG balloon, flown over Antarctica in 1997, 1998, and 2003, also provided observations of the CMB.

Bryson, B., *A Short History of Everything*, NY: Broadway, 2003.

1966 年，动态随机存取存储器

Wang, D., http://tinyurl.com/kjp5th7.

1967 年，内共生学说

Kozo-Polyansky, B. M., et al., *Symbiogenesis: A New Principle of Evolution*. Cambridge, MA: Harvard University Press, 2010.

1967 年，心脏移植

Fitzpatrick, L., tinyurl.com/ylrlnmp.

1967 年，土星五号火箭

Tate, K., http://tinyurl.com/afo3foz.

1969 年，阿帕网

Stewart, W., http://tinyurl.com/dd4mzc.

1969 年，第一次登月

Apollo Lunar Surface Journal: tinyurl.com/2bmqcq.

1972 年，基因工程

Voosen, P., http://tinyurl.com/l7a4edl.

1975 年，费根鲍姆常数

Feigenbaum, M., "Computer Generated Physics," in *20th Century Physics*, Brown, L. et al., eds., NY: AIP Press, 1995.

May, R., *Nature* 261:459;1976.

1975 年，分形

Many visually interesting fractals are generated using iterative methods that were first introduced by mathematicians G. Julia and P. Fatou from 1918 to 1920.

Mandelbrot, B., *The Fractal Geometry of Nature*, W. H. Freeman, NY, 1982.

1977 年，公钥密码学

Diffie, W., Hellman, M., *IEEE Trans. Info. Theory* 22:644;1976.

Hellman, M., *Sci. Am.* 241:146;1979.

Lerner, K., Lerner, B., eds., *Encyclopedia of Espionage Intelligence and Security*, Farmington Hills, MI, Gale Group, 2004.

Rivest, R., Shamir, A., Adleman, L., *Commun. ACM* 21:120;1978.

1978 年，心智理论

Tomasello, M., *The Cultural Origins of Human Cognition*. Cambridge, MA: Harvard University Press, 1999.

1979 年，引力透镜

Wikipedia's "Gravitational lens" page at tinyurl.com/ola3h contains visualizations and animations that further explain the concept.

1980 年，宇宙暴胀

Other contributors to inflation theory are P. Steinhardt and A. Albrecht. Inflationary theory suggests why magnetic monopoles have not been discovered. Monopoles may have formed in the Big Bang and then dispersed during the inflationary period, decreasing their density to such an extent as to make them undetectable.

Guth, A., *The Inflationary Universe*, NY: Perseus, 1997.

Musser, G., *The Complete Idiot's Guide to String Theory*, NY: Alpha, 2008.

1981 年，量子计算机

Other important names associated with quantum computing include C. Bennett, G. Brassard, and P. Shor.

Clegg, B., *The God Effect*, NY: St. Martins, 2006.

Kaku, M., *Visions*, NY: Oxford University Press, 1999.

Kurzweil, R., The Singularity is Near, NY: Viking, 2005.

Nielsen M., Chuang, I., *Quantum Computation and Quantum Information*, NY: Cambridge University Press, 2000.

1982 年，人工心脏

Long, T., http://tinyurl.com/kjqjd3m.

1984 年，端粒酶

Telomerase is a reverse transcriptase that creates single-stranded DNA from single-stranded RNA as a template. J. Szostak was also involved in the discovery of telomerase. Shortened telomeres have been associated with Alzheimer's disease, cardiovascular disease, diabetes, cancer, childhood trauma, and prolonged depression.

Greider, C., Blackburn, E., *Scien. Amer.* 274:92; 1996.

1984 年，万物理论

Note that in modern quantum theories, forces result from the exchange of particles. For example, an exchange of photons between two electrons generates the electromagnetic force. At the Big Bang, it was thought that all four forces were really just one force, and only as the universe cooled did the four forces become distinct.

Greene, B., *The Elegant Universe*, NY: W.W. Norton & Company, 2003.

Kaku, M., *Visions*, NY: Oxford University Press, 1999.

Lederman, L., Teresi, D., *The God Particle* (Boston, MA: Mariner, 2006).

1987 年，线粒体夏娃

Sykes, B., *The Seven Daugnters of Eve: The Science That Reveals Our Genetic Ancestry*. New York: W.W. Norton & Company, 2002.

1990 年，生物域

Margulis, L., et al., *Kingdoms and Domains: An illustrated Guide to the Phyla of Life on Earth*. New York: Academic Press, 2009.

1990 年，万维网

Hafner, K., *Where Wizards Stay Up Late*, New York: Simon & Schuster, 1998.

1994 年，全球定位系统（GPS）

Lagunilla, J., Samper, J., Perez, R., GPS and Galileo, New York: McGraw-Hill, 2008.

1998 年，暗能量

Overbye, D., http://*tinyurl.com/y99ls7r*.

Tyson, N., *The Best American Science Writing 2004*, D. Sobel, ed., NY: Ecco, 2004.

Tyson, N., Goldsmith, D., *Origins*, NY: W.W. Norton and Company, 2005.

1998 年，国际空间站

An animation showing the assembly sequence for the ISS between 1998 and 2011 can be found at tinyurl.com/c4plha.

2003 年，人类基因组计划

Donovan, A., Green, R., *The Human Genome Project in College Curriculum*, Lebanon, NH: Dartmouth, 2008.

2004 年，勇气号与机遇号在火星

Jim Bell's coffee table book *Postcards from Mars* (New York: Dutton, 2006) and his stereo-viewer book *Mars 3-D* (New York: Sterling, 2008) showcase the stories and photographic highlights from the *Spirit* and *Opportunity* rover missions.

2008 年，克隆人类

In reproductive cloning, the clone is not truly identical since the somatic (body) cell may contain mutations in the DNA, as well as specific methylation patterns. Also, the mitochondrial DNA comes from the donor egg. Note also that the environments in the uterus and in the egg play a role in the development of an embryo and shape some of its characteristics. In plants, clones can be made simply by cuttings of plants. Some variety of grapes used today for making wine are clones of grapes that first appeared 2,000 years ago. For research purposes, cloning can be used to create animals with the same genetic blueprint and thus eliminate many variables during experiments. Areas for possible use include the treatment of Alzheimer's, Parkinson's, and other degenerative diseases.

Researchers have made iPS cells from blood and skin and then induced these iPS cells into becoming heart muscles and brain and spinal-cord neurons. Such cells might be used to replace damaged heart tissue. Perhaps by cloning healthy heart cells and injecting them into damaged regions of the heart, certain kinds of heart disease can be ameliorated.

After SCNT, the nucleus-egg combination is stimulated with electricity to trigger cell division.

Bailey, R., foreword to Gralla, J., Gralla, P., *Complete Idiot's Guide to Understanding Cloning*, NY: Alpha, 2004.

2009 年，大型强子对撞机

The LHC is a synchrotron accelerator.

Bryson, B., tinyurl.com/yfh46jm.

2016 年，基因治疗

A great collection of free *Scientific American* articles about the discovery of gravitational waves can be found online at: tinyurl.com/yb2xwrvs.

2017 年，证明开普勒猜想

Donev, A. et al. *Science*, 303; 990; 2004.

Hales, T. *Ann. Math.* 162: 1065; 2005.

Spizo, G. *Kepler's Conjecture*, John Wiley & Sons, 2003.

版贸核渝字（2019）第 186 号

图书在版编目（C I P）数据

科学之书 / (美) 克利福德 · 皮寇弗
(Clifford Pickover) 编著 ; 杨大地译 . -- 重庆 : 重
庆大学出版社 , 2022.5
书名原文 : The Science Book
ISBN 978-7-5689-3045-1
Ⅰ . ①科… Ⅱ . ①克… ②杨… Ⅲ . ①科学知识—普
及读物 Ⅳ . ① Z228
中国版本图书馆 CIP 数据核字 (2021) 第 238546 号

科学之书
KEXUE ZHI SHU

[美] 克利福德 · 皮寇弗（Clifford Pickover） 编著
杨大地　译

策划编辑：王思楠
责任编辑：陈　力
责任校对：夏　宇
责任印制：张　策
装帧设计：鲁明静
内文制作：常　亭

重庆大学出版社出版发行
出版人：饶帮华
社址：（401331）重庆市沙坪坝区大学城西路 21 号
网址：http://www.cqup.com.cn
印刷：北京利丰雅高长城印刷有限公司

开本：787mm × 1092mm　1/16　印张：18　字数：422 千
2022 年 5 月第 1 版　　2022 年 5 月第 1 次印刷
ISBN 978-7-5689-3045-1　定价：88.00 元

科学之书 The Science Book

科学之书 The Science Book
科学之书 The Science Book
科学之书 The Science Book
科学之书 The Science Book
科学之书 The Science Book
科学之书 The Science Book
科学之书 The Science Book
科学之书 The Science Book
科学之书 The Sc
Book
科学之书 The Science Book
科学之书 The Science Book
科学之书 The Science Book
科学之书 The Science Book